# REVISTA DE FINANÇAS PÚBLICAS E DIREITO FISCAL

Ano 3 • Número 1 • PRIMAVERA

ARTIGOS
COMENTÁRIOS DE JURISPRUDÊNCIA
RECENSÕES
CRÓNICA DA ACTUALIDADE

# ÍNDICE

Editorial – **Eduardo Paz Ferreira** .............................. 5

Depoimentos sobre a Revista de Finanças Públicas e Direito Fiscal

    **Teixeira dos Santos** ....................................... 11

    **Guilherme de Oliveira Martins** ........................... 15

    **José Azevedo Pereira** ..................................... 17

    **Paulo Moita Macedo** ...................................... 21

    **Xavier de Bastos** ......................................... 23

    **António Menezes Cordeiro** ................................ 25

Convidado de Primavera – **Rogério Fernandes Ferreira** .......... 29

## ARTIGOS

**Constantino Sakellarides e João Figueira** – A reforma dos cuidados de saúde nos Estados Unidos da América. ........................... 53

**Olívio Mota Amador** - Reformar o Sistema de Saúde nos EUA (O Plano Obama e o Mito de Sísifo). ..................................... 103

**António Martins** – Tax Reform and Simplified Tax Regimes for Small Businesses .................................................... 113

**Bruno Bises** – Is There A Robin Tax in Italy .................... 131

**Michel Bouvier** – Crise des Finances Publiques ................. 149

**Cidália Lopes** – Maximizar o cumprimentos dos impostos e minimizar os custos: Uma perspectiva internacional . . . . . . . . . . . . . . . . . . . . . . .  167

**Ferreira do Amaral** – *In memoriam* Paul Samuelson . . . . . . . . . . . . . .  223

**Fernando Borges Araújo** – *In memoriam* Paul Samuelson . . . . . . . . . .  229

## JURISPRUDÊNCIA

**Rui Morais** – A Reversão das Coimas: Uma *vexata quaestio* a que só o legislador pode dar resposta. Comentário ao Acórdão do Supremo Tribunal Administrativo de 16 de Dezembro de 2009 . . . . . . . . . . . . . . .  301

**António Carlos dos Santos** – A aplicação do PEC (Pagamento Especial por Conta) às empresas isentas de IRC: o pecado da gula. Comentário ao Acórdão do Tribunal Constitucional n.º 494/2009, de 29 de Setembro de 2009. . . . . . . . . . . . . . . . . . . . . . . . . . . . . . . . . . . . . . . . . . . . . . . . . . . .  311

**João Pateira Ferreira** – Empresas públicas, parcerias público-privadas e os poderes de fiscalização prévia do Tribunal de Contas. Comentário ao Acórdão do Tribunal de Contas n.º 160/09, de 2 de Novembro de 2009, (*Estradas de Portugal, S.A./AENOR Douro – Estradas do Douro Interior, S.A.*) . . . . . . . . . . . . . . . . . . . . . . . . . . . . . . . . . . . . . . . . . . . . . .  321

**Guilherme Waldemar de Oliveira Martins** – Excurso sobre complementaridade dos benefícios fiscais nos impostos sobre o património e no imposto do selo. Comentário ao Acórdão do Supremo Tribunal Administrativo, de 20 de Janeiro de 2010 . . . . . . . . . . . . . . . . . . . . . . .  351

**Clotilde Palma** – Vicissitudes da Renúncia à isenção das operações imobiliárias em IVA. Comentário ao Acórdão do Supremo Tribunal Administrativo n.º 486/09, de 25 de Novembro de 2009. . . . . . . . . . . . .  359

**Rui Laires** – O Conceito de «Aceitação de compromissos» para efeitos da isenção do IVA aplicável às Operações Financeiras. Comentário ao Acórdão do TJCE, de 19 de Abril de 2007, caso *Velvet & Steel* . . . . . . .  371

Síntese de acórdãos do **Tribunal de Justiça** em matéria fiscal proferidos desde Outubro de 2009 .................................... 381

Síntese de acórdãos do **Tribunal Constitucional** (1.º Trimestre de 2010) 385

Síntese de acórdãos do **Supremo Tribunal Administrativo** de Dezembro de 2009 a Fevereiro de 2010 ................................ 387

Síntese de acórdãos do **Tribunal de Contas** de Janeiro a Março de 2010 395


## RECENSÕES

**A Reconstrução do Sistema Financeiro Global – Como evitar as crises financeiras do século XXI,** Martin Wolf por Luís Máximo dos Santos..................................................... 403

**Curso de Direito Tributário,** Jónatas E. M. Machado, Paulo Nogueira da Costa por Guilherme Waldemar de Oliveira Martins ............ 409

**Direito Penal Tributário,** Germano Marques da Silva por Gustavo Courinha.................................................... 413

**Crise et rénovation de la finance**, Aglietta e Rigot por Nuno Cunha Rodrigues.................................................. 417

**Publicações Recentes** ........................................ 421


## NA WEB

Visita ao site Project Syndicate ................................. 423

Visita ao Blogue Colectivo A Regra do Jogo...................... 427

*Revista de Finanças Públicas e Direito Fiscal*

## CRÓNICA DE ACTUALIDADE

**Ponto de situação dos trabalhos na União Europeia e na OCDE – Principais iniciativas entre Novembro de 2009 e Janeiro 2010** por Brigas Afonso, Clotilde Palma e Manuel Faustino ................. 431

    1. Fiscalidade Directa.................................. 431
    2. Imposto sobre o Valor Acrescentado .................... 437
    3. Impostos especiais de consumo harmonizados, imposto sobre veículos e união aduaneira............................ 438

**A Génese de Centros PPP a nível Transicional** por Maria Eduarda Azevedo................................................ 441

**Mário Januário Director de Finanças da Direcção Distrital de Finanças de Lisboa** por Eduardo Paz Ferreira e Clotilde Palma ...... 443

**Leonor Duarte Subdirectora-Geral da Direcção Geral dos Impostos para a área dos Recursos Humanos e da Formação** por Eduardo Paz Ferreira e Clotilde Palma....................................... 445

**Manuel Marcelino Director de Finanças da Direcção Distrital de Finanças de Lisboa** por Eduardo Paz Ferreira e Clotilde Palma ...... 447

**Joana Santos cessa funções na DGCI** por Eduardo Paz Ferreira e Clotilde Palma ........................................... 449

# EDITORIAL
**Eduardo Paz Ferreira**

1. Com este número, iniciamos o terceiro ano de publicação da Revista de Finanças Públicas e Direito Fiscal. Fazemo-lo com a convicção de, no nosso espaço e com os nossos limites, termos contribuído para os grandes debates e acompanhado as mais importantes interpelações que se colocaram à sociedade e à economia pública durante esse período especialmente conturbado. Paralelamente, levámos a cabo um conjunto de conferências que permitiram aprofundar essa contribuição. Tal percurso e o seu resultado são tributários da generosidade de quantos aceitaram connosco colaborar. Propomo-nos dar continuidade à tarefa iniciada há dois anos. É esse o compromisso que assumimos com os nossos leitores e colaboradores e que, agora, reafirmamos.

2. O ano de 2010, que era suposto marcar uma viragem significativa no panorama da crise económica e financeira em que mergulhámos, começou sob a ameaça de nuvens negras – recordando a bandeira nacional que Nikias Skapinakis desenhou para as comemorações da República – que criam a maior apreensão quer por parte da generalidade dos agentes económicos públicos e privados, quer da generalidade dos cidadãos-contribuintes. Para quem sonhou que a crise económica poderia, pelo menos, ter tido o mérito de criar condições para que não se repetissem erros e práticas danosas do passado, o momento é, seguramente, de profunda decepção, acompanhada do receio de que nova crise se perfile no horizonte.

Parecia, de facto, ter-se generalizado a convicção de que desta vez tudo seria diferente e que a resposta activa e coordenada internacionalmente, que evitou a passagem para uma depressão severa, excluía a hipótese de, no futuro, se virem a verificar situações semelhantes. Infelizmente, os factos desmentiram essa hipótese e Carmen Reinhart e Kenneth Rogoff, numa interessantíssima e muito documentada obra de análise de oito séculos de loucura financeira, puderam concluir que sempre se acabou com a mesma convicção: "This Time is Different".

3. Se os últimos tempos criaram uma relação de enorme desconfiança pública em relação aos agentes financeiros e aos bancos – a qual nada tem de saudável, dada a importância do crédito para as sociedades – nem por isso se alterou o comportamento destes que, apesar dos sucessivos alertas de que "bussiness will not be as usual", continuaram com práticas sensivelmente idênticas, enquanto que as dificuldades de concertação internacional e, nos Estados Unidos, os problemas do Presidente Obama em fazer aprovar nova legislação financeira, criaram condições para a perpetuação das práticas do passado.

O esforço feito pela generalidade dos contribuintes e as enormes ajudas públicas à banca não parecem ter sido devidamente compensadas, enquanto que o funcionamento dos mecanismos de crédito no apoio ao aparelho produtivo aparenta continuar a ceder à especulação financeira.

Embora se avizinhem reformas na regulação financeira, certo é que, perdido o vigor inicial e o consenso que se chegou a gerar, parece seguro que elas não irão suficientemente longe, particularmente no controlo das transacções financeiras internacionais, que é decisivo.

4. Entretanto, as atenções viraram-se, de novo, para as questões das finanças públicas e dos défices excessivos – em conformidade com um modelo que parecia ter demonstrado o seu esgotamento – e as agências de *rating* fizeram o seu reaparecimento, como se não tivessem sombra de mácula, provocando prejuízos enormes a vários Estados – entre o quais e infelizmente o português -, com o auxílio da alguns fazedores de opinião, de comissários europeus "distraídos" e da demora de Bruxelas em encontrar uma resposta para os países em especiais dificuldades. Se não tivesse sido dramático, seria irresistivelmente cómico registar como a *Fitch* passou da quase certeza da impossibilidade de Portugal reequilibrar as suas finanças, para a prática garantia de risco zero de incumprimento.

*Editorial*

Em poucos dias, os lucros dos especuladores que se concertaram contra o euro, utilizando os mecanismos do *short- selling*, traduziram-se em biliões de dólares, sendo bem escassas as vozes que se fizeram ouvir contra esse estado de coisas ou, pelo menos, as que o fizeram em tempo útil.

5. O retorno daquilo que, recentemente, Joseph Stiglitz apelidou de "fetichismo do défice" é particularmente marcante, na medida em que ocorre num momento em que os cortes orçamentais terão todas as condições para diminuir os frágeis sinais de recuperação e o moderado crescimento económico previsto para os próximos anos.

Seguramente que se impõe um esforço no domínio das finanças públicas, eliminando todas as formas de desperdício, repensando prioridades e reafectando gastos. Porém, a revalorização do equilíbrio orçamental como valor absoluto é, pelo menos, precipitado.

6. Portugal vai conhecer especiais dificuldades. O reequilíbrio das contas públicas implicará provavelmente o reforço da carga fiscal. Evidentemente, a tributação das mais-valias tem de constituir uma prioridade, já que nada justifica a actual situação de profunda injustiça social. O aumento da tributação directa não parece susceptível de proporcionar grandes ganhos e não poderá esquecer que os impostos da classe média e até dos ricos – daqueles que pagam impostos – são já elevados. Muito provavelmente terá então de ser a tributação indirecta, seguramente mais injusta, a responder.

Do ponto de vista da despesa, o débil Estado social português tem bem pouco onde cortar, sem comprometer níveis educacionais que assegurem, no futuro, uma maior capacitação para melhorar a produtividade e criem uma sociedade mais apta a assumir as rédeas do seu destino, ou sem reforçar a exclusão e a desigualdade sociais. Naturalmente, que há que ser inflexível contra certos egoísmos corporativos que se começam a manifestar.

7. Os recentes desenvolvimentos nos mercados financeiros, associados às perspectivas económicas nalguns países do euro representam, como vem sendo assinalado por tantos economistas (i.a. Roubini e Krugman), um severo desafio à solidez da zona euro e à possibilidade de man-

ter uma zona de equilíbrio financeiro que não assente numa união política ou, pelo menos, na existência de um governo económico europeu. Muito mais do que no novo Tratado de Lisboa, é aqui que se decidirá o futuro da União.

8. Em tempos de aniversário, orgulhamo-nos especialmente deste número de Primavera. O nosso convidado é, desta vez, o Professor Rogério Fernandes Ferreira, figura maior da fiscalidade e da contabilidade portuguesa, que toda a comunidade científica e profissional respeita e admira profundamente. A evocação da sua longa carreira de serviço público constitui para nós um exemplo e um estímulo.

É, também, um estímulo e um dever evocar a memória de Paul Samuelson, aqui devidamente dignificada nos excelentes artigos de João Ferreira de Amaral e Fernando Araújo.

Temos também o prazer de incluir um artigo do Professor Constantino Sakellarides e do Dr. João Figueira sobre a questão do "health care", que muito nos honra pela qualidade dos autores.

Do estrangeiro, contamos com a colaboração de Michel Bouvier – amigo e referência desta Revista – e de Bruno Bises.

Os restantes autores nacionais que, em diversas ocasiões, nos deram já o prazer de colaborar são, também eles, a melhor garantia da qualidade da Revista e deste seu número, tão especial para nós.

Duas alterações maiores há ainda a registar: a primeira é a de que a Revista passa a contar com uma nova sub-directora – a Professora Nazaré Costa Cabral – cujo trabalho anterior tem sido, a vários títulos, decisivo para a qualidade e regularidade da Revista; a segunda é a de que, infelizmente, deixamos de poder contar com a Dr.ª Sara Pina, chamada a outros e mais importantes trabalhos. Não nos esqueceremos da sua ajuda no arranque e da forma como fez académicos perceberem o que eram as regras de uma publicação deste tipo. Em seu lugar ficará a Dr.ª Marta Caldas, a quem damos as boas vindas.

# DEPOIMENTOS
## sobre a Revista de Finanças Públicas e Direito Fiscal

*Fernando Teixeira dos Santos*
Ministro de Estado e das Finanças

É com muito gosto que me associo ao número comemorativo dos dois anos de vida da Revista de Finanças Públicas e Direito Fiscal. É de facto assinalável o trabalho do Professor Doutor Eduardo Paz Ferreira e da sua equipa no sentido de dotar a comunidade científica e profissional de um gosto e proximidade pelas áreas das finanças públicas e do direito fiscal nacionais.

De facto, não é todos os dias que vemos nascer uma Revista com esta envergadura e logo sedimentar o seu lugar no debate nacional nas áreas da economia e do direito. Esta iniciativa de criação de um espaço de reflexão e discussão surgiu já numa altura em que não só são questionados os princípios basilares a partir dos quais têm sido regidas as decisões de política económica nas últimas décadas, mas também quando o próprio papel do Estado na sociedade e na economia é posto em causa.

Desde o início da turbulência nos mercados financeiros, no último quartel de 2007, que já dispomos de uma cronologia dos acontecimentos suficientemente longa para a podermos analisar em retrospetiva e com a distância necessária, enquadrando, em particular, as medidas de política económica implementadas para fazer face aos principais problemas resultantes da crise.

Eis uma sugestão e um desafio que deixo à comunidade científica nacional de uma mais ampla e profunda reflexão, discussão e análise dos factos vividos nos últimos anos, como mais uma forma de restabelecer, com seriedade, a confiança dos agentes económicos abalada numa situação de crise aguda e de extrema precaução no que respeita à assunção de risco.

O Estado não deve – e não o tem feito – inibir-se no apoio aos agentes económicos, assumindo, em contraciclo, mais risco na promoção de condições favoráveis à competitividade, substituindo – parcial e temporariamente – o setor privado na liderança da assunção do risco e induzindo uma redução da incerteza para os agentes privados ou, por outras palavras, injetando alguma confiança na economia.

Mas não é totalmente saudável que seja o Estado a liderar a tomada de risco na economia de forma permanente. Esse papel cabe ao setor privado, sendo que o Estado cria as condições, incluindo as regras, para incentivar essa liderança neste mesmo setor.

Os tempos são de grandes desafios. E o Orçamento do Estado para 2010, em conjunto com o Programa de Estabilidade e Crescimento, são instrumentos de ação governativa, que respondem diretamente a esses desafios, com uma proposta de confiança aos agentes económicos, famílias e empresas, assente em dois pilares fundamentais: recuperação da economia e correção das contas públicas.

Para recuperar esta confiança, no plano nacional e internacional, a política económica terá de se concentrar, neste e nos próximos anos, na promoção da competitividade e na recuperação da rota de consolidação das contas públicas, interrompida em 2008 por causa das exigências de combate aos efeitos da crise e pelo funcionamento dos estabilizadores automáticos.

O Governo tem vindo a desenvolver, no curto prazo, diversos programas e iniciativas de promoção da competitividade. Num horizonte temporal mais alargado, a aposta em fatores estruturais como as qualificações, a adoção de estratégias baseadas na ciência, tecnologia e inovação e a provisão de infraestruturas modernizadoras são áreas de atuação do Estado. Neste âmbito, falo de investimento de iniciativa pública virtuoso, enquanto complemento e não substituto do investimento privado. Para ser rentável, em termos de uso dos recursos públicos, o investimento público deve induzir aumentos na produtividade do investimento privado, permitindo às empresas ganhar capacidade de resistência, de inovação, e ou aumentar o bem estar dos cidadãos com a provisão de bens públicos.

No rescaldo da crise, o Governo retoma uma lógica essencial de reequilíbrio das contas públicas que, em 2010, assegura a conciliação entre a manutenção de alguns apoios anticrise excecionais e a necessidade de iniciar, de imediato, uma nova fase de consolidação. Esta conciliação exige contenção e rigor na despesa pública, o retirar gradual das medidas anticrise e a estabilidade fiscal.

A intervenção do Estado na economia é assim fundamental em contraciclo, como ficou aliás demonstrado pelos momentos que temos vindo a viver nos últimos dois anos. O esforço coordenado dos Estados e autoridades monetárias sem precedentes na história económica foi crítico para evitar o colapso do sistema financeiro e atenuar os impactos da crise na economia. Nas restantes circunstâncias, cabe ao Estado um papel, sobretudo, de facilitação, de interação com a iniciativa privada – a principal fonte de geração de riqueza e, por conseguinte, de desenvolvimento e qualidade de vida.

A prática de uma realidade volátil e de decisões rápidas está aí. Agora resta à comunidade académica a análise, com mais tempo, fundamentada das causas e das consequências. Esta revista tem um papel muito importante a cumprir e constituirá, com toda a certeza, um contributo de relevo para as gerações futuras.

*Guilherme d'Oliveira Martins*
Presidente do Tribunal de Contas

No segundo aniversário da "Revista de Finanças Públicas e Direito Fiscal", apraz-me assinalar a sua singularidade e importância no espaço de debate e intervenção das grandes questões ligadas à cidadania fiscal. Singularidade, por combinar duas áreas de reflexão autónomas mas naturalmente interligadas, as finanças públicas e o direito fiscal, e pelas quais a comunidade científica e profissional tem revelado grande apetência. A verdade é que mais do que nunca, estas são duas áreas do direito que mais atenção têm exigido, particularmente agravada pela crise financeira mundial e os seus efeitos económicos e sociais. As finanças públicas estão, pois, no centro das atenções. Destruídas muitas certezas que marcaram as últimas décadas, especialmente no que respeita ao papel do Estado na economia e na sociedade, coloca-se novamente no centro da discussão a velha problemática sobre qual deva ser a dimensão das tarefas que à economia pública cabe desenvolver, mas agora acompanhada de especiais preocupações de qualidade e responsabilidade, que passam pela definição dos princípios que devem presidir à gestão pública e de metas a cumprir quanto à *boa governação*, bem como quanto ao reforço dos mecanismos de controlo e responsabilização.

A "Revista de Finanças Públicas e de Direito Fiscal" tem não apenas dado testemunho desta evolução como tem constituído um centro de debate e reflexão fundamentais sobre os acontecimentos mais marcantes para as finanças públicas e para a fiscalidade, nos planos quer nacional quer internacional.

Para além dos diversos artigos de opinião, de grande diversidade temática, gostaríamos ainda de sublinhar a especial atenção que tem sido dedicada à jurisprudência portuguesa e comunitária, atestada nos muitos comentários realizados sobre as decisões mais relevantes proferidas pelo Tribunal de Justiça das Comunidades, pelo Tribunal Constitucional, pelo Tribunal de Contas e pelo Supremo Tribunal Administrativo.

É inegável a importância que uma revista como esta tem para uma Instituição como Tribunal de Contas, especialmente se tivermos presente a grande responsabilidade que na actualidade lhe está confiada em matéria da auditoria pública.

Pelo papel que desempenha no amplo campo das finanças públicas e da fiscalidade, o Tribunal de Contas procura acompanhar as profundas transformações operadas na evolução da realidade económica e social portuguesa, o que, aliás, se reflectiu mais recentemente na sua organização e funcionamento, levando à sua reforma.

Através deste processo de reforma, o Tribunal de Contas tem procurado não apenas corresponder à necessidade de corrigir algumas situações que obstavam à eficácia e eficiência da sua actuação, como também, e acima de tudo, à indispensabilidade de adaptar a sua actuação ao evoluir da gestão financeira pública (cujos traços fundamentais foram anteriormente referidos), tendo em vista a sua consolidação como órgão supremo de auditoria e de efectivação das responsabilidades financeiras.

Dois anos na vida de uma revista é muito mais do que possa parecer à primeira vista. É o tempo de maturação em que o projecto é lançado e em que se vê como se ganhou asas e ânimo e como começa a fazer-se caminho. Os primeiros sinais são claramente positivos: há grande actualidade nos temas (num momento especialmente agitado, pelos ventos que sopram da crise financeira internacional), há uma criteriosa escolha dos autores e intervenientes, há uma inequívoca qualidade científica nos artigos e há exigência formal no modo de apresentação de assuntos e textos. Que poderemos pedir mais de uma revista? Mais do que repositório ou do que crónica (aqui plenamente assegurados), temos um centro de produção cultural e científica que correspondeu às exigências actuais internacionalmente requeridas. E posso dar público testemunho da muito boa receptividade além fronteiras. O diálogo entre centros de investigação e a consideração da realidade da vida são hoje fundamentais. Citando Wassily Kandinsky, e pensando nas ciências sociais, para além das várias artes, poderei repetir: "lentamente, as várias artes tornam-se capazes de transmitir o que lhes é próprio, e através dos meios que cada uma delas exclusivamente possui". Assim vejo a forte personalidade desta revista, que nos fazia tanta falta – saudando e felicitando especialmente o Professor Eduardo Paz Ferreira, meu velho amigo.

*José Azevedo Pereira*
Director-Geral dos Impostos

---

Tendo-me sido solicitado pelo Prof. Eduardo Paz Ferreira, um texto que evidenciasse a minha opinião relativamente à Revista de Finanças Públicas e Direito Fiscal, que pudesse ser publicado na edição comemorativa do respectivo segundo aniversário, é com gosto que aqui deixo esta nota de apreciação global.

Por uma questão de princípio, devo começar por confessar as minhas limitações para o desempenho da tarefa. Na universidade e nas empresas, com excepção dos últimos dois anos, ao longo dos quais tenho vindo a desempenhar as funções de director-geral dos impostos, o meu percurso profissional encontra-se ligado a assuntos de *corporate finance*, mercados financeiros, finanças imobiliárias e gestão financeira, em sentido estrito. Só lateralmente só os meus interesses se encontraram focados em assuntos de finanças públicas e direito fiscal. Assim sendo, a minha forma de olhar para as temáticas abordadas na Revista de Finanças Públicas e Direito Fiscal tem os inconvenientes e as vantagens que sempre aparecem associados às análises efectuadas por estranhos a qualquer área de trabalho. A falta de proximidade com o meio, que tende a ser geradora de incompreensão face a algumas das suas características específicas, poderá, eventualmente, permitir também um olhar menos cingido às problemáticas correntes, estruturado com base em critérios de apreciação que são tributários daqueles que norteiam a produção de conhecimento científico e técnico numa área diversa.

No editorial do primeiro número da revista, o Prof. Paz Ferreira definiu-a como "um espaço de debate e intervenção" que perfilha a "ambição de aprofundar as questões da cidadania fiscal". Passados que se encontram dois anos, a primeira nota que importa salientar aqui vai precisamente no sentido de elogiar a variedade das posições apresentadas pelos autores dos contributos até agora publicados. A discussão de ideias é um valor que intrinsecamente se deve prezar e que constitui a base para o progresso de qualquer área do conhecimento. Ora, se bem que até ao momento dificilmente possamos afirmar que esta revista constitui um exemplo paradigmático da expressão de opiniões radicalmente dispares, as posições assumidas pelos autores constituem contributos dos próprios para um grande debate em torno das questões da cidadania fiscal no nosso país. Ou seja, os oito primeiros números da revista permitem afirmar, sem qualquer sombra de dúvida, que, neste domínio, nos encontramos perante uma aposta ganha. Efectivamente, a publicação de mais de duas centenas de intervenções escritas, de cariz técnico, num período de apenas dois anos é um feito notável, num país onde, por via de regra, existe alguma resistência à produção de pensamento escrito.

Paralelamente, a revista afirma-se desde a sua criação como um espaço de cruzamento das ideias das comunidades académica e profissional. Também aqui o sucesso me parece inquestionável, uma vez que a capacidade de atrair profissionais do sector à publicação de contributos tem sido uma constante a todos os números até agora publicados.

Uma vez constatado o sucesso, importará também deixar alguns elementos de reflexão relativamente a aspectos que podem constituir potenciais alvos de intervenção editorial futura. Um primeiro, para mencionar um factor atípico para quem tem trabalhado noutra área de conhecimento académico. A revista assumiu desde a sua fundação o compromisso "de se nortear apenas por critérios de qualidade científica". Normalmente, a nível internacional, tal desiderato consegue-se com recurso a processos de *"blind refereeing"*, independentemente dos artigos terem origem no meio académico ou no meio profissional. Aqui tal passo não parece ter sido dado. Depois, importa notar a existência de uma preocupação de integrar, na mesma publicação, questões conceptuais com assuntos do "dia a dia" das áreas de interesse da revista e, em particular, com assuntos do "dia a dia" da Faculdade de Direito de Lisboa. Por último, fará sentido mencionar que do primeiro editorial, me ficou uma noção intuitiva de que constituiria objectivo da revista registar um relativo equilíbrio entre artigos dedicados a ambas as suas principais áreas-alvo da intervenção. Observando, o historial de publicações até agora efectuadas verificamos um claro predomínio das publicações no domínio do direito fiscal, assumindo as questões de finanças públicas um peso relativo claramente menor.

Importa, no entanto, salientar que nos encontramos em presença de opções editoriais respeitáveis, que naturalmente não merecem contestação, mas que para um observador exterior ao meio são "atípicas", em revistas com aspirações de natureza académica.

De qualquer modo, a apreciação global não deixa de ser francamente positiva, pelo que me resta apenas deixar uma nota de parabéns e de franco incentivo à continuação do trabalho até aqui produzido.

*Paulo Moita Macedo*
Vice-Presidente do Conselho de Administração
Executivo do Millenniumbcp/Docente Universitário

Referia o Prof. Doutor Eduardo Paz Ferreira no seu editorial do primeiro número da Revista de Finanças Públicas e Direito Fiscal: "A Revista de Finanças Públicas e Direito Fiscal constitui um espaço de debate e intervenção, não no sentido de se assumir como um instrumento de um projecto político ou ideológico, mas na ambição de aprofundar as grandes questões da cidadania fiscal".

Neste seu segundo aniversário é da mais elementar justiça atestar que aquele objectivo foi já plenamente atingido e salientar o papel que a Revista tem vindo a desempenhar na análise e debate dos grandes temas da actualidade nestas matérias. Numa altura de crise global, em que o Estado abdicou de outros instrumentos de política económica, mais do que nunca é importante o debate e a reflexão tendo em vista o adequado funcionamento do nosso sistema fiscal.

A Revista desempenha assim um papel fundamental quer pela importância dos temas em causa, quer pela importância que a reflexão escrita tem na busca pelas soluções mais adequadas aos desafios com os quais o país se confronta.

A Revista já se afirmou pela qualidade dos seus conteúdos, pela actualidade dos temas abordados, pelo contributo para o debate entre os especialistas e não só, valorizando a instituição que a promoveu, o Instituto de Direito Económico, Financeiro e Fiscal da Faculdade de Direito da Universidade de Lisboa (IDEFF), e provando que é possível lutar contra a tradição (infelizmente) instalada em Portugal de criticar por criticar, de desistir antes de começar, de resignação ante um inevitável e imutável destino.

Complementando de uma forma aberta, e extravasando o espaço muitas vezes (pelo menos aparentemente) hermético do Direito, as diferentes e diversificadas iniciativas do IDEFF – debate, formação, conferências – têm contribuído decisivamente e de forma integrada para a aproximação da Universidade à sociedade civil, sem abdicar do rigor. Ambos os casos são, claramente, casos de sucesso.

As minhas palavras finais são dirigidas ao Prof. Doutor Eduardo Paz Ferreira, que quero felicitar pela tenacidade e dinamismo com que tem inspirado e contribuído para a concretização de ambos os projectos, optando pela exposição e abertura ao debate, quando seria sem dúvida mais cómodo resguardar-se à "sombra" da sua cátedra.

*José Guilherme Xavier de Basto*
Professor Aposentado da Faculdade de Economia
da Universidade de Coimbra/Fiscalista

---

A *Revista de Finanças Públicas e Direito Fiscal,* cujo primeiro número se publicou na Primavera de 2008, vem-se afirmando como uma publicação de elevada qualidade, indispensável a todos os cultores do Direito Económico, do Direito Financeiro, do Direito Fiscal e das Finanças Públicas.

Combinando equilibradamente estudos teóricos, de direito e de economia, com comentários de jurisprudência, recensões e notas sobre actualidade académica, empresarial, e de administração pública, a Revista conquistou, no curto espaço de um ano, um lugar de muito relevo na literatura portuguesa sobre estas matérias.

O Professor Eduardo Paz Ferreira, que reuniu, sob sua orientação, no IDEFF da Faculdade de Direito de Lisboa, uma plêiade notável de especialistas, é seguramente credor das mais vivas felicitações no segundo aniversário da *Revista de Finanças Públicas e Direito Fiscal,* que em boa hora lançou.

*António Menezes Cordeiro*
Professor Catedrático da Faculdade de Direito de Lisboa

---

A crise económica de 2007/2010 marcou o retorno do Direito ao palco dos eventos planetários. A Ciência Económica – ou parte dela – previu a crise, embora não tenha anteolhado as suas consequências e a sua dimensão. Mas não foi convincente ou não teve meios para impor as medidas de regulação e de controlo que a poderiam ter contido. Com os mercados deprimidos, as exportações em queda, as empresas em quebra e o desemprego no vermelho, coube às leis intervir. Os gestores, que nos juristas viam obstáculos internos a superar, apelaram às leis e ao Direito, como último recurso para deter a derrocada do sistema. Quanto ao Estado: relegado para o segundo plano por uma Filosofia da desregulação, ele foi subitamente solicitado, por todos os lados, para acudir ao que parecia o implodir do sistema de mercado: algo que mais de um século de movimentos de todo o tipo nunca lograra. O Estado interveio, por todos os meios ao seu alcance. E, como competia, fê-lo com cobertura jurídica e, quando necessário, criando leis. Embora ainda a quente, podemos já afirmar que a economia global sobreviveu graças à actuação das sociedades humanas organizadas: do Estado e das suas leis.

Num prisma jurídico, a crise solicitou os diversos ramos do ordenamento, com especial atenção ao Direito da economia, ao Direito financeiro e ao Direito fiscal. Pressupõe-se uma boa preparação económica: as intervenções são cirúrgicas e exige-se eficiência. A RFPDF acudiu, neste cenário, e deu respostas. Ancorada na maior Faculdade do País – e uma das maiores da Europa – e assente num grupo de professores – o de Ciências Jurídico-Económicas – rejuvenescido e em plena expansão, a RFPDF viria sempre preencher um lugar-chave. Mas o momento em que chegou ao seu exigente público mais acentuou a oportunidade: o Direito e a Ciência Económica unem-se para enfrentar os actuais desafios do Planeta. A variedade e a excelência dos estudos, postos à disposição do público universitário e de todos os interessados, falam por si. Dois anos cheios, em páginas substanciais e de boa apresentação gráfica, que cumpre reler. Ao seu ilustre Director, Prof. Doutor Eduardo Paz Ferreira, aos seus colaboradores, aos seus articulistas, aos seus patrocinadores, à sua Editora, aos seus assinantes e aos seus leitores desejamos, após estes dois anos de afirmação, a continuação da excelente jornada.

# CONVIDADO DE PRIMAVERA

# COMENTÁRIOS ÀS NIC

**ROGÉRIO FERNANADES FERREIRA**
*Professor Catedrático Jubilado*

*Como não acompanhei os trabalhos das alterações que se operaram com a criação do SNC e a revogação do POC, bem como os relativos às alterações legislativas com vista a conciliar as novas soluções contabilísticas com o Código do IRC. Também não acompanhei os trabalhos das mudanças dos Estatutos da CTOC e a transformação em Ordem. Por tudo isto, entendi dever centrar este texto em aspectos críticos, aliás na mesma linha de estudos que antes vêm apresentando. Não tem sido habitual aparecerem estudos críticos sobre esta matéria no nosso País[1].*

## I. Introdução

Em estudos anteriores fixámo-nos, em particular, na acentuação das diferenças entre o POC e as NIC[2] que nos pareceram de maior vulto. Designadamente, temos comentado aspectos relacionados com os pontos seguintes:

- terminologia utilizada na versão das NIC em português;
- novos conceitos de activo, passivo, provisões e abandono de conceituações bem aferidas de custo e despesa e de proveito e receita, passando a utilizar-se os vagos termos "rendimentos" e "gastos", em contraponto um do outro;
- aparecem, agora, no balanço elementos que antes não figuravam no activo, no passivo e no capital próprio (todos os acréscimos

---

[1] O Professor Lopes de Sá tem apresentado igualmente críticas ponderosas, não só em Portugal mas em outros países, em particular do Mundo Latino.

[2] Usam-se neste texto siglas diversas, desde a de "NIC" no título, e muitas outras que não nos parece dever explicar, dado o seu uso já muito comum.

derivados do alargamento conceitual de activo, de passivo e capital próprio);
• traduzem em bens adquiridos pelas empresas, mas, sim, valores fixados em termos de rendimentos futuros relativos a contratações em carteira a preços que se prevêem gerarem aumentos de lucros futuros;
• alusões a problemas que se colocam aos técnicos de contas quando procuram contabilizações na base agora do SNC e em particular na transição do POC para SNC;
• problemas da passagem de *valorimetrias (mensurações* como agora se pretende dizer) na base do *custo histórico* para valorimetrias a *justo valor* e a *valor real actual;* nesta matéria, aliás, a inovação é significativa e gerará problemas, pois os critérios do *justo valor* e do *valor real actual,* ao contrário do do *custo histórico,* são fortemente subjectivos (o critério do *valor real actual* é de difícil determinação, mas as NIC dão-lhe tal relevo que o integram no próprio conceito de Activo, o que de outras vezes nos conduziu já a comentários pertinentes[3]).

No depoimento que ora nos foi solicitado entendeu-se de continuar a apresentar mais alguns comentários à matéria da valorimetria (mensuração), pois é a que mais preocupará os profissionais. Por isso, temos acentuado os inconvenientes que resultam da utilização de critérios de valorimetria agora preferidos, pois, daí, surgirão juízos distintos dos que antes se retiravam da contabilidade.

## II. Não a mais "justo valor" e a "valor real actual"

As NIC que passam a adoptar-se conduzem a valorizações sob o critério impropriamente chamado de *justo valor,* a registar em *resultados* ou em rubricas de *capitais próprios* chamadas de *ajustamentos*. Julga-se, assim, que se conseguirá mais verdade na contabilidade do que

---

[3] Matérias enunciadas nas alíneas supra foram por nós apreciadas em outras ocasiões. No nosso livro *Depoimentos,* ed. da APECA, focamos, a pág 21, os nossos demais livros onde em particular nos ocupámos do tema da Normalização Contabilística.

nas opções tradicionais, que apresentavam os valores finais do balanço (situação patrimonial) na base de custos suportados e proveitos alcançados. Proveitos estimados, a concretizar no futuro, não se contabilizavam; mas, pelo *princípio da prudência*, admitia-se, contar perdas estimadas, a comprovar ou a corrigir, no futuro. A valorimetria assentava no custo histórico, advindo do passado, em relação a bens existentes. Assim, ganhos por realizar só se registariam concluídas que fossem as operações.

A prática nova, de utilização dos critérios do *justo valor* e do *valor real actual* irá gerar problemas. Porquê? Passam a valorizar-se meras expectativas, tomando-as como realidades. Isso trará enganos e aumentará controvérsias. Será perigoso validar ou testar contabilidades nestes termos. E ocorrências nefastas já verificadas confirmam quão perigoso foi contar expectativas em vez de realidades. Haveria, pois, que contabilizar só o ocorrido.

Critérios e metodologias apelidadas de úteis, sê-lo-ão, sim, mas englobadas em outras análises, em estudos sob áreas de projecções de futuro provável. Mas isso não é já papel a desempenhar pela contabilidade (*stricto sensu*)

### III. O valor real actual é uma opção desacertada

No ponto anterior criticam-se os apelos das NIC à valorimetria dita de *justo-valor* e também de *valor real actual*. Esta última opção é mudança que assenta em nova conceituação de activo trazida pelas NIC.

Na verdade, a nova definição de Activo conduz os peritos de contabilidade a valorizações ditas a *valor real actual* – meta inatingível –, algo controversa – hipótese de trabalho plena de dificuldades. Com efeito, se se define que um activo é recurso controlado pela empresa, em resultado de acontecimentos passados de que se espera obter benefícios económicos futuros, encarar os elementos patrimoniais nesses definidos termos conceituais impõe cálculos estimados de valores futuros à data de referência, data em que tais valores serão, de todo em todo, controversos e incertos. Esta nova conceituação sobre o valor dos activos é realmente preocupante. Enquanto na contabilidade tradicional se buscava apurar as ocorrências passadas que conduziam a alcançar certo resultado e dada situação patrimonial, a nova contabilidade procura apurar resultados e valores patrimoniais remanescentes no fim do período de gestão apreciado, na base do futuro, que se desconhece, mas que se quer postular. Tal mudança paradigmática, quanto a nós, é francamente subversiva e gerará incompatibilidades insanáveis.

Modificar a valorimetria de um activo, que custou $X$ e que por esse valor figurava na contabilidade tradicional (enquanto não se transformasse, não sofresse desgastes ou não se vendesse), passando a valorizar esse activo por $Y$ (valor estimado em função dos benefícios esperados de tal bem, no futuro) é, repete-se, opção perigosíssima. Importa acentuar que assim, se caminha para forte subjectivismo, e entra-se no advinhatório. Acresce que procurar actualizar o futuro imporá constantes alterações. À medida que o tempo decorre, o futuro segmenta-se, em parte passa a passado e em outra parte será presente, que logo se esgota, e novo futuro. O valor que foi futuro deixa de ser e de condizer. Passa a passado e a outro futuro, de novo a visionar. A contabilidade tradicional era base aceitável para as previsões do futuro, mas "pegar no futuro e torná-lo presente" será privilegiar o incerto. Cai-se em mudança paradigmática aliciante, que parece louvável, mas que é prejudicial, pois enxerta conjecturas na contabilidade e dá aso a "malabarismos" diversos.

Será útil formular projecções do futuro e convertê-las em valores reais actuais, isto é, em valores presentes. Porém, imbricar visão futura no "passado – presente" será actuação dinâmica que não introduziríamos na contabilidade, pois sempre considerámos esta como situacional e ponto de chegada para reflexão futura. Pode-se, de facto, comparar presente com futuro, mas contabilizar o presente em termos futuros é dinâmica que acarreta variados problemas, precisamente porque conceber como actual o futuro é metamorfosear em actual algo que não o é. O futuro é incerteza conjecturável de vários modos, não de um só. Escolher, eleger um só futuro contraria a ideia de futuro. Exemplificando de novo: uma empresa adquiriu dada realidade a um preço $X$ no qual há uma parcela, fracção de $X$, que correspondeu a *goodwill*. Pergunta-se: como alterar essa fracção de $X$ para um valor real actual em outro momento, posterior? O valor desse *goodwill* adquirido no passado em todos os anos seguintes viria a estimar-se diferentemente. Eis "trocas e baldrocas" nada fáceis. E há outras questões: como determinar o *valor real actual* de cada bem integrado no conjunto *Activo Fixo Corpóreo*? A interdependência entre os variados bens existentes em cada momento e demais realidades gestivas não permitem isolar em valores reais actuais as parcelas do todo.

Mesmo a determinação de valores reais de activos dotados de autonomia revela-se difícil. É o caso dos ora designados pela infeliz expressão *"Propriedades de Investimento"*. Que tempo de vida? Que rendibilidade ocorrerá nesse tempo? Que taxa de risco? Que taxa de juro calculatório a utilizar? Que inflação ocorrerá? Que estabilidade ou instabilidade se encontrará? Os prosélitos destas novas conceituações contabilísticas encontrarão respostas inteligentes para todas estas interrogações. Os velhos do Restelo já são cépticos, mas, precisamente, porque conheceram os êxitos e fracassos de experiências passadas.

### IV. Viragens na contabilidade e na profissão (mais algumas reflexões)

Aos colegas de profissão está a ser sublinhado que as alterações recentes do chamado SNC, com as adaptações de conciliação do Código do IRC, serão o caminho que propiciará mais ensejos para práticas melhores ou mais adequadas. Duvidamos disso, mas acentuamos que os propósitos de quem desenhou e conseguiu que vingasse a ideia da normalização contabilística internacional terão sido os de acabar com divergências nas contabilidades elaboradas em cada País.

Princípios que para as contabilidades das empresas e demais instituições económicas se recomendam nas NIC eram, de há muito, tomados em consideração na *economia da empresa* e nas *teorias de gestão*. Mas vazar os novos princípios na teoria e na prática contabilísticas virá, porém, a gerar práticas com alguns outros perigos, como se passa a explicar.

Os princípios tradicionais da contabilidade conduziam a registar bens adquiridos e produzidos, enquanto não vendidos, pelos seus valores históricos ou de aquisição. Com as NIC, impõem-se outras orientações e, com elas, quer guindar-se a profissão do contabilista a novos patamares. Passam a utilizar-se, na contabilidade, procedimentos inovadores, designadamente a utilização de *justos valores* e de *valores reais actuais*, maior patrimonialização de intangíveis, mais ajustamentos em capital próprio, mensurações de "imparidades", de impostos diferidos, de obrigações (dívidas) ditas construtivas, de novos instrumentos financeiros (etc.) As empresas de maior dimensão, ou mais evoluídas, já elaboravam informações amplas e multifacetadas, mas fora da contabilidade digráfica (ou *stricto sensu*). No meu livro, Normalização Contabilística (editado em 1984), dava-se já conta da grande riqueza da informação que poderia colher-se de uma contabilidade mais evoluída, mas acentuava-se que tal contabilidade era *lato sensu*. Seria, numa parte, extradigráfica, onde se apresentariam informações e cálculos, quer retirados da contabilidade digráfica, quer de elementos compilados e elaborados fora dessa contabilidade. Toda esta lata informação era obtida e tratada por equipas de gestão em empresas de maior dimensão, e não por um só profissional responsável (um TOC).

Mas outras questões poderão observar-se ainda, como é o caso de o técnico oficial de contas, em regra, trabalhar em regime de profissão liberal ou em empresas dedicadas a mais áreas (gestão, fiscalidade, seguros, etc.). E técnicos oficiais[4] de contas há que, com seus auxiliares, processam dezenas ou centenas de contabilidades. Atendendo ao exposto, poderá estar a conferir-se responsabilidades excessivas a dados TOC, por trabalhos executados sob programas complexos com processamentos de relevação contabilística que passam a ser na base de delicados critérios e de novas "mensurações". E se responsabilidades demasiadas forem atribuídas aos TOC pode acabar-se em as tornar inócuas, não se provando, em substância, quais os autores materiais de erros e até de falsificações (o TOC poderá ser bode expiatório...).

Há casos de grupos empresariais, com SGPS onde se consolidam todas as contas das empresas agrupadas, não podendo, um só TOC, materialmente, formular e elaborar movimentações contabilísticas e cálculos previsionais, conjunturais e situacionais, para apurar valor actual do

---

[4] A expressão *oficiais*, que nas fases de lançamento foi útil apoio, agora terá menos sentido. Hoje até pode usar-se, sem pruridos ou negações de antes, a expressão *contabilista*. Aliás, no futuro, a expressão *contabilista* pode transfigurar-se e deixar de usar-se, como aconteceu a escrituração, guarda-livros, escriturário. Importa observar que as escolas superiores onde a contabilidade hoje se ensina são também escolas de ensino de administração ou gestão pelo que quem nelas realiza os seus estudos não é só perito em contabilidade mas também em outras áreas da gestão A sua actividade concreta pode centrar-se mais ou menos numa das áreas, ou em todas. Uns optarão por serem generalistas, outros por especialistas e outros, nas suas práticas profissionais, exercerão actividades de ligação, de fronteira, de coordenação.

património e dos resultados. Atribuir a um só TOC o cumprimento de regras e formalismos de um trabalho contabilístico sofisticado, como é o das grandes empresas, manifestar-se-á verdadeiramente desajustado. Um só TOC não poderia, nem deveria, em muitos casos, assumir os ónus e responsabilidades sobre o vasto conteúdo e respectivo valor atribuível a enorme somatório de complexas realidades configuradas numa rede contabilística extremamente ampla.

A assinatura de um só TOC, em responsabilização do declarado por dada empresa, instituição ou agrupamento empresarial revela-se, pois, um verdadeiro exagero. Nenhum julgador consciente poderá, depois, atribuir culpas efectivas ou aplicar penalidades. Não é possível, a nenhum humano, conhecer o conteúdo real da diversidade de informações assentes em opções a partir de critérios cada vez mais problemáticos, fixados em valorimetrias (ditas a "justo valor" ou a "valor real actual"), sujeitos a imparidades, amortizações, provisões, ajustamentos de capital próprio (etc.). Estas matérias assentam em estudos e juízos técnicos de complexidade extrema, a ponderar por equipas, de vários especialistas e com capacidades diversas.

Em casos de frequentes alterações nos preços de mercado ou das previsões de "valor futuro actualizado" de activos, passivos, capital próprio, resultados líquidos, ou em casos de apuramentos especiais como os relativos a impostos diferidos, activos e passivos contingentes, provisões, a generalidade dos TOC não está sequer suficientemente capacitada sobre todas essas delicadas questões em concreto. Embora, naturalmente, compita a um TOC ponderar o que lhe for apresentado, mesmo que isso se mostre razoavelmente explicitado, não será fácil um juízo único e absoluto do que acabará por aparecer integrado na contabilidade (e na fiscalidade), a cargo do TOC. É que, insiste-se, o mundo actual exige trabalho de equipa e maior especialização de tarefas, em particular nas empresas de maior dimensão, com a ora exigente submissão a normas internacionais de contabilidade e até a outras de naturezas diferentes. Repetimo-nos, mas temos de acentuar, com veemência, que será difícil a um TOC responder perante as complexas solicitações que hoje se exigem na gestão empresarial (*v.g.* estratégia de gestão, gestão ambiental, cálculos actuariais sobre pensões de reforma, previsões orçamentais e estudos sobre riscos e oscilações nas operações de bolsa e em contratos de futuros).

As experiências de vida e de profissão têm-nos conduzido a concluir que, em geral, não são os sistemas ideados que falham, mas, sim, as pessoas a quem são conferidas as responsabilidades de os pôr em andamento ou de os executar. Ocorreram significativas mudanças na vida social e, hoje, valores tradicionais (de honra e ética) acabam por escapar às largas malhas de formalismos e de conceptualizações que se sobrepõem às substâncias das realidades, levando a decisões baseadas em inverdades. Eis, por isso, muito maiores dificuldades – reais – na assumpção de uma responsabilidade autêntica.

Aprofundar questões como as expostas seria útil. Conviria a existência de debates, conhecimentos, experiências, juízos realistas, cultura real, ética, em sessões de estudo entre profissionais envolvidos nestas questões do mundo actual. Um verdadeiro especialista é já quem sabe também sobre o que, na generalidade, é de contar em actividades específicas, articulando afinidades diversas de tudo o que é interligável. Em síntese: atribuir a dado técnico (demasiadas) responsabilidades na certificação de trabalhos complexos, realizados por equipas de gestão, exigiria debates profundos, e não meras recitações. Há que atentar em pontos como, por exemplo, os seguintes:

- os gestores fornecem os dados, as informações e os documentos relativos à contabilidade a ser executada;
- o TOC fará a contabilidade, segundo a documentação recebida e os factos a ela relatados pelos gestores da instituição gerida, registando-os (em caso de aceitação do que lhe é apresentado);
- a forma advirá do TOC, dos seus saberes e juízos, mas a substância advirá dos gestores (e seus variados colaboradores).

Para além do exposto nos pontos anteriores, assinala-se que a contabilidade era um registo do que ia ocorrendo. Com base na leitura e estudo dos dados contabilísticos sobre o passado, a evolução ocorrida, os analistas articulam e estudam esses elementos, concebem ou conjecturam cenários futuros plausíveis, delineiam e programam acções e ponderam registos históricos contabilísticos e projecções convindo, porventura, que os dados históricos sejam os que vinham sendo representados na contabilidade (histórica ou stricto sensu)e os previsionais e de outras naturezas figurariam noutros subsistemas de informação. Na verdade, enxertar, na contabilidade, resultados futuros, englobando-os nos activos e passivos actuais, será criar cenários, naturalmente não realistas, uma perspectiva de conjuntos de valores futuros esperados que ninguém pode comprovar. Tomar projecções (sonhos) como realidades passadas será erro e abuso, prática ambiciosa, algo insaciável que quer tomar o futuro incerto como realidade já actual.

Tenho pena de não conseguir intervir, um pouco mais que fosse, num bom caminho futuro. Receio que os responsáveis não emendem a mão e que trágicos desenganos apareçam, e fora do tempo próprio... .

## V. Um erro colossal

Acha-se útil voltar neste artigo a temática a que já se aludira nos nossos primeiros estudos sobre as NIC. Estas, no seu contexto geral, apresentam ambição excessiva, embora extremamente sedutora, para profissionais responsáveis pela missão da normalização internacional da contabilidade. É que pretenderam eleger a contabilidade a novos patamares, mas que, no rigor das divisões de ciência e das práticas de gestão, a ela não pertencem. Estamos a querer referir que a missão máxima terá sido conseguir que a contabilidade mostre o *valor da empresa*. E, assim, procuraram estabelecer-se princípios e regras que viessem a possibilitar atingir tal desígnio. Eis o erro! Dele resultou a eleição de conceitos contabilísticos que, diremos, indevidos, desde logo porque, no Activo, passaram a figurar-se valores reais actuais apurados sob cálculos económicos assentes em estimativas acerca da evolução futura. Ora, a contabilidade tradicional (com séculos de existência) e o seu balanço (tradicional) não podia e não se queria que desse o "valor da empresa".

Criou-se um problema: a opção futura deveria ser não resolver o problema e sim sair dele. A contabilidade definira-se como a técnica e/ou a ciência (consoante se queira) da relevação patrimonial, tendo, além do mais, como objectivo, apreciar, avaliar, registar o património. Isto, todavia, não quer significar que o valor da empresa seja o valor do "património (contabilístico)". O balanço deve apresentar o património existente (da empresa, da entidade ou da pessoa a que o balanço respeita), à data a que se reporta, mas *o valor do património e o seu apuramento na contabilidade não corresponderá, ou não coincidirá, com o valor da empresa*, que é outra realidade e não só património.

Quem conhece nossos trabalhos lembrar-se-á que sempre acentuámos, e justificámos, que uma empresa é muito mais do que o seu património (pelo menos, património em sentido tradicional). Será muito mais e tanto mais do que o expresso na contabilidade, se acaso a capacidade de gerar ganhos futuros for positiva. Os gestores e economistas acentuam que o valor de um bem depende do rendimento que dele se espera. Porém, não se pode, ou não se deve, assumir que os rendimentos futuros a alcançar por uma empresa, actualizados para dado momento, sejam, intrinsecamente, património integrável (isto numa contabilidade assente em tradicionais princípios contabilísticos).

Aceita-se que a evolução, ou a moda, nos tempos presentes e as orientações de leitura das chamadas NIC, apontem no sentido de as empresas englobarem, como seu património, não apenas os bens e direitos adquiridos e as dívidas assumidas, mas também os valores correspondentes a estimações de rendimentos que se admitam de possível obtenção no futuro. Porém, esta ambiciosa opção contabilística é objectivo inadequado, que coloca a contabilidade em conflituação com outras disciplinas e com metodologias mais versadas ou mais dirigidas à avaliação das empresas.

É que, – salientamos –, a empresa não é só património, e concluímos que, na contabilidade *tout court,* é prejudicial, enganoso e mistificador inserir elementos que não pertençam ao foro contabilístico tradicional. Acentuamos que tais elementos são preciosos para aquilatar sobre a validade da gestão e a marcha da empresa, seu valor criado e suas potencialidades. E, assim, os gestores e analistas das empresas, onde se integram os peritos da contabilidade, indispensáveis nos elencos ou equipas da gestão empresarial, têm de dar atenção a factores não patrimoniais que potenciam o patrimonial e permitem às empresas riqueza, criação de valor e expectativas de melhores lucros. Porém, merecer atenção é uma coisa, mas alterar o conceito do balanço patrimonial (tradicional) para englobar nele, como património e capital próprio da empresa, potencialidades futuras de ganhos ou valorizações das pessoas que, na empresa, estejam a exercer actividades são outras coisas. Tal mistura conduz a equívocos, suscita confusões e complexidades e retira clareza e transparência à contabilidade.

Não nos importamos, pois, de repetir que denotamos excessos (interesseiros?) e desadequações (fundamentalismos!) nas ambiciosas opções das NIC. Haverá, um dia, que rediscutir as motivações das NIC, no que nelas se afasta das anteriores regras prudenciais, que impediam os empolamentos dos balanços e dos resultados e que, agora, passarão a alcançar-se com a utilização de valorizações de activos em função de expectativas de benefícios económicos futuros.

## VI. À guisa de conclusão

Todos os profissionais que estudaram o que é a teoria *geral da avaliação de empresas* e, depois, se dedicaram a elaborar ou a apreciar estudos sobre casos concretos bem terão concluído que o valor final apurado em cada avaliação é algo que não deixa de ser controverso. Anota-se também que uma elaboração, mesmo que não rigorosa, de trabalhos sobre avaliação de empresas é demorada, e sempre controversa. E é tão dispendiosa que era, apenas, feita em casos em que tal se tornasse de todo necessário. São casos de avaliação de um todo ou de parte apreciável de posições sociais, casos de questões fiscais, heranças ou legados, litígios entre sócios ou em negociações para fins de fusão e cisão. Fora desses casos relevantes raramente se efectuavam estudos circunstanciados e anunciadores do valor real de dada empresa. Exactamente porque afirmar o valor, real, único, verdadeiro de uma empresa era maneira de se perder credibilidade.

Com o exposto pretende-se declarar que apurar o valor real actual de cada empresa na contabilidade digráfica, no fim de cada exercício, constitui opção efectivamente cheia de dificuldades. Assim, não se entenderá muito bem que ao TOC se passe a exigir (toda) a responsabilidade nestas matérias, em particular devido à pretensão de inserção de valores reais actuais na contabilidade que, de acordo com as NIC, passa a ser opção contida nos "fechos anuais da contabilidade"[5] (*)

---

[5] Mais se observa que caso as contabilidades passassem a utilizar, em termos sistemáticos, o critério do *valor real* actual, obrigadas ficavam a estar sempre a mudar de referência e passavam a assentar em previsões extremamente mutáveis e falíveis. Pessoas diferentes opinam diferentemente. Apurar-se-iam valores divergentes para iguais bens (ou serviços). Assumir-se-iam assim vários valores reais actuais.

(*) Junta-se sobre o assunto Adenda de excertos publicados em *Fiscalidade e Contabilidade* (ed. Notícias, pág. 349 e 345 e segs.). Mas já em 1961 escreveramos sobre o assunto – cf. Balanços (junta-se excerto desse nosso livro – Adenda II).

# ADENDA I (*)

## SOBRE O VALOR DA EMPRESA
### Rogério Fernandes Ferreira

Pelas antigas teorias contabilístico-financeiras avaliava-se uma empresa pelo seu património contabilístico (corrigido ou não) existente à data da avaliação, ao qual se adicionava um valor complementar (o chamado *goodwill*). Era uma forma de encontrar o valor da empresa, nada desprovida de bom senso.

Especialistas experimentados utilizavam, todavia, simultaneamente, várias formas de avaliação de empresas, ponderando todas elas e em particular os desvios entre elas, seleccionando depois um valor intermédio entre o valor colhido directamente na avaliação do património e o valor da empresa apurado por critérios de rendimento. Estimavam-se igualmente margens de risco e expectativas dos negócios, dando o devido relevo ao desvio maior ou menor entre a riqueza material concretamente existente e o rendimento que dela se pode esperar no futuro.

Com a actual sofisticação técnica disponível e as maiores facilidades calculatórias, os apuramentos tornaram-se mais elaborados, ainda que muitas vezes os valores apurados sejam negados no futuro pela realidade.

Sem entrar em debates sobre as metodologias, anotamos, todavia, que a teoria financeira actual vem sublinhando que uma empresa vale pelos "cash-flows" que gera. Aceita-se este singelo enunciado mas já se repudia que seja afirmado não terem de considerar-se, simultaneamente, lucros e património, nem, como já se tem visto assinalar, "que uma empresa que não gera *cash-flows* não vale nada ...".

Quem tem conhecimentos sobre a formação do valor das empresas estará melhor habilitado para compreender as flutuações operadas nas

---

(*) Excertos de *Fiscalidade e Contabilidade*, ed. Notícias, ano 2003, pág. 345 e seg. e pág. 349.

acções das sociedades ao longo dos tempos. Sente-se, todavia, convir sublinhar que nenhuma entidade externa à empresa se deveria considerar suficientemente competente para julgar o valor de uma coisa complexa como é uma empresa com passado, presente e futuro.

Verificações *a posteriori* de muitos casos concretos mostraram-nos sempre erros diversos, estimativas que não se atingiram ou se excederam. Só mais tarde, quando o futuro for passado, se verificam os desvios – erros na previsão ou falhas na "realidade prevista".

Curiosamente, as empresas que se apresentam com alta rendibilidade ou goodwill extremamente alto estão condenadas, por natureza, a desvalorizações posteriores. Por isso é grande o risco quando o goodwill se manifesta alto. E, no futuro, quase forçosamente, baixará. Já uma empresa que se apresente com baixa rendibilidade ou goodwill reduzido pode apresentar, porventura, mais potencialidades, a visionar, a descobrir. Porque nesses casos mais fácil poderá ser atingir melhores metas. Mas haverá empresas de tal modo deterioradas, moribundas, que só a morte lhes resta. Porém, até nesses casos, há que admitir o aparecimento de "medicina" salvadora.

Ao longo de decénios focámos erros cometidos em avaliações apresentadas, pondo em causa metodologias que sucessivamente apareciam.

Merecem comentário e suscitam crítica afirmações de que uma empresa não vale se não vende e se não lucra ou que o valor é dado pelo rendimento. Quanto à afirmação de que um elemento patrimonial que não possua aptidões para produzir rendimentos não terá "valor (de rendimento)", dir-se-á que isso não equivale a dizer que não tem (nenhum) valor. Tê-lo-á, sob outra perspectiva.

Exemplificando: Um stock de ouro não renderá mas pode ser trocado por dinheiro, logo, tem valor. O próprio dinheiro em caixa ou em depósito sem juro nada rende, mas nem por isso se pode dizer que o dinheiro não vale, sabendo todos que o dinheiro é o instrumento geral de trocas, a referência de valor.

Assim, deve afirmar-se que o valor de uma empresa pode ser aferido tanto em termos do seu património (valor patrimonial) como pode ser igualmente aferido em função do rendimento que tem propiciado (valor de rendimento obtido) ou aferido pelo rendimento que pode propiciar (valor de rendimento esperado).

Então qual o valor de rendimento? O do passado ou o do futuro? Muitos afirmam que o ocorrido no passado pode não verificar-se ou que no futuro se poderá obter mais rendimento e isso é que importa considerar.

Só que o passado será sintoma de futuro credível e previsões desligadas daquele podem não passar de desejo. Uma perspectivação do futuro sem atender ao passado será ilusória.

Por outro lado, se se visionam potencialidades de altos lucros, não pode esquecer-se que se por trás delas não existe substância que a fundamente e se não há património em que o valor de rendimento se corporize, a possibilidade de erosão do rendimento cresce (grandes ganhos despertam o aparecimento de concorrentes).

Procurando objectividade, os avaliadores tomam então em conta nos seus cálculos taxas de juro e de risco que acabam, quase sempre, na base de pressupostos de ordem diversa que, naturalmente, são objecto de controvérsia, acabando o valor do negócio por resultar de propostas e contrapropostas em que cada parte interessada faz valer sua força e capacidade de negociação.

Em tudo isto contam convencionalismos, oportunidades, regras. Todos sabem que as bases de cálculo são falíveis, que nas estimativas se recorre a empirismo embora envolvido sob roupagens de ciência (o futuro está pleno de imprevisibilidades). Frequentemente ocorrem posteriores variações nos custos e preços, nas condições do mercado, no ambiente económico em geral, gerando-se frequentes alterações nas expectativas. Surgem por vezes questões dificilmente contornáveis.

Os ... actos terroristas nos Estados Unidos da América são exemplo de volatilidade dos valores do mercado das acções. Mais que os rendimentos ou suas quebras, mais talvez que expectativas e receios fundados contam agora palpites, boatos, temores. Variações de oferta e de procura afectam preços, mas, mais do que isso, conta o que pensam e fazem as variadas pessoas. Sempre sugerimos prudência nestas matérias. Quem não está por dentro destes problemas terá redobradas dificuldades em conhecer e conjugar a diversidade dos elementos que influenciam a formação do valor.

Na avaliação de empresas haverá que dar atenção ao património existente e futuro, conjugando actualização de rendimentos esperados (em termos de cash flows), refinada pela experiência passada, pelo aprofundamento das perspectivas futuras e pelas medidas que possibilitarão atingir propósitos e metas pré-determinadas. Porém, rendimentos a esperar, período de rendimento a considerar nos cálculos e taxas de "juro" e de risco a recomendar, para uma avaliação de empresas entre comprador e vendedor que actuam no mercado, variam com propósitos, objectivos e motivações de cada um deles – comprador e vendedor.

Mais – num negócio estabilizado, a funcionar com regularidade e pouco exigente em termos de talentos, a taxa de risco também por aí será uma taxa mínima. Os negócios de mais alto risco são aqueles que geram lucros mais especulativos, menos persistentes. A lucros altos correspondem taxas de risco altas.

Taxas de risco altas põem-se mais em particular para negócios de pouca intensidade de capital e até, relativamente, de pouco património, onde valores imateriais, factores humanos e dependência dos gestores é o que impera. Será, proporcionalmente, diferente em empresas de maior dimensão, dotadas de numerosos quadros e chefias, a actuar em áreas tradicionais, suficientemente estabilizadas há longa data. Donde também: as taxas de risco e de rendibilidade a considerar nas maiores empresas e em áreas tradicionais serem taxas mais baixas.

Com a actual sofisticação técnica disponível e as maiores facilidades calculatórias, os apuramentos tornaram-se mais elaborados, ainda que muitas vezes os valores apurados sejam negados no futuro pela realidade. A teoria financeira actual vem sublinhando que uma empresa vale pelos "cash-flows" que gera. Por nossa parte, tecem-se reticências a este singelo enunciado. Há que considerar, simultaneamente, lucros e património.

Qualquer empresa que estiver em funcionamento está na verdade a gerar fluxos de entradas e fluxos de saídas da caixa e o valor da empresa apurado pela actual teoria financeira é função desses fluxos mas isso não permite dizer que uma empresa, que não gera cash-flows, não vale nada.

Pode afirmar-se igualmente que uma empresa que perde aptidões para gerar lucros ou excedentes perde valor. Porém, afirmar que uma empresa que acusa prejuízos nada vale é também exagero e incorrecção.

Mesmo com prejuízos, mesmo observando *cash-flows* negativos, há que considerar o valor do património que remanescerá, enquanto remanescer. E em muitos casos isso pode ser significativo.

# ADENDA II (*)

## AVALIAÇÃO DAS EMPRESAS
### *Rogério Fernandes Ferreira*

Na prática, é ainda frequente considerar-se o valor de uma empresa, em determinada data, como o correspondente à soma algébrica doo diversos elementos patrimoniais activos e passivos constantes do respectivo balanço de gestão.

É a própria legislação que mais arreiga no espírito de muitos tal convencimento, pois são várias as disposições legais onde se expressa. que o valor de uma empresa ou de uma parte social é dado pelo último balanço aprovado.

Por sua vez, lê-se frequentemente nos pactos sociais haverem os sócios acordado fixar entre si que as transacções de quotas sociais se farão segundo os valores do capital próprio constantes do último balanço aprovado.

...

É óbvio que tais critérios de valorização das partes sociais não são economicamente correctos. O valor de uma empresa não poderá ser obtido pela simples soma dos valores individuais dos elementos patrimoniais contidos nos balanços de gestão, os quais, como é sabido, se elaboram com outras finalidades distintas que conduzem, por vezes, à criação de reservas ocultas ou à apresentação de valores activos fictícios. Acontece, porém, que mesmo havendo reavaliações do património e escolha discriminada dos critérios clássicos de valorização individual – preço de aquisição, custo originário deduzido das depreciações registadas, custo

---

(*) Este texto faz parte de um dos meus primeiros livros – BALANÇOS, (1961). Nele alude-se à obra de *Eugen Schmalenbach*, que focava estas matérias já na 1ª metade do século XX. Anotamos isto para lembrar aos mais jovens que não terão estes elementos na *Internet* mas devem ter cuidado em citar predecessores, pois a ciência vem detrás, constrói-se com adições, refutações, novas colaborações.

de reprodução ou de substituição, etc. – ainda assim não se obterá o valor de uma empresa em funcionamento. Este há-de ser dado por outra via.

Se se torna necessário, adquirir instrumentos ou outros elementos, patrimoniais, o valor de cada um deles é função de cada um dos outros, ou melhor, da adequação de todos ao objectivo visado. Uma máquina em funcionamento tem valor independente apenas antes de ser comprada ou quando for desmontada e colocada, de novo, no mercado, como máquina usada ou sucata. Enquanto estiver na empresa o seu valor é indirecto, interdependente dos valores dos outros elementos patrimoniais.

O valor de uma empresa em funcionamento resulta da sua aptidão para a produção e venda de bens ou serviços, dependendo dos lucros que pode permitir. Exemplifiquemos [*]:

Suponha-se que determinado empresário vê deferido um pedido para instalação de certa indústria; que procedeu ao exame das possibilidades de vendas futuras, aos estudos de localização e à escolha dos processos tecnológicos mais aconselháveis; que ponderou devidamente todos os aspectos que interessam ao êxito da empresa .

A execução dos planos previstos inicia-se com a construção do edifício da fábrica e a montagem das canalizações da água e esgotos; segue-se a: instalação eléctrica; compram-se e montam-se as máquinas; adquirem-se utensílios e mobiliários; contrata-se pessoal; procede-se ao abastecimento de matérias-primas.

A fábrica inicia a produção.

Em dado momento, o empresário tem já investido na empresa algumas centenas de contos com gastos prefaciais, edificações, máquinas, instalações, matérias, salários, produtos em laboração e terminados. A actividade continua: contratam-se viajantes, nomeiam-se agentes e depositários, faz-se propaganda e publicidade e obtêm-se as primeiras, encomendas.

No fim do 1.º exercício, o empresário tem já diversos créditos sobre os clientes. Não pagou ainda a alguns credores. O balanço apresenta então um capital próprio total de 980 contos.

Examinando a situação, o empresário verifica que as suas previsões se confirmaram mais ou menos, melhor nuns aspectos, pior noutros.

---

(*) O exemplo é de *Schmalenbach* (obra citada,em Balanços , pág. 50).

Sente porém conveniência em dar maior desenvolvimento à sua actividade, mas para isso torna-se necessário mais capital.

Um capitalista interessado no negócio propõe-se entrar para a empresa com um capital de 1000 contos em dinheiro, caso, o primeiro empresário concorde com igual valorização para a sua parte. Não obstante este último haver despendido apenas 980 contos, rejeita a oferta.

Considera que a sua empresa vale mais de 1000 contos, pois espera obter do exercício da sua actividade, nas condições em que está a actuar, um lucro médio anual líquido de 120 contos, deduzida a remuneração de gerência.

Admitindo o empresário que a taxa de lucro remuneradora para um empreendimento do género do seu é a de 8 %, calcula o seguinte valor – *valor de rendimento* – para a sua empresa:

$$120 \text{ -------------------- } x$$
$$8 \text{ -------------------- } 100$$

$$X = 1\,500 \text{ contos}$$

O capitalista pode achar esta cifra, excessiva, mas, pensando melhor, constata que, se montar nova empresa, terá de mandar proceder a diversas diligências e estudos. Não lhe será talvez fácil o recrutamento do pessoal e desconhece e receia a reacção dos consumidores, aos produtos de uma nova fábrica.

Entretanto, o primeiro empresário também faz os seus raciocínios e sabe que mais uma unidade de produção no mercado lhe causará certas dificuldades: terá de restringir o volume de produção e, porventura, será forçado a baixar os preços a fim de fazer face à nova concorrência. Possivelmente, ver-se-á na contingência de aumentar, os salários do pessoal de modo a evitar que este se passe para a outra empresa.

Estas considerações limitam as exigências de ambos que acabam por pensar que lhes é preferível chegar a acordo.

Uma conclusão evidente ressalta de tudo isto: o valor da empresa não deverá ser calculado por adição dos valores dos diversos elementos patrimoniais que constam do balanço. Mas será o cálculo dos custos e proveitos esperados praticamente viável? Os práticos avaliam as empresas pelo valor de rendimento?

– Procuraremos responder a estes pontos:
Na verdade, observa-se que, frequentemente, o valor de uma empresa em funcionamento nos casos de fusão, saída de sócios, etc.,se calcula por determinados processos empíricos e sintéticos. Por exemplo:

*i)* Determinam o valor da empresa somando os valores contabilísticos (corrigidos ou não) dos distintos elementos patrimoniais. Quando a empresa é próspera, bem localizada, etc., os transaccionastes ajustam, por vezes, uma quantia adicional, chamada aviamento ou trespasse, destinada a liquidar o que se designa por *valor imaterial,* quer dizer, as maiores valias que se presumem resultar para a empresa de possuir determinadas potencialidades de ganho.

As razões atrás aduzidas precisam os vícios deste procedimento, conhecido pelo nome de *avaliação pelo valor material;*

*ii)* Atribuem à empresa o valor que calculam que a mesma custaria se fosse de novo montada de molde a dispor das condições de funcionamento da data da avaliação.

É o que se chama a avaliação pelo *valor de reconstituição.* Este procedimento enferma dos mesmos vícios do ,anterior visto pretender também atribuir à empresa um valor global dado pela soma dos va10r,es dos diversos elementos patrimoniais, como se todos esses elementos tivessem na empresa valores independentes. Por outro lado, menospreza os valores da escrita, procurando obter em sua substituição preços actuais do mercado. Ora, acontece que certos bens patrimoniais podem não ter momentaneamente preços no mercado ou existirem simultaneamente diferentes preços. Outras dificuldades respeitam ao cálculo dos custos da experiência passada e da organização da empresa. Não parece assim possível arranjar uma base de valorização incontroversa e não são unânimes as opiniões acerca da consideração ou não consideração daqueles elementos imateriais no cálculo.

*iii)* No caso de sociedades por acções é hábito fazer a *avaliação em função das cotações dos títulos na bolsa,* Ora, os títulos de muitas empresas não são cotados e, por outro lado, as cotações podem não ser significativas Se bem que o que mais influi na cotação dos títulos seja talvez os dividendos distribuídos no passado, as incorporações de reservas no capital, a solidez da empresa e as expectativas de rendimentos futuros também afectam as cotações acontecendo ainda, muitas vezes,,estas oscilarem ,em razão , de especulações, caprichos de certos accionistas, efeitos da oferta e da procura e até circunstâncias psicológicas pouco fáceis de explicar.

Parece, pois, que as avaliações das empresas não devem fazer-se por estes processos empíricos. Só por coincidência os mesmos corresponderiam ao valor da empresa que, como se sabe, *há-de ser calculado em função dos rendimentos que da mesma se espera obter.* Não se quer, no entanto, dizer com isto que as avaliações patrimoniais e as cotações das acções transaccionadas na bolsa se devam simplesmente desprezar. Estas avaliações hão-de constituir elementos auxiliares importantes para a fixação última do preço a ajustar entre os intervenientes da cessão de uma empresa ou de uma parte social já que a avaliação dos rendimentos futuros é uma previsão, portanto falível, na qual se entra em consideração, por força das circunstâncias e dada a natureza dos factos a mensurar, com elementos de natureza aleatória.

Aliás, em certas circunstâncias, a preferência terá de ser dada. ao valor *material* dos diversos elementos patrimoniais. É o caso de se pretender fazer cessar a actividade da empresa ou promover a sua liquidação. Quando o *valor de rendimento* encontrado for inferior ao mat*erial,* ter-se-á também de examinar se não será mais rendoso proceder à venda simples dos diversos elementos patrimoniais. De facto, a comprovar que a empresa não tem possibilidades de actuar sem défice ou com rendibilidade conveniente, o seu valor efectivo será o chamado *valor de liquidação.*

\*
\*   \*

Uma vez que os processos sintéticos de avaliação das empresas comportam vícios e apenas servem como elementos auxiliares na determinação do valor de uma empresa em funcionamento, vamos então examinar com detença as premissas, em que assenta o cálculo dos rendimentos futuros.

Com efeito, a determinação do chamado *valor de rendimento* exige a previsão dos custos e proveitos esperados, o cálculo do tempo do provável funcionamento da empresa em condições de perfeita rendabilidade e a escolha da taxa de actualização dos resultados esperados.

# ARTIGOS

Constantino Sakellarides
João Figueira

# A reforma dos cuidados de saúde nos Estados Unidos da América

**Constantino Sakellarides**
Director e professor catedrático da Escola Nacional de Saúde Pública, Universidade Nova de Lisboa, presidente da Associação Portuguesa para a Promoção da Saúde Pública e presidente da Associação Europeia de Saúde Pública

**João Figueira**
Mestre em Gestão da Saúde, na Especialidade de Gestão de Organizações de Saúde, pela Escola Nacional de Saúde Pública

**RESUMO**

A reforma dos cuidados de saúde em debate nos Estados Unidos tem suscitado um interesse global. Para compreender o processo em curso naquele país é importante reconhecer as diferenças existentes entre os sistemas de saúde da Europa e a situação do financiamento e da organização dos cuidados de saúde nos Estados Unidos. Isto implica conhecer os trajectos históricos de cada um destes sistemas, e dos contextos políticos, sociais e culturais em que cada um se tem desenvolvido.

O contraste entre o desenvolvimento económico, científico e tecnológico dos Estados Unidos e as óbvias limitações do seu sistema de protecção social para a saúde – ausência de universalidade no acesso aos cuidados de saúde, elevados custos e qualidade muito desigual na prestação de cuidados – encontra em grande parte a sua explicação nas especificidades da cultura política norte-americana.

A análise das múltiplas tentativas para reformar os cuidados de saúde nos Estados Unidos durante as últimas décadas e as dificuldades que o processo agora em curso está a encontrar, parecem também apontar para os reais constrangimentos que se encontram na implementação de políticas públicas efectivas num sistema centrado numa ampla rede de seguros privados e numa grande fragmentação se serviços prestadores de cuidados de saúde.

A experiencia norte-americana e a influência global da inovação em sistemas de gestão, comunicação, e informação que o debate em curso tem contribuído para estimular naquele país são relevantes para futura evolução dos sistemas de saúde na Europa.

**Palavras-chave:**
Saúde nos Estados Unidos
Reformas dos cuidados de saúde
Sistemas de saúde

**ABSTRACT**

The health care reform debate in the US is generating global interest. In order to understand it, it is particularly important to recognize the differences that can be observed in health care organization and financing between the US and European health care systems. This implies grasping the distinct features of the political, social and cultural context under which these systems have historically evolved.

The sharp contrast between the US economic, scientific and technologic development and the obvious limitations of its social protection system regarding health care – absence of universal coverage, high cost, and uneven quality of health care – can be to a large extent attributed to the specific features of the US political culture.

The analysis of the numerous attempts to reform health care in the past and the difficulties being experienced currently in the US, point out to constrains placed upon the implementing effective public policies in health systems centered in private health insurances and in extensively fragmented health care delivery services.

The US experience in health care reform and the global influence of management, communication and information systems innovations produced in the US, further stimulated by the current health care reform debate, are possibly of high relevance in the future development of European health care systems.

**Keywords:**
    Health in the US
    Health care reform
    Health systems

**Sumário:** 1. Introdução; 2. Estados Unidos, Europa e Sistemas de Saúde; 2.1. Sistemas de Saúde; 2.2. Problemas Partilhados; 2.2.1. Aumento dos Custos num contexto de baixo crescimento económico; 2.2.2. Envelhecimento da População; 2.2.3. Aumento da Incidência de Doenças Crónicas; 2.2.4. Pressão Tecnológica; 2.2.5. Melhoria da Qualidade em Saúde; 2.2.6. Transição de Paradigma; 3. Reforma dos Cuidados de Saúde nos EUA; 3.1. A Situação Actual; 3.2. Os Grandes Desafios; 3.2.1. Limitações ao acesso universal aos cuidados de saúde; 3.2.2. Elevados gastos com a saúde; 3.2.3. A questão da qualidade; 3.3. A reforma dos Cuidados de Saúde em Curso; 3.3.1. Antecedentes Próximos: Década de 90 – A Reforma Clinton; 3.3.2. A Campanha Presidencial de 2008; 3.3.3. Presidenciais de 2008: Propostas dos Candidatos; 3.4. O Processo Político em Curso; 3.4.1. Breve Descrição; 3.4.2. Cronologia de Eventos; 3.5. Conteúdo da Reforma em Curso nos EUA; 4. Ponto da Situação da Reforma dos Cuidados de Saúde nos Estados Unidos – Implicações para A Europa; 4.1. A importância da apreensão do Discurso Político; 4.2. Aproximação dos Sistemas; 4.3. As Tecnologias de Informação.

## 1. Introdução

Porque nos interessa a reforma dos cuidados de saúde nos Estados Unidos?

Nos últimos dois anos, "a reforma dos cuidados de saúde" nos Estados Unidos, tem merecido especial interesse a nível global. Isso tem-se igualmente constatado em Portugal.

As razões para este elevado interesse são múltiplas:

A "reforma dos cuidados de saúde" (*health care reform* como se designa nos Estados Unidos) esteve em destaque em certos momentos da última campanha eleitoral para a presidência dos Estados Unidos, e o Presidente Obama, fez desta reforma uma das suas principais prioridades políticas para o primeiro ano do seu mandato, que acabou de expirar.

Porquê esta prioridade?

A resposta a esta questão, está em grande parte, no contraste evidente entre o desenvolvimento económico, tecnológico, e científico dos Estados Unidos, a excelência das suas instituições biomédicas e clínicas, por um lado, e as insuficiência dos seus sistemas de protecção social, que fazem com que uma parte não negligenciável da sua população não tenha acesso a aquilo que tais progressos oferecem. É também evidente que estes efeitos indesejáveis afectam mais profundamente a base social de apoio dos Democratas do que a dos Republicanos.

É, o contraste acima referido, o resultado de interacções e dinâmicas essenciais da cultura política norte-americana, ou ele é simplesmente uma manifestação conjuntural própria de um determinado período histórico, susceptível de ser proximamente superada?

Esta pergunta faz tanto mais sentido porquanto é por demais evidente a grande dificuldade que o "sistema político" norte-americano tem experimentado (e continua a experimentar) em adoptar uma "reforma dos cuidados de saúde" que assegure aquilo que, abstractamente, se considera necessário: a universalidade de acesso a cuidados de saúde de qualidade a um custo socialmente suportável.

Conseguirá o Presidente Obama ter sucesso naquilo que outros antes de si, fracassaram?

É conhecido o facto de ser difícil compreender sistemas sociais que nos são alheios, e que ao tentar fazê-lo o caminho que habitualmente se segue é compara-los com aqueles que conhecemos melhor.

Isso é mais difícil do que parece, à primeira vista. Os sistemas de saúde de um país são sempre a expressão daquilo que tem sido o seu trajecto histórico em termos políticos, sociais, económicos e culturais.

Esta constatação parece relativamente óbvia. E no entanto o actual mundo da *flash information* e das leituras imediatistas que esta sugere convida a comparações transversais – feitas num determinado "momento histórico" – entre sistemas de saúde de países diferentes, que atendem pouco à necessidade de uma compreensão suficientemente profunda do contexto em que cada um destes sistemas se desenvolve. Na verdade, só comparações longitudinais – aquelas que cotejam distintos trajectos de desenvolvimento – podem ser úteis no estudo dos processos de mudança em sistemas sociais complexos.

Para responder a estas questões é indispensável, como acima se notou, começar por esboçar, mesmo que muito sucintamente aquilo que caracteriza e evolução dos cuidados de saúde nos EU, em contraponto com aquilo que tem sido a experiência Europeia no mesmo período.

Tendo isso em conta, este trabalho é organizado em três partes.

A primeira, de carácter introdutório, serve de pano de fundo à análise do processo político em curso nos Estados Unidos relativo à reforma dos cuidados de saúde e proporciona um breve apontamento comparativo entre aquilo que aqui denominamos por sistemas de saúde europeus e o "sistema" de saúde norte-americano.

A segunda parte deste trabalho, de natureza mais analítica, descreve em mais detalhe o "sistema" de saúde americano, explicita os principais desafios que este actualmente enfrenta, analisa o debate eleitoral norte-americano que levou à eleição de Barack Obama como Presidente dos

EU, em termos da reforma dos cuidados de saúde, resume o processo político relativo a esta reforma que teve lugar neste primeiro ano de mandato do novo Presidente.

Ilustração 1 – **Forças Exteriores que Afectam o Sistema de Saúde**

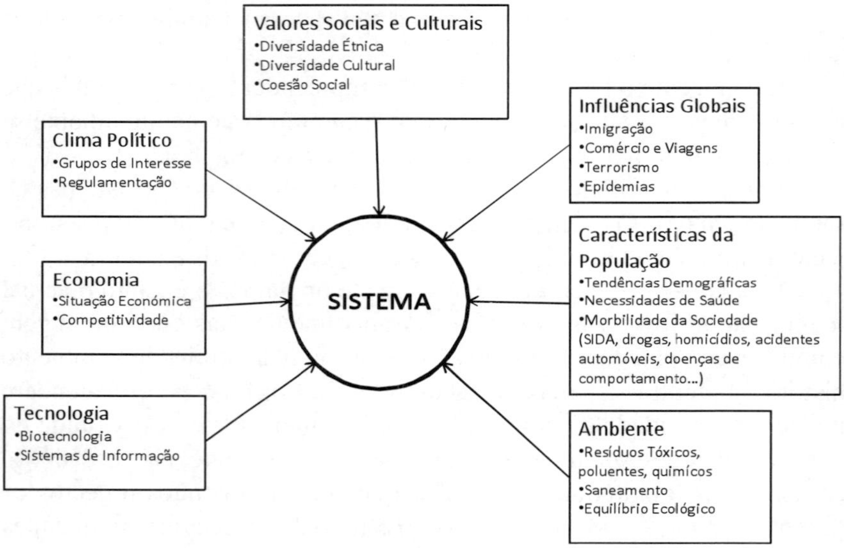

```
                    Valores Sociais e Culturais
                    •Diversidade Étnica
                    •Diversidade Cultural
                    •Coesão Social
                                                Influências Globais
                                                •Imigração
    Clima Político                              •Comércio e Viagens
    •Grupos de Interesse                        •Terrorismo
    •Regulamentação                             •Epidemias

                                                Características da
                                                População
    Economia                                    •Tendências Demográficas
    •Situação Económica    SISTEMA              •Necessidades de Saúde
    •Competitividade                            •Morbilidade da Sociedade
                                                (SIDA, drogas, homicídios, acidentes
                                                automóveis, doenças de
                                                comportamento...)

    Tecnologia
    •Biotecnologia                              Ambiente
    •Sistemas de Informação                     •Resíduos Tóxicos,
                                                poluentes, químicos
                                                •Saneamento
                                                •Equilíbrio Ecológico
```

Adaptado de: Shi e Singh (2007)

Finalmente, a terceira e última parte, de carácter especulativo, faz um breve "ponto de situação" actual nos Estados Unidos e interroga-se sobre as eventuais implicações da reforma dos cuidados de saúde nos EU, sobre os sistemas de saúde Europeus.

## 2. Estados Unidos, Europa e Sistemas de Saúde.

### 2.1. Sistemas de Saúde

Referir uma Europa "única" em matéria de políticas de protecção social é seguramente abusivo. Por isso limitar-nos-emos aqui a tratar genericamente aquilo que se poderia designar como o mínimo denominador comum dos sistemas de saúde europeus.

Neste contexto, pode talvez dizer-se que a referência crítica dos sistemas de saúde Europeus está naquilo que se designa como o "Estado do bem-estar", que as reformas de Bismarck configuraram pela primeira vez na Alemanha industrializada das últimas décadas do séc. XIX.

O "contrato social" que está subjacente aos princípios do Estado do bem-estar europeu, foi em grande parte um produto das tensões da revolução industrial, e da necessidade de encontrar uma resposta para a protecção social ao operariado industrial urbano de meados do Século XIX.

Numa economia em rápido crescimento, a resolução das tensões sociais resultantes da nova ordem económica, eram uma condição necessária para sustentar esse crescimento económico – a ideia de que para cada patamar de crescimento económico era necessário assegurar um novo patamar de protecção social que garantisse aquele mínimo de paz social indispensável para manter o crescimento económico, passou a ser política, económica e culturalmente a principal referência daquilo a que se chamou, o contrato social europeu.

Este "contrato" foi particularmente importante naquilo que diz respeito aos cuidados de saúde. A expressão mais prática deste contrato foi a institucionalização de seguro público de saúde obrigatório, que se regia (e continua a reger, mais de um século depois) pelos seguintes princípios:

- O principio da solidariedade (redistribuição): contribui em função do rendimento para receber de acordo com as necessidades;
- O princípio da previdência: ir contribuindo ao longo da vida, enquanto se está bem, para receber quando se está doente, mais idoso e mais frágil.

Na Europa do pós II Guerra Mundial (1939-45), nalguns países europeus, começando pela Inglaterra, adoptou-se uma outra solução para o financiamento do acesso a cuidados de saúde, que, mantendo os mesmos princípios do seguro-doença, não tinha alguns dos seus inconvenientes. De facto o financiamento do acesso aos cuidados de saúde através do Orçamento Geral do Estado, que as reformas propostas por Beveridge (1943) propunham, ampliavam as fontes de financiamento ao conjunto da produção da riqueza do país, ao contrário dos modelos contributivos subjacentes ao seguro-doença, que incidiam quase que exclusivamente sobre o aparelho produtivo e o mundo do trabalho, encarecendo os seus produtos.

Ilustração 2 – **Modelo Bismark (1893)**

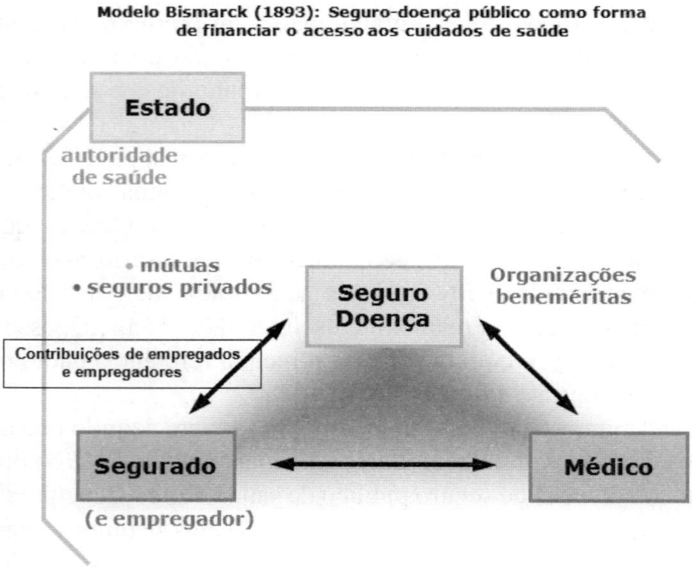

**Modelo Bismarck (1893): Seguro-doença público como forma de financiar o acesso aos cuidados de saúde**

O modelo "Serviço Nacional de Saúde" adoptado pela Inglaterra no fim da década de 40 do século passado, e no essencial, nos países do sul da Europa (Portugal, Espanha, Itália, e Grécia) entre 1978 e 1986, acrescentava uma solução para o financiamento dos cuidados de saúde tipo Beveridge, uma outra relativa à própria organização dos serviços de saúde, promovendo o desenvolvimento dos cuidados de saúde primários e a sua integração com os serviços hospitalares e de saúde pública num "Serviço Nacional de Saúde".

A evolução para uma sistema de financiamento público (Seguro-Doença ou Orçamento Geral do Estado), com o objectivo de assegurar um acesso universal a cuidados de saúde de qualidade a um preço suportável, observada na Europa entre finais do Século XIX e a primeira metade do Século XX, não teve paralelo nos Estados Unidos.

Ilustração 3 – **Modelo Beveridge (1943)**

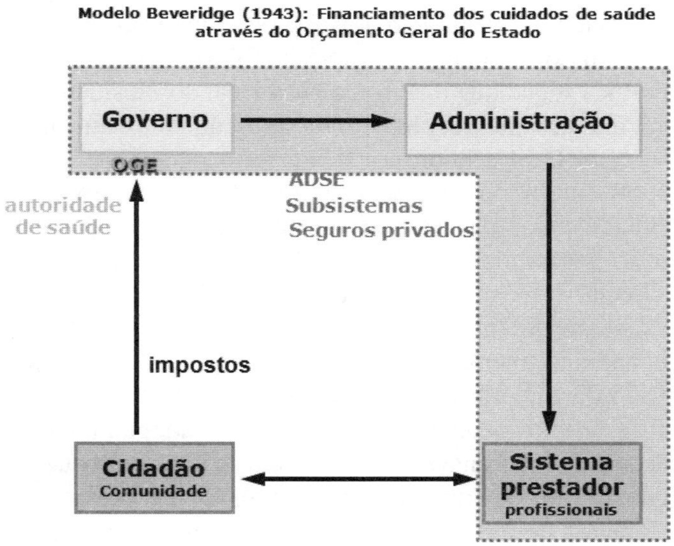

**Modelo Beveridge (1943): Financiamento dos cuidados de saúde através do Orçamento Geral do Estado**

[Diagrama: Governo → Administração; OGE, ADSE, Subsistemas, Seguros privados; autoridade de saúde; Cidadão/Comunidade ↔ Sistema prestador/profissionais; impostos]

A primeira tentativa significativa para introduzir nos EU um sistema de protecção social abrangendo o acesso aos cuidados de saúde, está associada ao chamado "New Deal" promovido pelo presidente Roosevelt.

A Grande Depressão (1929-1932) teve tremendas repercussões sociais nos Estados Unidos: desemprego atingindo expressões dramáticas, aumento súbito da pobreza, dificuldades acrescidas de acesso aos cuidados de saúde.

O Presidente Roosevelt em 1934 dá indicações para o desenvolvimento de um programa para auxílio social aos mais idosos, desempregados e para criação de seguros de saúde para assegurar o acesso aos cuidados de saúde.

Apesar do partido Democrata ter uma maioria confortável no Senado e Câmara dos Representantes, a forte oposição da cada vez mais influente American Medical Association (AMA), que receava que a intervenção do Estado na saúde pudesse vir a por em causa a autonomia do exercício da profissão médica, fez com que a parte respeitante à saúde fosse retirada da proposta de lei (o "Social Security Act"), que passou assim só a contemplar auxílio a idosos e desempregados.

Apesar disso o "Social Security Act" foi o elemento mais emblemático da política social que integrou o New Deal do Presidente Roosevelt.

Será interessante recordar aqui que enquanto que nos Estados Unidos o New Deal acabou por deixar de fora a protecção social na saúde, ao mesmo tempo, na Europa, o modelo Bismarckiano, após ter sido adoptado pelos países mais industrializados da Europa, começa a chegar ao países menos desenvolvidos do sul – Portugal, Espanha, Itália e Grécia.

Imediatamente após Segunda Guerra Mundial Presidente Truman, com a economia americana em acentuado crescimento, e procurando tirar partido da maioria política que o partido Democrata beneficiava nessa altura, promoveu uma outra tentativa para adoptar novas formas de protecção social. No limiar da guerra fria, o sucesso com que os opositores da reforma introduziram no discurso político a expressão "socialized medicine"para a designar, explica em grande parte o insucesso de mais esta tentativa. Entretanto, nessa altura, a Inglaterra adoptava um Serviço Nacional de Saúde.

Finalmente, a larga maioria Democrata no congresso e a vitória esmagadora de Johnson nas eleições presidenciais de 1964 permitiu-lhe superar a oposição Republicana e fazer aprovar um programa para financiar o acesso aos cuidados de saúde das populações economicamente carenciadas (Medicaid) e dos idosos (Medicare), como parte do "Social Security Act" em 1965.

Assim cerca de 30 anos mais tarde a "Great Society" de Lindon Johnson – que incluiu o Civil Rights Act, pelo qual tanto se bateu o movimento pelos direitos civis liderado por Martin Luther King Jr., – consegui, ainda no período de expansão económica do pós guerra, pelo menos parte daquilo que o New Deal, de Roosevelt não tinha conseguido.

Seguiu-se Richard Nixon, o fim da expansão económico pós guerra, as crises do petróleo dos anos 70, um aumentos da regulação na utilização dos recursos da saúde, e novas tentativas, sem êxito, para a reforma dos cuidados de saúde: O Senador democrata Edward Kennedy apresenta o "Health Security Act" que previa a universalidade do acesso e um sistema de pagamento único. O Presidente Nixon contrapõe a sua versão para uma mudança mais moderada – "Comprehensive Health Insurance Plan".

Um dos efeitos do fim da expansão económica do pós guerra foi o renovar das crítica ao "Estado do Bem-Estar": Ronald Reagan no Estados Unidos e Margaret Tatcher, no Reino Unido contrapõe-lhe as virtudes da iniciativa privada, do espírito empreendedor, da aceitação do risco com parte das regras do jogo. O estado de bem-estar é visto como demasiado grande, instalado e despesista convidando o cidadão a viver à sombra do "nani-State", protegendo ilegitimamente aqueles que não se quiseram esforçar o suficiente para se por ao obrigo de necessidades futuras de protecção social.

Ilustração 4 – "Sistema de Saúde" Americano

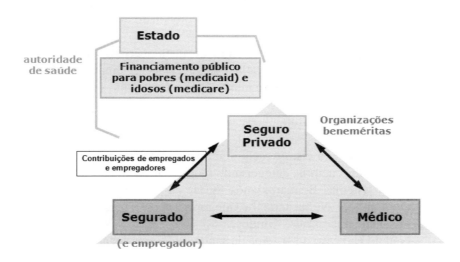

E assim se chegou aos nossos dias, em que a "solução" para a os cuidados de saúde nos Estados Unidos, baseia-se num sistema de seguros privados, muito centrado no lugar do trabalho, para o qual contribuem tanto o empregador como empregado, complementado por um financiamento público destinado a garantir o acesso aos cuidados de saúde de determinados grupos populacionais, como os "pobres" e os "idosos" (e mais recentemente para as crianças), os militares, e as "populações indígenas".

Em resumo, formalizando agora mais precisamente os conceitos acima introduzidos, a OCDE classifica os sistemas de saúde em três modelos: modelo de Sistema Público Integrado, onde o governo age como segurador e prestador de serviços; modelo de Contrato Público, onde o governo ou uma seguradora social privada compra os serviços a prestadores privados; e o modelo Segurador/Prestador Privado (LEEAB et. al., 2008). O Sistema de Saúde americano assenta neste último modelo.

Todos os sistemas de saúde Europeus podem ser agrupados em duas grandes categorias, de acordo com o modo como é feito o financiamento do sistema (por impostos ou por prémios de seguros): O primeiro grupo é o dos sistemas nacionais de saúde (NHS), de inspiração Beveridgiana, cujo financiamento é feito sobretudo através dos impostos; O segundo grupo é o dos sistemas de previdência social (SSH), de inspiração Bismarckiana, cujo financiamento é efectuado através de prémios de seguro.

Na Europa temos como sistemas de inspiração Beveridgiana, os sistemas de saúde da Irlanda, Itália, Espanha Suécia, Dinamarca, Reino Unido, Finlândia, Grécia, Portugal e Noruega. Os sistemas de inspiração Bismarckiana são os sistemas de saúde da Alemanha, Bélgica, Áustria, França, Luxemburgo e Holanda (se bem que com algumas características particulares).

Relativamente à classificação feita pela OCDE, os sistemas Beveridgianos (NHS) caem na categoria de modelo de Sistema Público Integrado e os sistemas Bismarckianos (SSH) na categoria de modelo de Contrato Público. Numa terceira categoria encontramos o sistema de saúde de saúde dos Estados Unidos.

Voltando ao caso do sistema de saúde norte-americano, deixaremos para um pouco mais tarde a análise dos inconvenientes da sua actual configuração e dos desafios que supõe a sua superação, para tentar aprofundar aqui um pouco mais as razões das especificidades do sistema de saúde americano, quando comparado com os da Europa, e também com o do Canadá.

Uma grande parte das explicações para essas diferenças já é relativamente aparente na descrição que acima se esboçou sobre os debates dos cuidados de saúde nos Estados Unidos, que teve lugar no decurso do Século XX.

Para além das singularidades históricas próprias das circunstâncias em que se desenvolveram serviços de saúde no Estados Unidos, há que também chamar a atenção para aquilo que são as especificidades da cultura política norte-americana.

Este é naturalmente um tema complexo, que aqui só poderá ser abordado muito brevemente e principalmente naquelas aspectos mais estritamente relacionados com os cuidados de saúde.

Assim, pode-se dizer que se podem identificar duas características da cultura política norte-americana como fundamentais para a compreensão do seu sistema de saúde e daquilo que o distingue da tradição europeia.

A primeira tem a ver com a relação entre o Estado, as comunidades locais e individuo.

Já Alexis de Tocqueville, que visitou a América, nos primeiros anos da década de 30 do Século XIX, ainda nos primórdios da vida da União, escreve na sua celebrada obra "Da Democracia na América":

..."A existência da escola é imposta (pelo Estado), mas é ela (a comunidade local) que a constrói, paga e dirige"

... "entre nós (em França) o governo central cede os seus agentes aos municípios. Na América, a comunidade local cede os seus funcionários ao governo. Só isto dá para entender até que ponto diferem as duas sociedades"

Tudo aquilo que é percebido como intromissão do Estado, particularmente de um Estado "central", na vida do indivíduo e da comunidade é tido como uma ameaça – a qualificação das reformas de saúde, que de alguma forma se possam aproximar dos sistemas europeus de protecção social, com "Socialized Medicine" tem resultado em fortes resistências à reforma dos cuidados de saúde por parte de vastos sectores da opinião pública, e muito particularmente das organizações profissionais da saúde.

A segunda destas distinções é aquela que diz respeito às hierarquias de valores prevalentes na sociedade norte-americana, nomeadamente entre o valor da "liberdade" e o valor da "solidariedade".

Num inquérito realizado nos Estados Unidos e em alguns países Europeus pelos Allensbach Opinion Research Institute, National Opinion Research Centree e Pew Research Centre (THE ECONOMIST, Novembro 2003), os inqueridos foram convidados a hierarquizar segundo as suas preferências duas possíveis respostas à pergunta "o que lhe parece mais importante com o objectivo da governação?:
– Assegurar que ninguém está em estado de necessidade?
– Proporcionar a cada a liberdade para realizar os seus objectivos pessoais?"

No Estados Unidos praticamente 60% dos inqueridos deram prioridade à liberdade individual, enquanto que na Itália se observou praticamente o inverso – cerca de 70% deram prioridade à solidariedade.

**2.2. Problemas Partilhados**

Embora se trate de sistemas diferentes, muitos problemas que se podem identificar no sistema americano têm paralelismo com o que se observa nos sistemas de saúde europeus. Todos debatem-se com problemas para conter o crescimento dos gastos com a saúde, mantendo ou melhorando a qualidade em saúde. Uma parte do aumento dos gastos observados, pode atribuir-se ao envelhecimento das populações, ao aparecimento de novas tecnologias e à cada vez maior atenção que as populações têm quanto à qualidade dos sistemas de saúde.

*2.2.1. Aumento dos Custos num contexto de baixo crescimento económico*

Com a excepção da Finlândia, todos os restantes países (U.E. a 15) registaram aumento do peso dos gastos com a saúde no PIB entre 1991 e 2006.

Ilustração 5 – **Gastos em Saúde (%PIB) de Alguns Países da OCDE Entre 1991 e 2006**

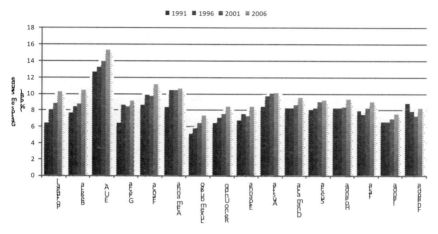

Fonte: OECD Health Data 2008 – Frequently Requested Data

O maior aumento deu-se em Portugal (com 10,2% do PIB em 2006, contra 6,4% do PIB em 1991), seguido da Bélgica (10,4% do PIB em 2006 contra 7,6% do PIB em 1991) e dos Estados Unidos (15,3% do PIB contra 12,6% do PIB em 1991).

### 2.2.2. Envelhecimento da População

Nos países desenvolvidos a proporção de idosos na população tem vido a aumentar. Como com o avanço da idade aumentam em complexidade e quantidade os problemas de saúde, esta alteração demográfica leva a um aumento dos custos com a saúde.

### 2.2.3. Aumento da Incidência de Doenças Crónicas

Anderson, Frogner E Reinhardt (2007) referem que o aumento da prevalência de doenças crónicas é preocupante para os sistemas de saúde já que os custos associados ao seu tratamento têm um peso cada vez maior no total dos gastos com a saúde, o que pode originar uma quebra na qualidade e uma crescente dificuldade na contenção de custos.

Ilustração 6 – **Previsão da evolução da população americana com doenças crónicas**

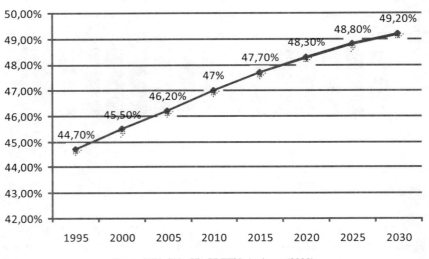

Fonte: WU, Shin-Yi; GREEN, Anthony (2000)

O estudo recorreu aos dados de 2004 da OCDE para concluir que os gastos com as doenças crónicas representam, em média, cerca de 80% do total de gastos com a saúde dos países membros da organização.

Nos Estados Unidos os gastos com as doenças crónicas correspondem a 83% dos gastos totais com o Medicaid e a 95% dos gastos totais com o Medicare

Prevê-se que nos Estados Unidos, em 2030, a percentagem da população com doenças crónicas ascenda a mais de 49%, contra os cerca de 47% actualmente existentes, o que corresponde a um aumento de 30 milhões de doentes que sofrem destas patologias.

As doenças crónicas são geralmente incuráveis, se bem que algumas poderiam ser evitadas com uma detecção precoce, melhoria da dieta, e tratamento terapêutico.

### 2.2.4. Pressão Tecnológica

Wilson (1999) refere que através do recurso a novas tecnologias, houve uma alteração da prática clínica. Os procedimentos que anteriormente eram realizados só nos hospitais são hoje efectuados noutros locais (ex.: imagiologia) e os hospitais reservam-se para as patologias que não podem ser tratadas noutros locais

Ao contrário do que acontece noutras áreas em que o aparecimento de novas tecnologias leva a uma redução, através do aumento da eficiência, na área da saúde, contribui para o agravamento dos mesmos.

Miraldo (2004) refere que o progresso tecnológico tem sido identificado como sendo um dos maiores contribuintes para o aumento dos gastos em saúde. Esta contribuição é o produto de dois processos: o desenvolvimento de tecnologias e a adopção de tecnologias (ambos de fundamental importância para o desenvolvimento de benefícios em saúde e custos). A acrescentar, temos que as alterações nos tratamentos são os principais responsáveis pelo aumento dos gastos com doenças específicas

### 2.2.5. Melhoria da Qualidade em Saúde

Em 1990 o *Institute of Medicine* (IOM) definiu qualidade como sendo "o nível pelo qual os serviços de saúde para os indivíduos e população, aumentam a possibilidade de resultados de saúde e são consistentes com o conhecimento profissional actual"

O objectivo da Qualidade é permitir que o Sistema de Saúde vá de encontro às necessidades e expectativas dos pacientes prevenindo que estes sofram danos resultantes dos cuidados que deveriam servir para ajudá-los, fornecendo a prestação de serviços baseados no conhecimento científico e cuidados que respeitem e que correspondam às preferências dos pacientes, suas necessidades e valores, os quais devem guiar todas as decisões clínicas, reduzindo o tempo das esperas/atrasos tanto para os que recebem cuidados como para os que os fornecem, evitando desperdício de equipamentos, ideias, energia e fornecimentos e adaptando os cuidados a prestar a cada caso para que não variem em qualidade devido a características pessoais como o sexo, localização geográfico ou estatuto socioeconómico.

## 2.2.6. Transição de Paradigma

A transição de paradigma que ocorre nos sistemas de saúde, corresponde à passagem de modelos assentes na prestação de cuidados agudos para outros focados na promoção do bem-estar das populações através da prestação de cuidados contínuos em que o sistema é gerido como um todo.

> "Os sistemas de saúde têm sofrido um forte abalo com as transformações maciças que têm ocorrido (...), designadamente no modo como os cuidados de saúde são prestados e financiados". (Reis, 2007 – p.57)

Esta transição de paradigma implica que o indivíduo deixe de ser um sujeito passivo no sistema de saúde e passe a ser o centro do sistema de saúde. Para que esta mudança tenha condições de ocorrer é necessário o amadurecimento dos cidadãos, só possível através do recurso a uma informação de qualidade, actualizada e acessível a todos.

## 3. Reforma dos Cuidados de Saúde nos EUA

### 3.1. A situação actual

O "sistema" de saúde dos Estados Unidos é altamente complexo e fragmentado (dai a opção frequente de pôr a palavra sistema entre aspas).
O diagrama representado na Ilustração 7, descreve o essencial deste "sistema".
Em relação ao financiamento do acesso aos cuidados de saúde há que distinguir essencialmente duas situações.
A primeira consiste no financiamento através de um sistema de seguros privados convencionais. Os prémios deste seguros são pagos maioritariamente pelos empregadores, mas também contam com uma contribuição dos empregados, e são subsidiados pelo Estado através de deduções fiscais. Além dos prémios do seguro, o segurado paga em média 20 a 30 % da despesa que faz
À excepção das grandes empresas que são auto-seguradas (têm massa laboral e capacidade financeira que lhes permite ter um fundo de risco), as restantes têm duas opções distintas para comprarem seguros de

saúde para os seus trabalhadores: Podem fazê-lo através de seguradoras privadas convencionais (esta é ainda a opção maioritária) ou aderir as chamadas *Managed Care Organizations* (MCO).

Ilustração 7 – **Diagrama do Sistema de Saúde Americano**

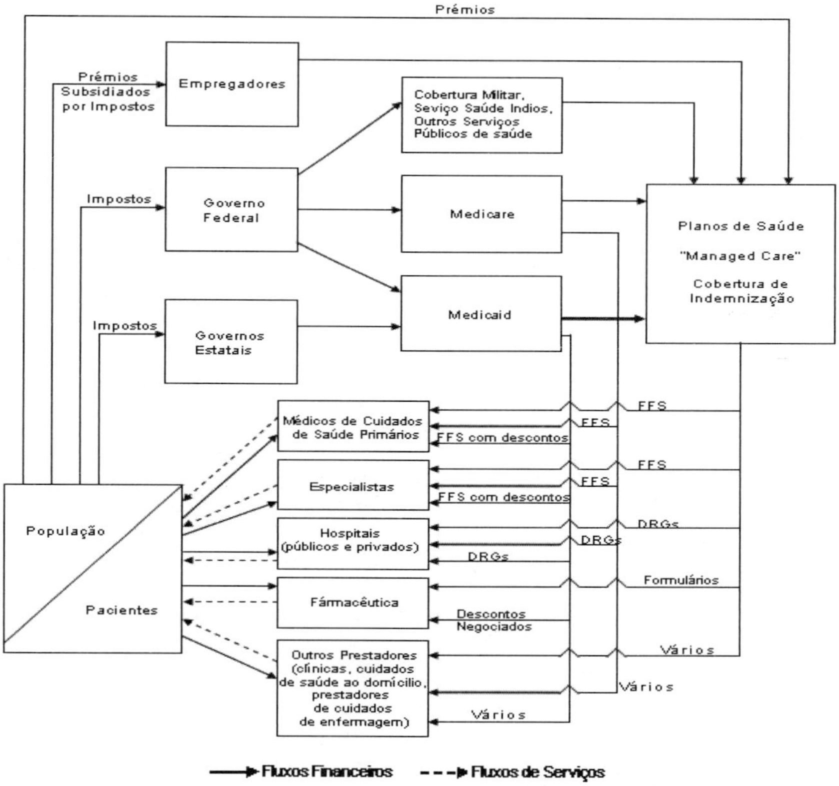

FFS: Fee For Service
DRG: Pagamento Por Episódios a Hospitais baseado Diagnosis Related Group
OECD Health Data 2008 – Frequently Requested Data

As MCO, procuram integrar da forma mais racional possível o financiamento (prémios), a gestão do risco associado ao seguro, o pagamentos aos prestadores de cuidados de saúde, e a própria prestação de cuidados de saúde.

Ilustração 8 – **"Managed Care"**

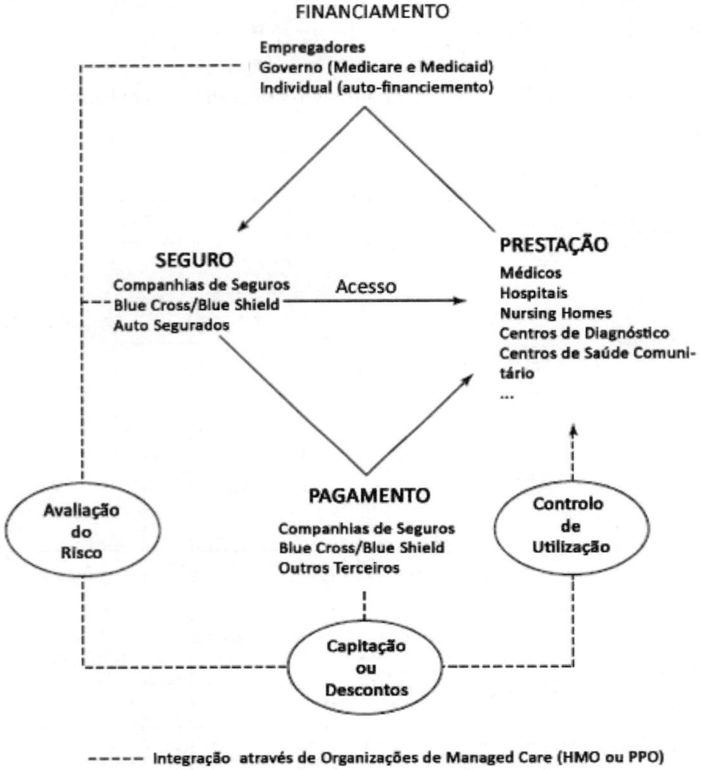

*[Diagrama: FINANCIAMENTO (Empregadores, Governo (Medicare e Medicaid), Individual (auto-financiemento)) → SEGURO (Companhias de Seguros, Blue Cross/Blue Shield, Auto Segurados) — Acesso → PRESTAÇÃO (Médicos, Hospitais, Nursing Homes, Centros de Diagnóstico, Centros de Saúde Comunitário, ...); PAGAMENTO (Companhias de Seguros, Blue Cross/Blue Shield, Outros Terceiros); Avaliação do Risco; Controlo de Utilização; Capitação ou Descontos. ----- Integração através de Organizações de Managed Care (HMO ou PPO)]*

Adaptado de: Shi e Singh (2007)

Existem dois tipos de MCO, as Health Maintenance Organizations (HMO) ou as Preferred Provider Organization (PPO).

As HMO contratualizam a disponibilização de cuidados de saúde a um preço fixo. Estas organizações tendem a gerir estritamente o acesso aos recursos da saúde, condicionado a liberdade de escolha a uma utilização racional dos recursos da saúde. Ao segurado é solicitado que escolha um médico de cuidados de saúde primários (que tem de ser membro da HMO), o qual passará a ser o responsável pela gestão de toda prestação de cuidados de saúde e fará a triagem para a prestação de cuidados de saúde especializados. Caso o indivíduo necessite de um especialista, terá primeiro de se dirigir ao médico de cuidados primários e este encaminha-o.

Por outro lado, as PPO fazem uma gestão menos restritiva ao acesso aos recursos da saúde. Há a liberdade de escolher o médico que se quiser. Se o médico escolhido estiver fora da PPO, será necessário o pagamento de um valor adicional. Nas PPO o paciente tem mais controlo sobre as decisões médicas sobre a sua saúde.

Em resumo o custo destas distintas opções de seguro privado – dos seguros de saúde convencionais às distintas formas de MCO – é tanto menor quanto maior for a restrição/gestão que impõem à "livre" utilização dos recursos da saúde.

A segunda componente do financiamento dos cuidados de saúde, complementar aos seguros privados, é da responsabilidade do Estado e é composto pelos seguintes elementos:

- O programa Medicare destina-se à população acima dos 65 anos (ou para certos casos de invalidez prematura).
- O programa Medicaid que é financiado parcialmente pelos governos estatais, e destina-se a crianças, pais de crianças com dependências, grávidas e indivíduos com deficiências impeditivas de trabalhar.
- O programa SCHIP funciona como complemento ao Medicare com o objectivo de alargar a cobertura do serviço de saúde para as crianças.
- Outros programas de saúde para grupos específicos da sociedade, como os militares e as populações indígenas.

A prestação de cuidados de saúde é feita por uma grande diversidade de organizações, predominante privadas de carácter lucrativo e não lucrativo, que se relacionam com os dispositivos de financiamento público e privado das mais diversas formas.

Dois aspectos merecem aqui um destaque muito particular:

O primeiro tem a ver com a grande importância, em termos qualitativos e quantitativos, que têm nos Estados Unidos as unidades prestadoras privadas de carácter não lucrativo, especialmente no sector hospitalar.

O segundo aspecto refere-se aos serviços de urgência de hospitais públicos locais, onde recorrem as emergências médicas e também aqueles que não tem acesso a qualquer outra forma de cuidados de saúde. Este espaço muito especial onde se cruzam competências profissionais e as mais diversas situações sociais, tem-se tornado amplamente conhecido, nos últimos anos, através de múltiplas séries televisivas.

### 3.2. Os grandes desafios

O "sistema" de saúde americano enfrenta actualmente três grandes desafios: limitações ao acesso universal aos cuidados de saúde, elevados gastos com a saúde, e grandes desigualdades na qualidade dos cuidados de saúde prestados.

#### 3.2.1. *Limitações ao acesso universal aos cuidados de saúde*

Actualmente nos Estados Unidos, no conjunto da população com idade inferior a 65 anos, 62% das pessoas está coberta por seguros de saúde através da entidade empregadora, 15% está coberta através dos programas públicos de saúde (na sua maioria através do Medicaid) e 5% compram seguros de saúde directamente às seguradoras.

A maioria do número crescente dos que não tem acesso aos cuidados de saúde – hoje cerca de 18% da população americana, que corresponde quase a 50 milhões de pessoas, são aqueles indivíduos abaixo dos 65 anos, que trabalham em pequenas empresas que não têm seguro de saúde, que não têm eles próprios rendimentos para pagar os prémios crescentes desses seguros (totalmente ou a parte que lhes corresponde no seguro promovido pelo empregador), e que não são suficientemente pobres para terem direito ao Medicaid.

Acresce que é permitido às seguradoras evitarem situações de alto risco financeiro, ou deixarem de proporcionar cobertura financeira a aquelas pessoas que ultrapassaram um certo patamar de despesa permitida.

No sua autobiografia "My Life" Bill Clinton descreve um episodio que o impressionou vivamente e que resume eloquentemente o essencial da necessidade de reformar a forma como são financiados e organizados os cuidados de saúde nos Estados Unidos. Foi o caso de uma mãe que tinha a seu cargo uma filha que adquiriu uma doença grave e de evolução prolongada. A primeira coisa que aconteceu foi a despesas com os cuidados médicas ultrapassaram o limiar permitido pela seguradora – ficou sem seguro, e em sem qualquer possibilidade de pagar ela própria os cuidados médicos necessários à filha. Face a esta adversidade, só encontrou uma saída: deixar o emprego e empobrecer para ter direito ao programa Medicaid.

Ilustração 9 – **Cobertura da População Com Menos de 65 Anos**

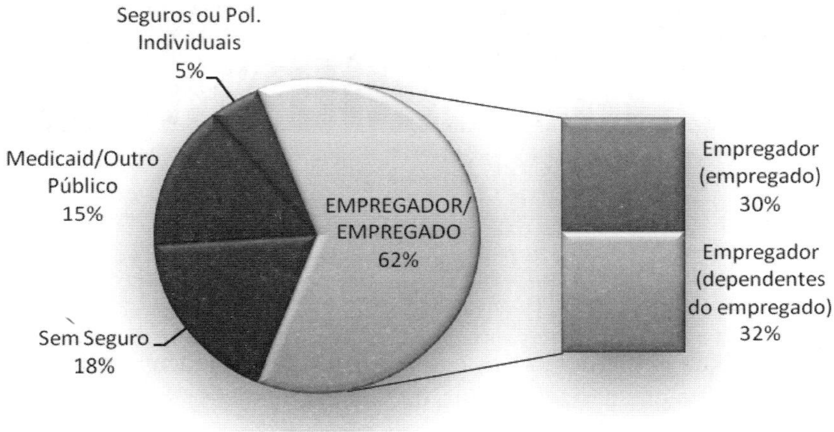

Adaptado de: Pollitz (2008)

### 3.2.2. Elevados gastos com a saúde

Os Estados Unidos são o país que mais gasta com a saúde tanto em percentagem do PIB, como *per capita*. Segundo os dados mais recentes da OCDE[1], referentes ao ano de 2006, o total das despesas com a saúde correspondeu a 15,3% do Produto Interno Bruto (PIB) dos Estados Unidos da América (EUA) (muito acima da média da OCDE de 8,9% do PIB). Os gastos totais em saúde nos EUA corresponderam a mais de 2,1 biliões de dólares, o que corresponde a um gasto de mais de 6700 dólares *per capita*.

---

[1] OECD Health Data 2008, incidindo em dados de 2006. Não existem dados posteriores para Portugal.

Ilustração 10 – **Gastos em Saúde em % do PIB, nos Países da OCDE em 2006**

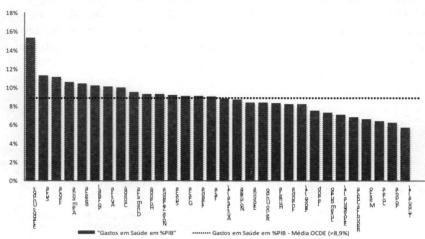

Fonte: OECD Health Data 2008

Se o acesso limitado aos cuidados de saúde preocupa principalmente aqueles que não têm seguro de saúde, o aumento dos gastos com a saúde preocupa toda a gente, assim como a sua consequência mais imediata – o aumento dos prémios dos seguros.

A explicação destes gastos elevados está num sistema de financiamento e prestação de cuidados de saúde que dá livre curso às pressões da procura e oferta de cuidados de saúde, da qual resulta uma clara sobreutilização dos recursos da saúde de toda a espécie, desde os medicamentos aos meios técnicos e tecnológicos de diagnóstico e tratamento. Seguros privados de saúde, pagos pelos segurados e subsidiados pelo estado e pagamento de cuidados de saúde por acto médico só podem beneficiar de um alto volume de transacções em cuidados de saúde.

### 3.2.3. *A questão da qualidade*

Embora os Estados Unidos gastem muito acima da média dos países da OCDE em saúde, a população americana apresenta piores indicadores de saúde quando comparados com os dos outros países desenvolvidos

*Artigos*

da OCDE – por exemplo a esperança média de vida à nascença era, em 2005, de 77,8 anos, contra 78,6 anos da média da OCDE. Se é verdade que estes tipos de indicadores não reflectem directa e exclusivamente o desempenho dos serviços de saúde, eles são complementados por inúmeras testemunhas de uma grande heterogeneidade da qualidade de cuidados prestados por diferentes serviços. A fragmentação do sistema prestador dos cuidados de saúde e a falta de uma continuidade razoável nos processos de cuidados que ela propicia, são circunstâncias que tendem a determinar simultaneamente altos custos e baixa qualidade.

### 3.3. A reforma dos Cuidados de Saúde em Curso

#### 3.3.1. *Antecedentes Próximos: Década de 90 – A Reforma Clinton*

No início da década de 90 dá-se uma recessão económica nos Estados Unidos, com o agravamento das condições de vida. Os custos de saúde continuaram a crescer na década de 80 e apresentam-se como um peso considerável no orçamento das famílias.

Em 1994 a Administração Clinton tentou reformar o sistema de saúde, introduzindo o princípio de Cobertura Universal. Embora a reforma tenha contado inicialmente com o apoio da maioria da população (cerca de 2/3 dos americanos apoiavam um sistema de saúde que garantisse a Cobertura Universal), ela falhou.

Ruger (2007) analisa este fracasso e conclui que o afastamento do debate das bases sociais de apoio (feito sobretudo ao nível dos técnicos e decisores políticos) e a manipulação de medos por partes dos que estavam contra esta reforma (interesses instalados), associada a uma polarização do debate em campos ideológicos originou uma ruptura do princípio intermédio onde existia consenso, inviabilizando a reforma.

#### 3.3.2. *A Campanha Presidencial de 2008*

Em Junho de 2007, a seis meses das Eleições Primárias nos Estados Unidos, o debate em torno da reforma do sistema de saúde e da "Universalidade na Cobertura" estava bem presente na campanha eleitoral.

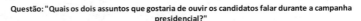

Ilustração 11 – **Interesse nos Temas de Campanha (Mar07 a Abr08)**

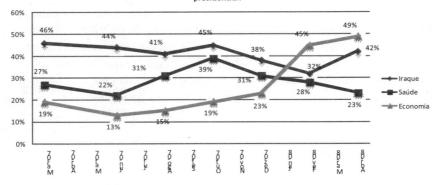

Fonte: Kaiser Health Tracking Poll, Abril de 2008

No período que antecedeu as primárias, a saúde foi sempre o segundo assunto mais importante para os americanos, e sobre o qual queriam ouvir os candidatos discutir. De acordo com a *"Health Tracking Pol: Elections 2008"* da *Kaiser Family Foundation*[2], em Março de 2007, 27% dos americanos indicaram que a saúde era o tema mais importante, contra 46% que indicaram a guerra no Iraque, 19% que indicaram a situação económica e 3% o preço dos combustíveis. Em Outubro de 2007 o tema da saúde atingia o pico na preferência dos americanos, com 39% a dizerem que era o tema mais importante, contra 45% que afirmavam que era a guerra no Iraque, 19% a situação económica e 2% os Combustíveis.

Com o avolumar da crise imobiliária, o aumento do petróleo e o abrandamento da economia, verificou-se que desde Dezembro de 2007 o tema da saúde tem vindo a perder importância. Em Agosto o tema da economia era o mais importante para os americanos (com 45%), seguido dos custos da Guerra do Iraque (com 25%), do preço dos combustíveis (com 25%), ficando a saúde em quarto lugar na escala de importância (com 16%).

---

[2] Que consistia em fazer o acompanhamento da opinião dos americanos sobre quais tópicos mais importantes que queriam ouvir debatidos nas eleições.

*Artigos*

Ilustração 12 – **Interesse nos Temas de Campanha (Dez07 a Ago08)**

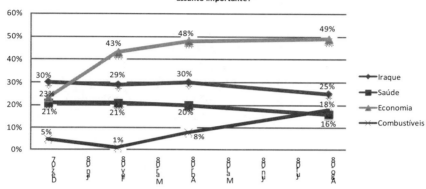

Fonte: Kaiser Health Tracking Poll, Agosto de 2008

Ilustração 13 – **Temas de Saúde (Republicanos+Democratas+Independentes)**

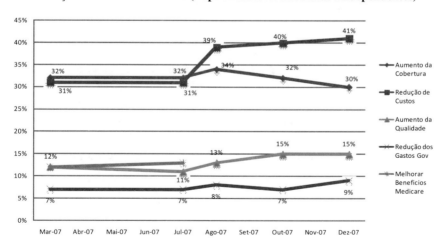

Fonte: Kaiser Health Tracking Poll Junho, Agosto, Outubro e Dezembro de 2007

A discussão acerca da necessidade de um Sistema de Saúde que garantisse uma Cobertura Universal despertava o interesse e o apoio da maioria dos norte-americanos. De acordo com as sondagens da Kaiser, em Março de 2007, 32% dos americanos queriam que os candidatos falassem sobre o alargamento da cobertura, 31% sobre os custos com os cuidados de saúde. A relação entre estes dois assuntos principais mantém-se em Julho de 2007, para posteriormente haver uma significativa alteração, passando a preocupação com a redução dos custos a ser cada vez mais importante, e o aumento da cobertura cada vez menos importante (muito acima, contudo, dos dois restantes temas mais votados).

Relativamente à importância dos temas por partidos políticos, nos estudos da Kaiser a o tema principal para a maioria dos Republicanos foi o "controlo dos custos" e para os Democratas, a "expansão da cobertura".

A preocupação com a melhoria da qualidade e com a redução dos gastos do governo também aparecem como dois temas importantes para os eleitores americanos.

A discussão acerca da necessidade de um Sistema de Saúde que garanta uma Cobertura Universal, bem como a redução dos custos com a saúde e a melhoria da qualidade está mais viva do que nunca e desperta o interesse e o apoio da maioria dos norte-americanos.

**3.3.3. Presidenciais de 2008: Propostas dos Candidatos**

Todos os candidatos que se apresentaram nas Primárias tinham propostas para a área da saúde, tendo alguns apresentado um plano para a reforma do sistema. De seguida serão apresentadas as propostas e os planos dos candidatos nomeados de cada partido a presidente e vice-presidente[3].

---

[3] Fonte: "2008 Presidential Candidates Health Care Proposal: side-by-side summary", The Henry J. Kaiser Family Foundation, excepto Sarah Palin.

*Artigos*

### 3.3.3.1. Candidatos Nomeados Pelo Partido Democrata

### A. Barack Obama – Candidato a Presidente dos Estados Unidos

Tabela 1 – **Presidenciais de 2008: Propostas dos Candidatos: Barack Obam**

| | |
|---|---|
| Em que Data Apresentou o Plano? | 29 de Maio de 2007 |
| Qual o Objectivo do Plano? | Tornar o sistema de saúde sustentável, de alta qualidade, baseado numa mistura de seguros privados e expansão dos seguros públicos |
| Como Propõe Expandir o Acesso? | a) Tornar obrigatório o seguro de saúde para crianças;<br>b) Criação de um novo plano público e expandir o Medicaid e o SCHIP;<br>c) Obrigar as empresas a oferecer benefícios de saúde aos seus trabalhadores, ou obrigar à contribuição financeira do novo programa público;<br>d) Criar o *National Health Insurance Exchange*, através do qual pequenas empresas, ou indivíduos que não possam aceder a programas públicos ou a programas de empresa (por exemplo, trabalhadores por conta própria), possam inscrever-se no novo plano público, ou escolher de uma lista de planos privados aprovados. |
| Como Propõe Controlar os Custos? | a) investimento 50 biliões de dólares para a adopção de ficheiros clínicos electrónicos e outras tecnologias da informação em saúde;<br>b) Melhorar a prevenção e a gestão de doenças crónicas;<br>c) Promover a competitividade entre seguradoras através do novo organismo *National Health Insurance Exchange* e através de regulação;<br>d) Legislação para promover medicamentos genéricos, autorizar reimportação de medicamentos e voltar a permitir negociação directa entre o Medicare e a as empresas farmacêuticas;<br>e) Normalizar os pagamentos entre os planos Medicare (os planos *Medicare Advantage* e o Medicare "normal" têm pagamento diferente);<br>f) Promover e reforçar a saúde pública e a prevenção;<br>g) Exigir aos Hospitais e restantes prestadores que tornem públicos indicadores de custo e qualidade;<br>h) Defender os direitos dos paciente e atacar a má prática médica através do reforço das regras da concorrência;<br>i) Promover um novo modelo para atacar os erros médicos. |
| Como Propõe Melhorar a Qualidade? | a) Apoiar um instituto independente com o objectivo de guiar análises comparativas de efectividade, e que pressione a divulgação de relatórios com erros médicos evitáveis e outros indicadores de segurança dos doentes;<br>b) Recompensar a performance dos prestadores através do programa *National Health Insurance Exchange*, e outros programas públicos;<br>c) Atacar as disparidades médicas, promover os cuidados preventivos e a gestão de doenças crónicas;<br>d) Requerer transparência nos preços e transparência de qualidade aos prestadores e planos de saúde;<br>e) Obrigar os planos de saúde a colectar informações sobre populações com disparidades e responsabilizá-los;<br>f) Defender os direitos dos paciente e atacar a má prática médica através do reforço das regras da concorrência;<br>g) Promover um novo modelo para atacar os erros médicos. |

Revista de Finanças Públicas e Direito Fiscal

**B. Joe Biden – Candidato a Vice-Presidente dos Estados Unidos**

Tendo sido nomeado como candidato do Partido Republicano à Vice Presidência dos Estados Unidos, interessa saber qual a posição do ex-candidato relativamente às reformas do sistema de saúde[4].

Tabela 2 – **Presidenciais de 2008: Propostas dos Candidatos: Joe Biden**

| | |
|---|---|
| Em que Data Apresentou o Plano? | 23 de Outubro de 2007 |
| Qual o Objectivo do Plano? | Assegurar o acesso a cuidados de saúde a todos os americanos. |
| Como Propõe Expandir o Acesso? | a) Garantir a cobertura de todos os americanos atracés da expansão dos programas Medicaid e o SCHIP;<br>b) Criar novas opções para a aquisição de cobertura através do Medicare e através da criação de um novo organismo semelhante ao Federal Employees Health Benefits Program. |
| Como Propõe Controlar os Custos? | a) Aumentar o financiamento de programas que promovam a prevenção e alertem a população para as doenças crónicas e a obesidade;<br>b) Requerer a participação das seguradoras em programas federais para a cobertura de cuidados preventivos.<br>c) Estabelecer programas para o tratamento de doenças crónicas;<br>d) Criar um painel para a comparação da efectividade de tratamentos médicos e tecnologias médicas e para a formulação de melhores práticas para a gestão de doenças crónicas;<br>e) Investimento de 1 bilião de dólares por ano para a "digitalização" do sistema, incluído:<br>• A introdução dos registos clínicos electrónicos;<br>• A criação de incentivos para iniciativas estatais com o objectivo de criar um sistema de facturação uniforme;<br>f) Obrigar os prestadores que prestem serviços a planos federais a passarem para o sistema de facturação uniforme;<br>g) Permitir que o Governo Federal negoceie directamente preços de fármacos para o Medicare |
| Como Propõe Melhorar a Qualidade? | a) Suportar a gestão de doenças crónicas;<br>b) Investimento em tecnologias de informação para:<br>• Redução dos erros médicos;<br>• Redução da duplicação de serviços e tratamentos;<br>• Melhoria da comunicação prestador/paciente. |

---

[4] Joe Biden foi um dos candidatos à nomeação do Partido Democrata, tendo apresentado um plano para a reforma do sistema de saúde.

## 3.3.3.2. Candidatos Nomeados Pelo Partido Republicano

### A. John McCain

Tabela 3 – **Presidenciais de 2008: Propostas dos Candidatos: John McCain**

| | |
|---|---|
| Em que Data Apresentou o Plano? | 11 de Outubro de 2007 |
| Qual o Objectivo do Plano? | Possibilitar o acesso a cuidados de saúde economicamente acessíveis para todos através:<br>a) Do pagamento pela qualidade dos cuidados de saúde<br>b) Da existência de planos de saúde diversos e que respondam às necessidades individuais<br>c) Do encorajamento da responsabilidade individual |
| Como Propõe Expandir o Acesso? | a) Retirar os incentivos fiscais aos seguros de empresa<br>b) Disponibilizar créditos fiscais a todos os indivíduos e famílias para incentivar a compra de seguros de saúde<br>c) Promover a concorrência entre seguradoras<br>d) Contenção de custos dos seguros através da alteração do pagamento aos prestadores. |
| Como Propõe Controlar os Custos? | a) Através de uma reforma da má prática médica:<br>• Reduzir o número de processos legais;<br>• Minimizar os danos médicos;<br>• Proporcionar ambientes seguros para a prática médica dentro das instituições desde que respeitando Guidelines clínicos e protocolos de segurança.<br>b) Pagamento dos prestadores somente pela qualidade e promoção de prestadores e tratamentos alternativos para, para promover a competição entre os prestadores;<br>c) Investimento na prevenção e no cuidado de doenças crónicas<br>d) Permitir a venda de seguros nacionais para desta maneira aumentar a competitividade e redução dos custos administrativos;<br>e) Medidas para o sector farmacêutico:<br>• Obrigar a descriminação do preço dos medicamentos pelas empresas farmacêuticas;<br>• Autorizar a reimportação de medicamentos;<br>• Encorajar a introdução de genéricos.<br>f) Disponibilizar mais informação relativa a opções de tratamento;<br>g) Requerer transparência quanto à disponibilização de dados sobre resultados médicos. |
| Como Propõe Melhorar a Qualidade? | a) Alteração o modelo de pagamento a prestadores, de maneira a encorajar a prestação de cuidados coordenados;<br>b) Requerer aos prestadores transparência quanto ao resultados médicos, qualidade dos cuidados, custos e preços;<br>c) Estabelecimento de standards nacionais para a medição e registo de tratamentos e resultados e recorrer a tecnologias da informação para partilhar informações sobre "melhores práticas;<br>d) Promover o arranque de tecnologias de informação em saúde com o objectivo de melhorar o tratamento de doenças crónicas e para permitir que os médicos possam exercer a sua prática ao nível nacional.<br>e) Recorrer à telemedicina e às clínicas em zonas rurais e zonas com deficits de serviços, sempre que custo-efectivo;<br>f) Introduzir pagamentos no Medicaid e Medicare para o diagnóstico, prevenção e coordenação de cuidados. |

## B. Sarah Palin

A nomeada do Partido Republicano para candidata a Vice-Presidente dos Estados Unidos, Sarah Palin, não apresentou qualquer plano para reforma do sistema de saúde. As informações que se apresentam de seguida são as posições da candidata enquanto actual Governadora do Estado do Alasca.

Tabela 4 – **Presidenciais de 2008: Propostas dos Candidatos: Sarah Palin**

| | |
|---|---|
| Em que Data Apresentou o Plano? | Não apresentou plano de saúde |
| Qual o Objectivo do Plano? | Não foi apresentado plano. A candidata a Vice-Presidente é forte defensora de um mercado livre na saúde. |
| Como Propõe Expandir o Acesso? | Através da redução dos custos, mais pessoas podem comprar seguro de saúde. |
| Como Propõe Controlar os Custos? | a) Disponibilizar mais informação aos consumidores, para que estes possam escolher de forma informada<br>b) Melhorar a transparência nos preços<br>c) Aumentar da competitividade do mercado da saúde |
| Como Propõe Melhorar a Qualidade? | Não há registo de posição da candidata relativamente à melhoria da qualidade. |

### 3.4. O Processo Político em Curso

#### 3.4.1. *Breve Descrição*

O processo legislativo para a reforma do sistema de saúde está em curso. Como todo o processo legislativo americano trata-se de um processo complexo, envolvendo uma multiplicidade de actores e negociações entre vários órgãos políticos.

A construção da Reforma do Sistema de Saúde é uma responsabilidade partilhada pela Administração Obama, pela Câmara dos Representantes e pelo Senado e pelos comités que partilham responsabilidade legislativa. São eles:

- Na Administração Obama
  - Barack Obama: O Presidente dos Estados Unidos é o motor da reforma de saúde em curso. Na primeira proposta do orçamento apresentada ao congresso está inscrita uma verba para viabilizar a reforma.

o Departamento "Health and Human Services": O departamento da Secretária de Estado Kathleen Sebelius administra todos os programas federais de saúde.

* Na Câmara dos Representantes:
o Comité de Educação e Trabalho: com responsabilidades sobre os benefícios para os trabalhadores, incluindo benefícios de saúde.
o Comité de Energia e Comércio, com responsabilidades nos programas de saúde financiados por impostos não directos, e nos programas de saúde pública;
o Comité "Ways & Means": com responsabilidades nos programas de saúde financiados por deduções salariais;

* No Senado
o Comité de Saúde, Educação, Trabalho e Pensões do Senado: Com responsabilidades sobre programas de saúde federais financiados por impostos específicos e outros programas incluídos no "Social Security Act"
o Comité de Finanças do Senado

Na Ilustração 14 (Diagrama Esquemático do Processo de Reforma nos E.U.A.) apresenta-se uma esquematização do processo complexo e moroso que envolve a reforma do sistema de saúde nos EUA.

O processo começa em cada comité com audições públicas a especialistas, organismos públicos, instituições privadas (entre outros) sobre os assuntos específicos da reforma de saúde. Posteriormente é redigida uma primeira versão da lei que de seguida é enviada para o organismo independente do congresso que faz a avaliação financeira dos custos das propostas, o "Congressional Budget Office". Feita a avaliação é redigido o relatório, e encaminhado para o Director do Comité. Este convoca uma reunião pública onde a lei é explicada aos restantes membros, alterada, aceite, ou rejeitada.

Quando os três comités da Câmara aprovarem as respectivas leis, elas serão compiladas numa única lei, e proposta para ser considerada na Câmara dos Representantes. Quando os dois comités aprovarem as suas leis, elas serão compiladas numa unida e propostas a consideração no Senado.

Ilustração 14 – (**Diagrama Esquemático do Processo de Reforma nos E.U.A.**)

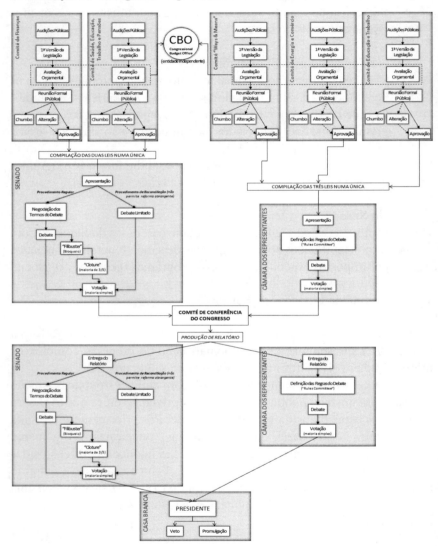

Na Câmara dos Representantes, em reunião do "Rules Comitee", presidido pelo líder do partido mais votado, serão definidas as regras para o debate. Posteriormente ao debate, terá lugar a votação da lei, sendo necessária uma maioria simples para a sua aprovação.

No Senado, o procedimento começa com a negociação dos termos do debate, seguindo-se o debate propriamente dito. Qualquer Senador pode bloquear unilateralmente uma discussão através de um mecanismo chamado "Filibuster", e a única maneira de ultrapassar este bloqueio, e fazer avançar a lei para votação, é através da invocação de um mecanismo chamado "Cloture", que poderá ser utilizado se houver uma maioria de 3/5 (ou seja, se 60 dos 100 senadores votarem a favor do "Cloture"). Caso não haja uma maioria de 3/5 no Senado, as regras do Senado permitem que o percurso da lei até à votação seja feito por um caminho alternativo, através da Reconciliação Orçamental ("Budget Reconciliation"), a qual não poderá ser alvo de "FIlibuster". O senão desta opção prende-se com a impossibilidade de fazer uma reforma profunda já que a Reconciliação só permite alterações ao nível de política fiscal ou dos gastos de programas federais. Chegada a lei à votação, esta só necessita de uma maioria simples (51 votos) para ser aprovada.

Aprovadas que estão as leis do Senado e da Câmara dos Representantes, é constituído um Comité Conjunto da Câmara e Senado, que terá a seu cargo a redacção de uma solução de compromisso. A sua negociação e redacção será em privado mas a sua aprovação será feita numa sessão pública. Será posteriormente redigido o Relatório da Conferência,

O Relatório é enviado juntamente com a Lei para o Senado e Câmara para aprovação final. O processo de discussão e votação assemelha-se ao anteriormente descrito.

Estando a lei aprovada pela Câmara e Senado ela é enviada para o Presidente que a Promulgará ou Vetará.

Actualmente encontramo-nos na fase de constituição do Comité Conjunto da Câmara e Senado para a negociação da solução de compromisso.

### 3.4.2. Cronologia de Eventos

É apresentado em seguida um resumo dos acontecimentos mais importantes do processo em curso da Reforma do Sistema de Saúde do Presidente Obama.

## 2007

**29 de Maio** – Apresentação do Plano para Reforma do Sistema de Saúde pelo candidato às Eleições Primárias Democratas, Barack Obama

**4 de Setembro** – Na primeira terça feira após o "Labour day" teve início a campanha eleitoral para as primárias nos Estados Unidos.

## 2008

**2 de Janeiro** – Deu-se o início, no Estado do Iowa, ao processo de escolha de delegados às Convenções Republicana e Democrata através das Primárias, que iria durar seis meses.

**5 de Fevereiro** – Super Terça-Feira ("Super Tuesday") neste dia tiveram lugar quarenta e cinco escrutínios de onde foram eleitos cerca de 51% dos delegados Democratas e cerca de 46% dos delegados Republicanos, totalizando desde o início do processo eleitoral cerca de 56 % dos delegados Democratas e 59% dos Delegados Republicanos. Obama conseguiu surpreender ao vencer um grande numero de estados importantes, o que o colocou a sua candidatura numa situação de empate com a de Hillary Clinton (a favorita para ganhar as eleições)

**4 de Março** – John McCain ganha o número de delegados suficientes para de apresentar à convenção republicana como o candidato a Presidente.

**7 de Junho** – Suspensão da campanha por parte de Hillary Clinton, que endossa a candidatura de Obama.

**25 de Agosto** – Inicia-se a Convenção do Partido Democrata onde é confirmado o nome de Barack Obama como candidato à presidência e de Joe Biden como candidato à vice-presidência.

**1 de Setembro** – Inicia-se a Convenção do Partido Republicano onde é confirmado o nome de John McCain como candidato do partido à presidência e de Sara Palin como candidata à vice-presidência.

**4 de Setembro** – Inicio da Campanha Eleitoral para a Presidência da República.

**4 de Novembro** – Têm lugar as eleições para a Presidência dos Estados Unidos. Barack Obama é eleito o novo Presidente dos Estados Unidos.

## 2009

**20 de Janeiro** – No discurso de tomada de posse, o Presidente Obama anuncia como fundamental a reforma do sistema de saúde:

"...Our health care is too costly...";

*Artigos*

"...We will restore science to its rightful place, and wield technology's wonders to raise health care's quality and lower its cost...".

**29 de Janeiro** – Congresso aprova lei que prevê a atribuição de seguros de saúde a 11 milhões de crianças oriundas de famílias de baixos rendimentos. Prevê pela primeira vez a atribuição de fundos federais a crianças e mulheres grávidas que sejam emigrantes legais.

**25 de Fevereiro** – No discurso feito perante uma Sessão Conjunta, no Capitólio, o Presidente Obama anuncia como fundamental a reforma do sistema de saúde.

"...The only way this century will be another American century is if we confront at last the price of our dependence on oil and the high cost of healthcare...";

"...Our recovery plan will invest in electronic health records and new technology that will reduce errors, bring down costs, ensure privacy and save lives...";

"...it makes the **largest investment ever in preventive care**, because that is one of the best ways to keep our people healthy and our costs under control...";

"This budget (...) includes an historic commitment to comprehensive healthcare reform – a down-payment on the principle that we must have quality, affordable healthcare **for every American**";

"...healthcare reform cannot wait, it must not wait, and it will not wait another year...".

**26 de Fevereiro** – É apresentado o documento de Barack Obama com os princípios para a reforma do sistema de saúde sem diferenças aparentes ao plano apresentado a 29 de Maio de 2007.

**27 de Fevereiro** – É apresentado o Orçamento de Estado que contempla 634 mil milhões de dólares destinado a um fundo para financiamento das reformas na saúde.

**5 de Março** – O Presidente convoca 150 legisladores Republicanos e Democratas, médicos, enfermeiros, responsáveis hospitalares, sindicatos e associações de pacientes para uma Cimeira da Saúde na Casa Branca para discutir diversas abordagens às reformas de saúde.

**9 de Junho** – Anúncio do Projecto de Lei do Comité de Saúde, Educação, Trabalho e Pensões do Senado, o "Affordable Health Choices Act"

**19 de Junho** – É apresentado o resultado do trabalho conjunto feito pelos três comités da Câmara dos Representantes com responsabilidades legislativas sobre a saúde, o Comité de Energia e Comércio, o Comité de "Ways & Means" e o Comité de Educação e Trabalho. A proposta de lei desenvolvida denomina-se "America's Affordable Health Choices Act of 2009"

**15 de Julho** – Aprovação no Comité de Saúde, Educação, Trabalho e Pensões do Senado da lei "Affordable Health Choices Act", passando a ter a referência de (S. 1679)

**16 de Julho** – A proposta de lei "America's Affordable Health Choices Act of 2009" É aprovada pelo Comité de "Ways & Means"

**17 de Julho** – A proposta de lei "America's Affordable Health Choices Act of 2009" é aprovada pelo Comité de Energia e Comércio

**31 de Julho** – A proposta de lei "America's Affordable Health Choices Act of 2009" é aprovada pelo Comité de Educação e Trabalho

**25 de Agosto** – Morre o Senador Democrata do Massachussets, Ted Kennedy, um dos principais defensores da reforma do sistema de saúde americano e Presidente do Comité de Saúde, Educação, Trabalho e Pensões do Senado. O Senado passa a ser composto por 99 senadores até à eleição de um substituto.

**16 de Setembro** – Anúncio do Projecto de Lei do Comité de Finanças do Senado, "America's Healthy Future Act of 2009"

**9 de Setembro** – Numa sessão conjunta do congresso, o Presidente apresenta o plano de saúde num discurso dramático apelando para a importância da cooperação interpartidária na reforma do sistema de saúde.

"We are the only democracy -- the only advanced democracy on Earth -- the only wealthy nation -- that allows such hardship for millions of its people (...) in just a two-year period, one in every three Americans goes without health care coverage at some point. And **every day, 14,000 Americans lose their coverage. In other words, it can happen to anyone**"

"We spend one and a half times more per person on health care than any other country, but we aren't any healthier for it"

"The plan I'm announcing tonight would meet three basic goals. It will provide more security and stability to those who have health insurance. It will provide insurance for those who don't. And it will slow the growth of health care costs for our families, our businesses, and our government (...). It's a plan that incorporates ideas from senators and congressmen, from Democrats and Republicans and from some of my opponents in both the primary and general election."

"to my Republican friends, I say that rather than making wild claims about a government takeover of health care, **we should work together to address any legitimate concerns you may have**."

**13 de Outubro** – Aprovação no Comité de Finanças do Senado da lei "America's Healthy Future Act of 2009"

**29 de Outubro** – Apresentação da compilação das três propostas de lei efectuadas pelos três comités da Câmara dos Representantes com responsabilidades legislativas sobre a saúde (Comité de Energia e Comércio, Comité de "Ways & Means" e Comité de Educação e Trabalho") sob a forma de uma única proposta de lei ao Congresso, o "Affordable Health Care for America Act"

**7 de Novembro** – Após votação renhida, a proposta de lei "Affordable Health Care for America Act" é aprovada na pela Câmara dos Representantes do Congresso com uma votação de 220 contra 215, passando a ser referida por lei (HR 3962)

**18 de Novembro** – Apresentação da compilação das duas propostas de lei feitas pelos dois comités do Senado com responsabilidades legislativas sobre a saúde (Comité de Finanças do Senado e da proposta e Comité de Saúde, Educação, Trabalho e Pensões do Senado) sob a forma de uma única proposta de lei, a "Patient Protection and Affordable Care Act".

**21 de Novembro** – Com uma votação de 60 contra 39, os Democratas conseguem ultrapassar uma barreira importante ao aprovar o início do debate alargado no Senado da proposta de lei de 18 de Novembro (necessitavam de uma maioria de 3/5 para evitar a possibilidade de bloqueios)

**24 de Dezembro** – Numa votação que teve lugar na véspera de Natal, os democratas conseguem uma repetição da votação de 60 contra 39 (neste caso só era necessário uma maioria simples), fazendo aprovar a lei "Patient Protection and Affordable Care Act", passando a ser referida por lei (HR 3590)

## 2010

**20 de Janeiro** – Têm lugar as eleições para Senador do Estado do Massachussets, que estava sem representante no senado desde a morte do Democrata Ted Kennedy em Agosto de 2009. Ao contrário das previsões no início da campanha, ganha o Republicano Scott Brown, forte opositor do processo de reforma do sistema de saúde em curso. Como consequência desta eleição os Democratas perdem a "super maioria" de 3/5 no Senado, que lhes permitia fugir ("cloture") a possíveis bloqueios ("filibusters") da oposição Republicana.

### 3.5　Conteúdo da Reforma em Curso nos EUA

A reforma em curso do Sistema de Saúde Americano assenta na visão do Presidente Obama, incluída no documento com os princípios da reforma da saúde apresentado a 26 de Fevereiro de 2009. O conteúdo deste documento é semelhante ao anteriormente apresentado enquanto candidato presidencial, que podemos ver na Tabela 1. Tem como principais objectivos o aumento da cobertura, redução de custos e melhoria da qualidade dos serviços prestados.

Como vimos acima, o processo de reforma do sistema de saúde encontra-se a meio de um complexo percurso legislativo. Neste momento as leis aprovadas pelo Senado e Câmara dos Representantes aguardam compilação pelo Comité de Conferência do Congresso, faltando o reenvio da mesma de volta para o Senado e Câmara de Representantes para aprovação final.

Desconhecendo-se à data em que é escrito este artigo o conteúdo da versão conjunta, será feita uma comparação do conteúdo da lei aprovada pelo Senado (Lei **H.R. 3590**, **"Patient Protection and Affordable Care Act"**) e da lei aprovada pela Câmara dos Representantes (Lei **H.R. 3962**, **"Affordable Health Care for America Act"**) quanto a mecanismos previstos para expansão do acesso, controlo dos custos, e melhoria da qualidade. Apresenta-se na Tabela 5 uma compilação de algumas das medidas previstas para a reforma do sistema incluídas nas duas leis atrás referidas. Nas colunas da direita está indicado em que grande área da reforma se enquadra.

*Artigos*

Tabela 5 – **Algumas Medidas Previstas na Reforma em Curso**

| | Expansão/Melhoria do Acesso | Controlo dos Custos | Melhoria da Qualidade |
|---|---|---|---|
| Mandato individual com a obrigatoriedade de aquisição de Seguros de Saúde por parte da população e empregadores, prevendo penalizações para quem não cumprir (cada lei aponta excepções diferentes em caso de dificuldades financeiras). Prevêem auxílio financeiro a quem não tiver capacidade para pagar, e a expansão dos programas Medicaid para os indivíduos com menos de 65 anos que se encontrem abaixo 133% do índice de pobreza federal (na lei H.R. 3590) e para 150% do nível de pobreza (na lei H.R.3692), e melhoria do CHIP ("Children Health Insurance Program"). | ☐ | | |
| Criação de um programa de auxílio às empresas para manutenção dos seguros de saúde aos reformados com mais de 55 anos e menos de 65, através de benefícios fiscais. | ☐ | | |
| Incentivo de compra de seguros para pequenas empresas de forma a garantir cobertura de seguros de saúde para os empregados através de créditos fiscais | ☐ | | |
| Criação do *National Health Insurance Exchange*, que incluirá para além de um plano público de saúde (a criar), um conjunto de planos de seguros privados e os programas públicos. Permite, a portabilidade do seguro (um trabalhador ao mudar de emprego, poderá continuar a usufruir do mesmo plano e não ficar refém do plano do empregador), o acesso a programas de saúde a pequenas empresas e a indivíduos que se encontram na faixa daqueles que não têm rendimentos suficientes ou não são elegíveis para os programas públicos (prevê-se que o financiamento do plano público seja feito através de receitas dos prémios). | ☐ | | |

| | Expansão/Melhoria do Acesso | Controlo dos Custos | Melhoria da Qualidade |
|---|:---:|:---:|:---:|
| Criação do *American Health Benefit Exchanges and Small Business Option Program* (SHOP), a partir do qual indivíduos ou empresas com menos de 100 trabalhadores podem adquirir cobertura de serviços de saúde. | ☐ | ☐ | |
| Criação de um plano de saúde de configuração cooperativa (CO-OP) com fins não lucrativos, que ofereça seguros através do *National Health Insurance Exchange*. A lei H.R. 3590 especifica as características estatais do plano (o objectivo é criar um plano por cada Estado). Têm de corresponder a requesitos de boa governança e garantir que os lucros gerados pela actividade serão usados na melhoria da qualidade dos serviços prestados, a melhoria de benefícios para os seus assinantes, e baixar os prémios. | ☐ | ☐ | ☐ |
| Aumento do financiamento para os centros de saúde comunitários e criação de centros de saúde-escola e clínicas de enfermagem. | ☐ | ☐ | ☐ |
| Criação de entidades nacionais para o desenvolvimento e coordenação de estratégias de prevenção de saúde, promoção da saúde e saúde pública. | ☐ | ☐ | |
| Criação de programas para apoio à prestação de serviços de promoção e manutenção de "bem-estar" (baseados na evidência e com origem na comunidade) com o objectivo de reduzir as doenças crónicas e as disparidades em saúde. | ☐ | ☐ | |
| Criação dentro do Medicare de programas pessoais de prevenção da doença, com recurso a incentivos para os doentes que consigam atingir objectivos em saúde previamente estabelecidos. | | ☐ | |
| Subsidiar as pequenas empresas para a criação de programas de saúde e bem-estar e incentivar a atribuição de prémios aos trabalhadores que atinjam determinadas metas em saúde. | ☐ | ☐ | |
| Medidas de simplificação administrativa como a estandardização de procedimentos e a adopção de sistemas informáticos para os processos burocráticos e de gestão dos doentes. | | ☐ | ☐ |

*Artigos*

| | Expansão/Melhoria do Acesso | Controlo dos Custos | Melhoria da Qualidade |
|---|---|---|---|
| Criação de centros de inovação com o objectivo de desenvolver e avaliar sistemas de pagamento e metodologias para reduzir os custos dos programas Medicare, Medicaid e CHIP, mantendo ou melhorando a qualidade dos cuidados prestados (Lei H.R.3590) | | ☐ | ☐ |
| Melhoria da equidade do sistema. Criação de um programa linguístico de forma a permitir que o programa Medicare disponibilize serviços apropriados e acessíveis a minorias étnicas. Recolha de dados para estudo aprofundado de população desfavorecidas (minorias éticas, habitantes em zonas rurais, entre outros) | ☐ | | ☐ |
| Criação de programas para formação contínua de profissionais de saúde com particular enfoque em modelos cuidados primários como os "medical homes", gestão de doenças crónicas. | | | ☐ |
| Obrigatoriedade da apresentação de relatórios com a descriminação de interesses financeiros entre entidades do sistema de saúde (médicos, farmácias, laboratórios, empresas de equipamentos médicos, entre outros). | | ☐ | ☐ |
| Desenvolvimento de uma estratégia nacional de melhoria da qualidade dos serviços de saúde e de saúde da população. | | | ☐ |
| Criação do "Center for Comparative Effectiveness Research" e do "Patient-Centered Outcomes Research Institute" com o objectivo de proceder a estudos comparativos da efectividade e da eficiência quanto a resultados de serviços de saúde e a procedimentos. | | | ☐v |

## 4. Ponto da Situação da Reforma dos Cuidados de Saúde nos Estados Unidos – implicações para a Europa

Fez-se acima referência ao facto significativo de já durante a ultima campanha eleitoral para a Presidência dos Estados Unidos, a preocupação dos cidadãos pelo estado da economia ter superado fortemente e, ainda durante o ano de 2008, a questão da reforma dos cuidados de saúde como prioridade política. A prioridade política da economia e do emprego, acentuou-se durante 2009.

O primeiro ano do novo mandato presidencial foi particularmente difícil. As manifestações de abertura e vontade de diálogo com o conjunto da nação e a moderação que o Presidente Obama deu mostras na nomeação dos membros do governo e dos seus principais conselheiros não encontrou eco numa sociedade muito dividida.

A disponibilização massiva de fundos públicos para reequilibrar o sistema financeiro na sequência daquela que ficou conhecida com a crise do *subprime* foi já motivo para mobilizar a oposição Republicana contra a Administração Obama. As questões de política externa, nomeadamente aquelas que são percebidas como envolvendo a segurança dos EU – como são o caso do Afeganistão, Paquistão, Iraque, Irão – são também o factor de erosão permanente face a suspeita permanente que esta Administração não é suficientemente forte em questões de segurança.

A estas dificuldade veio a juntar-se, mais uma vez (e apesar de toda a experiência passada neste domínio) o sucesso dos opositores da reforma em a apresentarem como uma ameaça a qualidade dos cuidados de saúde nos EU, com o argumento de que a reforma daria necessariamente origem a medidas que condicionariam drasticamente o direito de escolha por parte do cidadão e induziriam a práticas de racionamento na prestação de cuidados de saúde.

Neste contexto a derrota do candidato Democrata nas eleições para o lugar do Senado que vagou por morte de Edward Kennedy teve um grande significado, por mais do que uma razão: Tratava-se de um eleitorado tradicionalmente democrata, de um lugar que tinha pertencido durante décadas a um acérrimo defensor da reformas no sector da saúde, em que o candidato vencedor fez campanha contra a reforma da saúde, e que ao ser eleito tirou ao partido democrático a maioria de 2/3 no Senado, necessária para evitar bloqueios processuais no agendamento deste tema nas deliberações do Senado.

É, neste momento, improvável que a oposição Republicana dê um resposta positiva ao apelo do Presidente para uma nova procura de consenso para a reforma substancial no sector da saúde.

Será eventualmente possível ainda no decurso dos próximos meses fazer aprovar uma agenda muito menos ambiciosa, de natureza essencialmente incrementalista, dando eventualmente mais alguns passos na direcção certa?

Com uma situação económica e social particularmente difícil e um ambiente político crispado, com as eleições parlamentares do próximo Novembro, já à vista, o caminho para a reforma dos cuidados de saúde apresenta-se cheio de obstáculos difíceis de transpor.

*Artigos*

Larry Summers, o principal conselheiro para a economia do Presidente, disse recentemente em Davos, referindo-se precisamente a actual situação económica e social nos Estados Unidos: "Estamos perante um recuperação estatística e uma recessão humana".

Será possível, neste contexto, reconstruir num futuro próximo, uma base social de apoio para uma reforma efectiva dos cuidados de saúde na EU?

A última questão a discutir aqui, tem a ver com os ensinamentos e implicações que o debate da reforma dos cuidados de saúde nos EU (e a eventual implementação de algumas das medidas previstas, mesmo no âmbito de uma reforma de espectro mais estreito) poderiam ter para o debate da saúde na Europa e para a evolução dos seus sistemas de saúde.

Antes de se sugerir alguns desses eventuais ensinamentos, de uma forma mais detalhada, é talvez oportuno fazer algumas considerações mais genéricas.

Torna-se relativamente evidente que adopção de uma filosofia compatível com a garantia da universalidade de acesso aos cuidados de saúde, não tem vingado nos EU, apesar de múltiplas tentativas, nas circunstâncias históricas mais diversas.

Será que isso reflecte o carácter de não universalidade das soluções de protecção social próprias da cultura política norte-americana com sustentam alguns autores, ou estaremos antes face a uma questão de outro tipo: a extrema dificuldade de fazer evoluir um sistema de saúde centrado em seguros de saúde privados e numa grande fragmentação dos dispositivos de prestação de cuidados de saúde. Esta é talvez uma reflexão já com alguma utilidade face aos projectos que se direccionam para uma eventual americanização dos sistemas de saúde da Europa. Mas ela é também relevante para os desafios que os sistemas de saúde do velho continente terão que enfrentar num futuro muito próximo, no âmbito do Pacto de Estabilidade e Crescimento que os países membros da EU terão que subscrever muito brevemente.

**4.1. A importância da apreensão do Discurso Político**

O discurso político em saúde sofreu alterações ao longo da observação. Com o aparecimento da crise económica passou do enfoque na Cobertura para o enfoque dos problemas económicos provocados pela não existência de reformas (como um dos entraves à competitividade e como um dos principais causadores do défice federal)

O falhanço da tentativa de reforma de saúde na Califórnia em 2008 e anteriormente o falhanço da reforma Clinton de 94 demonstra que o afastamento da população da discussão política poderá levar a uma má interpretação e a uma baixa aceitação das propostas formuladas.

Assiste-se ao longo do processo de reforma de saúde em curso a uma grande oposição expressa na rua por manifestações agressivas de oposição ás propostas de reforma.

Tornou-se mais uma vez evidente, que os Media são um importante veículo da mensagem e aparentam ser um parceiro importante para o sucesso das reformas de saúde.

**4.2. Aproximação dos Sistemas**

As diferentes reformas de saúde de um lado e doutro do Atlântico tendem aproximar os sistemas. Por exemplo na reforma Obama estão implícitos valores já há muito interiorizados pelos sistemas europeus tais como a cobertura universal e a equidade no acesso aos cuidados de saúde.

Na Europa alguns países estão introduzir nas propostas de reforma princípios existentes há muito no sistema de saúde americano. Na Alemanha fala-se na necessidade de promover a competitividade, aumentar a eficiência, melhorar a qualidade. No Reino Unido fala-se de incentivos à eficiência, na necessidade de diversificação de prestadores (com autonomia para inovar), aumentar a escolha por parte dos pacientes.

Existem ainda outros temas que apareceram ao mesmo tempo em propostas de saúde dos dois lados do Atlântico como é a importância na prevenção e reabilitação, em detrimento de abordagens puramente curativas e reactivas.

A existência de reformas que tendam a aproximar os sistemas de saúde poderão facilitar o processo de transferência de conhecimentos e tecnologias entre os E.U.A. e países europeus.

**4.3. As Tecnologias de Informação**

Tal como vimos atrás, o sistema de saúde americano e os sistemas de saúde europeus embora diferentes partilham alguns desafios como o aumento dos custos, a necessidade de melhoria da qualidade, a mudança de paradigma

As Tecnologias de Informação em Saúde apareceram durante a campanha presidencial e no processo de reforma Obama em curso como sendo uma peça fundamental para a resolução dos principais desafios que esta reforma enfrenta, o que torna o seu desenvolvimento e comercialização bastante atraentes para as multinacionais tecnológicas americana. Da análise do ranking da revista *Businessweek* das 100 maiores empresas tecnológicas a nível mundial, reparamos que em 2009, as empresas Americanas representavam 54% do volume de negócios mundial.

Ilustração 15 – **Distribuição Mundial das 100 Maiores Empresas Tecnológicas do Mundo em 2009**

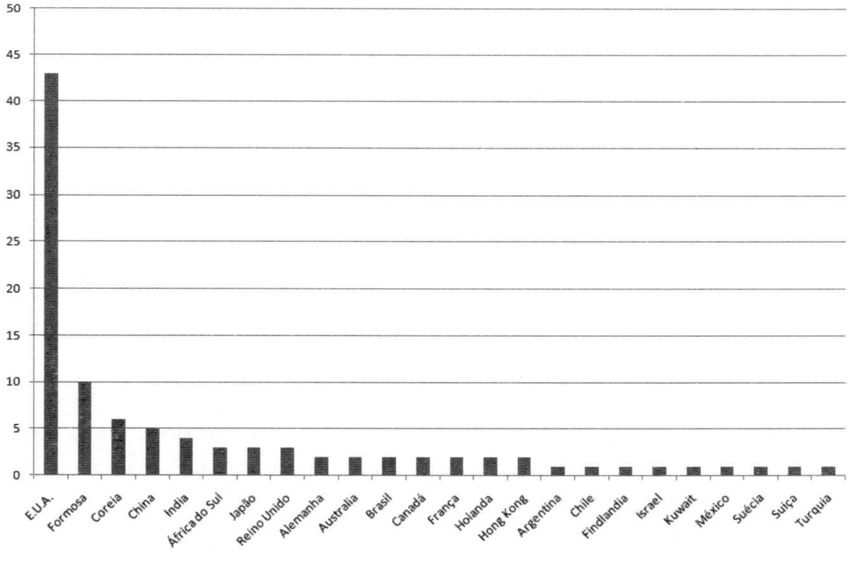

Dados: The Infotech 100 – BusinessWeek 2009

Das 14 empresas de Software presentes no ranking, 10 são americanas e só uma é europeia (SAP da Alemanha)

Das 5 empresas de Internet presentes no ranking, 4 são americanas e a outra asiática (China).

Dos 23 fabricantes de computadores, 8 são americanos, 2 europeus e os restantes asiáticos, não aparecendo nenhuma empresa Europeia.

Num mundo globalizado, assente numa rede estruturada de comunicações globais, o facto de os Estados Unidos apresentarem uma esmagadora percentagem da produção de conteúdos e de serviços na Internet, e terem as maiores empresas do sector, faz com que tenham um enorme peso e influência ao nível global.

As características das redes Desenvolvimento e Inovação americanas, com a interligação entre as Universidades e a Indústria, dão aos Estados Unidos o papel de líder mundial em inovação. Sendo os EUA a maior potência tecnológica do mundo, e havendo um enorme interesse político na adopção de Tecnologias de Informação em Saúde, existe um enorme potencial de valor económico nesta área.

Os novos sistemas de gestão, informação e comunicação na saúde, que têm sido impulsionados pelo simples facto da reforma dos cuidados de saúde ter entrado na agenda política dos Estados Unidos, terão muito provavelmente, implicações globais naquilo que diz respeito aos modelos de organização e gestão dos serviços de saúde.

## Bibliografia

ANDERSON, Gerard F.; FROGNER, Bianca K.; REINHARDT, Uwe E. – Health Spending In OECD Countries In 2004: An Update – *Health Affairs*. 26, n°. 5 (2007) 1481-1489

BUSINESSWEEK – The Future Of Tech: The Info Tech 100 [Em linha] Businessweek. 30 Abr. 2009 [Consult. 24 Jan 2010]. Disponível em http://bwnt.businessweek.com/interactive_reports/it100_2009/?chan=magazine+channel_in+depth

BUSSE, Reinhard – The health system in Germany – *Eurohealth* Vol. 14 No 1 (2008) 5-6

BUSSE, Reinhard; RIESBERG, Annette – Health Care Systems in Transition: Germany- Copenhagen, WHO Regional Office for Europe: European Observatory on Health Systems and Policies, 2004.

INSTITUTE OF MEDICINE – Crossing the Quality Chasm: A New Health System for the 21st Century – Washington, DC, USA: National Academies Press; 2001

LEEAB, Sang-Yi; CHUNB, Chang-Bae; LEEB, Yong-Gab; SEOB, Nam Kyu – The National Health Insurance system as one type of new typology: The case of South Korea and Taiwan – *Health Policy* Vol. 85, n°1 (2008) 105-113

MIRALDO, M. – Hospital Financing and the Development and Adoption of New Technologies – *CHE Research Paper* 26 (2004)

ORGANIZATION FOR ECONOMIC CO-OPERATION AND DEVELOPMENT – Frequently Requested Data [Em linha] Organization For Economic Co-Operation And Development, Junho de 2008 [Consult. 1 Ago 2008]. Disponível em http://www.oecd.org/document/30/0,3343,en_2649_34631_12968734_1_1_1_1,00.html

ORGANIZATION FOR ECONOMIC CO-OPERATION AND DEVELOPMENT – OECD Health Data 2008, How Does the United States Compare? [Em linha], Organization For Economic Co-Operation And Development, Junho de 2008 [Consult. 1 Ago 2008] Disponível em em http://www.oecd.org/searchResult/0,3400,en_2649_201185_1_1_1_1_1,00.html

POLLITZ, Karen – Private Health Insurance 101. [Em linha] Menlo Park: The Henry J. Kaiser Family Foundation. Kaiser Tutorials. [consult. a 2 Set. de 2008] Disponível em http://www.kaiseredu.org/tutorials/privateinsurance/player.html

REIS, Vasco – Gestão em saúde: um espaço de diferença – Escola Nacional De Saúde Pública. Universidade Nova de Lisboa (2007)

ROBINSON, Ray; DIXON, Anna – Health Care Cystems in Transition: United Kingdom – Copenhagen, WHO Regional Office for Europe: European Observatory on Health Systems and Policies, 1999.

RUGER, J. – Health, Health Care, and Incompletely Theorizer Agreaments: A Normative Theory Of Health Policy Decision Making – Journal Of Health Politics, Policy And Law, Vol.32, N°1 Fevereiro 2007

SHI, Leyiu; SINGH, Douglas A. – Delivering health care in America: A system approach:. Sudbury: Jones and Bartlett Publishers, 2007

THE HENRY J. KAISER FAMILY FOUNDATION – "2008 Presidential Candidates Health Care Proposal: side-by-side summary", The Henry J. Kaiser Family Foundation

THE HENRY J. KAISER FAMILY FOUNDATION – Kaiser Health Tracking Poll: Election 2008, August 2008 Tracking Poll [Em linha] The Henry J. Kaiser Family Foundation [Consult. 2 Set 2008] Disponível em http://www.kff.org/kaiserpolls/elections2008.cfm

THE HENRY J. KAISER FAMILY FOUNDATION – Kaiser Health Tracking Poll: Election 2008, June 2008 Tracking Poll [Em linha] The Henry J. Kaiser Family Foundation [Consult. 28 Ago 2008] Disponível em http://www.kff.org/kaiserpolls/elections2008.cfm

THE HENRY J. KAISER FAMILY FOUNDATION – Kaiser Health Tracking Poll: Election 2008, April 2008 Tracking Poll The Henry J. Kaiser Family Foundation [Consult. 2 Mai 2008] Disponível em http://www.kff.org/kaiserpolls/elections2008.cfm

THE HENRY J. KAISER FAMILY FOUNDATION – Kaiser Health Tracking Poll: Election 2008, March 2008 Tracking Poll [Em linha] The Henry J. Kaiser Family Foundation [Consult. 2 Mai 2008] Disponível em http://www.kff.org/kaiserpolls/elections2008.cfm

THE HENRY J. KAISER FAMILY FOUNDATION – Kaiser Health Tracking Poll: Election 2008, December 2007 Tracking Poll [Em linha] The Henry J. Kaiser Family Foundation [Consult. 5 Fev. 2008] Disponível em http://www.kff.org/kaiserpolls/elections2008.cfm

THE HENRY J. KAISER FAMILY FOUNDATION – Kaiser Health Tracking Poll: Election 2008, October 2007 Tracking Poll [Em linha] The Henry J. Kaiser Family Foundation [Consult. 3 Nov. 2007] Disponível em http://www.kff.org/kaiserpolls/elections2008.cfm

THE HENRY J. KAISER FAMILY FOUNDATION – Kaiser Health Tracking Poll: Election 2008, August 2007 Tracking Poll [Em linha] The Henry J. Kaiser Family Foundation [Consult. 2 Out. 2007] Disponível em http://www.kff.org/kaiserpolls/elections2008.cfm

THE HENRY J. KAISER FAMILY FOUNDATION – Kaiser Health Tracking Poll: Election 2008, June 2007 Tracking Poll [Em linha] The Henry J. Kaiser Family Foundation [Consult. 2 Jul 2007] Disponível em http://www.kff.org/kaiserpolls/elections2008.cfm

WILSON, Charles B. – The impact of medical technologies on the future of hospitals – *BMJ*. Vol. 319 (1999)

WU, Shin-Yi; GREEN, Anthony – Projection of Chronic Illness Prevalence and Cost Inflation – RAND Corporation, (2000)

Olívio Mota Amador

# Reformar o Sistema de Saúde nos EUA
# (O Plano Obama e o Mito de Sísifo)

**Olívio Mota Amador**
Mestre em Direito (ciências jurídico-económicas) pela FDUL.
Docente do Instituto Europeu e do IDEFF da FDUL. Advogado.

## RESUMO

A reforma do sistema de saúde foi, na sequência das promessas feitas na campanha eleitoral, uma das principais tarefas da agenda interna do Presidente Barack Obama no seu primeiro ano de mandato. O presente artigo pretende descrever, em traços gerais, a concepção desta reforma e analisar as vicissitudes da sua concretização.

**Palavras-chave:**

Reforma da saúde do Presidente Obama
Efeitos económicos da reforma da saúde
Despesas de saúde nos EUA

## ABSTRACT

The health care reform was one of the main tasks of the domestic agenda of President Barack Obama in his first year in office, as it was one of the several promises made during the election campaign. This article aims to describe, in general terms, the guide lines of this reform, at the same time that analyse the problems of it`s implementation.

**Keywords:**
Obama health care reform
Economic impacts of health care reform
Health expenditure in the United States

*Artigos*

**Aspectos de Enquadramento**

**1.** A reforma do sistema de saúde nos EUA constituiu um elemento essencial da agenda interna do Presidente Barack Obama durante o seu primeiro ano de mandato[1].

O intenso debate político sobre o tema tem revelado as profundas divergências existentes na sociedade americana nesta questão.

A presente temática é susceptível de perspectivas de análise diversificadas – económica, política, ética – e tem um interesse inegável para os estudiosos da problemática das políticas públicas de bem estar social. No momento em que escrevemos este artigo o processo legislativo ainda não foi encerrado, pelo que iremos dedicar a nossa atenção aos aspectos relativos à concepção desta reforma e às vicissitudes da sua concretização durante o processo legislativo, que ainda não terminou[2].

**2.** O papel do Estado na prestação de cuidados de saúde é uma discussão recorrente nos EUA e, desde há muitos anos, que Democratas e Republicanos tem posições claramente divergentes sobre a matéria.

No actual debate os Democratas têm salientado, em apoio das suas teses, o papel relevante que os Presidentes Theodore Roosevelt e Harry Truman tiveram neste domínio.

Por exemplo, na década de sessenta do século XX existiu uma grande controvérsia na sociedade americana sobre a prestação de cuidados de saúde aos idosos. Na altura milhões de americanos idosos sentiam os custos crescentes da saúde e não tinham acesso a seguros acessíveis. Dados estatísticos mostravam que dois em cada três americanos idosos tinham rendimentos anuais de menos de 1000 dólares e só um em cada oito tinha seguro de saúde[3]. Perante o aumento dos custos com a saúde,

---

[1] Basta verificar a importância que o tema ocupou no discurso sobre o Estado da União proferido pelo Presidente Obama em Janeiro último, disponível em: www.whitehouse.gov.

[2] Sobre o processo legislativo norte americano vd., JOSÉ GOMES ANDRÉ, *"Sistema Político e Eleitoral Norte-Americano. Um Roteiro"* in VIRIATO SOROMENHO-MARQUES, *O Regresso da América. Que futuro depois do Império?*, Lisboa, Esfera do Caos, 2008, pp. 157 e ss.

[3] Vd., DAVID OLIVE, *Uma História Americana. Os Melhores Discursos de Barack Obama*, Lisboa, Esfera do Caos, 2008, pp. 217.

especialmente os custos de internamento, e a recusa das seguradoras privadas em fazer apólices a idosos foi possível, após intensas negociações, ao Presidente Lyndon Johnson, em 30 Julho de 1965, assinar a lei que criou o *Medicare* [4].

Merece igualmente destaque, em 1993, a apresentação pelo Presidente Bill Clinton, de uma reforma da saúde. Mais uma vez, existiram grandes debates, mas os Democratas não conseguiram a aprovação do Senado e um ano depois a reforma ficou adiada[5].

3. Da análise do sistema de saúde americano, numa perspectiva comparada, com os demais sistemas de saúde dos países da OCDE resulta a existência de quatro traços caracterizadores da situação americana, que importa salientar.

Primeiro, cerca de 47 milhões de americanos, sendo que esse número inclui 9 milhões de crianças, não têm seguro de saúde e portanto encontram-se numa situação de total desprotecção na prestação de cuidados de saúde[6].

Segundo, nos EUA os gastos em saúde representam 16% do seu PIB, quando a média nos países da OCDE é de 8,9%, ou seja, os EUA são dos países que tem maior gastos com a saúde[7].

Terceiro, os EUA são, juntamente com o México, o país em que o Estado tem o papel mais reduzido no financiamento das despesas com a saúde[8].

---

[4] A partir dessa altura os EUA passaram a ter um seguro de saúde público destinado às pessoas de idade igual ou maior de 65 anos. O primeiro cartão de beneficiário do sistema MEDICARE foi atribuído ao antigo presidente Harry Truman, defensor da necessidade de um sistema universal de prestação de cuidados de saúde.

[5] A proposta foi preparada por um Grupo de trabalho presidido por Hillary Clinton encarregada de elaborar um plano global de cuidados de saúde universal.

[6] Vd., JOHN R. TALBOTT, *Obamanomics. Propostas para uma nova prosperidade económica*, Lisboa, Tinta da China, 2009, pp. 184.

[7] Vd., MARK PEARSON, *"Disparities in health expenditure across OECD countries: Why does the United States spend so much more than other countries?"*, OECD, 30 Setembro 2009, pp. 1, disponível em: www.oecd.org,.

[8] Vd., MARK PEARSON, *"Disparities...* cit., pp. 2.

Por fim, em quarto lugar, nos EUA o preço dos serviços médicos e dos medicamentos é significativamente mais alto do que nos outros países da OCDE[9]. Esta dinâmica de preços altos nos serviços médicos e nos medicamentos provoca efeitos em cadeia. Desde logo, implica o aumento dos prémios de seguros de saúde e consequentemente as famílias e as empresas têm de suportar maiores custos, ao mesmo tempo, cresce o número de situações de exclusão do sistema por falta de condições económicas para o pagamento.

Deste modo pode concluir-se que no sistema de saúde americano verifica-se o efeito paradoxal das despesas de saúde serem muito elevadas e, ao mesmo tempo, existirem falhas muito significativas na cobertura da sua população em cuidados de saúde.

**A Concepção da Reforma**

**1.** Num discurso proferido, a 25 de Janeiro de 2007, em Washington, DC, a convite das *Families USA*, o então candidato presidencial Barack Obama apostou no lançamento da reforma da saúde como um elemento central da agenda política interna.

Nesse discurso Barack Obama não discutiu se todos os americanos merecem que a prestação de cuidados de saúde seja considerada um direito assegurado pelo Estado mas, de forma pragmática, questionou se a sociedade americana estava disposta a suportar os danos crescentes na competitividade nacional, devido à ausência de uma forma mais eficiente e acessível de prestar cuidados de saúde a todos os cidadãos.

Em consequência, Barack Obama acentuou as repercussões económicas negativas da situação existente e concluiu que: *"Chegou o momento de haver um sistema universal de saúde na América."*[10].

**2.** Ao ser eleito Presidente Barack Obama tornou a reforma dos cuidados de saúde como aspecto essencial da sua acção.

---

[9] Vd., MARK PEARSON, "*Disparities…* cit , pp. 7 e ss..
[10] Vd., DAVID OLIVE, *Uma História…* cit., pp. 211 e ss..

A reforma foi estruturada em dois níveis de acordo com o âmbito da sua aplicação[11].

Num primeiro nível, estabelece um conjunto de acções destinadas a conferir uma maior estabilidade e segurança aos cidadãos que já tem seguro de saúde.

Num segundo nível, cria os mecanismos necessários para proporcionar uma opção de seguro público com qualidade e baixo preço destinado aos cidadãos que estão actualmente excluídos da cobertura na prestação de cuidados de saúde.

**3.** Quanto às acções destinadas a proporcionar uma maior estabilidade e segurança a quem já tem seguro de saúde podemos destacar três aspectos.

Primeiro, a reforma pretende acabar com um conjunto de práticas discriminatórias das companhias de seguros, que vão desde a exclusão de pessoas por doenças preexistentes até à limitação de coberturas em função do género e da idade.

Segundo, a reforma restringe os casos de cancelamento de seguros de saúde por parte das companhias. Uma investigação do Congresso revelou que três grandes companhias seguradoras nos últimos cinco anos cancelaram a cobertura a 20 000 pessoas não pagando 300 milhões de dólares que passaram a ser obrigação do doente e da sua família ou uma divida incobrável para os médicos e hospitais.

Terceiro, a reforma pretende eliminar os custos adicionais nos seguros com serviços de medicina preventiva, como por exemplo, mamografias e vacinas.

**4.** O aspecto mais inovador da reforma prende-se com a opção do seguro público. O objectivo é criar no mercado um seguro público que permita aos cidadãos e às pequenas empresas, que estão neste momento excluídos do seguro, ficarem abrangidos por planos de saúde que funcionem plenamente.

Com o objectivo de permitir a adesão a este tipo de seguro são previstos certo tipo de incentivos de carácter fiscal e para abranger, de forma

---

[11] Os documentos do Plano de Reforma da Saúde do Presidente Barack Obama estão disponíveis em: www.whitehouse.gov/issues/health-care

*Artigos*

imediata, as pessoas que se encontram em grupos de risco ou com doenças preexistentes cria-se uma nova cobertura de baixo custo suportado por um fundo especial.

**5.** A avaliação do impacto económico da reforma proposta constitui um elemento essencial para permitir a análise da mesma.

O *Council of Economic Advisers (CEA)* do Presidente publicou, em Junho de 2009, um estudo sobre esta matéria[12]. Nesse importante documento o *CEA* constata que o actual sistema de saúde americano é financeiramente insustentável a prazo, porque as despesas com saúde em percentagem do PIB já são substancialmente elevadas em comparação com outros países desenvolvidos, mas as projecções apontam para crescimentos muito rápidos nas próximas três décadas. Daí resultar um forte impacto no défice orçamental e, ao mesmo tempo, uma maior exclusão de cidadãos do sistema com o aumento da taxa de não cobertura.

Para o *CEA* o impacto económico será muito positivo se a reforma atingir dois objectivos: diminuição da taxa de crescimento das despesas de saúde e ampliação da cobertura da prestação de cuidados de saúde.

Quanto à diminuição da taxa de crescimento das despesas de saúde o *CEA* estima que a meta desejável é abrandar a taxa de crescimento das despesas de saúde em 1,5 pontos percentuais por ano.

Ao mesmo tempo, o abrandamento da taxa de crescimento das despesas de saúde terá efeitos positivos nas contas do *Medicare* e do *Medicaid* contribuindo para a diminuição do défice orçamental e para o crescimento do PIB.

Quanto à expansão da cobertura dos cuidados de saúde, o *CEA* estima que, para além do aumento do bem estar económico do cidadão que passar a estar abrangido pelo seguro, será provável um melhor funcionamento do mercado de trabalho.

**6.** Além do impacto económico outro aspecto muito sensível diz respeito ao impacto orçamental da reforma.

---

[12] O estudo intitula-se *The Economic Case For Health Care Reform*, Junho 2009 e está disponível em: www.whitehouse.gov/issues/health-care

O impacto orçamental foi analisado pelo Congressional Budget Office (CBO) e pelo Joint Committee on Taxation (JCT)[13]. Essas análises destacaram que se a reforma conseguir abrandar o ritmo de crescimento da despesa de saúde está a contribuir para a redução do défice orçamental em valores estimados, no período 2010-2019, de 81 mil milhões de dólares.

Sob o ponto de vista orçamental a reforma do sistema de saúde ao diminuir o crescimento das despesas em saúde e a aumentar a cobertura está a prosseguir objectivos que são potencialmente conflituantes entre si, porque ao alargar-se a cobertura de cuidados médicos a despesa terá também de aumentar[14]. Este efeito não se produzirá se forem desencadeadas nos serviços acções de eliminação de desperdícios e de melhoria da eficiência.

A este respeito importa referir que é prevista a criação de uma Comissão Independente para detectar a fraude e o desperdício e para apresentar anualmente recomendações ao Congresso no sentido de tornar o *Medicare* mais eficiente.

**As Vicissitudes da Concretização da Reforma**

1. O processo legislativo decorreu durante o ano de 2009 tendo dois aspectos marcantes.

O primeiro, em 7 de Novembro a Câmara dos Representantes assegurou a aprovação do projecto de reforma de saúde que incluía os dois níveis de estruturação atrás referidos, nomeadamente a criação de um seguro público destinado aos americanos sem cobertura social.

O segundo, a 24 de Dezembro o Senado aprovou a reforma da saúde, através do denominado Healht Care Bill, que difere significativamente do projecto aprovado pela Câmara dos Representantes porque desde logo, não prevê a criação de um seguro público.

---

[13] Disponível em: www.cbo.gov
[14] Vd., Peter R. Orszag, *Health Care Reform and Fiscal Discipline*, 29 Maio 2009, disponível em: whitehouse.gov/omb/blog/09/05/29

*Artigos*

Ambas as aprovações na Câmara dos Representantes e no Senado surgiram após negociações difíceis e contaram com a oposição quase unânime dos Republicanos.

A existência destes dois textos legislativos implica a abertura do método da reconciliação destinado a condensar a reforma da saúde num único texto para ser enviada posteriormente para o Presidente.

Neste processo existem diversos aspectos controversos que deverão ser objecto de negociação, dos quais salientamos os seguintes:

a) A opção do seguro público que foi excluída na proposta do Senado;
b) As normas de regulação para o sector segurador na área dos seguros de saúde;
c) A extensão do seguro aos casos de aborto voluntário;
d) A chamada *Cadillac Tax,* constante da proposta do Senado, que em relação aos detentores dos melhores seguros de saúde (Seguros Cadillac) tributa essas verbas;
e) A entrada em vigor da reforma e a possibilidade de criar situações de antecipação da entrada em vigor para grupos específicos;
f) A possibilidade de existirem ajustamentos e adaptações às especificidades estaduais na reforma proposta.

**2.** Entretanto a eleição em Janeiro deste ano do Senador Scott Brown pelo Massachusetts, que fez da oposição à reforma da saúde uma das suas principais promessas, colocou a iniciativa legislativa democrata em perigo, porque ficou sem condições de aprovação no Senado[15].

PAUL KRUGMAN num artigo publicado no New York Times, em 21 de Janeiro último, sugestivamente intitulado *"Do the Right Thing"* apelava aos Democratas para prosseguirem a reforma[16].

Os Republicanos estão completamente empenhados na retirada da Lei e na redacção de um novo texto[17].

---

[15] Sobre o significado desta eleição vd., JORGE ALMEIDA FERNANDES, "A bênção do Massachusetts", in Jornal Público, 23 de Janeiro de 2010.

[16] Artigo disponível em: www.ny.times.com

[17] Vd., *"Health-care reform. The zombie hypothesis"* in Economist, 6 de Fevereiro de 2010, pp. 44.

## Nota Final

Ao analisar o sistema de saúde americano na sua actual configuração impressiona que muitos milhões de pessoas não tenham qualquer espécie de cobertura médica e que as políticas públicas americanas revelem, durante décadas, tão pouco empenho em providenciar cuidados básicos de saúde para todos os cidadãos. A verdade é que existem milhões de pessoas que, por circunstâncias económicas, estão privadas de facto da possibilidade de usufruir de cuidados médicos.

A este respeito AMARTYA SEN afirma pertinentemente que o quadro de desigualdade americana a nível da prestação de cuidados de saúde é notoriamente chocante e contrasta com as atitudes existentes na Europa perante as responsabilidades sociais e individuais[18].

Face aos condicionalismos existentes a reforma da saúde, o grande projecto do Presidente Obama que dá continuidade à tradição dos Democratas nesta matéria, corre sérios riscos de ficar bloqueada.

Fica-se com a sensação de que nos debates até agora travados aspectos essenciais, como a extensão da cobertura do seguro, a eliminação de cláusulas discriminatórias e restritivas das apólices de seguro impostas pelas seguradoras, a tentativa para tornar o sistema mais eficaz e barato, têm ficado submersos pelo argumento do medo em relação a um maior controlo público da saúde e a uma alegada socialização da medicina.

Neste contexto, apetece recordar o mito grego de Sísifo que, por ter contado os segredos dos deuses aos mortais, foi condenado a empurrar eternamente uma pedra gigantesca até ao cimo de um monte, por isso, quando se aproximava do cume, o esforço tornava-se demasiado e a pedra rebolava de novo. Sísifo tinha de reiniciar a sua tarefa, mas quando se aproximava do fim sucedia o mesmo. Sísifo estava impedido de concluir a tarefa mas estava obrigado a começar de novo indefinidamente[19].

Nesta altura só uma estratégia inteligente e perseverante liderada pelo Presidente Obama pode determinar que o mito de Sísifo não constitua a metáfora sombria acerca dos esforços para dotar os EUA de um sistema de saúde mais justo e eficiente.

---

[18] Vd., *O desenvolvimento como liberdade,* Lisboa, Gradiva, 2003, pp. 110.
[19] Sobre o mito de Sísifo vd., PETER SINGER, *Como Havemos de Viver? A ética numa época de individualismo,* Lisboa, Dinalivro, 2005, pp. 341.

António Martins

# Tax reform and simplified tax regimes for small businesses: the case of a developing country

**António Martins**
Professor na Faculdade de Economia da Universidade de Coimbra.

## RESUMO

Um objectivo frequentemente referido na tributação é a aplicação de regimes simplificados aos pequenos negócios ou a certos sectores de actividade. Se, num plano conceptual, tais regimes podem assentar em diversas variáveis, num plano de concretização prática há que enfrentar questões particulares na definição do seu modo de funcionamento. Este texto trata de algumas dessas questões para o caso de um país em desenvolvimento, cujas autoridades pretendem atingir o designado sector informal com base num regime simplificado de tributação.

**Palavras-chave:**
Simplificação fiscal
Reforma fiscal
Tributação das PME

## ABSTRACT

Tax simplification for small businesses is an often stated goal of tax reform. If, at a conceptual level, several methods can be devised, at the implementation level due attention must be paid to the practical design of any method. This text discusses the case of a developing country trying to reach the informal sector with a simplified tax regime and the questions raised by its design.

**Keywords:**
Tax simplification
Small business taxation
Tax reform

## 1. Introduction[1]

Simplicity is one of the characteristics of a desirable tax system. However, taxpayers frequently complain about the increasing complexity of tax systems. Recent tax research has also focused on complexity and simplicity issues. Slemrod and Bakija (2004) describe sources of complexity in the US tax system; contributors to Aaron and Slemrod (2004) highlight sources of complexity and possible paths to simplification in US and other countries; Freeman (2003) describes the UK treatment of small business and measures to reduce tax complexity to this particular segment of taxpayers. OECD reports on tax reform (OECD, 2005, 2009) place a significant role on tax simplification. At a policy level, the Report of the President´s Advisory Panel on Tax Reform (2005) proposes a simplified tax system to increase fairness, efficiency and reduce compliance costs. Simplification is high on the tax policy agenda.

In developing countries, simplification can be used to induce higher levels of formality in business activity. To reach this goal, simplified tax regimes must be easy to comply and administer, coordinated with other taxes (v.g, VAT) and apply to a large number of taxpayers. The purpose of this paper is to highlight some trade offs that are inevitable in the design of simplified regimes in developing countries.

The text is organized as follows: the next section of the paper will analyze the difficult choices confronting the "hard to tax" groups, and the solutions that were tried in some countries. Then, in the third section, some thorny questions of tax policy in developing countries will be pointed out. In the fourth section, based on the proposed adoption of a simplified tax system for small businesses in a developing country, I will, firstly, describe the main features of the proposed regime; then analyze some of the problems arising when several technical details are introduced in the system, with the intention of rendering it fairer or simply more attuned to special circumstances of taxpayers. The fifth section offers some conclusive remarks.

---

[1] Thanks are due to the members of the Committee for the Analysis of Simplified Tax Regimes and Tax Simplification, that worked in Lisbon from May 2005 to May 2006. This paper would not be possible without their generous contribution. The usual disclaimer applies.

## 2. The goal of tax simplification and the simplified tax regimes

Simplicity is regularly mentioned as a fundamental purpose of tax policy. However, it is not its sole goal. As it is well known (Musgrave, 1989, Ribeiro, 1995, Slemrod and Bakija, 2004), other – most of times, conflicting – aspects of equity, efficiency, international competitiveness and government financial needs must be considered by policy makers in devising a tax system.

Accordingly, simplification has limits that result from the trade offs between its advantages and the sacrifices it imposes to the other tenets of tax policy. For example, if simplification in the form of flat taxes collides with fairness (which usually argues for progressivity), a political choice must be made, and these trade offs are never easy.

The growing globalization of economies and the natural complexity of the economic life – regarding, for example, remuneration packages based on fringe benefits, new financial products, the immaterial nature of most assets, related party transactions, and so many others – all contribute to the complexity of tax rules.

Sometimes, however, simplification is considered to present a net benefit. This will happen when its benefits are deemed clearly higher than the associated costs. Small businesses, in particular, are usually regarded as facing regressive accounting and tax costs. (Sandford et al, 1989; Lopes 2007).

That is one of the main reasons why certain groups of taxpayers face, in several countries, accounting and tax rules that are designed to lighten the administrative burden of doing business.

At the conceptual level, the taxation of income based on presumptive, *forfait* or indirect methods is usually not favored. It is seen as a last resort solution normally applied to "hard to tax" groups of individuals or firms, or when the technical ability of tax administration is low.

However, there is a perception that if taxable income is based on accounting values, the degree of truthfulness of accounting information can sometimes be seriously affected in order to minimize taxes. This is particularly visible in SME, and also when the tax administration is seen as not particularly diligent and, consequently, the probability of tax audits is low.

Gallo (1994) states that the growing sophistication of tax evasion forms argues for tax regimes that deviate from perfection in its conception, but are more efficient in terms of fighting tax fraud.

Avi-Yonah (1999) discussing the trade off between taxation of real income (supposedly based on accounting values), and taxation of presumptive income (which suffers from some unfairness given the general nature of presumptions) states that it remains to be seen whether the difficulties of enforcing the income tax will growth to such an extent that all countries will be forced to use presumptive forms of taxation as a permanent replacement for the income tax .

Although the last years have shown some rotten apples in terms of the quality of financial information, it is my view that such a state of general use of presumptions is not is sight, especially in countries with more developed accounting and tax systems.

But when presumptive tax regimes have the potential of simplification of accounting and tax obligations and the distortions in tax base are not very significant, there is a case for its introduction. And some countries have been adopting them in recent years.

For example, in Australia, since 2001, and to taxpayers with a turnover under aprox. the equivalent € 630 000 and assets under aprox. € 1,9 million, a system of simplified income tax computation is applied.

The President's Advisory Panel on Tax Reform (2005) also proposed a simplified cash basis accounting to ease the administrative costs of SME.

In general, these simplified tax systems are based on cash accounting, with immediate expensing of some assets.

In Portugal, in the personal income tax code, a simplified tax regime (STR) is mainly based on an assessment of taxable income that consists in the application of a coefficient to the declared revenues of the taxpayer. For professional income, the coefficient is now 0,7; for business income at 0,2. It is an opting out system, given that taxpayers can always choose to be taxed under the "regular accounting regime", where the taxable income is based on accounting income with some adjustments.

The STR can only be used if annual revenues are lower than € 99 759.58 (professionals) or € 149 739.37 (business). A minimum taxable income clause applies. Consequently, the result of applying the coefficient to the declared revenue could not produce a taxable income lower than half of the annual value of the minimum wage.

The STR applies the coefficient to every type of revenue that accrues to the professional or business considered. For example, capital gains or rental income related to the profession or business are also taxed under the STR.

The STR reduces the accounting and administrative costs, greatly simplifies the computation of taxable income and, for the tax authorities, is an additional instrument for fighting tax evasion, given the minimum income clause. Accounting duties are thus quite reduced, as far as the computation of revenues – and especially costs – for income tax purposes is concerned. However, this is somewhat illusory, because dealing with the value added tax can still impose considerable obligations.

In other countries the tax computation rules are based on the so called "forfait" methods, which calculate the taxable profit by applying a fixed coefficient to some economic variable like sales or assets.

When applying these methods, it is assumed that the benefits resulting from the reduction of compliance costs in accounting and tax terms are more valuable than the loss of accuracy they originate in terms of computing accounting profits and associated tax burdens. Moreover, in some countries it is widely known that the consistency of accounting information in SME is not high, and revenue taxation is then based on manipulated figures. This is an additional reason to base tax computation in *forfait* methods, disregarding accounting values.

Usually, the simplified tax methods are based in financial variables or physical attributes of businesses. In the first case, a fixed coefficient is applied to revenues, costs or assets to derive taxable profit; in the second, a certain amount of revenue is presumed to be obtained by the use of an area to develop an activity, by a number of machines or by a number of employees.

### 3. Some questions related to tax policy in developing economies

As shown in table 1 (taken from Bahl and Bird, 2008) the level of tax receipts in developing economies, as a percent of GDP, has barely changed in the last decades.

Table 1 – **Tax revenues as % of GDP**

|  | 1970s | 1980s | 1990s | 2000s |
|---|---|---|---|---|
| Industrialized countries | 30,1 | 33,7 | 35,5 | 33,4 |
| Developing countries | 16,2 | 17,3 | 17,0 | 17,0 |

This trend is not comfortable for those who think that public spending is essential for improving the well being of people, by increasing the supply of education, health care and other important services.

In most developing countries some major problems persist in relevant areas of tax policy.

One example is the failure to tax a significant part of capital gains and, more generally, income derived from financial instruments. Another is the failure to put in place a property tax that generates a reasonable level of revenue. The inability to reach the informal sector of the economy is another, ever present, question to be addressed by policy makers.

A particular concern is related to the proper tax treatment of small businesses. In many countries presumptive or simplified tax systems have been implemented. In developing economies, the application of simplified systems has great appeal[2]. In most of these countries the level of informality in small business is great, and tax evasion is widespread.

Thus, any method of taxation that increases the inducement to economic formality – by imposing some, albeit light, forms of record keeping – has potential advantages for tax authorities. Moreover, the resources and the ability of tax administrations to audit this group of small taxpayers are usually not high.

These are well known reasons why, in the last decades, simplified regimes have proliferated in developing economies (but are also present in developed ones). Reaching a large group of taxpayers with a light administrative burden for tax authorities and taxpayers is a worthwhile goal of tax policy.

In my view, it is in these countries where simplification should go further. Considerations of fairness that call for the introduction of very

---

[2] See, in the Portuguese literature AA. VV. *A simplificação do sistema fiscal português* ( 2007), Aguiar and Lopes (2007), Santos and Rodrigues (2006), Lopes ( 2007).

specific economic and operating conditions of sectors by introducing excessive details in the simplified regimes are bound to produce some non desirable results. The trade off, here, favors a very straight and clear regime, resisting temptation to fine tuning or taking into account a significant amount of characteristics related to specific tax conditions of segments of taxpayers .

If these goals are seen as desirable from a tax policy perspective, then a careful design of a simplified tax regime is a cornerstone for success.

## 4. A simplified tax regime for small business in a developing economy

Tax authorities usually recognize that, in developing economies, the taxation of small businesses a is a very complex administrative problem. A heavy burden of compliance costs faced by this group of economic agents results from diseconomies of scale, the complexity of tax rules, and their frequent changes.

In a developing economy of the Middle East Region – hereafter called "Middle East Developing Economy" or MEDE – authorities are currently in the process of introducing a special regime for taxing small and micro enterprises. This is an approach that has also been recommended by external tax policy advisors, and that tax authorities agree that could be a better solution than the current system that, in practice, does not reach this segment of taxpayers, because of great informality and almost no records and no auditing. The purpose of this section is to present some reflections on the proposed system for the taxation of profits generated by small and micro enterprises in the MEDE.

### 4.1. Simplified tax systems and their desirable properties

In many countries, the recognition of the administrative costs faced by small businesses, and the lack of resources of tax administrations to fully control this large segment of taxpayers, has led to the introduction of legislation establishing simplified tax regimes.

*Artigos*

These regimes can also contribute to the overall fairness of the tax system, by collecting some revenue from taxpayers that are usually well known for tax evasion practices. Moreover, by imposing some (albeit rudimentary) form of record keeping to the small businesses, they can be an important element for the gradual inclusion of their activities in the formal sector of the economy.

The simplified tax systems in place around the world aiming at presumptive taxation of small business income are usually based on one (or a combination of several) variables. Thus, a presumptive income derived from sales, purchases, assets, cash flow, or simply a fixed amount of tax due administratively imposed, are avenues explored by different countries.

Regardless of the choice of the method for the assessment of taxable income, the simplified system should meet the following criteria:

i) The system should be simple to comply with and administer. Thus, the eligibility criterion and calculation of the tax liability should be clearly established and perceived as straightforward. The stability of rules and parameters is also desirable to avoid frequent changes and its related learning costs.

ii) It should be coordinated with other taxes (especially the VAT ), in order to avoid the proliferation of thresholds and lack of consistency between different taxes. If thresholds in several taxes are not harmonized, possible gains from the regime as far as the income tax is concerned can be lost due to the need of continuing to comply with the requirements of normal regimes in other taxes. (This is what happens in the Portuguese STR, regarding VAT obligations...).

iii) It should apply to a large number of taxpayers. This is a condition that usually applies in developing countries. Given informality levels and the dimension ( measured by sales or assets) of most businesses, there is clearly an opportunity to induce a large percentage of taxpayers to apply for a simplified regime, if the design is properly conceived.

iv) It should provide the possibility that the taxpayer can opt out and join the normal regime, which is based on regular bookkeeping. Usually, on a legal basis, the so-called real income (derived from accounting records) is the first choice in terms of computing the tax base. And if a small economic agent wants to be in the normal system it should not be precluded to have a higher degree of accounting and tax sophistication. However, this requires a real threat of auditing from the tax authorities. If this is not the case, then the normal system, in small businesses, can be used for tax fraud by underreporting sale or overstating costs.

v) The tax burden should be perceived as appropriate. It should not be to low that it gives an unfair advantage regarding other taxpayers that can not benefit from the system. (That is one justification for imposing, in some countries, a minimum taxable income clause). On the other hand, it should not be too high that it fails to attract a large number of taxpayers. A fine and delicate balance must be reached here. If the tax burden in the simplified regime is perceived as too low, it is seen as an unfair advantage given to non compliant agents. This can induce a loss of tax receipts from large businesses, that are prone to increase non compliance levels.

vi) Once in place, the system should be stable, and frequent changes should be avoided. This is valid for any tax system. But, as reality bites, the pace of change in economic conditions can argue for closing loopholes. It is well known that taxpayers and their advisers are usually one step ahead of tax authorities in terms of planning to minimize tax burdens. Changes in tax laws are usually mostly due to the fighting back of tax administration in response to the exploitation of soft areas by clever taxpayers. But, in STR, as they apply to less complex activities and not very sophisticated economic agents, the need to change is surely lower.

## 4.2. The proposed simplified tax system for small and micro businesses in MEDE

### 4.2.1. *An overview of the proposed system*

The system under consideration for taxing small and micro business income in the MEDE has the following main features:

### Eligibility criteria

Eligibility is based on *capital paid*, *turnover* and *number of staff*. Table 2 summarizes how these criteria are used to define what are small and micro businesses for the purpose of applying the new regime.

Table 2 – **Classification of small and micro enterprises**

| Criteria | Small enterprises | Micro enterprises |
|---|---|---|
| Capital paid | Between 50 000 M.U. and 1.000.000 M.U(*). | Less than 50 000 M. U. |
| Number of staff | Less than 50 | N.a. |
| Annual turnover | Between 150 000 M. U. and 250 000 M. U. | Less than 150 000 M. U. |

(*) M U – monetary units

Capital paid is defined as *"movable or immovable assets owned by the taxpayer, his wife, underage children and utilized or not in the activity; including real estates, machinery, equipment, vehicles and money"*.

### Computation of the taxable base

The computation of the taxable base applies different methods for small and micro enterprises. Within micro enterprises, two alternative ways are proposed. Table 3 summarizes these methods for both types of taxpayers.

Table 3 – **Computation of taxable base**

| Small enterprises | Micro enterprises |
|---|---|
| *Cash flow method:* <br><br> **Taxable base = Inflows- Outflows** <br><br> (Outflows include fixed asset purchases; financial capital flows are excluded) | *Option 1:* <br><br> **Taxable base = Inflows * (1-coefficient)** <br><br> (For commercial or industrial activities, the coefficient is 0.8, for services is 0.4) <br><br> *Option 2:* <br><br> **Taxable base= Assets* coefficient** <br> (coefficient to be defined) |

### Enterprises not eligible

According to the proposal, stock corporations, professional activities of non-commercial professions, non residents, foreign agencies and branches, enterprises registered at the Sales Tax Department, construction, import, export, jewelers, wholesalers, pharmacies and pharmaceutical warehouses, public agencies and non profit organizations are to be excluded form the simplified system.

### Changing status

Provided that relevant changes in their situation regarding eligibility criteria are met, taxpayers move from micro to small. Changing from small to micro depends on meeting relevant criteria and a minimum permanence of three years in the higher level regime.

### Bookkeeping requirements

For small enterprises, a simple book for registering cash received from sales and cash paid out for expenses is required, and supporting documents must also be kept. For micro enterprises, and if the cash inflow based method is used, only the cash from sales is to be registered and documented. Expenses are disregarded.

#### 4.2.2. *Analysis of the proposed system*

### Eligibility criteria

The proposal includes the initial obligation for the taxpayer to fill a form where some economic and financial data related to the business (but also supplementary data) is to be included. This will allow the tax authorities to determine his status regarding inclusion or not in the new regime.

Acquiring knowledge of the taxpayer´s assets can be seen as enhancing the control capabilities of the tax authorities. However, I venture that "non business related assets" are not vital for the determination of taxpayers status regarding the proposed system. From an economic standpoint, only activity related assets should be taken into consideration, when applying the eligibility criteria to small and micro businesses which develop such activities.

The argument for keeping the non business related assets – reaching indicators of dimension that could have been hidden from the normal running of the activity – is not, in my view, strong enough when compared with the litigation it could produce. In fact, any person whose non related business asset was challenged by tax authorities could argue that these assets had nothing to do with the past performance of the economic activity under analysis. (Imagine a plot of land, a villa, a fancy car, etc, in which case the process of determination of their primary provenience could lock tax authorities and taxpayers in hard legal battles).

**Harmonization of thresholds with the VAT**

Table 2 shows that the proposal excludes from the new regime any business with a turnover that is higher than 250. 000 M.U. It would be desirable that the VAT threshold and the limit for eligibility under the SME regime be harmonized at the same level.

There are some reasons for this harmonization.

Firstly, and foremost, it induces consistency of treatment for a large segment of taxpayers in taxing sales and income. Thus, a business that is out of the full bookkeeping system for income tax purposes, is also out of the full bookkeeping system of VAT and is treated as a final consumer. They will pay (non creditable) VAT on inputs, and will not apply VAT to outputs. This simultaneous simplification at VAT and income tax levels would be a consistent solution to this segment of businesses.

This would certainly contribute to a high degree of tax simplification as far as the direct and indirect taxation are concerned, which is a desirable goal in terms of compliance costs of any tax regime.

The lower auditing requirements that this solution requires would free valuable resources within the tax administration to concentrate on the auditing of medium and large taxpayers, where most of the potential tax revenue is to be gathered.

**Opting out clause**

In principle, simplified systems should provide an opting out clause. If a small taxpayer is prepared to carry books of accounts, it should be given the possibility of moving into the regular regime. If this is the case on the income tax side, he should also be automatically moved into the normal regime of the VAT. This would guarantee a consistent treatment of his tax affairs, while ensuring flexibility to the system.

### Calculating the taxable base for micro enterprises

The proposal (Table 3) presents two alternative methods for calculating the taxable base of micro enterprises: one based on cash inflow, the other supported on the asset base of the business.

A further simplification should be considered: only one method should apply. Aiming at uniformity of treatment, and given that for small enterprises the cash flow method is the sole possibility, the asset based calculation could be forgone in the case of micro enterprises. The use of a single method is the norm in the vast majority of countries that use simplified tax systems.

Also, for micro enterprises, two coefficients are proposed for calculating the taxable base if the cash inflow method is applied: 80% for commercial and industrial activities and 40% for services. (These coefficients representing the average imputed share of costs deemed reasonable to these economic sectors).

As professional services – that generate higher margins – are out of the new proposed system, and with the overall purpose of further simplification, I would argue the harmonization of coefficients, 80% being a reasonable value.

### Minimum tax payment: rationale

Although it is acknowledged that the taxation of small and micro businesses has not, as its main purpose, the collection of significant tax receipts, this segment of taxpayers should contribute with a fair share of income to the tax authorities. If the simplified tax system is perceived as a way of escaping taxation by means of a light treatment of taxpayers, it will encourage further informality and reduce the overall degree of tax equity[3].

The proposal under review makes recorded cash flow the key for arriving at the taxable base. This method is vulnerable to underreporting of transactions, making it unreliable as the sole base for determining the

---

[3] If this is the case, taxpayers in the regular system would have an additional reason to complain about the inequity of the tax system.

tax liability. Moreover, if the taxable base is included in the global personal income tax base subject to progressive tax rates, and if the annual personal exemption of the taxpayer is then applied, or losses in other types of income can offset the taxable income derived from the simplified regime, it could erode the amount of tax to be paid.

This is a strong argument for establishing a minimum tax payment within the special regime for small and micro taxpayers in the MEDE. There are several countries which apply this approach[4].

**Minimum tax payment: operationalization**

As mentioned, a minimum payment could be designed for small and micro businesses, and two different options for its application can be proposed.

One could be based on the integration of the taxable base resulting from a small or a micro business in the individual income tax base, which is then subject to the progressive tax rates under the global individual income tax. If this solution is adopted, then a floor should be put to the imputed income derived from the application of the regime, and no loss offset should be allowed with other types of income.

For example, for small taxpayers, and regardless of the booked cash flow, the floor should be no less than K times the annual value of the minimum salary. For the micro taxpayers, it should be no less than T, with T<K, times the annual value of the minimum salary.

Alternatively, a minimum tax payment could be defined as a fixed amount applied to small businesses and a smaller amount for the tax payment by micro businesses. In this case, taxpayers in the new regime would be taxable separately on their business income from other income subjected to the progressive schedule, being taxed in a segregated way from the normal application of the global income tax.

Thus, the main difference between the two methods is that in the first the minimum is a taxable base, while in the second alternative it is the amount of tax to be paid.

It must also be underlined that a minimum charge on the presumptive profits of both types of taxpayers could also be a good substitute for

---

[4] In countries like Portugal, France, Mexico and Austria, the simplified systems impose a minimum tax or a minimum taxable base.

the withholding (2% in the case of services, and 1% or 0,5% in the case of goods) now established by the income tax law of the MEDE for transactions whose value is under a certain threshold.

## 5. Conclusions

Given the laudable aim of simplifying taxation for small businesses in the MEDE, and with the purpose of producing a regime whose design can maximize its attractiveness, the following tenets could be pursued.

The exclusion of *non business related assets* in the determination of taxpayers status regarding the proposed system would go a long way to eliminate a potentially complex source of conflict between tax administration and taxpayers.

The harmonization of thresholds with the VAT at the same upper level for small businesses under the new simplified regime could erase an additional source of complexity, by unifying both taxes in a simplified tax treatment.

The asset based calculation of the tax could be foregone in the case of micro enterprises, in order to minimize sources of potential divergence between regimes and to reduce discretion at the taxpayer level.

The unification of the cash flow based coefficients in the computation of taxable base for micro businesses should also be considered, with the purpose of, again, reducing options for taxpayers and reduce compliance costs and learning time.

The introduction of a floor in the tax liability computation for small and micro businesses could be seen as a fairness enhancing measure, in order to increase tax receipts and, at the same time, produce a sense that the new regime is not a bonus for small taxpayers.

# References

AARON H. and SLEMROD J., 2004, *The crisis in tax administration*, Brookings Institution Press, Washington

AGUIAR N. and LOPES J., 2007, *Regimes simplificados de tributação do rendimento empresarial*, Fiscalidade – Revista de Direito e Gestão Fiscal, 30, p. 59-74

*A simplificação do sistema fiscal português*, 2007, Relatório do Grupo de Trabalho para o estudo dos regimes simplificados e simplificação fiscal, Lisboa, CEF, n° 201

AVI-YONAH M., 1999, *Issues in simplifying small business taxation*, Proceedings of the National Tax Association 92th Conference, Atlanta, p. 131-152

BAHL R. and BIRD R., 2008, *Tax policy in developing countries: looking back and forward*; National Tax Journal, LXI, n° 2, p. 279-302

FREEMAN J., 2003, "Small business taxation: policy issues and the UK", in *Taxing small business*, Australian Tax Research Foundation, p. 127-153

GALLO, F., 1994, Il dilemma reddito normale o reddito effettivo in *Per un´imposta sul reddito normale*, M. Leccisotti (org), Milano, p. 223-259

LOPRES C., 2007, *Quanto custa pagar impostos em Portugal*; Almedina

MUSGRAVE R., 1989, *Public finance in theory and practice*, New York, McGraw Hill

OECD, 2005, *Recent experiences of OECD countries with tax reform*, Paris

Report of the President´s Advisory Panel on Tax Reform, 2005, *Simple, fair and pro growth- Proposals to fix America´s tax system*

RIBEIRO J., 1995, *Lições de finanças públicas*, Coimbra, Coimbra Editora

SANDFORD, C., GOODWIN M., and HARDWICK P., 1989, *Administrative and compliance costs of taxation*, Fiscal Publications, Bath

SANTOS J. G. and RODRIGUES S., 2006, *Regimes simplificados de tributação dos rendimentos empresariais e profissionais – objectivos, modalidades e experiências*, Ciência e Técnica Fiscal, n° 417. p 131-156

SLEMROD J., and BAKIJA J., 2004, *Taxing Ourselves*, MIT Press, Cambridge Mass.

Bruno Bises

# Is There A 'Robin Tax' in Italy?

**Bruno Bises**

Professor of Public Finance, University "Roma Tre", Rome, Italy

*Revista de Finanças Públicas e Direito Fiscal*

## SUMÁRIO

Este texto aborda a questão das 'medidas fiscais para uma igualdade fiscal' (artigo 81 do Decreto 112/2008 (e subsequente Lei 133/2008), decretadas pelo governo italiano como parte da nova 'manobra' financeira para 2008-2009. As empresas do sector petrolífero são tributadas com uma taxa adicional – sob a dupla forma de aplicação de uma sobretaxa sobre o rendimento das empresas e de um imposto sobre mais valias – enquanto um pequeno conjunto de medidas são criadas para benefício dos 'menos afortunados'. Razão pela qual esta taxa é referida como Robin Tax, ou taxa Robin dos Bosques.

Dois aspectos principais são analisados neste texto. O primeiro diz respeito à lógica subjacente, destacando o elo entre a aquisição de recursos e o uso final a que se destinam esses recursos. O segundo está especificamente relacionado com as medidas fiscais implementadas pelo Governo. Relativamente ao primeiro, demonstra-se que não existe fundamento económico que justifique a criação da taxa e das medidas de despesa propostas num único artigo do Decreto [112/2008]. No segundo, as medidas fiscais são analisadas na base da eficiência e equidade. Por um lado, a sobrecarga fiscal na indústria petrolífera não terá, aparentemente, um claro fundamento económico, podendo originar distorções na alocação de recursos. Por outro, não podemos excluir que, apesar de ser formalmente proibido transferir directamente o custo da taxa para os preços, quem irá suportar o peso da sobrecarga serão os consumidores.

**Palavras-chave:**
Tributação da Energia
Taxa Robin dos Bosques
Igualdade Fiscal

## ABSTRACT

This paper is concerned with the 'fiscal measures for tax equalisation' stated in article 81 of Decree 112/2008 (and of subsequent Law 133/2008) as part of the new Italian government's financial manoeuvre for 2008–2009. Some companies operating in the oil and energy sectors are charged with an additional tax burden – in the two forms of a surtax on corporate income and a tax on the increase in stock values – while a few measures on the expenditure side are set in favour of the less affluent. This is why the above mentioned set of provisions is referred to as a *Robin Tax*.

Two main points are analysed in this paper. The first one is about the logic itself underlying the link between the acquisition of resources and the use of such resources.

The second one specifically concerns the tax measures resorted to by the Government. As regards the first point, it is shown that no economic reason appears to justify the tax and the expenditure measures being provided in a single article of the law. As far as the second aspect is concerned, the tax provisions are analysed on both efficiency and equity grounds. On the one hand, the additional tax burden on the oil industry does not appear to be founded on clear economic reasons, and will probably give rise to distortions in the allocation of resources. On the other hand, one cannot exclude that, in spite of the transfer of the corporate surtax on to prices being formally forbidden, the higher tax burden will be actually borne by consumers.

**Keywords:**
  Robin Hood Tax
  Surtax on corporate income
  Shifting and incidence of taxes on the oil industry

# 1. Introduction

## 1.1. The "fiscal measures for tax equalisation" in the 2008-2009 financial manoeuvre

The new Italian government's financial manoeuvre for 2008–2009 consisted of various enactments that took place between May and December 2008. One of the most important was Decree n.º 112 of 25 June 2008, converted into Law n.º 133 of 6 August 2008, since it was assigned the role of a pre-financial law for 2009 and also because it contains provisions of prime importance which already were effective during 2008.

This paper concerns a specific part of Decree 112/2008 (and Law 133/2008), which provides for 'fiscal measures for tax equalisation' – as Title IV, Item 1 puts it – and in particular one of the two articles that make up Item 1: article 81 ('Petrol and gas sectors'). The set of provisions contained in this article are now usually referred to as the *Robin Hood Tax*[1].

## 1.2. The so-called 'Robin Tax'

In current usage, even at an international level, *Robin Hood Tax*, or *Robin Tax* means a mechanism that combines tax burdens (on the 'rich') and expenditure (in favour of 'the poor').

The term has been used at various times in the past to indicate different kinds of intervention. One example is the tax on international financial transactions, proposed by James Tobin at the end of the last century (also known as *Tobin Tax*) that was earmarked for financing expenditure in support of the population of certain poor countries.

The term however became more frequently used for taxes imposed on the oil industry, seen (by public opinion, by politicians…) as a sector where high and unjustified profits were being made. In the US, there were periodical proposals to tax the excess profits deriving from the increase in oil prices and to use the revenue to help the needy[2].

---

[1] See, for example, headlines in "Il Sole-24 Ore" of 5, 7, and 19 August 2008.

[2] See, for example, the proposal of Senator Casey in 2007, reported by Associated Press, 26 April, 2007.

135
*Artigos*

Similar proposals were also aired in Italy when the provisions which would subsequently form part of Decree 112/2008 were presented[3]. In article 81 of Decree 112 (and of Law 133) clauses 16 to 25 deal with provisions regarding taxes and clauses 29 to 38-ter with those concerning expenditure. As regards taxes, an additional tax burden was imposed on certain companies operating in the oil and energy sectors, in the two forms of a surtax on corporate income and a substitute tax on major stock value[4] As regards expenditure, a special Fund was set up for financing the requirements of the less affluent, plus a shopping Card for the poorer members of the population.

### 1.3. Outline of the analysis

In this paper the analysis of these provisions covers two aspects: the first is the logic underlying the link between the acquisition of resources and the use of such resources (Section 2), and the second regards the tax measures the Government has resorted to (Sections 3 and 4). Our comments will concern the effects of the provisions on both the allocation of resources (referring, in other words, to economic efficiency, and the possible creation or correction of distortions), and the distribution of resources (who will bear the higher tax burden and who will benefit from the use of the proceeds). Some conclusions are collected in Section 5.

## 2. The link between tax and expenditure

### 2.1. Possible meanings

As the redistribution of resources among members of a country is one of the typical roles of the tax system and normally derives from the interaction between State intervention in the field of revenues and in that

---

[3] See, for example, Rendina (2008a and 2008b) and Pesole (2008).
[4] A tax on the increase in value of the stock of oil products – explicitly inspired by the law passed in Italy a few weeks before – was proposed by the Portuguese government in July 2008. Cf. Porto and Figuereido (2008).

of expenditures, an explicit resort to distributive 'equalisation' actions would appear not to be justified in the case of provisions concerning both sides of the public budget, as long as it did not acquire an additional meaning. This special meaning could derive, in our opinion, from either of two features of the fiscal measures adopted.

The first of these is when a single mechanism makes it possible to jointly determine the tax yield and the expenditure. This is the case, for example, of a negative income tax, where the same tax structure allows us to state the level of taxes imposed on certain income-earners and, at the same time, the amount of subsidy that should be acknowledged for other individuals.

The second case concerns ear-marked taxation, where the revenue has a pre-determined destination. However, an ear-marked tax should be financially self-sufficient: it should therefore be structured in such a way as to guarantee that the revenue produced is great enough to cover the expenditure that the tax was intended to finance. The amount of resources needed has therefore to be estimated in advance and the corresponding finances prearranged. This means, on the one hand, determining the numbers of the recipients of the expenditure and the amount of benefit to the individual, and, on the other, defining (and quantifying) the taxable base and stating tax rates and other possible parameters of the tax.

This procedure is shown to be necessary if we consider that otherwise the resources obtained could be less than those needed. In this case, and in the absence of automatic criteria on which to base selection, the number of recipients would have to be reduced (but who would be excluded?), or the amount of individual benefit would have to be lowered (for everyone or only for some? and in the latter case, a reduction for whom and by how much?), or resort would have to be made to alternative sources of funding (thus making partly pointless the logic of an ear-marked tax).

**2.2. The link between tax and expenditure in article 81 of Law 133/2008**

In article 81 of Decree 112 and Law 133/2008, the connection between tax and expenditure presents two anomalies.

The first is that the parameters of the tax are defined, but the criteria for determining the expenditure are not, with the result that it is impossible to calculate the tax yield needed to cover the expenditure. In fact, the persons subject to the tax increase are identified quite precisely, and the rates of the surtax on corporate income and the substitute tax on stockpiles established. Yield forecasts can be made with this information. On the other hand, the recipients of the expenditure are not clearly identified, and no indication is given of the amount of individual benefit. In fact, for the definition of the essential features of the provision – such as the criteria for the identification of beneficiaries, the amount of individual benefit and the procedures for and limits on the use of the special Fund (clause 33) – one is referred to a decree of the Ministries of Economics and of Labour. It seems obvious that when Decree 112 and even the Law of conversion were approved, no one knew how much total financing would be needed to put the law into practice.

The second anomaly is that the connection between tax and expenditure is merely formal. In other words, there is no concrete relationship like that mentioned in Section 2.1. It amounts, that is, to a mere juxtaposition of provisions. In article 81 the identity of the persons subject to the tax is in fact established – firms of a certain size operating in the petrol and electrical energy sectors that have certain production features (clause 16), and also the recipients of the expenditure (even if in very generic terms) – 'needier citizens' (clause 29) and 'Italian citizen residents living in economically disadvantaged conditions' (clause 32). However, no motivation is provided for the simultaneous appearance of the two provisions – one for the revenue and one for the expenditure – within a single legislation, nor is any connection between the two set out. In fact, the 'special Fund set up to meet the needs…. of the needier citizens' of clause 29, is to come from five different sources, listed in clause 30, but among these there is no mention of the additional taxation on the firms indicated in clause 16. The fund is thus not financed by the 'Robin Tax', but by transfers from the State budget (clause 30, letter d) and by other sums, including '*voluntary* payments from the companies operating in the energy sector' (clause 30, letter a).

So, how is this provision any different from any other decision on expenditure funded out of the national budget? Only in its referring to – *non-compulsory* (!) (and so uncertain) payments by energy sector firms?

Seeing that ENI – the oil State company – is one of the major operators in the sector, its 'voluntary' payments would only reduce the amount of profit that it would bring to the State[5], and thus the Fund is still being financed from the national budget.

To conclude: why were the provisions for taxation and those for expenditure both placed within the same article?

## 3. The surtax on corporate income

### 3.1. Structure

Firms liable for the payment of the surtax – over and above the ordinary corporate income tax (IRES) – are those who operate, completely or prevalently, in the sectors of exploration and extraction of liquid and gaseous petrochemicals, of oil refining, of the production and marketing of oil derivatives and natural gas, of the production and marketing of electrical energy, except for electricity from certain renewable sources.

The surtax is applicable to those firms that showed a profit of over 25 million euro in 2007. The surtax is charged at a rate of 5.5% and applies to 2008 income. Since the IRES new standard rate for 2008 is 27.5%, the overall tax rate on income for these firms is 33% – a return to the level of 2007.

### 3.2. Justifications

In the text of a law it is not obviously necessary to mention the motivations behind its provisions. They can be numerous and complex. But if there is any reference to reasons, it should be clear and explicit.

In the case of the IRES surtax, the motivation for its introduction is not explicitly stated but suggested in the opening sentence of clause 16: 'Depending on the economic situation and the impact on society of the increases in prices and tariffs in the energy sector…'. What can we make of this statement?

---

[5] As has been observed, for example, by Falasca and Stagnaro (2008).

Above all, the overall impact on society – in other words, one presumes, the effect on family budgets – of the increase in price of energy products could justify measures to protect certain classes of consumers, but not necessarily by increasing the tax burden on the producers and marketers of such products. An initial interpretation, then, is that the provision is motivated by the existence of short-term excess profits made by energy firms, due to a temporary increase in sale prices of products compared to costs. A second interpretation concerns equable distribution in a economic situation that is unfavourable to the needier classes of society. However, neither of these motivations seems to underlie the provision.

The first interpretation would require that excess profits – and therefore normal profits – are clearly defined. On this issue, however, there seems to be no agreement of opinion between economists. In any case no clear definition is easily available. An answer to other important questions would be also required: the importance of excess profits in the oil sector in a country like Italy, where oil production is not at a high level, and considering the fact that it is precisely in the production stage that these extra profits are presumably more likely to be made (making the advisability of the provision more doubtful if it is based on this motivation). Another issue involves the treatment of future short-term losses, which could happen if there were sale price reductions for the products – something which actually began to occur a few weeks after the provision was approved.

That the aim of the provision was to hit potential excess profits does not appear to be tenable if we consider the specific tax measure that was adopted: a surtax, with a taxable base equal to the *entire* income of the firm. From the wording of the law, therefore, one can see that the tax burden is not motivated by the presence of excess profits – unless one suppose that, for each firm, these are in strict proportion to overall income.

The second interpretation leaves open the whole issue of the choice of the energy sector as the object of the tax burden, in that this is not the only or even the most important sector where there have been price increases that presuppose extra profits are being made – here one could mention other raw materials markets, the housing sector or telecommunications. A coherent provision aiming at equable redistribution would have to include other sectors.

So what is the real aim behind the legislation?

### 3.3. Allocation effects

The IRES surtax, first of all, is applied to only certain sectors and sub-sectors. As mentioned above, the presumed motivations behind a different tax treatment of the energy sector compared with other sectors are not convincing – in the absence of explicitly stated reasons – and the treatment appears to be a factor of inefficiency. On the other hand, even the discriminations within the sector do not seem to be clearly justified – why favour the producers of renewable energy? And if so, why exclude from the surtax firms that produce photovoltaic – but not thermodynamic – solar power energy?[6] Here also are possible areas of inefficiency.

The second efficiency aspect is the choice of variable to which the rate established in clause 16 is to be applied: the income of the company (and not possible excess profits only). The increase in the tax burden on the firms could be transferred onto the purchasers of their products through an increase in prices. If this sort of transfer was not possible, there would be – as has been observed by Giannini and Guerra (2008) – an increase in capital costs for the firms subject to the provision, with a possible disincentive effect on their investment decisions.

Finally, modifying the tax rate on a company's income during the fiscal year contradicts the principle that tax parameters must be ascertainable – and which form the basis on which economic agents define their strategies – and could have a distorting effect on a firm's behaviour.

### 3.4. Distribution effects

Even if it is not clearly or coherently defined in the motivation, the provision requires that the tax burden is laid on the taxpaying firms and cannot be transferred on to the consumers of their products. Also, the international economic literature is in no doubt over the regressive nature (with respect to individual income) of taxes on petrol, because of the fact that the charges are generally transferred to the final consumers (see, for example, Chouinard and Perloff, 2004).

---

[6] As has been observed, for example, by Falasca and Stagnaro (2008).

How can this transfer of the tax burden be prevented? One method, obviously, is for a public body to fix the prices of the product; but, as is well-known, the prices of petrol and energy products were liberalised some years ago. So that road is closed. Article 81, clause 18, *prohibits* the transfer of the surtax on to consumer prices. But can a ban on transfer established by law be effective? Can its application be controlled? For this purpose, the same clause gives to the Energy and Gas Authority the task of keeping under surveillance 'the punctual observance' of the transfer prohibition. Is the Authority capable of carrying out this task? Also, there appear to be no sanctions envisioned for anyone defying the ban – which obviously reduces its effectiveness even further.

### 3.5. Transferring the tax charge

The fundamental factors determining whether the transfer of a tax charge can be made and how large the transfer can be are the price formation mechanism for the products of the firm subject to the tax and the elasticity of the demand for its products.

Ways of determining product prices are different in markets where competition is perfect and in those that are not perfectly competitive. The liberalisation of prices in the energy sector, mentioned above, has certainly not made the markets in the sector perfectly competitive. The relatively rigid nature of the demand for energy products and the reduced competitiveness of the markets where they are bought and sold make the transfer of a tax imposed on the firms operating in the petrol and energy sectors a distinct possibility. This conjecture can be confirmed by making a dynamic analysis of the phenomenon. The speed at which the variations in the price of petrol adjust themselves to the modifications in the price of crude oil can make the transfer of the tax charges possible.

One assumes, from Figure1, a set of five time periods for the adjustment of the retail price of oil products (petrol) – the higher curve – to the behaviour of the prices of crude oil – the lower curve. It can clearly be seen that, for example, to a drop in oil prices in periods 2 and 3, there could be a corresponding stickiness in the reduction of petrol prices during the same period, which decreases only in period 4. There is an equal price gap in periods 1 and 5 but in the time between the two periods, and thus only temporarily, an increase in the size of the gap can be seen. Through a relatively slow adjustment of the consumer price to the reduction in the production price, the firms operating in the sector are therefore able to transfer, at least partially, the major tax burden on to the consumer.

**Figure 1**

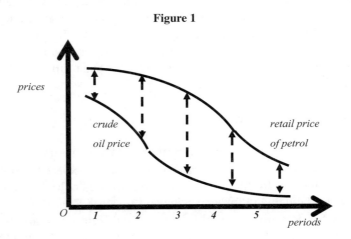

This is theoretically possible, but does it prove to be so in practice?

The prevalent empirical evidence shows an asymmetry in the speed of the adjustment of the consumer price of petrol to the crude oil price depending on whether the latter is rising or falling – confirming what was conjectured and described in Figure 1 – and can also show that asymmetric price policies are the result of collusive behaviour[7] within the energy products sector, and therefore of a non-competitive market.

---

[7] Cf. Bacon (1990), who gives empirical evidence from 1982-89 in the U.K., for processes of consumer price adjustments that are faster (slower) in periods of rising (falling) costs. Cf. also Galeotti, Lanza and Manera (2003) who show, in an analysis of prices in the petrol industry sectors in various European countries, including Italy, large differences both in the speed of adjustment and the reactions over short periods when prices rise or fall. Finally, see Balmaceda and Soruco (2008) who also find evidence of asymmetric price adjustments.

## 3.6. The effectiveness of a ban on transfers

Clause 18 entrusts the Energy and Gas Authority not only with a new function that does not fall within its normal regulating and control activities, but that concerns a completely different sector from those the Authority habitually deals with (see AEG, 2008c).

On being given this task – presumably also because it involved the obligation of presenting a report to Parliament before 31 December 2008 (i.e. after less than four months from the passing of the law) – The Authority tried to prepare itself quickly to carry out its new role (cf. AEG, 2008a and 2008b). A Working Group was set up (consisting of Authority officials and representatives of other public administrations, such as the Finance Police and outside experts) – which worked out a method of evaluating the effects of the provisions of clause 16 – and an Operational Group. A procedure for data collection was then established (in particular from the firms in the sector).

Without going into the methods adopted by the Authority in detail – identifying an indicator for the major tax charges in the variation in gross operative margin by unit of a firm's product – or the alternatives open to it,[8] it is important to examine the problems this new assignment posed.

The main difficulties in carrying out this surveillance task are clearly described by the Authority itself in the report it presented to Parliament on 29 December 2008 (cf. AEG, 2008c), and can be summarised as follows.

First of all, the high number of firms subject to surveillance (around 500) and the variety of production processes used by them, as well as the huge range of products involved in the oil/energy sector required complex diversified (and, obviously, onerous) investigations into the firms' budgets. Added to this was the fact that these investigations had to deal with a period of time that was not limited to the fiscal year when the legal provision was introduced, but also had to be extended to the previous and the following fiscal years.

Secondly, the slight effect that the IRES surtax might have on petrol prices – which was quantified as being around a euro cent per litre – made

---

[8] See on this point two documents of the Authority: AEG (2008b) and (2008c).

it very difficult to ascertain if a transfer of the tax burden had been made on to retail prices. The high level of volatility in crude oil prices on the international markets in the period in question (the second half of 2008), and the subsequent instability of consumer prices, make it extremely difficult to ascertain whether the hypothesized asymmetric adjustment of consumer prices to variations in production prices has taken place.

The Authority itself think that the first results of its investigation, given the complications involved and the time required to obtain the necessary budget data, would not be available before the middle of 2009[9].

## 4. The tax on the increase in value of final stock

### 4.1. Structure

For firms (medium to large sized[10]) operating in the sectors of exploration and exploitation of liquid and gaseous petrochemicals, or in oil refining, production and marketing of petrol, oil, kerosene and gas, the assessment of stock-in-trade is carried out by adopting the weighed average method or the *fifo* method, even if, for budget purposes, neither of these methods is used, and the *lifo* method, as can be imagined, is employed instead. The legal provision has been in force since the first of January 2008. The major value of stock resulting in 2008 is excluded from the taxable base both of the corporate income tax (IRES) and of the regional tax on productive activities (IRAP), and is subject to a substitute tax with a rate of 16%. The tax should be paid within June 2009, unless the firm opts for payment in three instalments, the second and third to be paid in 2010 and 2011. Any future reduction in the stock's value which might take place would lead to a resettlement of instalments to be paid up to fiscal year 2011.

---

[9] During autumn 2008, because of a delay in the adjustment of the price of petrol 'at the pump' to international prices, there was a transfer of the tax onto the operators in the oil sector; this was considered normal by some observers (see Tabarelli, 2008) – apart from the ban on transfer established by the law and by the complex investigations carried out by the Authority.

[10] In fact, only firms whose profits exceed the threshold established for the application of "sector studies" are subject to the provision.

## 4.2. Allocation effects

The provision that makes it compulsory to adopt the *fifo* method to assess the stock-in-trade and tax the re-evaluations deriving from it will have a negative effect on efficiency, since, as is the case with the surtax, a distortion is created which harms the firms subject to it, compared with firms from other sectors or sub-sectors. Added to this are the distortions caused by introducing the provision during the course of the year, and the highly probable additional costs for the adoption of duplicate inventory accounting – considering the predominant resort taken by firms to the *lifo* method of accounting.

Firms will have to face higher costs of holding stock, with the probable result that voluntary stock will run out – and therefore the volume would drop to a sub-optimal level[11]. Yet the same economic opportunity to tax the re-assessment of the stock deriving from the new method is also of doubtful validity, seeing that the re-acquisition of raw materials is at the new prices if a firm follows a policy of maintaining a constant (or increasing) volume of stock. One must also remember that the re-assessment is limited to the first application of the new method (fiscal year 2008), and is therefore temporary – unless the method has to be changed once again if prices fall.

If prices are falling, there will be depreciation in stock value and consequently a loss for the firm. Since production prices were falling rapidly in the third quarter of 2008, one can maintain that, on an annual basis, the re-evaluation of the stock of petroleum products in the first half of the year was more than compensated for.

## 4.3. Distribution effects

In the case of the higher taxes levied on the increase in the stock value in 2008, no ban on transfer on to prices was introduced. One can assume therefore that the additional tax burden on the firms will be transferred on to consumers by means of an increase in consumer price (again,

---

[11] As was shown by Falasca and Stagnaro (2008).

for instance, through a slower adjustment of this price to reductions in the price of production).

Two points to consider: what economic logic underlies the prohibition on transferring the IRES surtax, but not the substitute tax on stockpiles? How can we distinguish the (legal) transfer of the substitute tax on stocks from the (illegal) transfer of the IRES surtax? The task of the supervisory Authority is more formidable than ever.

## 5. Some conclusions

From the above analysis of article 81 of Decree 112 and Law 133 of 2008, certain conclusions can be reached.

First of all, there is no connection whatsoever between the imposition of additional taxes on the oil-energy sector and the use of the revenues thus raised to assist the less privileged members of society – which would justify the insertion of both kinds of State intervention into the same article of law, and the reference to the intervention as a Robin Tax – and there is no support for the justifications previously mentioned.

Secondly, the tax burden placed on the oil industry does not appear to be founded on clear economic motivations, and from the allocation standpoint will probably give rise to distortionary effects. As far as regards distribution, one cannot exclude that the tax burden will fall, at least partially, on the consumer, despite the transfer of IRES surtax being forbidden by law – because of asymmetric reactions of consumer prices to the variations in the prices of production – and will result in a regressive effect on consumer's income.

Finally, assigning the Authority for Energy and Gas with the task of supervising firms' observance of the ban on the transfer of the corporate surtax on to prices, gives the Authority duties that are inappropriate, onerous and probably ineffective.

## References

AEG (2008a): Autorità per l'energia elettrica ed il gas, *Deliberazione ARG/Com 91/08*, 4 luglio.

AEG (2008b): Autorità per l'energia elettrica ed il gas, *Deliberazione VIS 109/08*, 11 dicembre.

AEG (2008c): Autorità per l'energia elettrica ed il gas, *Relazione al Parlamento*, 29 dicembre.

BACON R. (1990): *Rockets & Feathers: The Asymmetric Speed of Adjustment of UK Retail Gasoline Prices to Cost Changes*, Oxford Institute for Energy Studies.

BALMACEDA F. e SORUCO P. (2008): "Asymmetric Dynamic Pricing in a Local Gasoline Retail Market", *Journal of Industrial Economics*, n. 3, November.

CHOUINARD H. e PERLOFF J.M. (2004): "Incidence of federal and state gasoline taxes", *Economic Letters*, April.

FALASCA P. e STAGNARO C.(2008): *Robin Hood, il principe degli esattori*, Istituto Bruno Leoni, IBL Briefing Paper, n. 58.

GALEOTTI M., LANZA A. e MANERA M. (2003): "Rockets and Feathers Revisited: An International Comparison of European Gasoline Markets", *Energy Economics*, March.

GIANNINI S. e GUERRA M.C. (2008): "Robin Hood rimasto a Sherwood", *Lavoce.info*.

PESOLE D. (2008): "Avanti su petrolieri e banche", *Il Sole 24 Ore*, 7 giugno.

PORTO M. e FIGUEREIDO F.R. (2008): "Tributa ‹o dos produtos energéticos ou dos ganhos das impresas produtoras: Reflexões sobre «Taxa Robin dos Bosques»", *Revista de Finanças Publicas e Dereito Fiscal*, n. 3.

RENDINA F. (2008a): "«Robin Tax» per ridurre i prezzi", *Il Sole 24 Ore*, 5 giugno.

RENDINA F. (2008b): "Robin Tax: Ires sui petrolieri al 33%", *Il Sole 24 Ore*, 19 giugno.

TABARELLI D. (2008): "Dal calo del greggio non solo vantaggi", *Il Sole 24 Ore*, 11 dicembre.

Michel Bouvier

# Crise des finances publiques, crise d'un modèle politique et naissance de «l'Etat intelligent»

**Michel Bouvier**
Professor na Universidade de Paris 1 Panthéon-Sorbonne
Director da Revue française de finances publiques
Presidente da FONDAFIP

## SUMÁRIO

Dois tipos de crenças têm vindo a ser alimentados pelos decisores políticos nos últimos oitenta anos. A primeira, desenvolvida depois do crash de 1929 em Wall Street, foi a crença mística no Estado como regulador da Economia: o Estado Social era visto como a solução. Depois, em meados dos anos '70, com o surgimento de outra crise económica e fiscal, um mercado 'místico' substituiu o Estado, que passou a ser considerado como o problema. Hoje, face a uma nova grande crise, a nostalgia pelo Estado Social surge em quase todas as propostas. Na nossa perspectiva, é revelador de uma certa falta de habilidade para resolver uma questão fundamental: a organização das relações entre economia e política.

**Palavras-chave:**
Estado Social
Regulação
Economia e Política

## ABSTRACT

Since the last eighty years two kinds of mysticism have been developed by decision makers. The first one, after the 1929 crash of Wall street, was a mysticism of a State in charge of the regulation of the economy: the Welfare State was seen as the solution. Then, in the mid-1970, with the entry in another economic and fiscal crisis a mystical market replaced the State which was considered as the problem. Today, facing a new big crisis, the nostalgia of the Welfare State can be perceived through most of proposals. On our point of view, it reveals a disability to resolve a fundamental question: the organization of relationships between politics and economics.

**Keywords:**
Welfare State
Regulation
Politics and Economics.

A lire les réflexions, propositions et points de vue sur les réponses à donner à la crise actuelle, et malgré des années de désengagement de l'Etat vers le secteur privé ou vers le secteur public local, on peut parfois déceler dans l'air du temps une sorte de nostalgie. Nostalgie d'un Etat aux larges pouvoirs en matière économique et sociale tel qu'il a pu exister que ce soit dans la France de l'après seconde guerre mondiale jusqu'aux années 1980 ou encore dans la plupart des pays, certes sous des formes et à des degrés divers. Une telle attitude, un tel *retour vers un modèle posé comme économique mais au final politique, celui de l'Etat providence,* peut étonner a priori tant il a été remis en cause en théorie comme en pratique depuis plus de trente ans.

L'étonnement peut sembler d'autant plus fondé que depuis la fin des années 1970 l'Etat a subi une véritable métamorphose et que la longue période de libéralisation qui a suivi pouvait laisser penser qu'un retour en arrière était peu vraisemblable même s'il pouvait parfois paraître souhaitable. Cette métamorphose de l'Etat est du reste particulièrement lisible dans les mutations qu'a connues le système financier public depuis plus de trente ans, c'est à dire depuis la fin d'une période de croissance quasi ininterrompue («les trente glorieuses») et l'entrée dans une crise de l'économie devant laquelle les mesures d'inspiration keynésienne se sont avérées impuissantes.

L'étonnement peut être enfin d'autant plus fort que depuis plusieurs années on observe associée à une conception libérale classique de l'Etat le développement d'une culture gestionnaire irriguant l'ensemble du secteur public et conditionnant la recherche de la soutenabilité des finances publiques. Cette culture gestionnaire n'a du reste fait que s'épanouir tout au long de ces dernières années, d'ailleurs renforcée par la nécessité d'affronter d'autres crises comme par exemple celles des années 1990.

## I. La crise d'un modèle politique

Les historiens diront peut-être dans quelques décennies que la période de la seconde moitié du XX$^e$ siècle et le début du XXIème fut celle des illusions et des espoirs déçus. Il est un fait qu'ils se sont succédé à une cadence accélérée, tout au moins en ce qui concerne la recherche des voies et moyens d'une société sinon parfaite du moins du bien-être.

Avec aussi pour conséquence qu'après qu'il eût été magnifié, et parfois jusqu'à l'extrême, l'État devant ses échecs a été tout aussi critiqué et vilipendé qu'il avait été placé haut dans les espoirs. De la même façon, la croyance ultérieure aux vertus du marché économique, avec une foi toute aussi ardente, une confiance toute aussi aveugle dans ses bienfaits, a été elle aussi éprouvée avec l'impuissance à assurer croissance et plein emploi, sécurité et liberté.

Ainsi, et si l'on considère les quatre vingt dernières années, on a vu successivement s'imposer la *mystique de l'État* régulateur de l'économie et de la société dans son ensemble, puis avec l'entrée dans la crise économique du milieu des années 1970 lui succéder une véritable *mystique du marché* qui a mis les finances publiques au cœur de tous les débats et en a fait l'objet de toutes les critiques. Il ne s'agissait plus alors que les finances publiques soient l'instrument idéal des politiques volontaristes et interventionnistes menées par l'État. Bien au contraire, il s'agissait d'en réduire l'influence afin de limiter son pouvoir et restaurer une régulation par le marché. Il fallait même selon l'expression de certains «affamer la bête»[1], lui couper les vivres, autrement dit réduire les impôts pour limiter les dépenses. Et c'est à l'aune de thèses, parfois très radicales[2], qu'ont été repensés alors le fonctionnement, le rôle et la place des finances publiques.

C'est dans ce contexte que la théorie économique libérale classique, forte des outrances qu'avait atteint l'État interventionniste, allait connaître un grand succès jusqu'aux années 1990. Toutefois, si ses idées ont d'abord semblé en adéquation avec les faits, l'incapacité pour les pays développés à recouvrer une réelle croissance, l'émergence de questions sociales de plus en plus nombreuses et incontrôlables, ont amené dans un premier temps à nuancer quelque peu les analyses, notamment

---

[1] L'expression «starve the beast» fut employée plusieurs fois aux Etats-Unis; notamment en 1985 par un journaliste du Wall Street Journal, Paul Blustein, qui rapportait les propos tenus par une personnalité de la Maison Blanche qui déplorait que l'on n'ait pas assez réduit la fiscalité pendant la présidence de Ronald Reagan. Les propos tenus étaient les suivants: «We didn't starve the beast. It's still eating quite well».

[2] Notamment celles de l'ultra libérale école libertarienne . Cf à ce sujet Bouvier, MC Esclassan, JP Lassale, *Manuel de Finances Publiques*, 9ème édition, LGDJ-Lextenso 2008

en ce qui concerne les effets de la dépense publique puis plus récemment, sous l'effet de la crise financière actuelle, à*«relire Keynes»*[3] *c'est à dire réévaluer positivement la fonction de l'État* .

Il n'apparaît pas pour autant que l'on soit parvenu à résoudre une question clef, celle relative à la fonction que doit avoir l'Etat et il est à craindre que depuis les années 1930 l'on ne fasse que tâtonner sur le sujet. Ainsi face à la première grande crise du 20$^{ème}$ siècle, la crise de 1929, la réaction immédiate a été de poser l'Etat et son action financière comme la solution; ensuite, après des décennies de succès cet Etat fut considéré comme la cause évidente de la crise de la seconde moitié des années 1970.

### A. *La solution: l'Etat et ses finances.*

C'est en 1929, il y a maintenant plus de quatre vingt ans, que sous le poids des faits économiques et sociaux, les conceptions prônant l'interventionnisme de l'Etat ont fini par s'imposer face aux thèses neutralistes alors prédominantes qui se situaient au cœur de la pensée libérale classique. La grande crise de 1929 est apparue alors comme la preuve irréfutable que le marché ne pouvait pas s'autoréguler et qu'il était indispensable que l'Etat intervienne. Ce fut, on le sait, aux Etats Unis, la réponse donnée à la crise par FD Roosevelt, avec le New Deal. Mais, au-delà des actions au coup par coup, il fallait une construction théorique cohérente pour répondre aux problèmes qui se posaient . Comme l'ont écrit fort à propos P. Mendès France et G. Ardant, «d'une façon générale, les crises -surtout celle de 1929- furent l'occasion d'une sorte d'examen de conscience des économistes et des hommes politiques. Ceux-ci se trouvèrent dans l'obligation de reconnaître que, si la théorie libérale ne leur fournissait pas de solution satisfaisante, l'empirisme des mesures improvisées n'amenait pas non plus de véritable remède. Rarement, le besoin d'une construction scientifique apparut aussi nettement»[4].

Cette nécessité n'est pas surprenante. Les situations ont en effet toujours besoin d'être rendues intelligibles et par conséquent interprétées. Il

---

[3] Comme on «relisait» A Smith, JB Say, D Ricardo.... et autres auteurs libéraux classiques dans la seconde moitié des années 1970.

[4] P Mendès-France, G Ardant, *La science économique et l'action*, Ed. Unesco-Julliard 1954

ne faut pas oublier que les faits ne sont jamais «bruts» et qu'ils sont toujours perçus et analysés à travers un cadre conceptuel plus ou moins consciemment accepté. La force d'une théorie, à un moment donné, naît ainsi de sa capacité à répondre à un défi posé par une situation nouvelle qui a cessé d'être compréhensible si on persiste à se référer à des schémas d'explication devenus anachroniques. Or, cette nouvelle conceptualisation, on le sait, fut largement le fait des écrits de John Maynard Keynes.

La pensée keynésienne se situe dans un contexte particulier, celui de la crise des années 1930, qui par certains côtés rappelle la crise actuelle. Cette pensée s'applique par conséquent à une société où un chômage grave et endémique sévit, ou d'importantes capacités de production restent inemployées. Il n'est pas étonnant dans ces conditions que la théorie keynésienne se soit située dans un courant de pensée économique dont le commun dénominateur est de contester les analyses libérales classiques[5].

En effet, on sait que Keynes, comme les libéraux classiques, était à la recherche d'un équilibre général de l'économie mais il proposait des voies différentes pour l'atteindre. Il faut aussi garder à l'esprit que la crise des années 1930, d'une gravité et d'une longueur exceptionnelles, avait fortement ébranlé, notamment chez beaucoup d'intellectuels, la confiance que l'on avait précédemment dans les vertus du capitalisme, et dans sa capacité à permettre un fonctionnement harmonieux de l'économie. Or, Keynes a été l'un des premiers à mettre en lumière l'idée qu'il y avait plusieurs formes d'équilibre économique possible. Et l'un des grands mérites de cet auteur fut d'avoir montré que si une économie pouvait être compétitive et s'accommoder d'un fort volume de sous-emploi, un tel équilibre était un équilibre de gaspillage. Il en tirait une conclusion pour lui évidente et pleine de bon sens : la main visible du gouvernement doit parfois relayer la main cachée du marché. Il estimait par conséquent que les économistes libéraux classiques étaient dans l'erreur lorsqu'ils affirmaient que le marché économique pouvait s'auto réguler, en mettant au contraire en évidence le rôle essentiel que devait jouer l'Etat et son budget dans la compensation des déséquilibres économiques

---

[5] Il faudrait aussi citer le nom de cet économiste anglais d'origine polonaise, Michael Kalecki, qui, trois ans avant la parution de la *Théorie générale*, avait formulé l'essentiel de ce que l'on dénommera ensuite la théorie keynésienne (M. Kalecki : *Essay in the theory of Business cycles,* 1933).

et sociaux ainsi que d'une manière plus générale dans le développement de l'économie. Pour lui, l'Etat devait nécessairement intervenir pour relancer la demande ou la soutenir et par là même éviter au système économique libéral de s'écrouler sur lui-même. Conscient des réticences que ses thèses pouvaient provoquer, il écrivait en 1936: «l'élargissement des fonctions de l'Etat qu'implique la responsabilité d'ajuster l'une à l'autre la propension à consommer et l'incitation à investir, semblerait à un publiciste du 19$^e$ siècle ou à un financier américain d'aujourd'hui une horrible infraction aux principes individualistes. Cet élargissement nous apparaît au – contraire et comme le seul moyen possible d'éviter une complète destruction des institutions actuelles et comme la condition d'un fructueux exercice de l'initiative individuelle.»[6]

Par suite, c'est sur le fondement d'un corpus intellectuel de plus en plus affiné qu'un modèle politique, celui de l'Etat providence, va se construire dès l'immédiat avant seconde guerre mondiale pour s'amplifier après la guerre jusqu'à ce qu'il soit parfaitement admis par tous, décideurs politiques et économiques, que cet Etat devait occuper pleinement une fonction de stabilisateur. Ce rôle lui sera quasi unanimement reconnu jusqu'aux débuts de la crise économique de la fin des années 1970.

### B. *Le problème: l'Etat et ses finances.*

Avec l'apparition au milieu des années 1970 des premières difficultés économiques annonciatrices d'une crise profonde et de longue durée -l'inflation va en s'accroissant, le chômage se développe, le taux de croissance diminue sans que l'État aux prises avec une crise financière puisse réagir efficacement, les dépenses augmentent, les ressources diminuent, l'écart se creuse, la dette publique s'accroît- *les gouvernements ont été amenés à remettre en cause les postulats des politiques budgétaires et financières qui, jusque là avaient fait florès*. L'Etat qui avait été magnifié pendant «les 30 glorieuses» va être subitement frappé de discrédit et c'est alors qu'a commencé à se dessiner, intellectuellement d'abord, puis dans les faits, une profonde transformation et disons le une métamorphose de l'Etat qui se poursuit encore aujourd'hui.

---

[6] JM Keynes, *Théorie générale de l'emploi, de l'intérêt et de la monnaie*, Payot 1979.

L'Etat-providence, cet Etat interventionniste et multiprésent, est alors dénoncé comme facteur de rigidification de la société. La critique porte en premier lieu sur son énorme croissance, source de dysfonctionnements du système économique, ainsi que sur les prélèvements obligatoires qu'il exige des contribuables. C'est à la faveur de cette crise matérielle et théorique que va se produire un véritable renouveau de la tradition libérale classique, un peu partout dans le monde les Etats s'engageant dans des politiques visant à encourager l'offre plutôt que la demande . Priorité ainsi est donnée à la production sur la redistribution, à l'incitation sur le dirigisme, aux décisions décentralisées sur la réglementation globale. À la culture d'inflation, traditionnellement ancrée dans le comportement des acteurs économiques, vont succéder des politiques de rigueur monétaire axées sur le maintien de la stabilité des prix et la limitation des déficits budgétaires. Parallèlement la tendance en faveur d'une limitation des impôts, voire à ce qui a été qualifié de «révolution fiscale» va se développer vigoureusement, avec notamment une baisse importante des taux de l'impôt sur les sociétés.

Se situant dans la même logique, un vaste mouvement de gestion du secteur public axée sur la performance a pris de même une ampleur jusqu'alors inégalée. Ce mouvement, qui pose l'équilibre budgétaire en principe fondamental [7], s'est inscrit dans une logique de maîtrise des finances publiques et de bonne gouvernance financière publique.

Au final, l'idée s'est imposée que l'État, quelle que soit la puissance des instruments financiers dont il dispose, ne pouvait à lui seul décréter la croissance et qu'il devait d'une part laisser plus d'espace au marché économique et financier, et donc privatiser une grande partie des services publics, d'autre part adopter des méthodes de gestion et d'évaluation des résultats empruntées au management des entreprises afin de maîtriser l'évolution de ses dépenses. C'est bien alors le modèle politique, sous tendu par un modèle économique keynésien, qui a été ainsi mis en cause et condamné, le ***changement total de paradigme*** étant illustré parfaitement par la politique engagée par Margaret Thatcher au Royaume Uni à partir de 1979 puis par Ronald Reagan aux Etats Unis lequel tint des

---

[7] Sur la théorie de l'équilibre budgétaire, v. M. Bouvier, «Les représentations théoriques de l'équilibre budgétaire; essai sur la vanité d'un principe», in *L'équilibre budgétaire*, ouvrage collectif sous la direction de Lucille Tallineau, Economica, 1994.

*Artigos*

propos tout à fait explicites lors de son investiture le 20 janvier1981: «*In this present crisis, government is not the solution to our problem. Government is the problem*».

C'est cette façon de répondre à la crise économique dans la seconde moitié de la décennie 1970, avec deux instruments pour fer de lance, les privatisations et la décentralisation, qui a continué à être pratiquée tout au long de ces vingt cinq dernières années, d'ailleurs renforcée par la nécessité de faire face à d'autres crises comme par exemple la crise financière des années 1990 qui a affecté d'abord les pays émergents (Russie, Brésil, plusieurs Etats d'Asie) puis les pays en développement. Rappelons qu'en 1998 cette crise, en affectant la monnaie russe, a provoqué un effondrement de la Bourse de Moscou et s'est propagée si rapidement que le système financier international a été alors exposé à un grave risque de rupture[8] faisant craindre une dépression d'une ampleur comparable à celle des années 1930[9].

En considérant cette succession ininterrompue de crises et les réponses qui leur ont alors été données il nous apparaît que la question qui se pose aujourd'hui n'est pas de savoir s'il faut poursuivre une politique libérale classique ou s'il faut en revenir à une politique keynésienne. Il convient d'ailleurs de souligner tout aussitôt les limites d'une telle alternative, et ce dans la mesure où aucune pensée n'est figée, sous peine de se dégrader en idéologie. Ainsi et s'agissant de la pensée keynésienne, l'œuvre de Keynes comme la plupart des théories scientifiques nouvelles, a correspondu a` un nouveau type de questionnement portant sur une situation elle-même nouvelle. Les analyses keynésiennes, du temps même de leur auteur et bien entendu à l'époque contemporaine, ont été du reste complétées, enrichies, et même conciliées avec d'autres approches. On s'est par exemple essayé à *intégrer les analyses keynésiennes et les schémas néoclassiques* de fonctionnement de l'économie,

---

[8] Entre le 15 juillet et le 15 octobre 1998, la Bourse de Moscou a perdu 80 %, celle du Brésil 57 %, Francfort 37 % et Paris 32 %. Cette crise n'a pu être surmontée que grâce à une double intervention des États-Unis: le sauvetage par le Gouvernement Fédéral des fonds spéculatifs LTCM, dont la faillite avait déstabilisé le marché, et la baisse à trois reprises des taux d'intérêt par la Réserve Fédérale.

[9] D'autres, s'appuyant sur la théorie des cycles de Kondrattieff, voient alors dans cette crise la dernière et l'entrée dans une nouvelle période d'expansion .

effort illustré notamment par les travaux de John Hicks[10] ainsi que par ceux d'A. Hansen et de P. Samuelson. Cette synthèse sera en France dans les années 1970-1980 la version la plus communément acceptée des idées keynésiennes. Elle revient à considérer que *l'intervention de l'Etat est compatible avec le modèle général de l'économie de marché*.

On indiquera de même que s'est développée au cours des années 1990 une critique des thèses néolibérales classiques qui n'aboutit pas pour autant à une condamnation absolue de celles-ci pas plus qu'elle n'exprime la volonté de retourner à l'Etat-providence. La théorie dite de la «croissance endogène» ou auto-entretenue qui en est un exemple propose une politique sélective d'investissement par l'Etat s'appuyant sur l'idée qu'une dynamique économique peut être générée par les dépenses publiques. C'est, autrement dit, une réhabilitation du rôle de la dépense publique et de l'Etat dont il s'agit, consistant notamment à lui attribuer une fonction d'investisseur dans certains domaines bien précis[11]. Sans prétendre revenir à une politique d'investissements publics tous azimuts, il est toutefois considéré que si certains investissements freinent la compétitivité, d'autres peuvent au contraire la stimuler. On a pu ainsi identifier une corrélation entre la progression des dépenses «d'avenir», d'éducation et de recherche, et le taux de croissance du PIB[12].

Au regard de cette évolution des idées, force est de constater que les débats d'aujourd'hui autour de la question de l'interventionnisme et de ses sources théoriques sont finalement relativement récurrents[13]. La

---

[10] Le point de départ était un article de 1937 : «Keynes et les classiques – Une interprétation possible».

[11] Comme le soulignent J. LE DEM et F. LERAIS, l'orthodoxie économique a amené à oublier qu'il était «peut-être hasardeux de limiter certains postes du budget de l'E tat, surtout lorsqu'il s'agit d'infrastructures utiles au développement de l'économie privée. En exemple, la création d'un réseau autoroutier permet, à l'évidence, d'améliorer la productivité du travail des branches du transport».

[12] Cf. BARRO in, *NBER Working paper*, n° 2855 (étude portant de 1960 à1985 sur 98 pays).

[13] Un des modèles les plus connus qui correspond à cette nouvelle «approche» est celui du Professeur américain Leijonhufvud qu'il a développé dans un ouvrage paru en 1968 «*On Keynesian Economics and the economics of Keynes*». Ce modèle est connu sous le nom de «théorie du corridor», appellation due à l'auteur lui-même. Pour celui-ci, il existe un équilibre optimal de l'économie qui conduit au plein-emploi. Le système s'autodiscipline. Aussi longtemps que le système connaît des conditions proches de l'équilibre optimal, les forces qui tendent à rétablir cet équilibre l'emportent sur celles

différence est qu'ils s'étalent au grand jour parce qu'ils s'inscrivent dans une réalité économique et financière qui s'est considérablement aggravée et qui nécessite une intervention concrète du secteur public. On ne doit pas s'y tromper. Ce qui prime ce sont les faits, c'est la crise qui oblige aujourd'hui à reposer la question de l'interventionnisme de l'Etat, En revanche, le contexte est très différent à tous points de vue- international, national, politique, sociologique, idéologique, économique – de ce qu'il fut dans les précédentes décennies.

Plus exactement, *c'est à la crise d'un modèle politique que nous assistons* dans la mesure où il faut bien considérer que l'Etat qui a commencé à se déconstruire puis à se reconstruire au cours d'un processus de trente années n'a toujours pas atteint une forme stable. Il n'est notamment pas encore parvenu à bâtir des rapports suffisamment clairs avec un marché économique que tantôt il prétend piloter, tantôt il laisse libre de se réguler. En fait, tout se passe comme si les pensées politiques comme les pensées économiques n'étaient pas encore parvenues à se dégager des dogmes et des à priori idéologiques. D'un autre côté et si l'on y regarde d'un peu près, les prémisses de profonds changements dans les relations Etat/marché sont bien présentes et le système qu'elles forment est bien différents des imaginaires keynésien ou libéral classique. C'est en effet *un modèle politique nouveau* qui est déjà là et qui est susceptible de s'épanouir.

## II. La naissance d'un modèle politique nouveau

Une observation attentive de l'ensemble des évolutions contemporaines des systèmes financiers publics conduit à déceler le phénomène plus général qui en est à l'origine, à savoir un processus de transformation, voire plus exactement de métamorphose de l'Etat et de la société. *Une métamorphose qui arrive maintenant à maturité*, avec l'apparition d'un *nouveau contrat social* que l'on commence, sans doute encore timidement, à voir poindre et qui confère une part essentielle à la concep-

---

qui tendent à le perturber. Les politiques «actives» préconisées par Keynes ne sont pas nécessaires; en revanche, elles le deviennent lorsqu'on s'en éloigne trop, et que l'on passe «à l'extérieur du corridor».

tualisation, à l'intelligence. Une telle direction laisse deviner ce que sera *l'Etat du 21ème siècle*

**A. *Une nouvelle gouvernance financière publique sur le long terme***
La crise actuelle n'implique pas qu'il faut abandonner les voies gestionnaire et politique de la bonne gouvernance financière publique, comme on pourrait être tenté de le faire aujourd'hui au nom de la relance de l'économie -qu'il s'agisse d'aider l'investissement ou de soutenir la consommation- et qu'il faut laisser «filer les déficits». Cela d'autant plus que la crise actuelle a encore une fois pour conséquences une augmentation des dépenses, une diminution des recettes et un accroissement de la dette publique, autant d'effets connus de longue date et qui ne sont pas tous liés aux instruments budgétaires des plans de relance. Il est par conséquent indispensable de poursuivre une logique gestionnaire car elle demeure une des réponses essentielles à la crise, un moyen d'y résister et de consolider l'avenir. D'ailleurs, il s'agit d'un processus à la fois long dans le temps et maintenant largement étendu dans l'espace international. La nouvelle gestion publique, ou plutôt la ***nouvelle gouvernance financière publique***, est un phénomène qui paraît inéluctable. Si l'on y regarde de près, on a affaire à une logique, à une culture, qui est née il y a plusieurs décennies et qui s'étale maintenant à la surface du globe.

En effet, la recherche d'une gestion publique efficace date de la fin du 19ème siècle et a commencé à se développer au début du siècle dernier. Il faut souligner que parmi les facteurs qui ont donné naissance à la nouvelle gouvernance financière publique, le premier d'entre eux consiste dans ***la conceptualisation*** qui en a été progressivement faite[14]. A cet égard il faut rendre justice à Woodrow Wilson qui, plaida dés 1887[15] pour l'édification d'un concept de gouvernance largement inspiré de celui de l'entreprise. Il estimait qu'il convenait de dégager la gestion

---

[14] Cf M Bouvier conférence au Congrés de l'AFIGESE du 27 septe-mbre 2007 (Strasbourg): *«Logique de performance et nouvelle gouvernance financière publique»*. Cf également conférence à la Convention annuelle des Caisses d'Allocations familiales: *Evolutions historiques de la culture de la performance dans le secteur public*. Paris le 15 janvier 2009 (à paraître automne 2009).

[15] W Wilson, *The study of administration* in Political science quarterly;Vol 2. N°2-887

publique des querelles politiques et de la corruption qui s'y était développée pour la confier à des experts.

De même, un retour sur le passé de ce concept permet de prendre conscience que ce que nous pratiquons aujourd'hui, notamment la programmation pluriannuelle, qui est au cœur de la nouvelle gestion publique, est particulièrement récurrent dans les écrits relatifs à la gestion publique.

C'est en effet aux États-Unis, au tout début du 20$^{ème}$ siècle que l'on a commencé à s'interroger sur les moyens de parvenir à gérer plus efficacement l'État; par exemple, «the antideficiency act» de 1906 mettait l'accent sur la nécessité de mieux contrôler le budget et de mettre en place des programmes. Mais une commission particulièrement importante fut créée en 1910, la «Commission pour l'économie et l'efficacité» dite «commission Taft». William Howard Taft, un républicain, était président des États-Unis[16] et avait le souci de mieux gérer la chose publique et de renforcer le pouvoir de l'exécutif. Cette commission a produit un rapport en 1912 appelant à gérer l'État de manière plus rationnelle, et notamment à mettre en place des budgets de programmes, c'est-à-dire des budgets fondés sur la base d'objectifs à réaliser sur des périodes plus ou moins longues et d'une évaluation du résultat obtenu, qui se substitueraient aux classiques budgets de moyens. Mais cette proposition n'a pas été mise en pratique, notamment parce que les budgets de moyens permettaient plus facilement de contrôler la régularité des opérations financières. Par la suite, d'autres commissions se sont réunies, toutes préoccupées par le même souci de bonne gestion, et toutes, comme la commission Taft, considérablement influencées par le «management scientifique» proposé par Frédéric Taylor.

La crise de 1929 provoqua une relance des recherches dans le domaine. Au cours des années trente, ainsi que pendant la Seconde guerre mondiale un nouveau saut qualitatif fut franchi aux Etats Unis où fut notamment créé en 1936 par le Président Roosevelt un comité de trois membres; le «Brownlow committee», qui produisit «the Report of the President's committee on administrative management». Par ailleurs, du fait que l'on se trouvait dans une période de rareté le besoin se fit sentir

---

[16] Il fut le 27$^{ème}$ président.

d'analyser rationnellement les composantes de la dépense publique. C'est alors qu'ont commencé à être élaborés des indicateurs de performance[17].

Ensuite, la «Commission on Organization of the Executive Branch of the Government», dite commission Hoover, instituée en 1947 par le Président Truman et qui travailla jusqu'en 1949, proposera un «budget de performance», une modification de la nomenclature budgétaire et une présentation du budget sous la forme de programmes.

Plus tard, en 1960 naît le «Planning Programming Budgeting System» (P.P.B.S.) poursuivant l'idée qu'il convenait de transposer, au niveau de l'Etat, les méthodes et les procédures utilisées par les grandes entreprises américaines. L'acteur moteur de ce dispositif est le secrétaire d'Etat à la défense, Robert Mac Namara qui, avant d'être investi de fonctions ministérielles par le Président Kennedy, était le directeur général des usines Ford.

Le P.P.B.S. fut mis en œuvre par l'administration américaine, avant d'intéresser divers pays européens, dont la France qui décide, sous l'appellation de Rationalisation des choix budgétaires (RCB), de le mettre en place à titre expérimental au niveau de deux ministères, le ministère de l'Équipement et le ministère de la Défense. La RCB fut ensuite étendue à d'autres ministères mais ne connut pas un véritable succès et fut abandonnée.

Malgré les difficultés rencontrées pour sa mise en place, la culture de la performance ne cessa pas de faire l'objet d'études et de propositions. Cet intérêt résultait parfois de crises financières rencontrées par le secteur public, comme ce fut par exemple le cas en 1975 de la ville de New York. Dans le même ordre d'idées, en 1982, J Peter Grace, fut chargé, par le Président Reagan, de présider le Private sector survey on cost control, une commission ayant pour objet de proposer des solutions au gaspillage des fonds publics[18]; un rapport fut remis en 1984 comprenant 2478 recommandations. D'autres rapports furent ensuite produits allant tous dans le sens d'une adaptation des méthodes du management privé au secteur public comme par exemple celui remis en 1993 par le

---

[17] Cf. JK Galbraith, *Une vie dans son siècle,* Ed. La table ronde 2006.

[18] Le 10 mars 1982, R Reagan s'adressa aux membres de la commission Grace en ces termes: "The job that I'm asking you to do is to find ways that we can save money in the Federal budget".

Vice Président des Etats Unis, Al Gore, dont le titre est parfaitement éloquent: «Creating a government that works better and cost less»[19].

Depuis, on le sait, la culture gestionnaire a pénétré nombre d'Etats dans le monde .Cette démarche quasiment universelle, résultat d'un long cheminement au sein du secteur public, constitue un phénomène international qui concerne la majorité des Etats. Aussi le défi aujourd'hui n'est-il plus seulement dans la progression de cette culture. Le véritable enjeu est de parvenir à intégrer la culture gestionnaire *dans un projet, dans un sens à donner à la société sur le long terme*. Elle ne saurait se résumer, selon l'expression souvent utilisée dans les années 1980, à gérer au mieux un partage des économies. C'est le futur qu'il convient de gérer. Dans cette perspective, il importe d'une part que l'Etat soit en mesure de *réaliser une prospective sur le long terme,* d'autre part que sa stratégie s'inscrive dans *un projet de société* qu'il appartient à la représentation politique de définir.

### B. *Un «Etat intelligent»*

L'invention d'une nouvelle gouvernance financière publique et par conséquent l'invention d'un nouvel Etat est aujourd'hui conditionnée par le développement de ce que l'on peut qualifier d' «intelligence collective» ou encore de «réseau d'intelligence». Sans une démultiplication et un partage des savoirs aucune création institutionnelle n'est plus possible car les transformations de l'Etat contemporain s'inscrivent dans le cadre de l'essor d'une économie cognitive, c'est à dire une économie pour laquelle la connaissance, le savoir, la compétence, la créativité, sont essentiels.

Cette nouvelle donne, les entreprises la connaissent bien car il s'agit pour elles d'un enjeu majeur. Or, c'est aussi à ce même enjeu que les Etats qui épousent les méthodes et la culture de gestion de l'entreprise, sont maintenant confrontés. La réforme de la gestion publique et la montée en puissance d'une société de l'immatériel vont en effet de pair et ont pour conséquence la naissance d'un nouvel Etat qui, au-delà d'être un «Etat stratège», doit également devenir un «Etat intelligent». Ainsi, après l'implantation progressive de la «nouvelle gestion publique», puis

---

[19] *Report of the National performance review.* NY 1993. En 1998, le National performance review fut rebaptisé National Partnership for Reinventing Government.

le passage à une «nouvelle gouvernance financière publique», c'est à la naissance d'une «gouvernance financière publique d'excellence» à laquelle il est maintenant indispensable et urgent de se consacrer , cette dernière associant à la recherche de la performance, de l'efficacité de la gestion, une dimension cognitive.

Il apparaît en d'autres termes que la logique gestionnaire amène l'Etat à devoir faire face au même défi que celui auquel sont confrontées les entreprises qui est de parvenir à s'adapter à une société de l'immatériel, de passer du tangible à l'intangible. C'est là un processus inéluctable qui ne peut que s'amplifier avec le développement des NTIC.

Plus encore, il est fort probable que l'Etat soit confronté à la nécessité de s'inscrire durablement dans une logique du mouvement, de l'incertain, on veut dire de réforme permanente, l'enjeu fondamental étant sa capacité à assumer le défi de la complexité, à interpréter, organiser et piloter des phénomènes de plus en plus enchevêtrés nécessitant de prendre appui sur un réseau de mutualisation de multiples savoirs. Dans la mesure où une telle logique conduit nécessairement alors à considérer l'Etat avant tout du point de vue de son potentiel de développement, de sa dynamique de changement – il s'agit de le réinventer, le reconstruire, l'évaluer en permanence[20] afin de maximiser ses capacités – une telle évolution peut donner le sentiment que l'on s'écarte ainsi d'une vision financière.

Il faut aussitôt souligner qu'il n'en est rien. Car il s'agit bien de déterminer comment l'action publique peut répondre à cette confrontation avec une société de l'immatériel. Hormis le fait que l'action de l'Etat en matière d'éducation et de recherche s'avère essentielle et même stratégique dans le cadre d'une économie cognitive, il nous semble indispensable que s'engage à nouveaux frais une réflexion sur les modes de financement et de gestion, ainsi que bien entendu de mesure des résultats. La difficulté n'est pas mince. Dans ce nouveau contexte il s'agit notamment de parvenir à mesurer et évaluer l'intangible. Or, on sait que la comptabilité, publique comme privée, rencontre des difficultés à mesurer la valeur des actifs immatériels. On ne doit pas s'en étonner. Dès lors que «la

---

[20] Cf M Bouvier, *La révision générale des politiques publiques et la réforme de l'Etat*, in AJDA N°7-2008; cf également le dossier consacré à ce sujet dans le N°102-2008 de la RFFP

notion d'actif incorporel est au cœur du développement de l'économie de la connaissance»[21], comme l'a excellemment souligné la Cour des comptes, un autre système de représentation de la valeur est nécessaire[22].

Il apparaît donc aujourd'hui que le capital immatériel constitue un facteur primordial de performance[23]. Ce qui devrait, à notre sens, conduire les pouvoirs publics à s'intéresser à un facteur essentiel situé en amont du processus de production qui réside dans *la qualité du dispositif de recherche et de formation, condition première d'une capacité créative*. Il s'agit aussi d'un facteur qui devrait de plus en plus être considéré comme stratégique pour la mise en place d'une bonne gouvernance financière publique. Il est ainsi grand temps d'admettre qu'en elles-mêmes les techniques de gestion ne sont pas suffisantes pour assurer la soutenabilité des finances publiques et que *les compétences, les savoirs humains sont essentiels.* A partir de là il faut aussi accepter que conceptualiser, penser, est hautement opérationnel.

---

[21] Cour des comptes. Rapport sur les comptes publics 2005.

[22] Ce qui pose la question de la réforme des normes comptables et de la création d'une institution ad hoc, par exemple un Conseil National de la comptabilité publique. On rappellera par ailleurs qu'une Agence du patrimoine immatériel de l'Etat a été créée pour recenser et valoriser les actifs immatériels publics. Ce qui montre bien en définitive que la question de la détermination de la valeur des biens publics se pose dans les mêmes termes que pour les entreprises qui s'interrogent sur la possibilité d'évaluer des immobilisations immatérielles, qui ne figurent pas toujours au bilan, et qui peuvent toutefois représenter 60 à 80% de la valeur de l'entreprise comme l'a mis en évidence le rapport de la Commission sur l'économie de l'immatériel (novembre 2006).

[23] On peut citer le capital humain (savoir faire, coopération, culture managériale...), les listings, la clientèle (notamment satisfaction, fidélité), les marques, les brevets etc....

Cidália Maria da Mota Lopes

# Maximizar o cumprimento dos impostos e minimizar os custos: Uma perspectiva internacional

**Cidália Maria da Mota Lopes**
Docente do ISCAC e Doutorada em
Organização e Gestão de Empresas pela FEUC

## RESUMO

A simplificação fiscal, a minimização dos custos de cumprimento e os factores que induzem os contribuintes a cumprirem mais facilmente com o sistema são, hoje, áreas prioritárias de intervenção dos decisores de política fiscal. Assim, o objectivo deste estudo é discutir e comparar as diferentes estratégias de minimização dos custos e de incentivo ao cumprimento fiscal numa perspectiva internacional.

**Palavras-chave:**
Custos
Cumprimento
Sistema fiscal

## ABSTRACT

Nowadays, tax simplification, the minimization of compliance costs and the reasons that influence taxpayers to comply with the fiscal system are crucial areas of intervention of tax policy. Therefore, the aim of this article is to discuss and to compare the different strategies of minimization of compliance costs as well as the factors that induce the voluntary compliance in an international perspective.

**Keywords:**
Costs
Compliance
Tax System

*Artigos*

*Sumário:* 1. Introdução; 2. Definição de custos de tributação; 3. Análise comparativa dos custos de cumprimento do imposto sobre o rendimento em alguns países da OCDE; 4. Estratégias de minimização dos custos de cumprimento para o incentivo ao cumprimento fiscal; 5. Notas conclusivas.

## 1. Introdução geral

Propomo-nos apresentar no presente artigo a análise comparativa dos custos da tributação, bem como as diferentes estratégias de minimização dos custos para incentivo ao cumprimento fiscal.

É hoje amplamente reconhecida a complexidade cada vez maior dos sistemas fiscais, a qual implica, como já foi explorado em outros escritos da autora[1], maiores custos no cumprimento das obrigações tributárias, bem como na aplicação do sistema pela administração fiscal.

Assim, a simplificação do sistema e a consequente minimização dos custos de cumprimento, também designados de "custos de contexto" são, hoje, áreas prioritárias de intervenção dos decisores de política fiscal nos sistemas fiscais modernos. [2/3]

---

[1] Sobre estes estudos ver, por exemplo, Lopes, Cidália M. Mota Lopes (2003); "Simplicidade e complexidade do sistema fiscal: algumas reflexões", in: *Fiscalidade*, n.º 13/14, Lisboa, Instituto Superior de Gestão, pp. 52-84; Lopes, Cidália Maria da Mota Lopes (2008); *Quanto custa pagar impostos em Portugal – os custos de cumprimento da tributação do rendimento*, Coimbra, Almedina.

[2] Até há bem pouco tempo, os sistemas fiscais eram analisados fundamentalmente com base nos critérios clássicos. Estes são, como é sabido, a obtenção de receitas, a equidade tributária (na sua vertente de igualdade horizontal e igualdade vertical), e a neutralidade, que assegura a não interferência dos impostos no regular funcionamento dos mercados. Só mais recentemente outros objectivos passaram a ser tidos em conta e entre estes contam-se a capacidade de concorrência com sistemas fiscais estrangeiros e a simplicidade, que permite a minimização dos custos de funcionamento do sistema e o controle da evasão fiscal. A ideia não é de todo nova. Remonta a Adam Smith, nas suas célebres máximas sobre os impostos em geral, algumas das quais se referem a aspectos de administração e cumprimento dos impostos. Smith, Adam (1776), *An Inquiry into the Nature and Causes of wealth of Nations*, tradução portuguesa: *Riqueza das Nações*, Volume II, 3ª Edição, 1983, Fundação Calouste Gulbenkian, pp. 485 a 489.

[3] Em Portugal, muito recentemente sublinhou-se a importância do tema. No ano 2005, a criação de um Grupo Trabalho para Simplificação do Sistema Fiscal Português

O cumprimento fiscal e os factores que induzem os contribuintes a cumprirem mais facilmente com o sistema tornaram-se, assim, um assunto principal no debate da reforma dos sistemas fiscais actuais.[4]

Compreende-se, pois, o interesse do tema deste artigo, cujo objectivo é discutir as diferentes estratégias de minimização dos custos e de incentivo ao cumprimento fiscal.

Para tanto, procede-se, numa primeira parte, à análise do conceito de custos de tributação, quer para os contribuintes, pessoas singulares ou colectivas, quer para a administração fiscal. Estabelecem-se, ainda, algumas comparações internacionais entre os custos das diferentes administrações fiscais, bem como entre a dimensão dos custos cumprimento e a sua distribuição, em alguns dos principais estudos realizados internacionalmente. Pretende-se, neste ponto, comparar os resultados obtidos em estudo anterior realizado em Portugal[5] com os obtidos noutros países

O tema centrar-se-á, na segunda parte, nas várias estratégias de minimização dos custos e de incentivo ao cumprimento fiscal: a económica, apelando para a teoria tradicional da evasão; a socio-psicológica, chamando a atenção para o estudo do comportamento dos contribuintes e da sua possível modificação através de adequadas medidas; a de política tributária geral, onde se analisa a influência das escolhas tributárias no cumprimento fiscal; e a de simplificação fiscal legislativa, procurando contrariar a opacidade dos textos legislativos através de formulações mais claras e mais facilmente inteligíveis para o contribuinte.

Procuraremos por último sintetizar em conclusões os resultados da análise.

---

(GTSFP), cujo Relatório foi publicado recentemente. No ano 2007, entre os objectivos da política fiscal, constantes do Plano de Actividades da Direcção Geral dos Impostos (DGCI), conta-se a redução dos designados custos de "contexto".

[4] Também, em Portugal, no ano de 2008, o governo elege como área prioritária de actuação o combate à fraude e evasão fiscal. Por sua vez, a administração fiscal elege como objectivo da política fiscal para o ano de 2008, o combate à fraude e à evasão fiscal e a "tolerância zero" no comportamento evasivo dos contribuintes.

[5] Sobre este estudo ver, Lopes, Cidália Maria da Mota (2008), *Quanto custa pagar impostos em Portugal? – Os custos de cumprimento da tributação do rendimento*, Coimbra, Almedina.

*Artigos*

## 2. Definição de custos de tributação

Os custos de funcionamento de um sistema fiscal são, por um lado, os custos do sector público e, por outro, os do sector privado,[6] os quais passaremos a designar, respectivamente, como custos administrativos e custos de cumprimento das obrigações tributárias.

### 2.1. Os custos administrativos e a sua medição: algumas comparações internacionais

Os custos administrativos (*administrative costs*) são os custos incorridos pela administração fiscal na recolha e cobrança dos impostos. Compreendem, nomeadamente, os custos com o pessoal, isto é, os vencimentos e outras remunerações dos funcionários da administração fiscal, bem como os custos de alojamento (água, luz, rendas e limpeza) e outros custos de correios, telefone, viagens, *software*, além dos custos fixos em equipamento e outros materiais usados.[7]

O indicador mais usado para medir os custos administrativos tem sido uma taxa de gestão fiscal.[8/9] Esta é obtida através do rácio entre os custos da administração fiscal e as receitas fiscais colectadas.

Veja-se, no quadro 1, o valor das taxas de gestão para os anos 2000, 2001 e 2002, em alguns países da OCDE, de modo a elaborar algumas comparações e a situar o caso português no conjunto das restantes administrações fiscais.

Pela análise do quadro podemos dividir os países em três grupos.

O primeiro é constituído pela Suécia, Estados Unidos e Noruega, incluindo as administrações fiscais mais eficientes, com custos de 0,5% das receitas fiscais colectadas, aproximadamente. No segundo grupo,

---

[6] Sandford, Cedric; Godwin, Michael; Hardwick, Peter (1989), *Administrative and Compliance Costs of Taxation*, Fiscal Publications, November, pp. 3 a 22.

[7] Sandford, Cedric (1973), *Hidden Costs of Taxation*, London, Institute for Fiscal Studies, pp. 1-3.

[8] Summary Working Document (2001), *Learning labour on the cost of tax management following the meeting of 1st October*, 20 pp.

[9] Designada também de *cost of collection ratio* em muitos documentos de trabalho.

estão as administrações fiscais menos eficientes (Japão, Países Baixos e Portugal), com custos superiores a 1,5% das receitas fiscais. Por último, e no terceiro grupo, estão os restantes países com custos das receitas fiscais colectadas aproximadamente compreendidos entre 0,5% e 1,5%.

[Quadro n.º 1] **Comparação da taxa de gestão fiscal em alguns países da OCDE**

(em percentagem)

| Países | Taxa de gestão fiscal = custos administrativos/ receitas fiscais | | |
|---|---|---|---|
| | 2000 | 2001 | 2002 |
| Alemanha | - | - | - |
| Austrália | 1,11 | 1,27 | 1,19 |
| Áustria | 0,80 | 0,71 | 0,72 |
| Bélgica | - | - | 1,00 |
| Canadá | 1,07 | 1,08 | 1,20 |
| Coreia do Sul | 0,80 | 0,85 | 0,85 |
| Dinamarca | - | - | 0,73 |
| Espanha | - | 0,81 | 0,78 |
| Estados Unidos da América | 0,43 | 0,46 | 0,52 |
| Finlândia | 0,60 | 0,61 | 0,67 |
| França | 1,40 | 1,41 | 1,44 |
| Grécia | - | - | - |
| Hungria | 1,45 | 1,23 | 1,35 |
| Irlanda | 0,81 | 0,90 | 0,95 |
| Islândia | - | - | 1,12 |
| Itália | - | - | - |
| Japão | 1,42 | 1,54 | 1,62 |
| Luxemburgo | - | - | - |
| México | - | - | - |
| Noruega | - | 0,56 | 0,59 |
| Nova Zelândia | 1,44 | 1,21 | 1,17 |
| Países Baixos | 1,70 | 1,74 | 1,76 |
| Polónia | 0,95 | 1,06 | 1,32 |
| Portugal | 1,60 | 1,61 | 1,68 |
| Reino Unido | 1,10 | 1,11 | 1,15 |
| República Checa | 1,30 | 1,43 | 1,46 |
| Suécia | 0,43 | 0,44 | 0,42 |
| Suiça | - | - | - |
| Turquia | 1,94 | 2,12 | 0,86 |

**Fonte:** OCDE (2004), *Ob. Cit.*, p. 65.

*Artigos*

As diferenças nas taxas devem-se a um conjunto de factores que não são os mesmos em todos os países.[10]

Em primeiro lugar, as diferenças existentes nas taxas e na estrutura dos impostos têm um impacto nas receitas fiscais e nos custos administrativos, afectando o valor do rácio. Por isso, as comparações elaboradas entre países que têm uma carga fiscal elevada (como por exemplo, em muitos países europeus em que a carga fiscal se situa normalmente nos 40%) e os que têm uma carga fiscal baixa (como é o caso dos países da Ásia) são pouco realistas, tendo em conta o peso da tributação nos diferentes países.

É necessário ter em consideração quando estamos a analisar o rácio custos e receitas fiscais, a existência de vários níveis de administração, isto é, as diferenças na administração dos vários impostos pelas instituições governamentais nos vários países. Por exemplo, nos EUA, os impostos directos são administrados a nível federal, enquanto que os impostos indirectos são administrados maioritariamente por autoridades a nível regional ou estadual. Noutros países, uma autoridade nacional recolhe os impostos a todos os níveis, como é o caso da maioria dos países europeus.

Ao mesmo tempo, as funções atribuídas às administrações fiscais podem divergir consoante o país. Por exemplo, em alguns países o combate à evasão e fraude é feito por uma instituição governamental separada da administração fiscal, o que implica que os custos dessa instituição não são tidos em consideração no rácio da taxa de gestão fiscal. Muitas vezes, a administração tributária é incumbida de outras funções, não relacionadas directamente com a administração dos impostos, tais como pagamentos de certos benefícios sociais ou de saúde.

As diferenças no processo de administração, liquidação e cobrança das contribuições para a segurança social e das pensões são, provavelmente, uma das principais razões explicativas da disparidade das taxas de gestão fiscal. Em alguns países, as contribuições para a segurança social são recolhidas pela mesma instituição responsável pela recolha dos impostos, como é o exemplo do Canadá, da Finlândia, dos Países

---

[10] OCDE (2004), *Tax Administration in OCDE Countries: comparative information series*, Centre for Tax Policy and Administration, Paris, OECD Publications, pp. 23-26 e p. 65.

Baixos, da Noruega, dos Estados Unidos e do Reino Unido. Outros países administram e cobram as contribuições para a segurança social através de uma instituição governamental própria e separadamente da administração fiscal, por exemplo a França, a Alemanha, a Polónia, Espanha e Portugal.

Considerando que as contribuições para a segurança social constituem a principal fonte de receita em muitos países, a sua inclusão ou exclusão das receitas fiscais pode ter um impacto significativo no valor da taxa de gestão fiscal, pondo em causa a fiabilidade das comparações internacionais.[11]

Por fim, é necessário sublinhar que não existe uma metodologia comum a todos os países para medir as taxas de gestão fiscal. Os países que publicam as taxas de gestão fiscal não revelam, por regra, os detalhes dos seus cálculos. Assim, são certamente diferentes os custos considerados pelas diferentes administrações fiscais, tais como os recursos humanos, os tecnológicos e os de informação. O rácio pode ser também influenciado pela base de cálculo das receitas fiscais. Podem tratar-se de receitas fiscais brutas ou líquidas, isto é, após os reembolsos devidos em vários impostos.[12]

Na realidade, só uma harmonização das definições de custos e receitas a considerar poderia, eventualmente, homogeneizar os resultados. Assim, e tendo em atenção estas dificuldades, é discutível se a taxa de gestão fiscal constitui um bom indicador da eficiência de uma administração fiscal.

Na verdade, para além das limitações anteriormente referidas, a variabilidade das taxas de gestão fiscal pode, também, ficar a dever-se a outros factores que não se encontram relacionados com a eficiência das administrações fiscais, e que influenciam os valores do rácio.[13]

---

[11] Por exemplo, recalculando a taxa de gestão fiscal para a França, agregando os impostos com as contribuições para a segurança social, esta diminuiria de 1,4% para 1,13%.

[12] Refira-se, a este propósito, que os Estados Unidos e a Irlanda, que apresentam rácios baixos, utilizam as receitas fiscais brutas no cálculo da taxa de gestão fiscal, enquanto a maioria dos restantes países recorre às receitas fiscais líquidas.

[13] OCDE (2004), *Tax Administration in OCDE Countries: comparative information series*, Centre for Tax Policy and Administration, Paris, OECD Publications, pp. 23-26 e p. 65

*Artigos*

Em primeiro lugar, as alterações nas taxas de imposto podem ser um factor determinante da relação entre custos e receitas. Em teoria, a decisão de aumentar a carga fiscal pode diminuir a taxa de gestão fiscal em montante correspondente; porém, esta diminuição do rácio não está relacionada com a eficiência da administração fiscal.

Também as mudanças anormais nas taxas de crescimento económico ou nas taxas de inflação influenciam as receitas fiscais colectadas pela administração fiscal e, consequentemente, a relação entre custos administrativos e receitas fiscais.

Em terceiro lugar, a administração fiscal efectua, por regra, e de tempos a tempos, investimentos novos em material informático, equipamentos, edifícios ou outros materiais, os quais aumentam os custos administrativos a médio prazo, afectando, assim, a eficiência da administração fiscal a curto prazo, bem como a relação entre os custos e as receitas fiscais. A introdução de novos impostos também conduz a um incremento inicial dos custos administrativos, o que implica um impacto no rácio de custos e receitas, mas que tende a desvanecer-se a longo prazo.

Em quarto lugar, mudanças na entidade responsável por recolher um imposto particular podem conduzir a uma melhoria no rácio dos custos e receitas, a qual não se encontra relacionada com a eficiência da administração fiscal.[14]

Apesar destes factores externos limitarem a utilidade da taxa de gestão fiscal como indicador de eficiência, tem existido uma tendência para usá-lo em comparações internacionais.

### 2.2. Os custos de cumprimento das obrigações tributárias

Os custos de cumprimento (*compliance costs*) incluem não só o tempo despendido pelos contribuintes com os seus assuntos fiscais, mas, também, as despesas incorridas com guias fiscais, software, e com agen-

---

[14] Por exemplo, na Austrália, a responsabilidade de colectar o imposto *excises* passou, em 1999, da *Customs Authority* para ser responsabilidade do *Australian Taxation Office* (ATO), o que conduziu a uma melhoria do rácio. Cfr. OCDE (2004), *Tax Administration in OCDE Countries: comparative information series*, Centre for Tax Policy and Administration, Paris, OECD Publications, p. 24.

tes e consultores, a quem recorrem para cumprirem as suas obrigações fiscais.

Assim, segundo Sandford[15], os custos de cumprimento dividem-se em três grupos principais: os custos de tempo; outros custos monetários; e os custos psicológicos.

Os custos de tempo são, de uma forma geral, o valor do tempo gasto pelos contribuintes individuais e colectivos no cumprimento das obrigações fiscais. Diga-se, a este respeito, que é particularmente difícil de medir o tempo gasto em perguntas e dúvidas acerca dos impostos. Esta dificuldade aumenta quando os esclarecimentos fiscais são dados, não por profissionais, mas por familiares e amigos.

Para os contribuintes individuais, os custos incluem o tempo despendido no arquivo de documentos e no preenchimento da declaração de rendimentos. E os custos monetários englobam outras despesas de carácter geral, tais como telefone, livros, equipamento e honorários pagos a consultores fiscais.

Por sua vez, para os contribuintes colectivos, os custos de cumprimento dividem-se em internos e externos. Os primeiros correspondem ao tempo gasto internamente pelos empregados e directores da empresa com os assuntos fiscais, o qual é valorado através do ordenado atribuído aos mesmos. Por sua vez, os custos externos representam os incorridos fora da empresa com o aconselhamento fiscal.

Os custos psicológicos, tais como alguma ansiedade e nervosismo suportados no processo de pagamento dos impostos, deverão ser igualmente incluídos. Alguns contribuintes recorrem, pois, a profissionais para diminuir o seu grau de preocupação. Assim, muitas vezes, estes custos psicológicos transformam-se em custos monetários.

Não existe na literatura fiscal uma definição geralmente aceite de custos psicológicos, nem um método comum para avaliá-los. Variando de contribuinte para contribuinte, são difíceis, senão impossíveis, de quantificar.

Na realidade, a medição das diferentes componentes dos custos de cumprimento constitui, pela sua própria natureza, uma tarefa extrema-

---

[15] Sandford, Cedric (1971); *Hidden costs of taxation*, London, Institute of Fiscal Studies.

mente difícil, o que obriga a interpretar e comparar os diferentes resultados com extrema cautela.

Existem custos incorridos pelos contribuintes cujo valor é apurado sem grandes dificuldades, como os associados a determinadas despesas, tais como a compra de impressos ou ao pagamento a consultores fiscais. Outras componentes levantam, porém, importantes problemas de medição.

O primeiro consiste na dificuldade em identificar e distinguir os custos especificamente suportados por causa dos impostos ou, em alternativa, os custos que seriam poupados se um determinado imposto não existisse. Estas medidas são, na prática, difíceis de obter, o que muitas vezes impossibilita o cálculo rigoroso do valor dos custos do sistema fiscal.

Vejamos, por exemplo, um contribuinte que recorre aos serviços de um profissional fiscal. O mesmo contribuinte recebe, posteriormente, uma factura com os honorários cobrados, os quais incluem, entre outros, os assuntos fiscais. Sabe-se que uma parte desta dívida inclui os custos de cumprimento. Porém, o valor a atribuir é susceptível de dúvidas, em especial, nos pequenos empresários.[16]

Nas pequenas e médias empresas, as tarefas fiscais são realizadas em simultâneo com as contabilísticas. Por sua vez, para uma grande empresa é mais eficiente separar o departamento contabilístico do fiscal, dado que a este último é necessário dedicar uma atenção acrescida. Assim, nas empresas de maior dimensão, dotadas por regra de um departamento fiscal e de uma boa estrutura organizacional, é mais fácil a imputação de

---

[16] Estas empresas também têm uma insuficiência grave de mão-de-obra qualificada e de dirigentes para planificar e orientar o seu crescimento. De facto, a maior parte das funções de gestão são assumidas, nas empresas de pequena dimensão, pelo próprio proprietário da empresa, devendo este passar da função de produtor à de gestor. Para uma análise mais detalhada deste assunto ver por exemplo: Baldwin, Trevor (1989), "Taxation compliance costs-implications for the small business", in: *British Tax Review*, Sweet&Maxwell, pp. 319-331; Lopes, Cidália Maria da Mota (1999), *A fiscalidade das Pequenas e Médias Empresas – Estudo comparativo na União Europeia*, Porto, Vida Económica, pp. 43-79.

um valor aos custos incorridos por causa dos impostos, especialmente quando as comparamos com as suas concorrentes de menor dimensão.[17]

O segundo problema de medição dos custos resulta, com efeito, da dificuldade em determinar o aumento dos custos marginais causados pela introdução de um novo imposto. Se a empresa possuir um departamento fiscal, o custo marginal da introdução de mais um imposto será zero, se o departamento de pessoal já existente na empresa levar a cabo o trabalho extra. Ao invés, nas situações onde esta tarefa não beneficia do apoio dos empregados já existentes, o custo marginal da introdução de mais um imposto é o correspondente ao custo do trabalho extra incorrido.

Sabemos que muitos dos custos de cumprimento fiscal são custos de tempo. Existem igualmente dificuldades na valoração do tempo gasto, pelos contribuintes individuais e colectivos, no cumprimento das obrigações tributárias.

Na teoria económica existem diferentes métodos para avaliar o tempo gasto no cumprimento fiscal, todavia, nos mais relevantes realizados nesta matéria, o tempo despendido no cumprimento foi dado pelos inquiridos e pelo valor que os próprios atribuíram a esse tempo.

Atentas estas dificuldades, na secção seguinte, procedemos à análise comparativa dos resultados a que chegaram os principais estudos que estimaram e avaliaram os custos de cumprimento, em sede de tributação do rendimento, dos contribuintes individuais e colectivos.

## 3. Análise comparativa dos custos de cumprimento do imposto sobre o rendimento em alguns países da OCDE

O nosso objectivo, aqui, é o da análise dos custos de cumprimento da tributação do rendimento, individual e societário. Assim, interessa-nos focar mais a nossa atenção sobre os estudos que têm sido dedicados mais especificamente aos impostos sobre o rendimento.

---

[17] As empresas de maior dimensão possuem contabilidade não só por razões fiscais, mas sobretudo por motivos legais, comerciais e de gestão. Estas sociedades são obrigadas, por imposição legal, a publicar relatórios anuais de contas, para benefício e uso dos seus accionistas e, assim, podem, em qualquer caso, recolher a informação com objectivos extra-fiscais, isto é, negociais, de desenvolvimento e expansão da empresa.

## 3.1. Os custos de cumprimento dos contribuintes individuais

O quadro 2 apresenta algumas comparações internacionais do tempo gasto, em média, por ano, por cada contribuinte nos seus assuntos fiscais.

[Quadro n.º 2] **Comparação das horas gastas, em média, por cada contribuinte, no cumprimento fiscal**

| Países | Investigador | Ano | Tempo gasto, em média, por contribuinte (em horas) |
|---|---|---|---|
| Reino Unido | Sandford et al | 1989 | 3,6 |
| Austrália | Pope | 1993 | 7,8 |
| Austrália | Evans | 2000 | 8,5 |
| EUA | Slemrod | 1984 | 21,7 |
| EUA | Slemrod | 1992 | 27,4 |
| Holanda | Allers | 1994 | 4,5 |
| Canadá | Vaillancourt | 1989 | 5,5 |
| Espanha | Diaz e Delgado | 1995 | 6,8 |
| Suécia | Malmer | 1995 | 1,4 |
| Portugal | Lopes | 2008 | 3,79 |

**Fonte**: Sandford, Cedric et al (1989), Ob. Cit., pp.1-47; Sandford, Cedric (Ed.) (1995), Ob. Cit., 414 pp.; Slemrod, Joel; Sorum, N. (1984), Ob. Cit., pp. 461-74; Slemrod, Joel; Blumenthal, Marsha (1992), Ob. Cit. pp. 185-202; Evans, Chris et al. (2000), Ob. Cit, pp. 320-345; Lopes, Cidália (2008), Ob. Cit pp. 274.

Pela análise do quadro acima, observamos que os contribuintes que gastam mais tempo, em média, com o cumprimento das suas tarefas fiscais, são os contribuintes dos EUA e da Austrália, com 27,4 e 8,5 horas por ano respectivamente. Em Portugal, os contribuintes individuais gastam, em média, 3,79 horas (mínimo de 1,5h e máximo 8,25h), com o cumprimento das suas obrigações fiscais em sede de imposto sobre o rendimento.[18] Por seu turno, os que despendem menos tempo com os seus assuntos fiscais são os contribuintes da Suécia com 1,4 horas.

---

[18] Lopes, Cidália M. Mota (2008); *Quanto custa pagar impostos em Portugal? – Os custos de cumprimento da tributação do rendimento*, Coimbra, Almedina.

A comparação dos custos de cumprimento *per si*, isto é, em termos absolutos, parece não ser de grande utilidade prática. Todavia, quando a partir das comparações internacionais se confirmam resultados de estudos anteriores e se explica o porquê das diferenças dos custos de cumprimento, as comparações tornam-se bastante úteis.[19]/[20]

Na verdade, existe um conjunto de razões que tornam a análise comparativa, muitas vezes, pouco esclarecedora. Entre os vários motivos, Sandford salienta os seguintes:[21] i) o tipo de impostos e o período de tempo dos estudos serem diferentes; ii) a qualidade da informação obtida diferir consoante a estrutura da amostra, a taxa de resposta e a validade dos dados; iii) o conceito de custos de cumprimento não ser muitas vezes coincidente; iv) os métodos usados para avaliar o tempo gasto divergirem[22]; v) e as dificuldades em estabelecer uma unidade de medida para elaborar comparações internacionais.

Tendo em conta os limites anteriormente referidos, nesta parte do trabalho, estabelecem-se algumas comparações dos resultados empíricos obtidos mas só para os países para os quais a informação é comparável em maior grau.[23]

As componentes dos custos de tributação para os contribuintes individuais variam, consideravelmente, entre os diferentes países e ao longo do tempo.

No quadro 3 apresenta-se a distribuição das diferentes componentes dos custos de cumprimento, em percentagem, para os contribuintes individuais.

---

[19] Sandford refere a este propósito: "(...) can be useful, not to identify differences in compliance costs between countries, but rather to confirm the broad findings of the research studies", in: Sandford, Cedric, (Ed) (1995), *Tax Compliance Costs – Measurement and policy*, Bath, Fiscal Publications, p. 45.

[20] Segundo Sandford, as comparações internacionais, nesta área de estudo em particular, são *more likely to mislead than enlighten*. Sandford, Cedric (Ed.) (1995), *Ob. Cit.*, pp. 405.

[21] Sandford, Cedric, (Ed) (1995), *Tax Compliance Cost – Measurement and Policy*, Bath, Fiscal Publications, pp. 1-45.

[22] Os custos de tempo são uma das principais componentes para avaliar os custos de cumprimento dos contribuintes.

[23] Ao longo do tempo têm sido feitas diversas comparações entre a Austrália, o Reino Unido, os EUA e a Nova Zelândia.

*Artigos*

[Quadro n.º 3] **Distribuição dos custos de cumprimento dos contribuintes individuais por categoria de custos**

(em percentagem)

| PAÍSES | AUSTRALIA | AUSTRALIA | REINO UNIDO | EUA |
|---|---|---|---|---|
| Investigadores | ATAX | Pope | Sandford | Slemrod |
| Tempo | 72,3 | 65,1 | 46,3 | 84,0 |
| Honorários pagos | 19,5 | 32,1 | 51,6 | 12,7 |
| Despesas ocasionais | 6,3 | 2,8 | 2,1 | 3,3 |
| Cash flow | 1,9 | – | – | – |
| Total | 100 | 100 | 100 | 100 |

**Fonte**: Sandford, Cedric *et al* (1989), *Ob. Cit.*, pp.1-47; Slemrod, Joel; Sorum (1984), *Ob. Cit.*, pp. 461-74; Slemrod, Joel; Blumenthal, Marsha (1992), *Ob. Cit.* pp. 185-202; Evans, Chris, *et al.* (1999), *Ob. Cit.*, pp. 244-271; Evans, Chris, *et al.* (2000), *Ob. Cit.*, pp. 320-345.

Observando o quadro 3, verifica-se que os custos de tempo são a componente com maior valor. Estes últimos incluem o tempo gasto pelo próprio contribuinte, bem como o tempo de ajuda, não paga, de familiares e amigos.

Os custos de tempo variam entre 46,3% do total de custos de cumprimento, no estudo de Sandford, em 1973, e 84% no realizado por Slemrod, em 1984.

Estas disparidades não são de todo surpreendentes, dadas as diferentes culturas e estruturas fiscais.

O sistema cumulativo PAYE existente no Reino Unido é o principal responsável pela distribuição das componentes dos custos de cumprimento, na medida em que dispensa alguns contribuintes da entrega da declaração de rendimentos, tal como desenvolveremos, mais à frente, em sede própria, na análise das estratégias de minimização dos custos.

A Austrália também tem um nível elevado de recurso à ajuda externa, o que se deve, em muito, segundo Evans,[24] ao facto de o sistema tributário assentar num sistema declarativo por autoliquidação.

Em Portugal, no nosso estudo, dividimos os contribuintes individuais consoante dispunham de ajuda profissionalizada ou não. Dada a dificuldade em quantificar os outros custos monetários incorridos pelos

---

[24] Evans, Chris *et. al.* (1999), "Taxation compliance costs: some lessons from "down-under", in: *British Tax Review*, n.º 4, Sweet&Maxwell, p. 261.

contribuintes, partimos do pressuposto que todos os contribuintes suportam custos mínimos de envio e preparação, definimos esses custos e obtivemos um valor de 6,49 Euros, o qual imputámos a cada contribuinte.

À semelhança dos resultados obtidos internacionalmente, concluímos que os custos de tempo são a principal componente dos custos de cumprimento do imposto sobre o rendimento das pessoas singulares (IRS), tendo as outras despesas monetárias um peso pouco expressivo no total de custos, conforme podemos verificar no quadro 4, o qual expressa a relação entre os custos de cumprimento e o escalão de rendimento de IRS dos contribuintes.[25]

[Quadro n.º 4] **Custo de cumprimento médio dos contribuintes individuais sem ajuda profissional**

(em Euros)

| Contribuintes sem ajuda profissional | Rendimento anual do agregado familiar (em Euros) | | | | | |
|---|---|---|---|---|---|---|
| | <4351 | 4351-6581 | 6581-16317 | 16317-37528 | 37528-54388 | >54388 |
| Custo médio tempo | 51,29 | 34,70 | 54,52 | 99,58 | 171,51 | 166,75 |
| Outros custos monetários | 6,49 | 6,49 | 6,49 | 6,49 | 6,49 | 6,49 |
| Custo médio total de cumprimento | 57,79 | 41,20 | 61,02 | 106,08 | 178,01 | 173,25 |

**Fonte:** Lopes, Cidália Maria da Mota (2008), *Ob. Cit.*, pp. 271-289.

Entendemos que, para os contribuintes que recorrem a ajuda profissional paga, o valor do tempo gasto no cumprimento das tarefas fiscais encontra-se incluído no valor dos honorários pagos aos especialistas.

Assim, o quadro seguinte apresenta os resultados obtidos dos custos de cumprimento totais, de acordo com o escalão de rendimento de IRS, para os contribuintes individuais sem e com ajuda profissional.

---

[25] Lopes, Cidália Maria da Mota Lopes (2008), *Quanto custa pagar impostos em Portugal? – Os custos de cumprimento da tributação do rendimento*, Coimbra. Almedina, pp. 271-289.

*Artigos*

[Quadro n.º 5] **Custos de cumprimento totais dos contribuintes com e sem ajuda profissional**

(em Euros)

| Contribuintes | Rendimento anual do agregado familiar (em Euros) | | | | | |
|---|---|---|---|---|---|---|
| | < 4351 | 4351-6581 | 6581-16317 | 16317-37528 | 37528-54388 | > 54388 |
| Sem ajuda profissional* | 57,79 | 41,20 | 61,02 | 106,08 | 178,01 | 173,25 |
| Ajuda profissional pontual* | 29,00 | 30,78 | 51,42 | 50,35 | 123,17 | 182,25 |
| Ajuda profissional regular* | . | 456,50 | 750,50 | 562,83 | 548,32 | 825,67 |

*custos médios de cumprimento
**Fonte:** Lopes, Cidália Maria da Mota (2008), *Ob. Cit.*, pp. 271-289.

Verifica-se, assim, no que se refere a Portugal que os contribuintes com ajuda profissional regular incorrem em custos de cumprimento significativamente superiores aos contribuintes que dispõe de ajuda pontual e aqueles que não dispõem de qualquer tipo de ajuda.

No que diz respeito aos factores associados aos custos de cumprimento dos contribuintes individuais sem ajuda profissional, observámos, à semelhança dos resultados obtidos em estudos internacionais, que a variação total dos custos se deve, entre outros factores, ao número de dependentes, ao nível de escolaridade e à idade dos contribuintes. Observámos também que à medida que aumenta o nível de rendimento e número de categorias auferidas pelos contribuintes os custos de cumprimento também aumentam.[26]

Para os contribuintes com ajuda profissional, observou-se que as características pessoais, económicas e técnicas não exercem influência no montante dos custos de cumprimento, o que se compreende na medida em que o valor dos honorários pagos ao contabilista não depende

---

[26] A metodologia estatística que utilizámos para determinar os factores associados a custos de cumprimento mais elevados foi a análise de variância (ANOVA), onde a variável dependente é os custos de cumprimento. Usámos a versão 14 do programa *Statistical Package for the Social Sciences* (SPSS), com um nível de significância de 5%. Para um estudo mais detalhado ver: Lopes, Cidália Maria da Mota (2008), *Ob. Cit.*, pp. 292 e ss.

das características dos contribuintes mas de um valor que é fixado pelo mercado.

### 3.2. Os custos de cumprimento das empresas

À semelhança da análise elaborada anteriormente para os contribuintes individuais, a comparação dos resultados empíricos é elaborada para os países nos quais a informação é mais comparável. São eles: o Reino Unido, a Austrália e a Nova Zelândia.

No quadro 6, apresentam-se, para os mesmos países, os resultados a que chegaram os diferentes estudos para os custos de cumprimento do imposto sobre o rendimento.

[Quadro n.º 6] **Comparação dos custos de cumprimento dos impostos sobre os lucros das empresas**

| Países | Austrália | Austrália | Reino Unido | Nova Zelândia |
|---|---|---|---|---|
| Investigadores | ATAX | Pope | Sandford | Hasseldine |
| Custos de cumprimento do imposto sobre o rendimento das empresas em % das receitas fiscais | 15,8 | 22,9 | 2,2 | 19,6 |
| Custos de cumprimento do imposto sobre o rendimento das empresas em % PIB | 1,08 | 0,86 | 0,08 | 1,80 |

Fonte: Evans, Chris *et al.* (1999), *Ob. Cit.*, p. 265; Evans, Chris *et al.* (2000), *Ob. Cit.*, pp.320-345.

No que diz respeito às entidades envolvidas, os estudos de Pope e Sandford consideram apenas as empresas constituídas em sociedades e, por isso, sujeitas ao imposto sobre o rendimento das pessoas colectivas, enquanto que o estudo de ATAX e Hasseldine inclui informação sobre todas as empresas, mesmo as empresas em nome individual.

Não podemos deixar de notar que as diferenças de representatividade da amostra influenciam, em muito, os resultados obtidos.

Assim, no estudo de Pope que apenas considera as empresas constituídas em sociedade, verificou-se que as empresas de grande e média dimensão estão sobre – representadas, ao contrário das pequenas empresas que estavam sub-representadas.

Apesar das limitações anteriormente mencionadas podemos tirar algumas conclusões importantes.

Em primeiro lugar, e uma vez mais, o Reino Unido é o país com custos de cumprimento do imposto sobre o rendimento mais baixos para as empresas, quer em relação às receitas fiscais colectadas, quer em relação ao PIB.

Em segundo lugar, existe um resultado semelhante entre os dois estudos australianos e o da Nova Zelândia no que se refere ao imposto sobre os lucros.

Os motivos que contribuem para os custos de cumprimento elevados na Austrália e na Nova Zelândia estão relacionados, para além do sistema de tributação do rendimento por autoliquidação, com outras particularidades do sistema fiscal, nomeadamente factores históricos e culturais.[27]

A Austrália tem um sistema fiscal com uma história e uma cultura de planeamento fiscal muito agressiva, quer entre as empresas, quer mesmo entre os contribuintes individuais. Esta cultura de planeamento fiscal explica, em parte, o elevado recurso dos contribuintes aos contabilistas e a outros profissionais fiscais, resultante das actividades de planeamento fiscal conduzidas pelos contribuintes.

Outro motivo que pode ser responsável pelas diferenças entre os custos de cumprimento no Reino Unido e na Austrália é a existência, no sistema australiano, de um regime de tributação dos rendimentos em espécie (FBT), que tem custos de cumprimento muito elevados para as entidades empregadoras.[28]

Podemos então concluir que existe um conjunto de razões, culturais e técnicas, que torna o sistema fiscal australiano mais difícil de cumprir, em sede de tributação do rendimento, para as empresas.

---

[27] Evans, Chris *et al*. (2000), "Tax compliance costs: research methodology and empirical evidence from Australia", in: *National Tax Journal*, Volume 53, n.º 2, pp. 320-345.

[28] Evans, Chris *et al*. (2000) "Tax compliance costs: Research methodology and empirical evidence from Australia", in: *National Tax Journal*, Volume 53, n.º 2, pp. 320-345.

A OCDE[29] num estudo elaborado, em 2001, acerca do peso da carga burocrática das obrigações das empresas sugere que os custos de cumprimento das empresas divergem consideravelmente entre os países. O estudo cobriu 11 países: Austrália, Bélgica, Finlândia, Islândia, México, Nova Zelândia, Noruega, Portugal, Espanha e Suécia. Segundo este estudo, Portugal é o país com custos de cumprimento médios, anuais, mais elevados (25 545 Doláres) e a Nova Zelândia é o que incorre em custos médios mais baixos (3 706 Doláres). Todavia, se tivermos em atenção os custos de cumprimento em percentagem do PIB é a Espanha que apresenta o rácio mais elevado, seguida de Portugal e da Áustria. Ao invés, é a Finlândia, a Noruega e a Suécia que incorrem em custos de cumprimento mais baixos em percentagem do volume de negócios. Estes dados devem, porém, ser interpretados com alguma cautela. Na verdade, o *survey* foi realizado, pela OCDE, nos anos de 1998 e de 1999, bem como as metodologias utilizadas pelos vários países são diferentes.

Uma conclusão interessante no que diz respeito aos custos de cumprimento das empresas diz respeito à regressividade desses custos. Todos os estudos são unânimes em sublinhar que estes são maiores, em termos absolutos, para as empresas de maior dimensão do que para as empresas de pequena e média dimensão. Todavia, em termos relativos, o mesmo já não se verifica, já que os custos de cumprimento das empresas incidem proporcionalmente mais sobre as pequenas unidades empresariais.

Vejamos os resultados a que chegou a Comissão Europeia,[30] num estudo recente, em que se utilizou como base de dados o *European Tax Survey* para estimar e avaliar os custos de cumprimento do imposto sobre os lucros das sociedades na União Europeia.

---

[29] A OCDE num estudo elaborado, em 2001, acerca do peso da carga burocrática das obrigações das empresas concluiu, também, que o peso destas obrigações era maior nas pequenas e médias empresas do que nas grandes empresas. Cfr. OCDE (2001), *Businesses`views on Red Tape: Administrative and Regulatory Burdens on Small and Medium – Size Enterprises*, Paris, OECD Publications.

[30] Comissão Europeia (2004), "European tax survey", *Working Paper,* n.º 3, in: http://europa.eu.int/comm/taxation_customs/taxation/taxation.htm

[Quadro n.º 7] **Custos de cumprimento do imposto sobre os lucros das sociedades na União Europeia**

| Empresas | Custo médio de cumprimento (1 000 Euros) | Custo de cumprimento em % de imposto pago | Custo de cumprimento em % de volume negócios |
|---|---|---|---|
| Pequenas e Médias Empresas | 203 | 30,9 | 2,6 |
| Empresas grande dimensão | 1 460 | 1,9 | 0,02 |

Fonte: Comissão Europeia (2004), *Ob. Cit.*, p. 23.

Os resultados do nosso estudo, no que diz respeito aos custos de cumprimento, do IRC, em percentagem do volume de negócios, confirmam estas tendências para a regressividade dos custos de cumprimento.

[Quadro n.º 8] **Custo médio total de cumprimento fiscal, em IRC, em percentagem do volume de negócio**

(em Euros e percentagem)

| Custos de cumprimento das empresas | Volume de negócios (em milhões de Euros) |||||
|---|---|---|---|---|---|
| | <2 | ≥2-<10 | ≥10-<50 | ≥50 | Média |
| Custo internos | 10 775 | 25 670 | 40 082 | 52 975 | 25 394 |
| Custos externos | 1 778 | 6 743 | 12 270 | 44 440 | 10 072 |
| Custo total de cumprimento | 11 739 | 32 413 | 65 844 | 97 414 | 37 860 |
| CC em percentagem do VN | 5,27 | 0,89 | 0,35 | 0,05 | 2,48 |

Fonte: Lopes, Cidália Maria da Mota (2008), *Ob. Cit.*, pp. 367

Assim, à medida que a empresa aumenta de dimensão, os custos de cumprimento vão diminuindo em percentagem do volume de negócios, variando desde 5,27%, nas pequenas unidades, até 0,05%, nas organizações de maior dimensão.

O resultado a que chegámos está também de acordo com a literatura económica dos custos de cumprimento e sugere que uma parte dos custos constitui um custo fixo, existindo, assim, economias de escala no processo de cumprimento fiscal[31].

Existem várias razões responsáveis pela regressividade dos custos de cumprimento das empresas.

O primeiro motivo assenta na complexidade das diferentes estruturas fiscais. Para o cumprimento fiscal das obrigações tributárias, os pequenos contribuintes, com rendimentos de origem profissional ou empresarial, necessitam de dispor de um conjunto de informações e conhecimentos fiscais, ou, então, de recursos monetários para recorrer à ajuda externa, o que não acontece, com muita frequência, neste tipo de empresas. Esta situação implica que dediquem mais tempo às tarefas do cumprimento fiscal.

O segundo motivo que poderá explicar a regressividade dos custos de cumprimento do sistema tributário prende-se com as oportunidades oferecidas para o planeamento fiscal. Na verdade, são as grandes empresas que, regra geral, têm esquemas de planeamento fiscal mais agressivo, beneficiando, assim, de maiores deduções, o que lhes permite poupar mais nos seus impostos. Esta situação pode conduzir a uma distribuição regressiva dos custos de cumprimento das empresas ou, também, dos particulares com um nível de rendimento mais elevado.

Todos os estudos são unânimes em afirmar que os custos de cumprimento são elevados e que são regressivos, o que pode constituir um motivo para o não cumprimento das obrigações tributárias. Na realidade, elevados custos de cumprimento geram maiores custos psicológicos e comportamentos evasivos. Por exemplo, um pequeno proprietário que suporte elevados custos no cumprimento das suas obrigações fiscais pode criar sentimentos de revolta contra o pagamento de impostos. Provavelmente este contribuinte pode sentir que já é suficientemente grave

---

[31] Em Portugal, os factores associados a custos de cumprimento mais elevados das empresas são o volume de negócios, a complexidade fiscal, medida pela percepção de complexidade que os empresários têm do sistema fiscal, e o mercado onde as empresas operam. A metodologia estatística utilizada foi o modelo de regressão linear múltiplo, em que a variável dependente são os custos de cumprimento das empresas e as variáveis independentes são a dimensão, o sector de actividade, a complexidade fiscal, e o mercado. Para mais desenvolvimentos ver: Lopes, Cidália Maria da Mota (2008), *Ob. Cit.*, pp. 372-377.

*Artigos*

ter que pagar impostos, ainda mais incorrer em elevados custos de cumprimento. Neste caso, o pequeno empresário pode decidir manipular a sua declaração de rendimentos até recuperar uma parte dos elevados custos de cumprimento que suporta. [32]/[33]

Também custos de cumprimento muito elevados são um entrave à inovação, ao investimento e à competitividade das empresas, com consequências nefastas sobre a sociedade e a economia em geral.

Constitui, pois, um importante objectivo de política fiscal a minimização dos custos e o incentivo ao cumprimento fiscal voluntário.

Destas questões se tratará a seguir.

## 4. Estratégias de minimização dos custos de cumprimento para o incentivo ao cumprimento fiscal

Tendo em atenção os factores associados ao comportamento e às atitudes dos contribuintes, entendemos que o incentivo ao cumprimento voluntário e a diminuição dos custos de cumprimento deve ser feita através de diferentes estratégias: a económica; a sociológica e psicológica; a política tributária; e a de simplificação fiscal legislativa.

### 4.1. Estratégia económica e a redução das vantagens líquidas do não cumprimento

Custos de cumprimento muito elevados desincentivam, como é sabido, o cumprimento fiscal voluntário, quer dos contribuintes individuais, quer das empresas. Neste último caso, o tempo e os recursos afectos às tarefas do cumprimento podem implicar alterações na competiti-

---

[32] Cullen, Michael; Dunne, Peter (2007); *Reducing tax compliance costs for small and medium-sized enterprises*, Australia, Policy Advice Division of Inland Revenue, ISBN 978-0-478-27161-4.

[33] Neste sentido, na Nova Zelândia, em 2002, o governo lançou um programa intitulado: *More Time for Business*; o qual pretendia diminuir o risco das pequenas empresas falharem no cumprimento das suas obrigações fiscais. O objectivo principal era a diminuição dos custos psicológicos da tributação dos pequenos empresários, para o que se criou um pacote de medidas para simplificar a legislação fiscal e os procedimentos de cumprimento deste tipo de empresas.

vidade das empresas, bem como na relação destas com a administração fiscal. Esta situação coloca-as numa situação desvantajosa por terem cumprido os seus deveres fiscais, quando comparadas às suas congéneres que não cumprem.

A primeira forma de reduzir as vantagens líquidas do não cumprimento é através do aumento do rácio risco/ganho. Nesta análise, o contribuinte é visto como um decisor económico que procura maximizar a sua utilidade esperada, a qual é função de quatro variáveis: a probabilidade de ser detectado; as penalidades atribuídas; o nível de rendimento e a taxa marginal de imposto.[34]

A probabilidade de ser detectado aumenta com a frequência das inspecções, o que torna a evasão fiscal menos atraente. Por sua vez, penalidades elevadas têm o mesmo efeito e tornam a evasão fiscal menos vantajosa. E quanto maior é o rendimento, maior é o ganho que resulta da evasão, e quanto menor for a taxa de imposto, menor é o ganho.

Em síntese, o que conta, na teoria económica, é a probabilidade de ser detectado e as suas consequências, as quais dependem da frequência das inspecções e do nível das penalidades.

Refinando um pouco mais a análise, a percepção dos contribuintes sobre estas variáveis constitui factor decisivo. Na verdade, o efeito do aumento das penalidades elevadas só funciona se os evasores estiverem informados sobre as mudanças.[35] É a percepção de que estas mudanças alteram e aumentam a possibilidade de ser detectado que combate a evasão fiscal, mesmo que essa percepção dos contribuintes não esteja de acordo com a realidade. Neste campo, é fundamental não só um programa de medidas anti-evasão fiscal bem estruturado, com o aumento das penalidades no caso de infracção da lei, bem como publicitar essas medidas e criar a percepção do aumento do risco e diminuição dos ganhos, no caso de evasão e fraude à lei fiscal.

---

[34] Allingham, M.G.; Sandmo, M. (1972), "Income tax evasion: a theoretical analysis", in: *Journal of Public Economics*, Volume I, pp. 323-38.

[35] Wallschutzky, Ian (1993), "Minimizing evasion and avoidance-lessons from Australia", in: *Key Issues in Tax Reform*, Fiscal Publications, Bath, pp. 129-151; e Sandford, Cedric (2000), *Why Tax Systems Differ?- A Comparative Study of the Political Economy of Taxation*, Bath, Fiscal Publications, pp. 142-156.

Por outro lado, uma política de combate à evasão e fraude fiscal não deve centrar-se, em demasia, na fixação de penalidades elevadas, já que pode revelar-se contra producente. Na realidade, uma política assente em penalidades muito elevadas pode resultar no desenvolvimento de atitudes nos contribuintes, que vão contra o cumprimento fiscal voluntário. Será o caso de uma tal política levar os evasores a sentir que estão a ser tratados de forma muito severa, desenvolvendo, então, uma atitude ainda mais "anti – fisco." Assim, estes contribuintes vão agir com mais cuidado no futuro e, simultaneamente, estar mais atentos a qualquer oportunidade para evadir em circunstâncias menos prováveis de serem descobertos. Por outro lado, e como resultados de uma política de elevada punição, até os contribuintes mais honestos se podem sentir pressionados. Os custos de cumprimento destes contribuintes podem aumentar, quer porque estes contribuintes se tornam muito mais exigentes e meticulosos com os seus registos e informações fiscais, quer porque recorrem aos serviços de especialistas, suportando, assim os custos dos honorários cobrados. Esta situação, por si só, traduz-se num uso de recursos inapropriado, tornando assim o cumprimento fiscal voluntário mais difícil.[36]

### 4.2. Estratégia sociológica e psicológica

O segundo conjunto de factores que podem contribuir para a redução da predisposição para evadir e minimização dos custos incorridos são as atitudes e motivações do comportamento do contribuinte. A redução da predisposição para evadir implica criar uma atitude positiva em torno do pagamento dos impostos, bem como das autoridades fiscais.[37/38]

---

[36] Na verdade, os custos de cumprimento elevados podem desenvolver sentimentos de revolta e irritação nos contribuintes, o que, obviamente, conduz a consequências negativas no cumprimento voluntário dos contribuintes.

[37] Wallschutzky, Ian (1993), "Minimizing evasion and avoidance – lessons from Australia", in: *Key Issues in Tax Reform*, Bath, Fiscal Publications, pp. 129-151.

[38] Coleman, C.; Freeman, Judith (1996) "Taxpayer attitudes to voluntary compliance", in: *Paper Series Current Issues in Tax Administration*, ATAX, University of New South Wales, p. 10.

Recentemente, tem sido dada maior atenção aos factores psicológicos e sociológicos como variáveis determinantes no comportamento do contribuinte. Assim, nos pontos seguintes a nossa análise incidirá sobre algumas medidas que nosso entender poderão contribuir para a redução dos custos de cumprimento dos contribuintes.

**4.2.1. A educação fiscal dos contribuintes, a assistência e a informação fornecida pelos serviços**

O aumento do cumprimento fiscal voluntário e a minimização dos custos de cumprimento é obtido com maior assistência e informação fornecida pelos serviços fiscais aos contribuintes, bem como com uma melhor educação fiscal dos mesmos.

Vejamos esta análise através de duas aproximações distintas.

Em primeiro lugar, é necessário educar os contribuintes nas escolas no sentido em que o pagamento de impostos é um dever cívico como outro qualquer. O desenvolvimento de programas educativos nas escolas, acessíveis a todos, que dêem a conhecer a necessidade e funcionalidade dos impostos, o modo como são elaboradas as leis, e como é que os cidadãos deveriam participar no sistema, assumem aqui um papel determinante.[39]

Na Suécia, no ano 2002, o governo iniciou uma campanha, dirigida aos jovens, cujo objectivo era informar acerca dos objectivos e funções dos impostos, bem como incutir nestes futuros contribuintes a rejeição social da evasão e fraude fiscal. A campanha iniciou-se com um pequeno anúncio televisivo sobre o que seria a sociedade se não existissem impostos ou se os mesmos fossem abolidos. Em simultâneo, distribuíram-se pequenas brochuras nas escolas, as quais informavam os jovens do destino do dinheiro pago em impostos.

No segundo ano, a campanha continuou com anúncios publicitários acerca da relação existente entre os impostos pagos e os benefícios públicos recebidos em saúde, educação, e infra-estruturas, entre outros. Os

---

[39] Cfr. OCDE (2006) *Tax Policy Design and Evasion*, Centre for Tax Policy and Administration Committee on Fiscal Affairs, CTPA/CFA/WP2 (2006)8, Paris, OECD Publications, p. 20.

*Artigos*

municípios também usaram alguns anúncios televisivos tais como "*Paid for by you*" em parques de estacionamento, escolas, jardins, estradas, e outros locais públicos[40]. Os resultados da campanha funcionaram e as atitudes dos jovens em relação ao pagamento dos impostos alteraram-se positivamente.

Em segundo lugar, é necessário persuadir os contribuintes, fornecendo a assistência e as informações necessárias, para cooperar com a administração fiscal e preencher e completar as suas declarações de rendimentos. A maior e melhor assistência prestada pelos serviços fiscais deve ser feita tendo em atenção um conjunto de medidas.

Antes de mais, deve ter-se em atenção que os contribuintes não são uma população homogénea. Existem diferentes tipos de contribuintes com diferentes características (por exemplo, trabalhadores por conta própria, trabalhadores por conta de outrem, reformados e pensionistas, empresas grandes, empresas médias e empresas pequenas). E, por isso, é necessário dar a informação certa às pessoas certas.

Em Portugal, verificámos, no nosso estudo acerca dos custos de cumprimento, que são os contribuintes de mais idade e com nível de escolaridade mais baixo que sentem mais dificuldades no cumprimento e, por isso, são o grupo que incorrem em custos psicológicos mais elevados. Assim, a introdução de projectos de divulgação da informação fiscal através de guias e brochuras, bem como ajuda especializada ao dispor destes contribuintes contribuiriam para minimizar os custos de cumprimento deste grupo de contribuintes.[41]

Tendo em conta que os custos de cumprimento das empresas são regressivos, a realização de seminários e acções de esclarecimento para as pequenas empresas seria um importante meio de divulgação de informação e esclarecimento de dúvidas[42].

---

[40] Swedish Tax Agency (2005); *Right from the start – research and strategies*, Sweden.

[41] Howe, Geoffrey (1998), "Tax simplification in the United Kingdom", in: *Further Key Issues in Tax Reform*, Bath, Fiscal Publications, pp. 87-110.

[42] Na Austrália, com o objectivo de reduzir os custos de cumprimento das pequenas empresas, a ATAX realizou alguns seminários de esclarecimento de dúvidas aquando da introdução da Internet para o cumprimento dos deveres fiscais. Cullen, Michael; Dunne, Peter (2007); *Reducing tax compliance costs for small and medium-sized enterprises*, Australia, Policy Advice Division of Inland Revenue, ISBN 978-0-478-27161-4.

Para muitos contribuintes é difícil entender as suas declarações fiscais, bem como as instruções para o respectivo preenchimento[43].

Segundo Foers,[44] a melhoria na forma e na compreensão das declarações de imposto é um assunto que, atendendo à sua importância, deveria ser tomado em consideração em qualquer reforma administrativa do sistema fiscal.

A simplificação dos impressos é obtida através de uma quantidade mínima de informação, apenas a estritamente necessária, usando linguagem acessível e não demasiado técnica. Assim, a simplificação das declarações, dos anexos e das instruções das declarações de imposto poderia trazer vantagens significativas no entendimento do sistema fiscal e, consequentemente, na diminuição dos custos de cumprimento.[45]

### 4.2.2. Percepção de equidade das finanças públicas

A percepção dos indivíduos acerca do sistema fiscal e do desempenho dos governos tem, também, um papel fundamental no incentivo ao cumprimento fiscal voluntário.

Quanto mais fortes forem os sentimentos acerca de iniquidades e injustiças resultantes dos impostos, menor será a vontade de contribuir. Os contribuintes não querem, obviamente, ver o seu dinheiro gasto de

---

[43] Existem alguns estudos realizados nos Estados Unidos que demonstram que declarações fiscais complexas desencorajam os contribuintes, mesmo aqueles com um nível de educação superior, de preencher as suas declarações. Além disso alguns aspectos mais detalhados dos códigos fiscais tornam a situação ainda mais difícil para os contribuintes, quer pela ignorância destas regras, quer pelos sentimentos de desconforto sentidos. Sandford acrescenta a este respeito que a grande maioria dos erros nas declarações de rendimento, no Reino Unido, são o produto de complexidade e ambiguidades nas declarações fiscais, não resultando propriamente de fraude fiscal. Slemrod, Joel, Bakija, Jon (2004), *Taxing Ourselves – A citizen´s guide to the great debate over Tax Reform*, 3rd Edition, Massachusetts, Massachusetts Institute of Tecnology, pp. 149-164; e Sandford, Cedric (2000), *Why Tax Systems Differ? – A Comparative Study of the Political Economy of Taxation*, Bath, Fiscal Publications, p. 153.

[44] Foers, Michael (1998), "Forms and comprehensibility", in: *Further Key Issues in Tax Reform*, Bath, Fiscal Publications, pp. 179-197.

[45] Segundo este autor é necessário ter a certeza que as declarações de imposto são "*user-friendly*" para fomentar o cumprimento fiscal voluntário.

forma ineficiente ou em esquemas extravagantes, a favor de políticos ou de certos grupos aos quais os contribuintes que pagam esses mesmos impostos não pertencem. Ao invés, um governo democrático visto pela maioria dos contribuintes como justo, onde a conduta não cívica é severamente punida, onde existe informação detalhada e confiável sobre o destino do dinheiro dos contribuintes, gera uma atitude mais favorável ao pagamento dos impostos.

Abre-se assim a porta a medidas de incentivo à alteração das atitudes dos contribuintes pelo que toca à melhor percepção sobre a importância do cumprimento[46].

Um bom exemplo recente é do relatório da Organização Não Governamental (ONG) britânica *Chris Aid*, intitulado "Morte e impostos: o custo real da evasão fiscal"[47], publicado recentemente. Aí se pretendeu, ao relacionar a morte de crianças com a evasão fiscal, chamar a atenção do público para as consequências que o fenómeno da evasão pode assumir no plano social, bem como responsabilizar a conduta do governo britânico na protecção do fenómeno de evasão, dado que muitos territórios onde se processam as práticas da evasão estão na dependência da Coroa britânica. A ONG critica também a *Commonwealth Development Corporation*, tutelada pelo Ministério britânico para o Desenvolvimento

---

[46] A melhor percepção dos contribuintes acerca do sistema fiscal pode, também, melhorar com a publicação de índices mais facilmente perceptíveis pelo público em geral. Um exemplo disso é o índice "Dia da Libertação dos Impostos (DLI)". Através deste indicador, os contribuintes conseguem ter uma melhor percepção da carga fiscal, já que o DLI indica o dia a partir do qual um indivíduo representativo obteve o rendimento suficiente para cumprir com as suas obrigações fiscais. Em Portugal, para o ano de 2005, é o dia 15 de Maio. Se comparamos com um contribuinte da União Europeia, o português irá trabalhar menos 15 dias quando comparado com o europeu. No entanto, quando a comparação é feita com os Estados Unidos, verifica-se que um contribuinte americano irá trabalhar menos 41 dias para pagar os seus impostos do que um português. Cfr. Barbosa, António (2005), *Relatório – Dia da Libertação dos Impostos*, Faculdade de Economia da Universidade Nova de Lisboa.

[47] Chris Aid, (2008), *Death and Taxes – the true toll of tax dodging*, in: www.Chrisaid.uk. Neste relatório a ONG compara a evasão fiscal a uma forma moderna de escravidão. De acordo com Daleep Mukrji, as vidas de mais de 5,6 milhões de crianças nos países em desenvolvimento poderiam ser salvas se as grandes multinacionais e muitos particulares multimilionários não fugissem sistematicamente aos impostos.

Internacional, por não pagar impostos pelos seus 350 milhões de Libras, mais de 440 milhões de Euros de lucros.

Em Portugal,[48] no nosso estudo, verificamos que à medida que melhora a percepção que os contribuintes têm dos impostos, como sendo necessários à relação de troca de serviços públicos entre os cidadãos e o Estado, os custos de cumprimento tendem a ser menores[49].

### 4.2.3. Relação entre o contribuinte e a administração fiscal: confiança e reciprocidade

A relação entre o contribuinte e a administração fiscal é um elemento relevante no cumprimento voluntário das obrigações fiscais.

Um relatório sueco[50] mostra que existe uma relação clara e evidente entre a aceitação da evasão fiscal e o sentimento de não confiar na administração fiscal enquanto instituição pública. Os contribuintes que confiam na administração fiscal estão menos predispostos para evadir do que aqueles que não confiam[51].

Assim, uma medida importante para minimizar as oportunidades de evasão e aumentar o cumprimento fiscal voluntário é a promoção de uma imagem de uma administração fiscal honesta. A existência de funcionários da administração fiscal corruptos é, certamente, um convite à evasão e fraude fiscal.

Outro aspecto particularmente relevante é o sistema de reclamações a que o contribuinte possa recorrer. Muitas vezes, a resposta da administração fiscal aos recursos graciosos, aos pedidos de informação dos con-

---

[48] Lopes, Cidália Maria da Mota (2008), *Quanto custa pagar impostos em Portugal – os custos de cumprimento da tributação do rendimento*, Coimbra, Almedina, pp. 325-378.

[49] Observámos, ainda, que, em Portugal, os contribuintes com uma melhor percepção do "balanço fiscal" impostos pagos e serviços públicos recebidos são os de mais idade e com um nível de escolaridade mais baixo. Cfr. Lopes, Cidália Maria da Mota (2008), *Ob. Cit.*, pp. 314.

[50] Webley, P. (2002); *Tax compliance*. Chapter from Economic Crime presented at Linkoping International Conference on Economic Crime 2002.

[51] Swedish Tax Agency (2005), *Right from the start – Research and strategies*, Sweden.

*Artigos*

tribuintes, vinculativos ou não, é também muito lenta e frequentemente geradora de conflitos entre a administração fiscal e o contribuinte. Este aspecto tem sido, em Portugal, frequentemente detectado como uma das características mais negativas do sistema fiscal português com consequências na competitividade da economia.[52]

Saber como as reclamações e queixas dos contribuintes são resolvidas é, portanto, outro aspecto a ter em conta na criação de uma atmosfera favorável entre os contribuintes e a administração fiscal, tanto em sede de contencioso como de reclamações graciosas. [53]

### 4.3. Política tributária e a minimização dos custos de cumprimento

A literatura económica reconhece a importância da política tributária no incentivo ao cumprimento fiscal. A escolha do adequado *tax mix*, bem como das alternativas técnicas da regulamentação concreta de cada imposto podem ter um impacto significativo no cumprimento fiscal. É disso que trataremos já a seguir.

#### 4.3.1. *O peso dos diferentes impostos e os custos de cumprimento*

As reformas fiscais podem alterar a estrutura fiscal e o peso relativo dos impostos (*tax mix*) de um país, dando mais importância a uns

---

[52] Loureiro, Carlos, *Relatório Observatório da Competitividade Fiscal*, Lisboa, Deloitte.

[53] A este propósito, o governo do Reino Unido, em Junho 1993, nomeou um grupo para analisar as reclamações dos contribuintes. O mesmo grupo apontou sete características que tornariam o sistema fiscal mais justo e, dessa forma, mais fácil de cumprir. São elas as seguintes: ser acessível e bem publicitado; ser simples de compreender e utilizar; ser fácil de cumprir com os limites de tempo estabelecidos; manter as pessoas informadas acerca dos progressos da administração fiscal; assegurar uma investigação justa e que chegue a todos os contribuintes; respeitar o desejo dos contribuintes e confidencialidade; providenciar respostas, preferencialmente por escrito, para todos os contribuintes; e, fornecer informações e estatísticas, atempadamente, para a gestão dos serviços. Ver McCrae, Julian (1997), "Simplifying the formal structure of UK income tax", in: *Fiscal Studies*, Volume 18, n.º 3, pp. 319-334.

(por exemplo, impostos directos) em detrimento de outros (por exemplo, impostos indirectos).

Assume, agora, particular interesse saber se o peso dos diferentes impostos influencia ou não os custos e cumprimento fiscal voluntário.

Na literatura económica argumenta-se, por vezes, que os impostos indirectos são mais fáceis de cumprir do que os impostos directos.

Boadway et. al.[54], num estudo de 1994, procurando saber o peso óptimo dos impostos directos e indirectos num sistema fiscal, concluiu que quando os contribuintes estão predispostos a evadir é o imposto sobre o rendimento o mais vulnerável. Por isso, segundo este autor, numa estratégia de combate à fraude e evasão fiscal, um maior peso relativo dos impostos indirectos é desejável. Também Gordon e Nielsen,[55] estudando o sistema fiscal dinamarquês, chegaram à mesma conclusão. Ao contrário, Hille e Kabir,[56] num estudo realizado no Canadá, observaram que a mudança da carga fiscal a favor de um maior peso dos impostos indirectos não melhora o cumprimento voluntário ou reduz a evasão e fraude fiscal.

Para aferir mudanças na estrutura fiscal dos diferentes países é necessário, todavia, analisar o *tax mix,* que mede o peso relativo dos impostos indirectos sobre os directos, ao longo do mesmo período de tempo.

No quadro 9 observamos uma diversidade de valores no rácio *tax mix* entre os diferentes países da OCDE.

---

[54] Boadway, R.; Marchand, M.; Pestieau, P. (1994), "Towards a theory of the direct-indirect tax mix." in: *Journal of Public Economics*, Volume 55, n.º 1, September, pp. 71-88.

[55] Gordon, Roger, Nielsen, S. (1997), "Tax evasion in an open economy: Value-added vs. income taxation", in: *Journal of Public Economics*, n.º 66, pp. 173-197.

[56] Hill, Roderick; Kabir, Muhammed (1996), "Tax rates, the tax mix, and the growth of the underground economy in Canada: what can we infer?" in: *Canadian Tax Journal*, Volume 44, n.º 6, pp. 1552-1583.

*Artigos*

[Quadro n.º 9] **Rácio da tributação indirecta em relação à tributação directa na OCDE**[57]

| Principais Impostos | 1965 | 1975 | 1985 | 1995 | 2003 |
|---|---|---|---|---|---|
| Canada | 1.05 | 0.68 | 0.72 | 0.55 | 0.57 |
| México | – | – | 2.92 | 2.16 | 1.98 |
| EUA | 0.47 | 0.42 | 0.41 | 0.39 | 0.42 |
| Austrália | 0.68 | 0.52 | 0.60 | 0.52 | 0.54 |
| Japão | 0.60 | 0.39 | 0.31 | 0.41 | 0.66 |
| Coreia | | 2.51 | 2.25 | 1.35 | 1.33 |
| Nova Zelândia | 0.46 | 0.36 | 0.33 | 0.54 | 0.59 |
| Áustria | 1.47 | 1.32 | 1.23 | 1.05 | 0.95 |
| Bélgica | 1.34 | 0.68 | 0.62 | 0.66 | 0.63 |
| Republica Checa | | | | 1.29 | 1.17 |
| Dinamarca | 0.88 | 0.57 | 0.60 | 0.52 | 0.55 |
| Finlândia | 1.02 | 0.74 | 0.83 | 0.84 | 0.83 |
| França | 2.42 | 2.10 | 1.86 | 1.68 | 1.10 |
| Alemanha | 0.98 | 0.78 | 0.74 | 0.92 | 1.07 |
| Grécia | 5.35 | 3.53 | 2.44 | 1.85 | 1.54 |
| Hungria | | | | 1.94 | 1.59 |
| Islândia | 2.94 | 2.76 | 2.69 | 1.43 | 0.93 |
| Irlanda | 2.05 | 1.55 | 1.29 | 1.04 | 0.98 |
| Itália | 2.21 | 1.37 | 0.69 | 0.77 | 0.83 |
| Luxemburgo | 0.69 | 0.48 | 0.56 | 0.68 | 0.77 |
| Países Baixos | 0.80 | 0.70 | 0.97 | 1.03 | 1.25 |
| Noruega | 0.95 | 1.09 | 0.94 | 1.10 | 0.72 |
| Polónia | | | | 1.15 | 1.97 |
| Portugal | 1.80 | 2.34 | 1.66 | 1.54 | 1.50 |
| Eslováquia | | | | | 1.62 |
| Espanha | 1.67 | 1.10 | 1.09 | 0.98 | 1.00 |
| Suécia | 0.57 | 0.48 | 0.63 | 0.71 | 0.72 |
| Suiça | 0.80 | 0.45 | 0.48 | 0.51 | 0.54 |
| Turquia | 1.82 | 0.98 | 0.97 | 1.33 | 2.09 |
| Reino Unido | 0.89 | 0.56 | 0.82 | 0.97 | 0.90 |

**Fonte**: OCDE (2006), *Ob. Cit.*, p. 23

---

[57] Os impostos directos incluem o imposto pessoal sobre o rendimento e o imposto sobre as sociedades. E os impostos indirectos incluem os impostos gerais sobre o consumo.

Verificamos, no quadro 9, que, em 2003, os países com um *tax mix* mais elevado são o México, a Polónia e a Turquia, com um rácio de aproximadamente 2. Por seu turno, a Grécia, a Hungria, Portugal e a Eslováquia têm um rácio de 1,5, enquanto os Estados Unidos, a Austrália, a Nova Zelândia, a Dinamarca e a Suiça, apresentam os rácios com valores mais baixos.

Diversas reformas fiscais contribuíram para a evolução no sentido de aumentar o *tax mix* em direcção ao peso relativo dos impostos indirectos.

Na Suécia, a reforma fiscal dos anos 80 conduziu a uma alteração do *tax mix* dos impostos directos para os indirectos. Esta mudança encontrou a sua justificação nos custos de cumprimento dos impostos directos que se consideravam ser muito superiores aos dos impostos sobre o consumo.[58] Nos anos 90, as preocupações continuaram a centrar-se na diminuição dos custos de cumprimento e na simplificação do processo de cumprimento dos contribuintes, em especial, em sede de imposto sobre o rendimento.

Na Irlanda, as reformas fiscais mais recentes tiveram como preocupação primordial objectivos económicos, tais como o aumento da competitividade das empresas, e menos objectivos específicos de cumprimento fiscal. Todavia, a partir do ano de 1999, combater a evasão e fraude fiscal passou a integrar as prioridades da política fiscal. Deste modo, foram concedidos mais poderes à actuação da administração fiscal, assim como foram identificadas algumas lacunas da lei que induziam ao não cumprimento e que, por isso, têm vindo a ser corrigidas.

Durante a década de 80 e 90, alguns países orientaram as suas opções fiscais mostrando preferência por um maior peso dos impostos indirectos. Porém, hoje, os países da OCDE não consideram esta medida relevante na minimização das oportunidades de evasão e fraude fiscais.

Durante algum tempo, acreditou-se que os impostos indirectos, em particular, o IVA, funcionariam melhor no combate à fraude e evasão fiscal. No entanto, o desenvolvimento mais recente das fraudes em IVA, em especial, da fraude "carrossel", reduziu esta vantagem, e tornou-se uma das preocupações principais em matéria de cumprimento fiscal nos

---

[58] OCDE (2006), *Ob. Cit.*, p. 25.

*Artigos*

países da OCDE. No entender dos decisores de política fiscal, todos os impostos apresentam dificuldades de cumprimento, e o peso dos impostos no não tem uma influência muito significativa no conjunto de factores que minimizam os custos de cumprimento.

**4.3.2. Estrutura das taxas**

Uma das características mais importantes dos impostos sobre o rendimento é a estrutura dos seus escalões de rendimento e as taxas a que esses rendimentos são sujeitos.

As alterações mais recentes em matéria de política fiscal, nos países da OCDE, centraram a sua atenção na diminuição das taxas marginais do imposto pessoal de rendimento e na redução do número de escalões, bem como na diminuição das taxas do imposto societário.[59]

No que diz respeito ao imposto pessoal do rendimento, as principais razões apontadas para justificar esta tendência[60] são a convicção geral de que níveis de progressividade bastante elevados agravam a injustiça, dado que quase nunca se aplicam aos contribuintes de rendimentos mais elevados, fomentam o planeamento fiscal e podem conduzir à deslocalização dos rendimentos para outros países com regimes fiscais mais favoráveis.

Verificou-se, também, uma tendência clara, nos países da OCDE, para a redução dos escalões de rendimento.[61] A existência de múltiplas

---

[59] OCDE (2005), *Recent Experiences of OCDE Countries with Tax Reform*, Centre for Tax Policy and Administration, CTPA/CFA (2005)53, Paris, OECD Publications, p. 36. E ver: Grupo de Trabalho para a Simplificação Fiscal (GTSF) (2006) "Simplificação do sistema fiscal português", in: *Cadernos de Ciência e Técnica Fiscal*, n.º 201, Lisboa, Ministério das Finanças, pp. 9 e ss.

[60] Verificou-se uma diminuição da taxa marginal máxima do imposto pessoal de rendimento em mais de 5% em oito países da OCDE (Bélgica, França, Alemanha, Grécia, Luxemburgo, México, Holanda e Eslováquia). A taxa foi ainda reduzida em 1% em dezassete países. A taxa marginal máxima (média não ponderada) reduziu-se em 3,1% no mesmo período no conjunto dos países daquela organização. Cfr. OCDE (2005), *Ob. Cit.*, pp. 4 e 5.

[61] O número de escalões variava, em 2005, na OCDE, entre 1 na Eslováquia e 16 no Luxemburgo. O número de escalões geralmente adoptado nos diferentes países

taxas de imposto e escalões de rendimento, associadas a múltiplos benefícios fiscais, pode encorajar o não cumprimento fiscal, uma vez que os contribuintes são incentivados a não declarar o seu rendimento para beneficiar de taxas de imposto mais baixas.

De facto, a tributação progressiva com demasiados escalões, quer para a administração fiscal (embora esta esteja hoje em melhores condições com os serviços informatizados), quer para os contribuintes, é mais complexa e pode suscitar dúvidas sobre quais os rendimentos sujeitos a uma ou outra taxa.

Em Portugal, a este propósito, o Grupo de Trabalho para a Simplificação Fiscal refere o seguinte: " (…) um elevado número de escalões – sobretudo com taxas muito próximas e com apertados limites, buscando um *fine tunnig* por vezes exagerado -influencia a percepção dos contribuintes sobre a complexidade da sua situação particular relativamente ao imposto." [62] Assim, no plano da facilidade de cumprimento fiscal e da redução das oportunidades de evasão e fraude fiscais torna-se recomendável a adopção de um número reduzido de escalões e de taxas marginais mais baixas.

Pelo que toca ao imposto societário, são várias as razões apontadas para a tendência da diminuição das taxas de imposto.[63] Entre elas salientam-se a concorrência fiscal internacional, o aumento da competitividade nacional das empresas e, também, o incentivo ao cumprimento fiscal.

Assim, parece ser consensual que um reduzido número de escalões e taxas marginais mais baixas pode contribuir para uma maior simplificação do cumprimento das obrigações fiscais dos contribuintes. Porém, nas economias actuais e com as novas tecnologias, não se assume, por

---

variava entre 3 e 5. O número de escalões diminuiu, entre 2000 e 2005, em 11 dos países da OCDE. Esse número foi aumentado no Canadá, Portugal e EUA. Cfr. OCDE (2005), *Ob. Cit.*, pp. 4 e 5.

[62] Grupo de Trabalho para a Simplificação Fiscal (GTSF) (2006) "Simplificação do sistema fiscal português", in: *Cadernos de Ciência e Técnica Fiscal*, n.º 201, Lisboa, Ministério das Finanças, p. 21.

[63] Entre 2000 e 2005, a taxa máxima do imposto sobre o rendimento societário foi reduzida em 24 países da OCDE e não aumentou em nenhum deles. A redução média desta taxa, no mesmo período, na OCDE, foi de 4,6%, tendo passado de 33,6% para 29%. Na União Europeia, a taxa média passou, no mesmo período, de 35,1% para 30,1%. Cfr. OCDE (2005), *Ob. Cit.*, pp. 4 e 5.

regra, como uma das variáveis mais críticas em termos de complexidade e cumprimento do sistema fiscal.

### 4.3.3. O sistema de retenções na fonte

Segundo Wallschutzky,[64] um sistema fiscal assente numa estrutura administrativa onde o imposto é, na maioria dos rendimentos, deduzido na fonte, tal como acontece, no Reino Unido, com o sistema *PAYE* para os trabalhadores por conta de outrem, reduz as oportunidades de evasão e fraude fiscais ao mesmo tempo que aumenta a segurança no processo de arrecadação de receitas fiscais.

Na realidade, o Reino Unido, devido a diversas características do seu imposto sobre o rendimento, tem um sistema cumulativo de retenção na fonte dos rendimentos do trabalho (*PAYE*) a par de algumas taxas liberatórias e de retenções na fonte exactas para os rendimentos de capitais. Isto é facilitado por uma estrutura simples de taxas, com apenas três escalões que conduzem a que apenas cerca de 10% dos sujeitos passivos (geralmente do escalão mais elevado de rendimentos) preencham e entreguem uma declaração.[65]

As retenções na fonte, quando exactas, ou quando, por serem efectuadas à taxa pessoal aplicável aos contribuintes, não obrigam nem a reembolso de imposto, nem a pagamento do restante imposto por parte do substituído, podem ter a vantagem de dispensar a declaração, uma simplificação muito importante para os sujeitos passivos.

A simplificação favorece tanto a administração fiscal como os contribuintes, como as próprias entidades empregadoras que efectuam a retenção.[66] Um *No Return Income Tax* surge assim como um imposto

---

[64] Wallschutzky, Ian (1993), "Minimizing evasion and avoidance – lessons from Australia", in: *Key Issues in Tax Reform*, Bath, Fiscal Publications, pp. 129-151.

[65] Gale, William G. (1997) "What America can learn from the British tax system", in: *National Tax Journal*, n.º4, Dezembro, pp. 753 e ss; e Xavier de Basto, José Guilherme (1998), "As perspectivas actuais de revisão da tributação do rendimento e da tributação do património em Portugal", in: *Separata do Boletim de Ciências Económicas*, Coimbra, Faculdade de Direito da Universidade de Coimbra, pp. 12 e 13.

[66] Basto, José Guilherme Xavier (1998), *Ob. Cit.*, pp. 12 e 13.

ideal quer do ponto de vista da simplicidade e do cumprimento para os contribuintes, quer da eficiência na arrecadação de receitas fiscais por parte da administração fiscal.

Em Portugal, o sistema de imposto sobre o rendimento das pessoas singulares não permite a simplificação máxima dos sujeitos passivos que obtenham apenas rendimentos do trabalho dependente, dispensando-os de entregar a declaração de rendimentos. Na verdade, o sistema de retenções na fonte foi elaborado para que os sujeitos passivos, independentemente da sua situação pessoal, no limite a mais simples (solteiro, sem dependentes, sem benefícios fiscais), sejam sempre reembolsados de imposto.

No ano de 2006, em Portugal, das 4 272 093 declarações de imposto sobre o rendimento das pessoas singulares (IRS) entregues, 2 368 640 originaram reembolso de imposto, o que representa um peso bastante expressivo.[67] Um sistema de retenção com um mecanismo de reembolsos inerente à própria estrutura funciona, muitas vezes, como um incentivo para os contribuintes cumprirem voluntariamente com a lei e preencherem atempadamente a declaração de rendimentos.[68] Mas, do ponto de vista dos custos, este sistema acarreta, com efeito, maiores custos de cumprimento para os contribuintes.

Na verdade, só um sistema de retenções na fonte exactas, semelhante ao *PAYE*, no Reino Unido, diminui os custos administrativos e os custos de cumprimento do sistema fiscal. Por um lado, a administração fiscal reduz os seus custos administrativos, ao diminuir os seus esforços de fiscalização sobre os contribuintes, ao mesmo tempo que aumenta a segurança no processo de arrecadação das receitas fiscais.[69] Por outro lado, os sujeitos passivos, ao estarem dispensados da entrega da declaração, diminuem o tempo e os gastos monetários com os seus assuntos

---

[67] Ministério das Finanças, in: www.min-financas.dgci.pt

[68] Slemrod, Joel (2004), Taxing Ourselves – *A citizen's guide to the great debate over Tax Reform*, 3rd Edition, Massachusetts, Massachusetts Institute of Technology, p. 181.

[69] A retenção exacta de imposto na fonte não é, porém, um método administrativo que possa ser aplicado aos trabalhadores por conta própria. Deste modo, não é muito surpreendente que as taxas de não cumprimento para este grupo de contribuintes sejam maiores do que para o grupo de contribuintes trabalhadores por conta de outrem.

*Artigos*

fiscais, conduzindo, assim, a uma baixa dos custos de cumprimento das obrigações fiscais.[70]

Em Espanha, em 2002, o governo introduziu um pacote de medidas com o objectivo de reduzir a complexidade do imposto pessoal de rendimento. Segundo Levy, 80% dos contribuintes neste país necessitava de ajuda para preencher a sua declaração de rendimentos.[71] A estratégia para diminuir os custos devidos à complexidade assentou na introdução de um sistema de retenção na fonte, semelhante ao sistema *PAYE* em vigor no Reino Unido, que reduzisse o número de contribuintes que estariam obrigados a preencher a sua declaração de rendimentos. A reforma dispensou, assim, cerca de 45% dos contribuintes de preencherem a sua declaração de rendimentos.

Nas opções em matéria de política fiscal, nomeadamente na adopção de um sistema de retenção na fonte semelhante ao *PAYE*, deve-se sublinhar, positivamente, a diminuição dos custos de cumprimento para os contribuintes. Não devemos, todavia, menosprezar o facto da falta de informação dos contribuintes conduzir à formação de percepções erradas do sistema fiscal e, consequentemente, a cooperar e a cumprir menos com o sistema. Os contribuintes mais informados, regra geral, têm melhor percepção do sistema fiscal, sendo este um factor que pode contribuir para aumentar o cumprimento fiscal voluntário a longo prazo.

Neste sentido, o Grupo de Trabalho para a Simplificação Fiscal em Portugal (GTSF) sugeriu como medida de simplificação, a adopção de um sistema de "Pré – Preenchimento" parcial das declarações de rendimento, argumentando que o mesmo poderia contribuir para a diminuição dos custos dos contribuintes e da administração fiscal.[72]

---

[70] Uma medida desta natureza não seria totalmente inovadora no sistema fiscal português, pois já o art.º 6º n.º 3 do antigo Imposto Profissional, dispensava da entrega da declaração as pessoas isentas nos termos do art.º 4º, quando não auferiam rendimentos do trabalho de outra proveniência, cujos rendimentos eram obtidos de uma única entidade pagadora. (Cfr. Art. 6º n.º 3 do Código do Imposto Profissional)

[71] Levy, Horácio; Mercader-Prats, Magda (2002), "Simplifying the Personal Income Tax system: Lessons from the 1998 Spanish Reform", in: *Fiscal Studies*, Volume 23, n.º 3, pp. 419-443.

[72] Grupo de Trabalho para a Simplificação Fiscal (GTSF) (2006) "Simplificação do sistema fiscal português", in: *Cadernos de Ciência e Técnica Fiscal*, n.º 201, Lisboa, Ministério das Finanças.

**4.3.4. O uso das novas tecnologias e a redução dos custos de cumprimento**

O uso da Internet e de outras tecnologias de informação permite, hoje, efectuar o cruzamento da informação, a recolha e o processamento de declarações com maior facilidade, conseguindo-se diminuir não só os custos administrativos directos das administrações fiscais[73], como os custos de cumprimento dos contribuintes[74].

Em Portugal, e no que respeita à evolução do funcionamento dos serviços fiscais, as empresas avaliaram muito positivamente os serviços on-line, considerando que os mesmos podem, em muito, contribuir para a redução do tempo dedicado às suas tarefas fiscais.[75]

Também no nosso estudo,[76] as empresas, quando questionadas acerca dos mecanismos mais eficazes para esclarecimento das suas dúvidas fiscais, voltaram a salientar o papel que os serviços on-line têm desempenhado na diminuição dos seus custos de cumprimento.

Verificamos que o mecanismo que as empresas consideram mais útil no processo de esclarecimento das dúvidas fiscais é a Internet, com 62,2%, seguido dos serviços de informações fiscais (SIF) com 39,9%. O telefone ocupa o terceiro lugar com apenas 14,2% das empresas a considerarem-no muito útil e, por fim, 10,2% entendem que as brochuras fiscais também são muito úteis.

O uso das novas tecnologias permite o cruzamento da informação fornecida pelos contribuintes. Quando um sistema administrativo assente em retenções na fonte exactas não for possível de aplicar, o método mais eficiente na redução das possibilidades de evasão e fraude fiscal

---

[73] Sobre o papel das novas tecnologias na diminuição dos custos das administrações fiscais e sobre a posição de Portugal ver: Amaral Tomáz, João José (2005), "A administração tributária e as novas tecnologias", in: *15 Anos da Reforma Fiscal de 1988/89 – Jornadas de Homenagem ao Professor Doutor Pitta e Cunha*, Associação Fiscal Portuguesa, Coimbra, Almedina, pp. 595-623.

[74] Ainda assim esta diminuição dos custos de cumprimento não é uniforme para todos os contribuintes. Na realidade, para o grupo de contribuintes de mais idade e com um nível de escolaridade mais baixo, o uso das novas tecnologias pode representar um aumento dos seus custos.

[75] Loureiro, Carlos (2006), *Relatório do observatório da competitividade fiscal*, Lisboa, Deloitte.

[76] Lopes, Cidália Maria da Mota (2008), *Ob. Cit.*, pp. 362 e ss.

é o sistema baseado na informação fornecida por terceiras entidades. Destacam-se as instituições financeiras e entidades empregadoras, cujos elementos podem ser cruzados com a informação providenciada pelos contribuintes.[77] Este método é, seguramente, mais satisfatório do ponto de vista administrativo do que o assente na informação apenas fornecida pelo contribuinte. Tem sido este, aliás, o procedimento da administração fiscal em Portugal nos últimos anos.

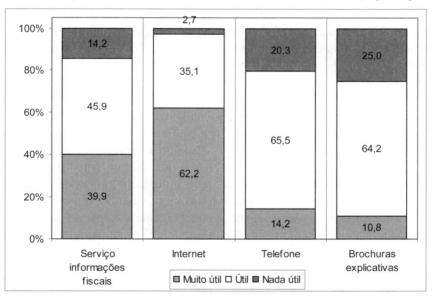

[Figura n.º 2] **Mecanismos mais eficazes no processo de esclarecimento das dúvidas fiscais**

(em percentagem)

Num mercado cada vez mais global é fundamental a cooperação com outras administrações fiscais para trocar informação, e para adoptar medidas de controlo das actividades das empresas que trabalham em

---

[77] Slemrod, Joel, Bakija, Jon (2001), *Taxing Ourselves – A citizen´s guide to the great debate over Tax Reform*, 2nd Edition, Massachusetts, Massachusetts Institute of Tecnology, pp. 149-164.

mais do que uma jurisdição. O uso das novas tecnologias também, aqui, tem desempenhado um papel fundamental.

**4.3.5. Os benefícios fiscais e a necessidade de aumento de transparência**

É consensual que a diminuição ou eliminação dos benefícios fiscais, de regimes preferenciais, e de isenções é uma medida justificável em política fiscal. Sobretudo do ponto de vista do combate à fraude e evasão fiscal, dado que os mesmos são, muitas vezes, fonte de complexidade e ambiguidades, bem como de falsos reembolsos de imposto.

No plano da simplicidade e do aumento do cumprimento fiscal voluntário, que é o que nos interessa aqui, em quase todos os casos, os benefícios fiscais são exactamente equivalentes a aumentar a taxa marginal de imposto numa pequena percentagem em certos escalões de rendimento.[78] É, assim, tão só, uma forma de aumentar a taxa de imposto para certos grupos de contribuintes. Como resultado, muitos contribuintes devem desnecessariamente fazer cálculos extra, que introduzem complexidade e que poderiam ser evitados se as verdadeiras taxas de imposto fossem directamente incorporadas na Tabela dos Impostos.

Nos países da OCDE, o uso de benefícios fiscais como mecanismo para influenciar os comportamentos dos contribuintes num dado sentido, ou de concretizar certos desígnios de políticas que visam a redistribuição do rendimento, tem vindo a ser questionado e confrontado com a alternativa de utilizar medidas não fiscais ou programas de apoio directo, administrados fora do sistema tributário.[79] Em favor desta tendência encontra-se a necessidade de maior controlo, selectividade e transparência que estas medidas proporcionam. Ainda neste contexto, tem-se

---

[78] Cfr. Xavier de Basto, José Guilherme (2001), "Travão aos benefícios fiscais", Entrevista realizada por António Gouveia, in: *Revista da Câmara dos Técnicos Oficiais de Contas*, Julho, n.º 16, pp. 6-13; e do mesmo autor "Uma reflexão sobre a administração fiscal", in: *Notas Económicas*, n.º 4, Coimbra, Faculdade de Economia da Universidade de Coimbra (FEUC), pp. 100-109.

[79] OCDE (2005), *Recent Experiences of OCDE Countries with Tax Reform*, Centre for Tax Policy and Administration, CTPA/CFA (2005)53, Paris, OECD Publications, p. 36.

observado uma tendência para o abandono dos abatimentos ou deduções ao rendimento (*tax allowances*) em favor de deduções à colecta (*tax credits*), uma vez que o impacto financeiro dos últimos não depende da taxa marginal de quem deles beneficia.[80]

Em termos de facilidade de cumprimento do sistema, conclui-se que este ganha em ter uma base de incidência larga, com reduzido número de isenções e uso moderado de benefícios fiscais. Na realidade, a extensão das bases de incidência e o uso reduzido de benefícios fiscais permitem obter elevado rendimento com taxas baixas. E, pelo contrário, o abuso de benefícios, as regulamentações e os regimes de excepção ou especiais são, em princípio, fonte de complexidade e de aumento das oportunidades de evasão e fraude fiscal.[81]

**4.3.6. *Os sujeitos passivos: tributação separada ou tributação conjunta?***

Saber até que ponto a tributação separada do sujeito passivo do seu agregado familiar influencia a simplicidade do sistema fiscal e a facilidade de cumprimento é uma questão difícil de apreciar.

No plano que nos interessa, que é o da simplicidade e da redução das oportunidades de evasão fiscal, o problema coloca-se, fundamentalmente, no cálculo das retenções na fonte. A tributação separada constitui, claramente, uma melhor solução no plano da neutralidade e da simplicidade fiscal quando comparada com a tributação conjunta.

Em primeiro lugar, a tributação separada evita o problema da definição da unidade familiar, que dificilmente se pode libertar de critérios jurídicos, acabando por não abranger unidades familiares de facto, que poderiam, no plano da equidade fiscal, merecer tratamento idêntico. Por isso, a tributação conjunta terá maior complexidade regulamentar.

Em segundo lugar, com o sistema de tributação separada é desnecessária a utilização de presunções de residência de todo o agregado familiar no território português, quando um dos cônjuges não resida em

---

[80] Grupo de Trabalho para a Simplificação Fiscal (GTSF) (2006) "Simplificação do sistema fiscal português ", in: *Cadernos de Ciência e Técnica Fiscal*, n.º 201, Lisboa, Ministério das Finanças, p. 19.

[81] Xavier de Basto, José Guilherme (1994), *Ob. Cit.*, pp. 100-107.

território nacional, com a consequente possibilidade de dupla tributação internacional de todo o rendimento do agregado, na falta de convenção sobre dupla tributação.

Acresce ainda, e em terceiro lugar, uma melhor aproximação do valor das retenções na fonte ao imposto devido "a final". Este sistema de retenção na fonte tão exacto só funciona, de facto, com a tributação separada dos cônjuges.[82] E, tal como já foi referido anteriormente, quanto mais rendimento for tratado desta forma, mais simples se torna o processo de pagamento de impostos, ao mesmo tempo que os contribuintes terão menores oportunidades de evasão e fraude fiscal.[83] Assim, tendo em conta esta situação e dando primazia às considerações administrativas do sistema fiscal, a tributação separada constituiria uma opção superior, quer do ponto de vista dos contribuintes, quer da administração fiscal[84]

**4.3.7. Os regimes simplificados de determinação da matéria colectável**

A composição do tecido empresarial de um país pode influenciar o seu grau de cumprimento.

Os trabalhadores que exercem uma actividade por sua conta e risco, quando comparados com os trabalhadores por conta de outrem, têm, regra geral, mais oportunidades para evadir com menor probabilidade de serem descobertos pela administração fiscal. Na verdade, os contribuin-

---

[82] Slemrod, Joel; Bakija, Jon (2001), *Taxing Ourselves – A citizen's guide to the great debate over Tax Reform*, 2nd Edition, Massachusetts, Massachusetts Institute of Technology, pp. 140 e ss.

[83] Para uma análise mais detalhada do assunto ver: Xavier de Basto (com a colaboração Gonçalo Avelãs Nunes), *Lições de Fiscalidade*, Coimbra, Faculdade de Economia da Universidade de Coimbra.); e Ministério das Finanças – Estrutura de Coordenação da Reforma Fiscal (2000), *1º Relatório Intercalar sobre Algumas Medidas de Aprofundamento e Desenvolvimento da Reforma Fiscal*, Lisboa, Junho, pp. 63-69.

[84] Uma alteração deste género implica sempre, atendendo ao número elevado de contribuintes que, eventualmente, duplicaria, um aumento do trabalho administrativo para a administração fiscal. No entanto, a possibilidade de aumentar o número de contribuintes dispensados da entrega de declaração seria uma hipótese de atenuar, provavelmente, o acréscimo de declarações que a tributação separada viria a provocar.

tes que exercem uma actividade por conta própria mais facilmente não declaram proveitos, assim como aumentam os seus custos, no cálculo do seu rendimento tributável. Esta situação deve-se, em muito, ao rendimento destes contribuintes não estar, na sua grande maioria, sujeito ao mecanismo de retenção na fonte.[85]

Um estudo da OCDE[86] refere que os contribuintes que auferem rendimentos resultantes de uma actividade por conta própria não declaram, em média, 43% dos seus rendimentos, comparado com apenas 4% no caso dos contribuintes receberem rendimentos provenientes de salários, juros, dividendos e outros rendimentos de capital. Esta situação cria, como é sabido, muitas distorções económicas, conduzindo a uma distribuição desigual da carga fiscal. Deste modo, quando a estrutura económica de um país é constituída por um número elevado de trabalhadores por conta própria pode acarretar níveis de evasão e fraude fiscal também mais elevados.[87]

Ora, o reconhecimento da importância dessa evasão e dos danos que ela causa à equidade geral do sistema e à moral fiscal dominante tem conduzido à discussão da necessidade de encontrar métodos de cálculo da matéria colectável mais seguros e eficazes, que permitam aumentar as receitas fiscais sobre os rendimentos mais vulneráveis à evasão e repor alguma dose de justiça na distribuição da carga fiscal. Tem-se por isso discutido muito sobre o sistema de cálculo da matéria colectável para este grupo de pequenos contribuintes.

---

[85] Esta situação implica custos administrativos mais elevados para a administração fiscal, já que tem de afectar mais recursos para combater a evasão e fraude fiscal neste grupo de contribuintes. Por outro lado, são estes contribuintes aqueles que incorrem em custos de cumprimento mais elevados, como veremos mais à frente, no capítulo terceiro, aquando da análise dos estudos e das metodologias que avaliam os custos de cumprimento dos contribuintes.

[86] OCDE (2006) *Tax Policy Design and Evasion*, Centre for Tax Policy and Administration Committee on Fiscal Affairs, CTPA/CFA/WP2 (2006)8, Paris, OECD Publications, p. 32.

[87] Na Grécia, no México e na República Checa, os últimos relatórios que estimavam o cumprimento fiscal sublinhavam como factor responsável pelos elevados níveis de evasão fiscal a presença de um elevado número de contribuintes que exercem a sua actividade por conta própria, quer profissionais independentes, quer empresários em nome individual. Cfr. OCDE (2006), *Ob. Cit.*, p. 30.

Os pequenos contribuintes são objecto, em vários países, de disposições fiscais que têm como finalidade simplificar o cálculo dos seus impostos a pagar e atenuar as obrigações às quais estes contribuintes estão sujeitos.[88] Estas disposições fiscais dizem respeito, essencialmente, ao regime de determinação da matéria colectável com base em coeficientes fixos – métodos indirectos de aplicação automática[89] (designados muitas vezes pelos métodos *forfait*) – ou numa simplificação das formalidades fiscais – métodos simplificados de cálculo do resultado ou do pagamento do imposto.

Um objectivo importante destes métodos simplificados, e razão pela qual são aplicados, é a simplificação da administração do imposto, o combate à fraude e evasão fiscal e o aumento da segurança da recolha de receitas. Isto porque, por um lado, a sua utilização implica um aligeiramento significativo das exigências de fiscalização sobre os contribuintes, na medida em que estes estão sujeitos a uma base fixa durante um determinado período, e, em consequência, ao mesmo montante de imposto a pagar, durante esse mesmo período. Na realidade, os contribuintes a quem forem aplicados métodos simplificados de determinação da matéria tributável verão, em muitos casos, aligeiradas as suas obrigações formais de registo e a complexidade das suas declarações de rendimento. Por outro lado, estes métodos revelam-se eficientes, devido à sua rápida e simples aplicação, no combate à evasão e fraude fiscal, sendo por isso a maioria das vezes utilizados com este fim.

Em Portugal, durante o ano 2006, o Grupo de Trabalho para a Simplificação Fiscal (GTSF) incumbido de estudar os regimes simplificados de tributação, defendeu a manutenção do actual regime simplificado de tributação, em sede de IRS,[90] justificando a sua posição pelas virtualidades não despiciendas no que diz respeito à simplicidade da sua aplicação.

---

[88] Lopes, Cidália (1999); *A Fiscalidade das Pequenas e Médias Empresas – Estudo comparativo na União Europeia*, Porto, Vida Económica, pp. 110-116.

[89] Esta designação está conforme a Comissão para a Reforma Fiscal (1996), *Relatório da Comissão para o Desenvolvimento da Reforma Fiscal*, Lisboa, Ministério das Finanças, p. 340.

[90] GTSF (2007), "Simplificação do sistema fiscal português", in: *Cadernos de Ciência e Técnica Fiscal*, n.º 201, Lisboa, Ministério das Finanças, pp. 1-109.

## 4.4. Estratégia de simplificação legislativa

O estudo de uma estratégia de simplificação fiscal legislativa é importante na medida em que facilita o cumprimento das obrigações tributárias dos contribuintes.

Uma legislação fiscal obscura e complexa diminui a predisposição dos contribuintes para cumprir voluntariamente com os requisitos do sistema fiscal. Por sua vez, para a administração fiscal, quanto mais simples for a legislação fiscal, menos ambiguidades se criam na sua aplicação.

A primeira forma de medir a simplicidade ou complexidade legislativa do sistema fiscal é através da enorme densidade e vastidão dos códigos fiscais, ou através da regulamentação fiscal em geral.

Veja-se, no quadro 10, a evolução do volume da legislação fiscal, em Portugal, no decorrer das últimas reformas fiscais, medido pelo número de páginas do "Diário da República"[91] e pelo número de artigos.[92]

[Quadro n.º 10] **Evolução do volume de legislação fiscal em Portugal**

| Impostos[93] sobre o rendimento | N.º páginas | N.º artigos |
|---|---|---|
| **1922** | | |
| – Contribuição industrial | 4 | 12 |
| – Imposto sobre a aplicação de capitais | 3 | 11 |
| – Imposto pessoal de rendimento | 6 | 33 |

---

[91] Em 2003, a Associação Portuguesa para o Investimento (API) também utilizou o Diário da República como indicador da complexidade legislativa em Portugal. Observou, então, que o número de páginas deste diário aumentou de 4 244 páginas, em 1980, para 8 194 páginas, em 2002, isto é, mais que duplicou. Cfr. API (2003), "Custos de contexto", in: *Boletim*, n.º1, 1º Trimestre, pp. 7-13.

[92] Neste ponto segue-se o trabalho da autora sobre simplicidade fiscal entretanto publicado em: Lopes, Cidália M. Mota (2003), "Simplicidade e Complexidade Fiscal: algumas reflexões", *Fiscalidade*, n.º 13/14, Lisboa, Instituto Superior de Gestão, pp. 52-81.

[93] De modo a facilitar a leitura do quadro e a comparação da informação, esta última corresponde à publicada no *Diário da República*. Assim, os artigos apontados são os dos Decretos – Lei originais e o número de páginas corresponde ao número de colunas do respectivo Diário.

| Impostos[93] sobre o rendimento | N.º páginas | N.º artigos |
|---|---|---|
| **1929** | | |
| – Contribuição industrial | 6 | 33 |
| – Imposto sobre aplicação de capitais | 1 | 11 |
| – Imposto profissional | 4 | 22 |
| – Imposto complementar | 2 | 5 |
| **1960/70** | | |
| – Contribuição industrial | 28 | 165 |
| – Imposto sobre aplicação de capitais-Imposto de mais valias | 16 11 | 100 67 |
| – Imposto profissional | 15 | 85 |
| – Imposto complementar | 30 | 161 |
| **1989** | | |
| – Imposto sobre o rendimento das pessoas colectivas (CIRC) | 52 | 115 |
| – Imposto sobre o rendimento pessoas singulares (IRS) | 50 | 141 |
| – Estatuto dos Benefícios Fiscais | | 55 |
| – Regime Jurídico das Infracções Fiscais não Aduaneiras (RJIFNA) | 19 12 | 58 |
| **Sobre o Consumo** | | |
| 1922-Imposto Transacções | 4 | 9 |
| 1929-Imposto Transacções | 4 | 9 |
| 1960/70-Imposto Transacções | 32 | 134 |
| 1986-Imposto sobre o Valor Acrescentado (IVA) | 54 | 125 |

Da leitura do quadro 10, verifica-se, no decorrer dos vários anos, maior complexidade legislativa, medida pelo aumento do número de artigos, de páginas e de palavras de cada código fiscal. O aumento da legislação fiscal é, na verdade, uma consequência do progresso económico. Por isso, é particularmente difícil impedir que o seu acréscimo aconteça.[94]

A quantidade de normas e a sua densidade não traduzem, porém, *de per si*, complexidade acrescida.

---

[94] Para uma discussão acerca da inevitabilidade do aumento da legislação fiscal nos dias de hoje ver, por exemplo: Pagan, Jill C. (1993), "Increasing length and complexity of tax legislation – avoidable or inevitable?", in: *Fiscal Studies*, Volume 14, n.º 4, pp. 90-105.

*Artigos*

Vejamos um exemplo antigo, no Reino Unido. Em 1965, Lloyd George, Ministro das Finanças de então, devolveu um relatório à administração fiscal e, com o objectivo de simplificar a legislação fiscal, pediu que fosse todo reescrito em palavras com uma única sílaba, porque não entendia o documento. A administração fiscal executou a ordem. A matéria abordada neste documento tornou-se, todavia, ainda mais complexa e imperceptível do que antes, porque as palavras de uma só sílaba tornaram a legislação mais complexa.

Outra forma de apreciar a simplicidade ou complexidade legislativa é através da subjectividade e falta de clareza da lei fiscal que, por sua vez, origina incerteza no cálculo do imposto. É, pois, do conhecimento geral que, muitas vezes, a legislação fiscal é pouco compreensível, e, consequentemente, é potencialmente geradora de dúvidas e conflitos.[95]

Compreende-se, assim, que não tenham faltado esforços de simplificação da legislação fiscal.

No Reino Unido, em 1993, o Parlamento formou uma comissão, *The Tax Law Review Committee*, com o objectivo de simplificar a legislação fiscal. O relatório[96] concluiu que a legislação fiscal deveria ser escrita num inglês corrente e compreensivo para a generalidade dos cidadãos, que deveria ser acompanhada de um memorando para ajudar as pessoas a compreende-la melhor e, finalmente, que se deveria ponderar as vantagens e os inconvenientes de rescrever a legislação fiscal existente.

Na Austrália foram, também, tomadas várias iniciativas no sentido de simplificar a legislação fiscal. Neste caso, o processo começou com um relatório produzido pelo *Joint Committee of Public Accounts*, em 1993, que recomendou a formação de uma comissão *Tax Law Improvement Project* (TLIP) para estudar medidas de simplificação do sistema fiscal. A comissão era constituída por quarenta especialistas e tinha como

---

[95] Segundo o art. 59º n.º 3 f) da Lei Geral Tributária (LGT), e no âmbito do princípio da colaboração entre a administração fiscal e os contribuintes, cabe à administração fiscal, dado o carácter excessivamente técnico das leis tributárias, o esclarecimento regular e atempado das fundadas dúvidas sobre a interpretação e aplicação das normas tributárias.

[96] Tax Law Review Committee (1996), *Interim Report on Tax Legislation*, London, Institute for Fiscal Studies, November, p. 67.

objectivo principal reescrever, no sentido de melhorar, a legislação fiscal num período de cinco anos.

As mudanças efectuadas pela TLIP foram de natureza muito diversa, mas centraram-se bastante no estilo legislativo. O estilo de legislar mudou em direcção ao narrativo. No código do imposto sobre o rendimento das pessoas singulares, o número de palavras foi reduzido de 19 000 para 11 000 palavras. Também se recorreu, maioritariamente, ao uso de frases curtas e o número de palavras por frase diminuiu de 241 para 37.[97] A comissão procedeu também à substituição do termo *taxpayer* pelo termo *you* o que gerou um debate muito agressivo da parte dos advogados, tribunais e legisladores. A comissão considerou que o termo *you* é apenas um aspecto pontual da simplificação e acima de tudo reduz o número de palavras e letras. A nova legislação foi, entretanto, surgindo com um novo estilo legislativo e orientada mais para o particular do que para o geral. A legislação tornou-se assim mais perceptível para os contribuintes.[98]

Na Nova Zelândia, em 1994, iniciou-se também um projecto (*Rewrite Project*) para reescrever e simplificar a legislação fiscal do imposto sobre o rendimento.[99] Em primeiro lugar, este projecto tinha como objectivo reorganizar o Código do Imposto sobre o Rendimento (*Income Tax Act* 1976) e, em segundo, torná-lo mais compreensível, reescrevendo a lei fiscal, de modo a facilitar o cumprimento para os contribuintes.

Podemos então acrescentar que existe a convicção por parte das autoridades governativas dos diferentes países, em particular nos países referidos, de que a introdução de melhorias na legislação pode trazer benefícios para a simplificação no sentido em que torna o sistema tributá-

---

[97] Wallschutzky, Ian, Simon, James (1997), "Tax law improvement in Australia and the UK: The need for a strategy for simplification", in: *Fiscal Studies*, Volume 18, n° 4, pp. 445-460.

[98] Burton, Mark; Dirkis, Michael (1996), "The income tax simplification experience to date", in: *Bulletin for International Fiscal Documentation*, Volume 50, n.°2, Official Journal of the International Fiscal Association, pp. 67-71.

[99] Prebble, John (2000), "Evaluation of the New Zealand Income Tax Law Rewrite Project from a Compliance Cost Perspective", in: *Bulletin for International Fiscal Documentation*, Volume 54, n.°6, Official Journal of the International Fiscal Association, pp. 290-299.

rio mais perceptível pelos intervenientes no processo de pagamento dos impostos.[100] Todavia, a necessidade de justiça fiscal conduz a frequentes aumentos de legislação e regulamentos, cada vez mais complexos, afectando, deste modo, a estabilidade do sistema fiscal.

No relatório final, de 1996, a *Tax Law Review Committee* sublinhou a dificuldade em criar um sistema fiscal objectivo e simples através exclusivamente das melhorias linguísticas[101] e sugere que, tendo em conta considerações de teor prático e administrativo, existe um risco grave de o projecto da comissão não obter resultados, a não ser que haja mudanças simultâneas na legislação e na política fiscal.[102]

A simplificação da legislação fiscal não deve, assim, ser vista como uma medida isolada sem estar incorporada numa estratégia mais vasta, senão quaisquer medidas introduzidas com o objectivo de simplificar estarão, provavelmente, condenadas ao insucesso.

Assim, é necessário concluir que o objectivo de uma estratégia de simplificação fiscal legislativa deve estar inserida numa estratégia mais global e estruturante de simplicidade e facilidade de cumprimento do sistema tributário.

## 5. Notas conclusivas

Na última década, muitos foram os estudos conduzidos em diversos países que estimaram os custos de cumprimento do sistema fiscal.

Através da análise comparativa dos resultados obtidos, observámos que os custos de cumprimento variavam de forma diversa entre os contribuintes individuais e os organizados em formas societárias.

O Reino Unido é o país onde os contribuintes individuais gastam menos tempo com o cumprimento das suas obrigações fiscais. Por sua

---

[100] James, Simon; Sawyer, Adrian; Wallschutzky, Ian (1997), "Tax simplifications – A tale of three countries", in: *Bulletin for International Fiscal Documentation*, Volume 51, n.º 11, Official Journal of the International Fiscal Association, pp. 493-503.

[101] Tax Law Review Committee (1996), *Final Report on Tax Legislation*, London, Institute for Fiscal Studies, November, p. 37

[102] Howe, Geoffrey (1998), "Tax Law Simplification in the United Kingdom", in: *Further Key Issues in Tax Reform*, Bath, Fiscal Publications, pp. 87-110.

vez, é nos EUA onde os contribuintes despendem mais tempo com o cumprimento fiscal no total dos custos.

Em Portugal, para os contribuintes sem ajuda profissional, concluímos que os custos de tempo são a principal componente dos custos de cumprimento. A média de horas gasta foi de 3,79 horas (mínimo de 1,5h e máximo de 8,25h).

Para os contribuintes com ajuda profissional, o valor do tempo gasto encontra-se incluído no valor dos honorários pagos aos profissionais fiscais.

Em relação aos custos de cumprimento das empresas, o resultado a que chegámos, em Portugal, está de acordo com a literatura económica dos custos de cumprimento e sugere que uma parte dos custos constitui um custo fixo, existindo assim economias de escala no processo de cumprimento fiscal.

Todos os estudos são unânimes em considerar que os custos de cumprimento são elevados e regressivos, o que pode constituir um motivo para o não cumprimento das obrigações tributárias. Primeiro, elevados custos geram maiores custos psicológicos e comportamentos evasivos. Segundo, custos de cumprimento muito elevados são um entrave à inovação, ao investimento e à competitividade das empresas.

A minimização dos custos e o incentivo ao cumprimento fiscal constituem, então, um importante objectivo de política fiscal.

Para atingir estes objectivos, os decisores fiscais devem privilegiar diferentes estratégias: a económica, a psicológica e sociológica, a de política tributária, e a de simplificação fiscal.

Na teoria económica é factor decisivo do não cumprimento o risco de ser detectado e as suas consequências, as quais dependem da frequência das inspecções e do nível de penalidades.

Nos aspectos psicológicos e sociológicos destacamos a melhoria da relação, assente no princípio da confiança e da reciprocidade, entre o contribuinte e a administração fiscal. O lançamento de campanhas e programas educativos, à semelhança dos realizados na Suécia, pode contribuir para moralizar o sistema fiscal e incentivar o cumprimento com menores custos.

Entendemos ainda que o estudo de algumas características técnicas do sistema fiscal, tais como a dispensa de entrega da declaração de rendimentos assente num sistema de retenção na fonte semelhante ao PAYE britânico, a simplificação das obrigações declarativas via Internet e os regimes simplificados de cálculo do imposto podem facilitar o cumprimento aos contribuintes diminuindo os seus custos.

    A estabilidade fiscal e a simplicidade legislativa são medidas imprescindíveis para a redução dos custos de cumprimento, quer do tempo gasto pelos contribuintes, quer dos honorários cobrados pelos profissionais fiscais.

    A simplicidade do sistema fiscal constitui, assim, uma das áreas cruciais na minimização dos custos, pois existe alguma evidência de que estes aumentam com o acréscimo de complexidade do sistema.

# IN MEMORIAM

João Ferreira do Amaral

# PAUL SAMUELSON (1915-2009)

**João Ferreira do Amaral**
Professor Catedrático no ISEG da UTL

## Um grande economista

Com noventa e quatro anos morreu, quase no final do ano passado, aquele que muitos consideram ter sido o economista mais influente da segunda metade do século XX, quer pela via das suas contribuições académicas inovadoras, quer pela via do ensino, através da publicação do mais famoso manual introdutório à Economia – a par dos *Principles* de Alfred Marshall, publicado, pela primeira vez, mais de cinquenta anos antes do manual de Samuelson.

Poder-se-á falar de uma Economia de Samuelson, tal como se pode falar de uma Economia de Smith, de Marx, de Pareto, de Schumpeter, de Keynes ou de Galbraith?

Não creio. Samuelson é provavelmente o economista que mais contribuições trouxe à ciência económica no século XX, mas não se pode dizer que tenha criado um novo modelo de compreensão do sistema económico-social.

Há porventura uma razão básica para isso. Ao contrário dos nomes acima citados e de outros equivalentes, ou quase, que se poderiam juntar, Samuelson praticamente não se aventurou nos domínios sociais que vão para além do estritamente económico – o quer que seja que se entenda por esta expressão. Talvez que esta atitude tenha como explicação as influências que recebeu da Física teórica enquanto estudante pós-graduado. Os conceitos da Termodinâmica (como, por exemplo, o princípio de Le Chatelier) foram por ele amplamente utilizados e continuaram, aliás, a influir nos seus trabalhos até ao final da vida.

Quem, como Samuelson, assim procede na investigação, está à partida a deixar para outros a compreensão da Economia como subsistema da Sociedade e a concentrar-se em aspectos mais directamente relacionados com o raciocínio económico.

Quer isto dizer que Samuelson foi um economista de segunda em comparação com aqueles que citei e que tomaram outro caminho na abordagem da Economia?

De forma nenhuma. O avanço da Ciência Económica necessita dos dois tipos de atitude, que se complementam e por vezes, até, conflituam, desejavelmente de forma criativa. Samuelson não terá sido um economista de génio – que só estes conseguem trilhar com sucesso a primeira via. Mas foi certamente um grande economista, dos maiores do século XX.

Com efeito, o facto de Samuelson ter focado a sua actividade de investigação em aspectos estritamente económicos, não significa que se tivesse perdido em bizantinices ou problemas de detalhe sem importância real. Para evitar que se fique com esta ideia, basta recordar algumas das suas contribuições.

## As contribuições

Repartirei essas contribuições em dois grupos: em primeiro lugar, as que têm a ver com a chamada síntese neoclássica ou mais propriamente keynesiana-neoclássica, que tentou conjugar essas duas grandes correntes do pensamento económico; em segundo lugar, a multiplicidade dos novos conceitos que introduziu.

Poderá talvez dizer-se, de forma assumidamente simplista, mas porventura sugestiva, que Samuelson, tal como o seu amigo Solow – célebre pelo seu modelo de crescimento económico – era um keynesiano nas questões de curto prazo e um neoclássico nas questões de longo prazo e nos fundamentos microeconómicos. A síntese, de que Samuelson não foi o único mentor, foi dada a conhecer a um público amplo através do seu já referido manual de Economia (*Economics: an Introductory Analysis*). Publicado desde 1948, actualizando-se em reedições sucessivas, continua a ser uma das referências mais importantes do ensino introdutório da Economia.

Sem surpresa, Samuelson tornou-se um adversário da chamada Nova Economia Clássica que, desde a década de setenta do século passado, constituiu o célebre *pensamento único* em Economia, e que, a partir de hipóteses sem nenhum fundamento, como a das expectativas racionais ou a ajustamento instantâneo dos mercados, consubstanciou uma crítica radical e sem precedentes às concepções keynesianas. A Nova Economia Clássica – agora em franca decadência – é neoclássica mesmo no curto prazo e decreta a irrelevância de uma política macroeconómica que execute o que anuncia – e nada disto Samuelson podia aceitar. A crise actual dá-lhe inteira razão neste domínio.

O outro grande conjunto de contribuições de Samuelson tem a ver com os novos conceitos analíticos que introduziu ou com os conceitos que, embora anteriormente existentes, ele redefiniu de forma mais rigorosa, utilizando métodos matemáticos já empregues na Física, mas novos em Economia.

As contribuições de Samuelson neste domínio estão evidentemente espalhadas por um número impressionante de referências (quase quatro centenas). Mas uma boa parte delas – e dentro do grupo das iniciais – está contida num dos livros mais importantes de Ciência Económica desde sempre escritos, o *Foundations of Economic Analysis*, cuja primeira edição é de 1947 e que foi objecto de uma edição ampliada em 1983.

Das múltiplas contribuições deste livro destaco aquelas que se referem a um dos meus domínios preferidos da teoria económica, que é o dos modelos dinâmicos.

Samuelson define aqui, pela primeira vez, de forma rigorosa, o campo de aplicação da teoria dinâmica aos fenómenos económicos; campo, é facto, já percorrido por outros economistas antes dele, mas com dificuldades graves de compreensão por parte destes do verdadeiro significado do caminho que seguiam.

Estática comparativa e dinâmica comparativa, estabilidade, sistemas dinâmicos não lineares são alguns dos tópicos de capítulos que, embora escritos há sessenta e três anos atrás, conservam ainda toda a sua frescura. Mas talvez o conceito mais importante desta teoria dinâmica de Samuelson seja o *Princípio da Correspondência*, também introduzido nas *Foundations*. O Princípio da Correspondência é o reconhecimento de que "existe uma dependência formal íntima entre estática comparativa e a dinâmica de um sistema" (são palavras do próprio Samuelson).

A utilização dos sistemas dinâmicos em Economia desenvolveu-se extraordinariamente desde há trinta anos a esta parte com os progressos da teoria dos sistemas não lineares, incluindo os sistemas caóticos. Mas como referi, alguns dos conceitos de Samuelson neste domínio continuam, ainda hoje, a ser úteis.

Muitos mais domínios beneficiaram dos conceitos introduzidos por Samuelson. Para lhe fazer inteira justiça seria necessário, pelo menos, um livro inteiro. Mas podemos talvez caracterizar de forma ultra sintética a dimensão das contribuições de Samuelson, dizendo que todos os dias os economistas aplicam ideias que por ele foram desenvolvidas e que – arrisco a dizer – a maior parte desses economistas não sabe quem esteve na sua origem.

Esta é uma presença que só os grandes cientistas alcançam.

Fernando Araújo

# PAUL SAMUELSON (1915-2009)

**Fernando Araújo**
Professor Catedrático na Faculdade de Direito da Universidade de Lisboa

*Sumário:* I. O Homem; II. O Académico e o Cientista; III. O Prémio Nobel; IV. O Manual Introdutório; V. As *Foundations* e o Credo Formalista; VI. De Keynes à «Síntese Neoclássica»; VII. A Controvérsia com Milton Friedman (ou: a criança que não sabia parar); VIII. O Problema das Economias Socialistas; IX. Temas Escolhidos: a. Economia de Bem-Estar; b. Bens Públicos; c. Economia Internacional; d. Macroeconomia e o Acelerador; e. Teoria do Consumidor e Preferências Reveladas; f. Preços no Mercado Bolsista; g. Teorias do Capital e da Produção; X. O «*Caput Scholae*»; XI. Críticas; XII. Conclusão.

O recente falecimento de Paul Anthony Samuelson (15/5/1915 – 13/12/2009) representou a ocasião para diversas reflexões sobre o papel e o estatuto daquele que foi, indubitavelmente, um dos ícones da Ciência Económica do Século XX.

Reflectir sobre Paul Samuelson permite uma ponderação sobre muitos dos traços predominantes dessa Ciência Económica, para cuja configuração ele contribuiu de maneira decisiva, e num duplo registo que é invulgar nos anais da ciência moderna: por um lado na condição de cultor sofisticado, como criador, como inspirador e instigador da mais dinâmica e desafiadora de todas as vanguardas das ciências sociais; por outro lado como vulgarizador, pedagogo, o mais destacado e convicto pregador de um novo credo que, para bem e para mal, invadiu a ágora política e se transformou no ponto focal e no mínimo denominador comum da coexistência humana.

Reflectir, pois, nesse duplo protagonismo pode ser um pretexto para meditarmos na evolução experimentada pela Ciência Económica ao longo do século passado e na viragem para o presente século; e, dada a importância que a Economia veio a adquirir na nossa organização colectiva, e os seus reflexos na vida de cada um, para meditarmos também naquilo em que nos tornámos à sombra do crescente predomínio paradigmático dessa nova «religião civil».

## I. O Homem

Paul Anthony Samuelson (ou PAS, abreviatura que ele preferia[1]) nasceu em Gary, Indiana, filho de imigrantes polacos que prosperaram na época da Grande Guerra[2].

Nada há de especialmente notável nos detalhes biográficos do jovem judeu do Midwest que aos 16 anos entra na Universidade de Chicago[3], dando início a uma vida académica que duraria 78 anos.

É como académico que ganha notoriedade e alcança projecção fora da academia, presidindo a algumas das emergentes organizações de economistas e começando a pontificar na profissão, seja na condição de «*caput scholae*», seja na de comentador económico e político, seja na de conselheiro da administração norte-americana[4].

O pedagogo que familiarizou milhões de pessoas, economistas e não-economistas, com os princípios da moderna Ciência Económica e com a cartilha neokeynesiana foi o mesmo que aconselhou os Presidentes John F. Kennedy e Lyndon B. Johnson, tanto informalmente como através do *Council of Economic Advisers*; que trabalhou como consultor do *United States Treasury* e do *Bureau of the Budget*, que colaborou com membros do Congresso e com políticos e economistas de todo o mundo.

O auge da sua influência política dá-se, ao menos formalmente, durante a Administração Kennedy. Paul Samuelson participara já no «*brain trust*» da campanha eleitoral de John F. Kennedy, reunindo-se pessoalmente com o candidato, e naturalmente que por essa via o seu ascendente fez-se sentir nas decisões da futura Administração.

Paul Samuelson foi a primeira escolha de John F. Kennedy para presidir ao *Council of Economic Advisers*, mas diz-se que terá recusado por uma questão de princípio, alegando não querer colocar-se numa posi-

---

[1] Szenberg, Michael, Aron Gottesman & Lall Ramrattan (2005), *Paul Samuelson. On Being an Economist*, NY, Jorge Pinto Books, p. 1.

[2] Fischer, Stanley (1987), "Samuelson, Paul Anthony", *in* Eatwell, John, Murray Milgate & Peter Newman (orgs.) (1987), *The New Palgrave: A Dictionary of Economics*, London, Macmillan, vol. IV, pp. 234-241.

[3] Szenberg, Michael, Aron Gottesman & Lall Ramrattan (2005), *op. cit.*, p. 14.

[4] Samuelson, Paul A. & William A. Barnett (orgs.) (2007), *Inside the Economist's Mind: Conversations with Eminent Economists*, Malden MA, Blackwell, pp. xxiiss., pp. 143ss..

ção de responsabilidade política que comprometesse ou diminuísse a sua liberdade de criação e de expressão[5]; em todo o caso, é fácil de calcular o peso que ele terá tido nas escolhas da Administração Kennedy, seja na escolha dos principais conselheiros e decisores económicos[6], seja no condicionamento prévio do funcionamento das instituições de acompanhamento do orçamento, da balança de pagamentos e das políticas de economia interna – nas quais, como referimos, ele próprio participou[7].

A desproporção de relevância entre o autor de grande sucesso científico e pedagógico e o conselheiro de política económica, mesmo levando-se em conta a projecção mediática destas últimas funções e o carisma dos presidentes com quem mais estreitamente colaborou, é virtualmente incomensurável – o que novamente reforça a impressão de que o que contou e conta, no perfil de Paul Samuelson, é o seu percurso académico, a que nos referiremos de seguida[8].

Dois pontos bastarão, cremos, para sublinhar essa relativa irrelevância: em primeiro lugar, era a opinião de John Kenneth Galbraith, e não a de Samuelson, a mais ouvida pela Administração Kennedy[9]; por outro lado, os sonhos de controle total e permanente da instabilidade macroeconómica, a confiança quase eufórica que, como o próprio Paul Samuelson recordaria, animava a abordagem neokeynesiana do *Council of Economic Advisers* nos anos 60, não duraria mais dez anos, e soçobraria ingloriamente sob o efeito combinado do abandono do *Gold Standard* e do choque petrolífero de 1973 – forçando a política macroeconómica a uma profunda revisão, que a deixaria praticamente nos antípodas dos paradigmas anteriormente dominantes[10].

O auge da influência política directa de Paul Samuelson tinha já passado, pois, no final dos anos 60 – mas isso não significa, bem pelo contrário, que o seu ascendente e a sua influência indirecta não se manti-

---

[5] Schlesinger Jr., Arthur M. (2002), *A Thousand Days: John F. Kennedy in the White House*, New York, Houghton Mifflin Harcourt ([1]1965), p. 137.

[6] Schlesinger Jr., Arthur M. (2002), *op. cit.*, pp. 135, 154.

[7] Schlesinger Jr., Arthur M. (2002), *op. cit.*, p. 160.

[8] Seligman, Bem B. (1990), *Main Currents in Modern Economics*, New Brunschwick NJ, Transaction Publishers ([1]1962), pp. 433-434.

[9] Schlesinger Jr., Arthur M. (2002), *op. cit.*, pp. 625-626.

[10] Cravens, Hamilton (orgs.) (2004), *The Social Sciences Go to Washington. The Politics of Knowledge in the Postmodern Age*, Piscataway NJ, Rutgers U.P., p. 42.

vessem, ou aumentassem até, nos anos subsequentes, e não somente por efeito do seu prestígio científico e académico.

Um dos factores para isso reside na popularidade do confronto ideológico que foi mantendo, ao longo dos anos, com o seu amigo Milton Friedman – um confronto propositadamente polarizado e que muito contribuiu para a proeminência dos dois envolvidos nesse confronto dialéctico. A principal arena foi a revista *Newsweek*, na qual Paul Samuelson colaborou de 1966 a 1981, juntamente com Milton Friedman – o primeiro representando a visão keynesiana e intervencionista dos assuntos económicos e políticos, partidariamente mais próxima do ideário democrata, o segundo a visão monetarista e libertária, mais afim do programa Republicano. Mas o debate extravasou para outros meios (televisão, conferências), implantando-se solidamente na imaginação popular – tanto que, trinta anos volvidos, ainda há muitos economistas e comentadores que se julgam no dever de tomar partido nessa contenda, sem se esquecerem de lhe aditar, aliás, algumas tonalidades maniqueístas.

Outro dos factores reside no facto de Paul Samuelson, não obstante ser o principal responsável por uma forma especialmente esotérica de formalismo que tomou conta da metodologia económica no seu âmago «neoclássico», ter sido sempre animado de um propósito interventivo, polémico, popularizador, «politizador». Atribuía recorrentemente essa motivação ao facto de ter conservado vívidas memórias da Grande Depressão e dos seus efeitos palpáveis – a carência, a miséria, as filas para os bens alimentares[11] –, a contrastarem gritantemente com a atitude de alheamento de muitos economistas coevos, mais ocupados com os refinamentos teóricos e com a defesa dos seus bastiões académicos.

É, aliás, a mesma motivação que ditará que Paul Samuelson venha a permanecer como defensor das economias mistas, mesmo para lá do momento em que essa defesa passava a remetê-lo para uma posição muito minoritária dentro do panorama da Ciência Económica: e mais de uma vez alegou que o fazia por se lembrar pessoalmente daquilo que qualificava como os tempos impiedosos do «*laissez-faire*», nos quais a prosperidade era um estado frágil e contingente e o mercado não forne-

---

[11] Para mais evocações e referências de Paul Samuelson sobre a Grande Depressão, cfr. Parker, Randall E. (2002), *Reflections on the Great Depression*, Cheltenham, Edward Elgar, pp. 25-40.

cia, com qualquer grau de espontaneidade, seja um resguardo contra a queda na indigência, seja uma via para a reabilitação – e isto tanto individual como colectivamente.

Ao serviço dessa missão de defesa pública de causas colocou os seus dotes de polemista – caldeados no debate com o temível Friedman[12] – e sobretudo os seus dotes de pedagogo, de prosador fácil e fluente, de amenizador, com verve e ironia, dos assuntos mais áridos e intratáveis. A acutilância de algumas tiradas ficou célebre: a propósito de uma alegada correlação retardada entre movimentos bolsistas e flutuações nas variáveis macroeconómicas, que permitiria prever as segundas a partir dos primeiros, Samuelson observou que com os índices de Wall Street tinha sido até possível prever *nove das cinco últimas* recessões; e a propósito da entrada das mulheres no mercado de trabalho e das reivindicações de igualdade salarial, observou que em termos económicos *"as mulheres são homens sem dinheiro"*...

Mas também aí o peso da intervenção de Paul Samuelson resultou sobretudo da sua estatura académica e científica – o Professor que nunca quis deixar de ser Professor e quis acima de tudo sê-lo, por genuína vocação.

Foi lembrado, aquando do seu falecimento, que ele repetidamente expressara o orgulho de nunca ter passado uma semana inteira em Washington; e é muito conhecida a sua observação de que gostosamente prescindiria de todas as atribuições e prerrogativas de que gozam os «grandes» do mundo, a troco de poder continuar a escrever os manuais pelos quais têm que se reger todas as políticas económicas[13].

Como veremos de seguida, a vida académica de Paul Samuelson foi muito gratificante e dinâmica até ao fim, e há indicações suficientes, até pelas recentes intervenções com artigos de opinião, de que ele foi poupado à pronunciada decadência das capacidades intelectuais que é dolorosamente evidente em tantos ícones culturais. E no entanto Paul Samuelson não podia deixar de ter a aguda consciência de que o mundo

---

[12] Numa conferência no MIT com Solow e Modigliani (disponível para visionamento na Internet), Samuelson evocava um debate académico com Milton Friedman confessando que considerara a ocasião comparável à experiência dos cristãos na arena, acrescentando jocosamente: *"não tenho que dizer-lhes quem fazia o papel do leão..."*.

[13] Samuelson, Paul A. (1986), "My Life Philosophy", *The Collected Scientific Papers of Paul A. Samuelson*, vol. V, 789ss. (¹1983).

em que acreditara, os valores que perfilhara e até as formas e métodos que impusera à sua ciência estavam a tornar-se obsoletos, não somente pela natural e inevitável passagem do tempo mas também pelo progressivo triunfo de orientações científicas e valorativas a que ele opusera, já o melhor do seu esforço, já o empenho da sua reputação.

Restava-lhe porventura a consolação de ter tido o prestígio suficiente para ser poupado ao «síndrome do leão velho»; e a de a sua obra, o seu empenho político, o seu exemplo, terem podido ficar como base vivificadora e referencial para todos os debates futuros que são e serão o motor da ciência que cultivou – uma ciência que, sem embargo da sua densidade histórica, progride em larga medida por acumulação, apoiando-se "em ombros de gigantes".

Mas o facto é que, no momento de atingir a jubilação, Paul Samuelson não conteve, por uma única e incaracterística vez, uma expressão de melancolia: *"the stock of what's left of the good times must shrink as you reach September"*[14]. Ainda lhe restavam 25 anos de vida e de actividade.

## II. O Académico e o Cientista

Paul Samuelson ingressa na Universidade de Chicago em 1932, em plena Grande Depressão. O seu interesse pela Ciência Económica é imediato, e ele atribuía-o a uma lição sobre Thomas Malthus, recebida logo no início desse ano. O professor era Aaron Director, encarregado das aulas de Introdução à Economia que Samuelson teve que frequentar, dada a sua falta de formação secundária nessa área[15]; o ponto não mereceria mais referência se não fosse a ironia ínsita: Aaron Director foi o mais expressamente libertário da longa linhagem de pensadores libertários da Universidade de Chicago (muito mais radical do que o seu futuro cunhado, Milton Friedman)[16].

---

[14] Samuelson, Paul A. (1986b), "Economics in My Time", *The Collected Scientific Papers of Paul A. Samuelson*, vol. V, p. 808.

[15] Szenberg, Michael, Aron Gottesman & Lall Ramrattan (2005), *op. cit.*, p. 15.

[16] Puttaswamaiah, K. (2002), "Contributions of Paul A. Samuelson", *in* Puttaswamaiah, K. (org.) (2002), *Paul Samuelson & the Foundations of Modern Economics*, New Brunswick NJ, Transaction Publishers, p. 5.

Retrospectivamente, Samuelson via nessa vocação precoce mais do que uma coincidência: lembrando que nessa mesma época a Ciência Económica estava a ganhar um ímpeto formalista e matematizador, tanto na teoria como na estatística, e que ele próprio desde muito jovem demonstrara grande gosto e destreza em manipulações lógicas e em construções abstractas, concluía que não só a Economia era o domínio adequado para ele, mas também que ele próprio estava talhado para se tornar um economista. E o facto é que, como *undergraduate*, e não obstante ser contemporâneo de futuras luminárias como George Stigler, Milton Friedman e Herbert Simon[17], o jovem Paul Samuelson já se destacava, evidenciando o potencial de transformar-se num virtuose *"of twentieth-century economic Gymnastics"*[18].

Conquanto a evolução académica e científica subsequente consista numa crescente e firme divergência de Paul Samuelson face às raízes teóricas e ideológicas da Escola de Chicago, não são de menosprezar as influências recebidas nessa época, aliás discerníveis ainda nas obras de maturidade.

É na Universidade de Chicago que toma contacto com Frank Knight e com as suas originais preferências temáticas pelo fenómeno da empresarialidade[19], com Jacob Viner e a sua ênfase na economia internacional[20], ou com Paul H. Douglas e a sua investigação na economia do trabalho.

É na Universidade de Chicago que Samuelson obterá o seu diploma de graduação em 1935. Frank Knight, Jacob Viner, Henry Simons, Paul Douglas recomendam-lhe que prossiga os seus estudos na Universidade de Columbia – uma recomendação unânime feita também a Milton Friedman, e que este aceitará. Paul Samuelson preferirá Harvard, por motivos que, como mais tarde reconheceria, se prendiam com uma visão romântica – mas perecível – da mais prestigiada Universidade norte-americana.

São seus Colegas em Harvard nomes como Wolfgang Stolper, Richard Musgrave, James Tobin e Robert Solow, e entre os Professores exercem especial ascendente na sua formação Joseph Schumpeter,

---

[17] Szenberg, Michael, Aron Gottesman & Lall Ramrattan (2005), *op. cit.*, p. 17.
[18] Szenberg, Michael, Aron Gottesman & Lall Ramrattan (2005), *op. cit.*, p. 17.
[19] Frank Knight será mentor de George Stigler.
[20] Jacob Viner será mentor de Milton Friedman.

Wassily Leontief, Gottfried Haberler e Alvin Hansen, este último já com a reputação de ser o «Keynes Americano»[21]. Obtido aí o Mestrado em 1936, cedo ingressou na *Harvard Society of Fellows*, circunstância que não o impediu de prosseguir com o seu PhD, grau que obteve em 1941, recebendo por isso o *David A. Wells Prize* – nem mais nem menos do que com a dissertação que, publicada em 1947 com o título *The Foundations of Economic Analysis*[22], iria instantaneamente elevar Samuelson aos píncaros da Ciência Económica[23]. Ficou para a lenda de Harvard que as provas públicas de defesa da tese foram de tal modo sofisticadas, com Paul Samuelson a preencher sucessivos quadros com equações, que no final, após a saída do candidato, Schumpeter perguntou aos demais membros do júri: *"Meus Senhores, será que passámos?"*.

Alcançado o título, pareciam abrir-se as portas da carreira académica em Harvard, mas isso não aconteceu: tinha-lhe sido oferecida, ainda em 1940, uma «*instructorship*», posição menor e afastada das perspectivas da «*tenure track*», e têm sido avançadas diferentes explicações para o facto – decerto um dos mais evidentes «passos em falso» da história recente daquela Academia[24]: todas as explicações, e combinações de explicações, se afiguram legítimas, desde o conservadorismo do presidente do Departamento de Economia (Harold Hitchings Burbank), alegadamente indisposto com a irreverência e o vanguardismo de Paul Samuelson, até à aversão pelo keynesianismo com o qual Samuelson já estaria identificado, passando pela mais repetida insinuação de anti-semitismo (uma insinuação não desprovida de fundamentos naquilo que à Universidade de Harvard diz respeito[25]).

---

[21] Szenberg, Michael, Aron Gottesman & Lall Ramrattan (2005), *op. cit.*, p. 19.

[22] A Segunda Guerra Mundial explica o desfasamento entre a defesa da tese e a respectiva publicação.

[23] Ao analisarmos mais cuidadosamente as *Foundations*, veremos que outros Professres de Harvard foram tanto ou mais influentes do que aqueles que estavam ligados ao Departamento de Economia – como o matemático Edwin Bidwell Wilson, que precisamente compôs, com Schumpeter e Leontief, o júri de Doutoramento de Paul Samuelson.

[24] Como atenuante, refira-se que Samuelson começou por aceitar a «instructorship», e que só a abandonou, um mês depois, pela alternativa do MIT.

[25] Veja-se a análise exaustiva em: Karabel, Jerome (2005), *The Chosen. The Hidden History of Admission and Exclusion at Harvard, Yale and Princeton*, Boston, Houghton Mifflin, pp. 77-109.

*Artigos*

Mas o facto que releva é que a perda de Harvard foi o ganho do Massachusetts Institute of Technology (MIT), que ofereceu ao jovem investigador, ainda no ano de 1940 (logo, antes mesmo de obtido o seu PhD), uma posição de «*Assistant Professor*», da qual ele ascenderia à «*Associate Professorship*» em 1944 e à «*Full Professorship*» em 1947, o mesmo ano em que lhe era atribuída a primeira *John Bates Clark Medal*, galardão reservado ao melhor economista norte-americano com menos de 40 anos de idade[26]. Harvard nada fez para o reter – ao mesmo tempo que o MIT, percebendo o potencial revolucionário do paradigma incorporado na tese de doutoramento, lhe abria todas as portas, lhe permitia renovar o Departamento de Economia, lhe conferia projecção académica e lhe atribuía, já em 1966, o seu grau máximo, o de «*Institute Professor*».

Quanto a Chicago, ficava para lá do horizonte. Falando retrospectivamente da sua carreira e designando-se a si mesmo na terceira pessoa, refere-se à Universidade de Chicago como "*alma mater and basilica of a church he no longer believed in*"[27].

A sua reputação científica e técnica como «Economista Matemático» não deixou de aumentar, mesmo a partir do elevadíssimo *standard* que ele próprio estabelecera com as *Foundations*. Curiosamente, no MIT dos anos 60 as duas referências máximas eram Norbert Wiener na Matemática e Samuelson na Economia, como se se tratasse, neles, da personificação dos pólos do *élan* formalista, um na vertente «pura» e outro na «aplicada»[28]; havendo entre Wiener e Samuelson, para lá de uma relação cordial, a circunstância partilhada de terem sido preteridos por Harvard e terem optado pelo MIT[29].

É essencialmente a Samuelson que fica a dever-se a ascensão do Departamento de Economia do MIT ao topo das escolas de Economia: e a reputação mundial foi atraindo cada vez melhores docentes e discentes, num genuíno «efeito de rede».

---

[26] Szenberg, Michael, Aron Gottesman & Lall Ramrattan (2005), *op. cit.*, pp. 22-23.
[27] Samuelson, Paul A. (1986b), "Economics in My Time", *cit.*, p. 802.
[28] Samuelson, Paul A. & William A. Barnett (orgs.) (2007), *op. cit.*, p. xxii.
[29] Samuelson, Paul A. (1997), "Some Memories of Norbert Wiener", *Proceedings of Symposia in Pure Mathematics*, 60, pp. 37-38. O episódio de Norbert Wiener passou--se nos anos 20.

Robert M. Solow, Franco Modigliani, Robert C. Merton, Joseph E. Stiglitz, Paul Krugman são alguns dos Prémios Nobel que ensinaram no MIT e que dão testemunho do dinamismo a que o Departamento chegou, não apenas em termos de vanguardismo teórico mas também de sofisticação pedagógica – por exemplo, fomentando pioneiramente algumas abordagens multidisciplinares quando elas não eram ainda propriamente um paradigma científico: veja-se a publicação, em 1958, por Dorfman, Samuelson e Solow, de *Linear Programming and Economic Analysis*[30].

No reverso da medalha, essas excelência e visibilidade do Departamento de Economia do MIT não deixaram de representar um obstáculo intimidativo para os mais jovens estudantes, muitos deles desencorajados pelo tipo de exigência formal e pelo ritmo imprimido aos seus trabalhos – não raro formas de impor algum conformismo deferencial perante os cânones originários em que assentava o prestígio da «abordagem MIT», com a consequente perda de incentivos à inovação e à renovação[31].

Também aí se fizeram sentir os efeitos da «mudança de vento» ideológico, e Paul Samuelson viveu para ver a projecção e prestígio do seu Departamento do MIT ficarem ligeiramente comprometidos, na corrida para o topo das Escolas de Economia, pela conexão a uma ideologia neokeynesiana e intervencionista que, de forma tantas vezes precipitada e caricatural, muitos pensaram ter ficado irremediavelmente comprometida a partir de finais dos anos 70 – uma injustiça decerto, mas não menos efectiva por isso.

A jubilação chega em 1986, mas não a inactividade, como referimos, seja dentro seja fora da Academia, continuando o autor prolífico de sempre (quando acabarem de ser publicados os sete volumes dos seus *Collected Scientific Papers*, o total dos títulos neles contidos rondará os 700[32]). Dez anos depois recebe o último dos grandes galardões, a *Natio-*

---

[30] McKenzie, Lionel W. (2009), *Equilibrium, Trade, and Growth: Selected Papers of Lionel W. McKenzie* (Tapan Mitra & Kazuo Nishimura, eds.), Cambridge MA, MIT Press, pp. 9ss..

[31] Arestis, Philip & Malcolm Sawyer (orgs.) (2000), *A Biographical Dictionary of Dissenting Economists*, 2ª ed., Cheltenham, Edward Elgar, p. 180 (pp. 179ss.: "Foley, Duncan K.").

[32] Hussain, Syed B. (org.) (2004), *Encyclopedia of Capitalism*, New York, Facts on File, pp. 735-736 ("Samuelson, Paul A."); Vane, Howard R. (2005), *The Nobel Memorial*

*nal Medal of Science*, atribuída em reconhecimento dos mais de 60 anos de serviços prestados à Ciência Económica[33].

## III. O Prémio Nobel

Em 1970, no segundo ano de atribuição do Prémio Nobel da Economia, depois de um primeiro ano em que as escolhas foram universalmente entendidas como uma vénia aos economistas nórdicos (o «factor casa»), o nome consensual foi o de Paul A. Samuelson.

Na atribuição do prémio reconhecia-se expressamente que ele tinha feito mais do que qualquer outro economista vivo para incrementar o nível da análise e da metodologia científicas na teoria económica, reelaborando e reavaliando capítulos inteiros da teoria económica, evidenciando a unidade e uniformidade dos problemas económicos fundamentais através do sucesso da aplicação de cálculos maximizadores a uma multiplicidade de problemas e situações.

Em suma, reconhecia-se que, naquele momento, ninguém tinha aberto mais trilhos nem rasgado mais horizontes naquela ciência, ninguém lhe tinha conferido mais visibilidade nem mais relevância – até uma relevância prática, dadas as esperanças depositadas, na maré-alta do formalismo e do tecnicismo, na capacidade de o rigor e depuração matemáticos contribuírem para a solução mais efectiva de problemas reais – problemas cuja intratabilidade parecia poder ser resolvida pela clarificação propiciada pelo formalismo, uma clarificação alcançada iterativamente, como se de uma mera técnica se tratasse.

O duplo registo da contribuição de Samuelson, que fora já decisivo para consolidar-lhe a autoridade carismática, explica a naturalidade do reconhecimento: Paul Samuelson era ao mesmo tempo o vulgarizador que «doutrinava os gentios» e obtinha conversões, e o cientista que ensinara aos economistas o modo «canónico» de desenvolverem a sua ciência – uma confluência que sinteticamente se qualificará como não menos do que a redefinição do que é, e de como se faz, a Ciência Económica.

---

*Laureates in Economics: An Introduction to Their Careers*, Cheltenham, Edward Elgar, p. 35.

[33] Vane, Howard R. (2005), *op. cit.*, p. 34.

Insistamos que não podia prever-se, em 1970, que o conjunto único de circunstâncias que tinham propiciado um consenso alargado em torno da «síntese neoclássica», e que, através desta, tinham assegurado uma quase-hegemonia ao círculo de Paul Samuelson, iam desaparecer tão rapidamente – iniciando-se o plano inclinado um ano apenas depois daquele momento.

Num último instante de pacificação e relativa unidade entre macro-economistas, a maior parte dos futuros Prémios Nobel da Economia eram ainda remetidos para as margens da disciplina, grupos de heterodoxos assumidos mas cercados, grupos de discípulos cuja ortodoxia não começara ainda a vacilar, ou – como sempre nas revoluções científicas – grupos de pensadores com propósitos e métodos profundamente ininteligíveis para o pensamento dominante, e portanto remetidos por este, com natural displicência, para os domínios da irrelevância e da bizarria (Milton Friedman, Robert Lucas e Ronald Coase são bons exemplos para cada uma das três categorias).

Descontada a margem de contestação e de polémica que o Prémio Nobel de Economia sempre suscitou e ainda suscita, não há dúvida de que, a ser atribuído, ninguém o merecia mais, naquele momento, do que Paul Samuelson. Numa primeira síntese, avultam na dívida intelectual a Samuelson os seguintes pontos:

1) Foi com ele que gerações sucessivas ingressaram no estudo aprofundado da Ciência Económica, munidos dos utensílios da álgebra linear e dos cálculos diferencial e integral[34], acedendo a um formalismo que poderia ser frutífero e que, na intenção original de Samuelson, não constituía decerto um fim em si mesmo – tanto assim que, como veremos, ele divergiu dos corolários instrumentalistas de uma tomada de posição de Milton Friedman acerca de metodologia e epistemologia, insistindo na necessidade de teorias realistas, testáveis e relevantes, ou seja, na necessidade de preservação do conteúdo empírico e de cultivo do «valor de verdade» nas construções teóricas.

2) Foi com Paul Samuelson que a teoria do consumidor evoluiu do confinamento do psicologismo e da inverificável premissa do

---

[34] Pressman, Steven (1999), *Fifty Major Economists*, Abingdon, Routledge, p. 163.

escopo maximizador para a eminente verificabilidade empírica das «preferências reveladas».

3) Foi com ele que a teoria do comércio internacional buscou a justificação para factos comprovados, seja a tendência para o nivelamento da remuneração internacional dos factores de produção mesmo em contextos de ausência de mobilidade desses factores, seja os efeitos redistributivos internos resultantes da adopção de medidas proteccionistas (que beneficiam grupos específicos em detrimento do restante da população).

4) Foi com Samuelson que o keynesianismo entrou no «*mainstream*» académico e ideológico, ajudando os partidários do intervencionismo e da estabilização «orçamentalista» a perseverarem no embate com os monetaristas – isto apesar de Samuelson ter procurado manter-se numa posição intermédia, reconhecendo ao mesmo tempo as limitações da política monetária (por exemplo em matéria de criação de emprego) e da política orçamental (na contenção do crescimento dos agregados monetários associáveis com o expansionismo); não sem antes ter contribuído decisivamente para a confiança e optimismo dos neokeynesianos, ao aditar ao «cânone» a noção de acelerador, um impacto adicional, pela via do investimento, no crescimento do PIB; e de ter ajudado à clarificação de todo o domínio da Macroeconomia, ao elaborar, com Robert Solow, a «Curva de Phillips», o modo paradigmático de designar a correlação inversa entre níveis de inflação e de desemprego nas oscilações da procura agregada, apontando portanto para um importante «*trade-off*» político[35].

## IV. O Manual Introdutório

Para o grande público, Paul Samuelson foi – e continuará a ser por muito tempo, cremos –, o autor do manual de Economia com mais sucesso editorial de sempre, *Economics: An Introductory Analysis*. Com uma primeira edição em 1948, e depois em co-autoria com William D.

---

[35] Pressman, Steven (2006), *Fifty Major Economists*, 2ª ed., London, Routledge, pp. 243ss..

Nordhaus (de Yale) a partir da 12ª edição em 1985, *Economics* chegou a uma 19ª edição, e atingiu os 4 milhões de exemplares vendidos, com traduções em 41 línguas[36]. O manual fez de Samuelson um milionário; até em termos de vantagens financeiras pessoais tinha ele razão, portanto, em deixar para os outros a vanglória do mando e o cuidado das leis, desde que lhe deixassem a ele a tarefa de escrever os manuais de Economia.

O intuito e o impacto do Manual foram variando amplamente ao longo do tempo, ainda que se tenha mantido invariável o estilo sofisticado e exaustivo, em momentos irónico e bem-humorado, pedagógico mas sem fazer muitas concessões ao leitor mais casual ou menos motivado – procurando conferir visibilidade sem ao mesmo tempo comprometer o carisma que advém de uma certa inacessibilidade[37].

Inicialmente tratou-se de popularizar as ideias de John Maynard Keynes, com as quais Samuelson se familiarizara profundamente em Harvard e na preparação de *Foundations*; ideias que Samuelson considerava terem sido muito injustiçadas (lembrava sempre que o Presidente Herbert Hoover qualificava Keynes como um marxista).

Tratou-se ainda de reabilitar, através de Keynes, uma visão mais interventora e providencialista do papel do Estado na Economia, como forma de evitar réplicas e reedições da Grande Depressão ou de lhes mitigar os efeitos, e até como forma de evitar as ditaduras e o conflito global generalizado que Samuelson, na esteira de Keynes, associava à passividade dos Estados perante as missões de estabilização e de crescimento económico com que tinham sido confrontados na década de trinta.

E tratou-se também – agora com um sucesso bem mais duradouro – de fornecer uma visão global do estado da doutrina económica. Uma visão mais compacta e coesa do que realista, refira-se, não hesitando Samuelson sequer em aplanar em sínteses bem estruturadas algumas polémicas que continuaram a causar clivagens fundas entre as principais escolas da Ciência Económica, retocando cuidadosamente os pontos de

---

[36] No final do século XX vendia ainda 50 mil exemplares por ano nos Estados Unidos, apesar do preço relativamente elevado a que chegara. Vane, Howard R. (2005), *op. cit.*, p. 37; cfr. Skousen, Mark (1997), "The Perseverance of Paul Samuelson's Economics", *Journal of Economic Perspectives*, 11, 137-152.

[37] Vane, Howard R. (2005), *op. cit.*, p. 37.

*Artigos*

atrito – decerto uma falta menor, inteiramente explicável pelos objectivos do proselitismo, de alguém que queria incutir no leitor, por principiante que fosse, a sensação de pertença a uma cultura tão complexa como generosa na partilha dos seus segredos[38].

Em termos de sintonia com o «*zeitgeist*», não há dúvida de que, pelas razões que já referimos, o auge da importância e da popularidade do Manual se deu em meados dos anos 60[39] – mas para não subestimarmos a persistência do seu protagonismo, impõe-se reconhecer que praticamente todos os Manuais Introdutórios à Economia seguem, ainda agora, o estilo, a forma e até as dimensões do texto de Samuelson – para não falarmos já de algumas imprecisões fielmente trazidas de texto para texto[40]: uma «clonagem» tanto mais notável quanto a concorrência é agressiva, as «rendas» em disputa são elevadíssimas e o potencial inovador se tem revelado ser torrencial[41].

Será que todos os «clones» apostam nos «ganhos de compatibilidade» com um texto que criou para si próprio intensas «*path dependencies*»?[42] Ou será, mais ambiciosamente ainda, que o prestígio do Manual o converteu no estalão pelo qual todos os demais passaram, e passarão, a ser aferidos?

Quando apareceu em público um «príncipe herdeiro», o manual de N. Gregory Mankiw, é sintomático que o autor fosse um *alumnus* do MIT, e mais ainda um economista que dedicara, e continuou a dedicar, os seus inegáveis talentos de comunicador e de mobilizador ao serviço de uma versão particularmente ortodoxa da «síntese neoclássica» proposta

---

[38] Por isso Robert Lucas, com terna ironia, o comparou à grande divulgadora da "*haute cuisine*" junto do público norte-americano: "*Samuelson was the Julia Child of economics*".

[39] Skousen, Mark (2001), *The Making of Modern Economics: The Lives and Ideas of the Great Thinkers*, Armonk NY, M.E. Sharpe, p. 352 (= Skousen, Mark (2007), *The Big Three in Economics: Adam Smith, Karl Marx and John Maynard Keynes*, Armonk NY, M.E. Sharpe, p. 165)

[40] Pense-se no *paradox of thrift*, que Samuelson atribuiu a Keynes quando o próprio Keynes o atribuiu a autores precedentes –sendo que as raízes do conceito remontam a tempos imemoriais.

[41] Skousen, Mark (2001), *op. cit.*, p. 357 (= Skousen, Mark (2007), *op. cit.*, p. 170).

[42] Cfr. Araújo, Fernando (2005), *Introdução à Economia*, 3ª ed., Coimbra, Almedina, p. 63.

por Samuelson – o virtuosismo concentrou toda a sua energia na perpetuação do paradigma dominante, na clonagem[43].

Talvez a resposta adequada deva ser outra: o Manual de Samuelson foi o protagonista de um salto qualitativo na posição da Economia no quadro referencial da cultura – e com mérito, porque o protagonista foi também um dos principais promotores desse salto, com «o Manual certo na hora certa»: a hora em que, ao mesmo tempo que o inglês se tornava a nova *lingua franca*, a humanidade aprendia, com mais rapidez ainda, uma segunda forma de circulação e partilha de ideias que ia à boleia da primeira, a *lingua franca* da Economia (quase todos os termos técnicos da Economia, e em especial os da Macroeconomia, constam da lista restrita de vocábulos em que consiste hoje o «inglês internacional», uma versão que teve que ser muito empobrecida para poder preencher os requisitos formais de uma *lingua franca*)[44].

Num acesso de imodéstia e de «*wishful thinking*», Samuelson chegou a caracterizar o seu Manual como um «Retrato de Dorian Gray», liberto pois da ineluctabilidade da decadência[45]; mas como referimos já, o «retrato» foi sendo sucessivamente retocado, ao sabor da evolução do contexto político e económico e das próprias tendências dominantes na doutrina – até que, como também sugerimos, nenhum retoque o resgatou da condição de «imagem datada»[46], ultrapassada por novos «ventos» e novos «espíritos do tempo», e por novas gerações de teóricos crescentemente distanciados dos fantasmas da Grande Depressão, e com cada vez menor disposição de sacrificar a esses problemas remotos o respeito pelos automatismos microeconómicos espelhados nos mercados, ou de por causa deles alimentar «grandes ilusões» quanto a rectificações macroeconómicas (sobretudo quando os monetaristas conseguiram instalar a dúvida – se não mesmo a certeza – quanto às posições relativas de causas, efeitos e alegados remédios para a Grande Depressão).

---

[43] Dougherty, Peter J. (2002), *Who's Afraid of Adam Smith? How the Market Got Its Soul*, Hoboken NJ, John Wiley & Sons, p. 29.

[44] Dougherty, Peter J. (2002), *op. cit.*, pp. 27-28.

[45] Puttaswamaiah, K. (2002), "Contributions of Paul A. Samuelson", *in* Puttaswamaiah, K. (org.) (2002), *op. cit.*, p. 9.

[46] Seligman, Bem B. (1990), *op. cit.*, pp. 422-423.

*Artigos*

Uma simples comparação da primeira e da última edição (em vida) do Manual de Samuelson bastará para tornar transparente a sua própria evolução, paulatina mas vincada, em direcção à reabilitação da Microeconomia e, através dela, dos novos paradigmas liberais de confiança nos mercados (e até dos «micro-alicerces» da nova Macroeconomia)[47].

As 622 páginas da 1ª edição, de 1948, denotam a proeminência quase exclusiva da perspectiva macroeconómica, e quase se relêem, à distância, como uma *vulgata* keynesiana. Os seus 27 capítulos estão organizados em três partes com títulos bem eloquentes:

Pt. 1 – *Basic Economic Concepts and National Income*
Pt. 2 – *Determination of National Income and Its Fluctuations*
Pt. 3 – *The Composition and Pricing of National Output*

Nas 744 páginas da 19ª edição, de 2009, a microeconomia ocupa já o lugar principal e é-lhe atribuída uma muito significativa precedência lógica. Os seus 36 capítulos estão agora agrupados em sete partes:

Pt. 1 – *Basic Concepts*
Pt. 2 – *Microeconomics: Supply, Demand, and Product Markets*
Pt. 3 – *Factor Markets: Land, Labor, Capital, and Income Distribution*
Pt. 4 – *Government's Role in the Economy*
Pt. 5 – *Macroeconomics: The Study of Growth and Business Cycles*
Pt. 6 – *Economic Growth and Macroeconomic Policy*
Pt. 7 – *International Trade and the World Economy*

Não se tratará, portanto de um «Retrato de Dorian Gray» (*habent sua fata libelli*); mas esta singela comparação fornece-nos um retrato não menos eloquente e simbólico.

## V. As *Foundations* e o Credo Formalista

A reputação científica de Paul Samuelson, a proeminência entre os pares, assegurou-a ele prematuramente, aos 26 anos, ao concluir em

---

[47] Puttaswamaiah, K. (2002), "Contributions of Paul A. Samuelson", *in* Puttaswamaiah, K. (org.) (2002), *op. cit.*, pp. 7-8.

1941 a sua dissertação de doutoramento – o texto que, com o desfasamento imposto pela conflagração mundial, seria publicado com o título *Foundations of Economic Analysis* em 1947 (numa altura em que, portanto, estava também praticamente ultimado o seu Manual Introdutório).

A obra foi um sucesso imediato dentro da profissão, elevando o debate científico a um nível de elaboração formal e de sofisticação analítica que tinha poucos precursores. Garantiu a Paul Samuelson os seus primeiros prémios académicos (como a já referida *John Bates Clark Medal*), e não é deslocado dizer-se que é essencialmente por ela que Samuelson se tornou o primeiro galardoado com o Nobel da Economia a apoiar-se numa reputação genuinamente internacional.

Na substância, as *Foundations* acrescentavam ao debate científico vários contributos originais – destaquemos por agora tão-somente a tão fértil noção de «*expected utility*»[48] –. Mas é muito claramente na *forma*, no estilo, que as *Foundations* representam um grande salto qualitativo, no modo como assumem o formalismo como meio e até como objectivo, como o colocam no centro da análise (e não já nas margens e nos Anexos, como o fizera ainda Alfred Marshall[49]) e o tornam o veículo argumentativo por excelência, um instrumento de clarificação e de síntese[50] – afrontando de rompante, sem hesitações ou justificações defensivas, um ambiente de resistência activa ao uso intensivo da matemática no seio de uma ciência social, um ambiente que perduraria ainda longamente[51]. Não deixa por isso de ser curioso que um dos mentores do doutoramento de Samuelson tenha sido Joseph Schumpeter, um autor quase nos antípodas da «corrente formalista».

Em parte, as *Foundations* eram o fruto espontâneo do virtuosismo do autor, limitando-se a espelhar as suas aptidões transbordantes para a abstracção e para a formalização de alto nível a partir de premissas muito restritas[52] (muita da substância de *Foundations* é o acastelar de corolá-

---

[48] Szenberg, Michael, Aron Gottesman & Lall Ramrattan (2005), *op. cit.*, p. 21.
[49] Seligman, Bem B. (1990), *op. cit.*, p. 422 [pp. 421ss.: "Paul A. Samuelson: Neo-Classical Synthesis"].
[50] Araújo, Fernando (2005), *op. cit.*, p. 72.
[51] McCloskey, Deirdre N. (1994), *Knowledge and Persuasion in Economics*, Cambridge, C.U.P., p. 172.
[52] Vane, Howard R. (2005), *op. cit.*, pp. 36-37.

*Artigos*

rios a partir do simples postulado da «*constrained optimization*», aditado às balizas temáticas que, dentro da «galáxia keynesiana», já tinham sido definidas por John Hicks[53]), aptidões que seriam pouco depois postas ao serviço também das áreas pioneiras da programação linear (na já referida obra conjunta com Robert Dorfman e Robert Solow, *Linear Programming and Economic Analysis*).

Por outro lado, elas respondiam a um «apetite pela formalização» que, apesar das referidas resistências, vinha num crescendo desde a «Revolução Marginalista» e do seu rescaldo (Walras, Menger, Jevons, Pareto, Marshall, Edgeworth, Wicksteed, Wieser, Böhm-Bawerk, Pantaleoni, Cassel, Wicksell) e ganhara já foros de cidadania com a «*High Theory*» dos anos 30, em publicações como o *Journal of Political Economy*, a *Review of Economic Studies*, o *Economic Journal* e a *Econometrica*, e nos departamentos de Economia em Chicago, Harvard ou na London School of Economics (Hicks, Hotelling, Lange, Allais, Lerner, e vários outros, ilustram essa época).

Nesse ponto, as *Foundations* são a resposta adequada para um auditório que estava preparado e ávido de uma obra assumida e rematadamente formalista – cabendo aqui falar-se numa «retórica do formalismo matemático», que tem sido minuciosamente analisada, e precisamente por referência à *Foundations*[54].

Mas é evidente que há muito mais nesta obra que, lançando os alicerces daquilo que ficaria conhecido por «síntese neoclássica»[55] (simplificando: uma síntese «walrasiana-keynesiana»), marcou o arranque da Ciência Económica no pós-guerra. Há a releitura do keynesianismo em termos muito depurados e «espartilhados» (e por isso infelizmente desacompanhados das intuições difusas e do rasgo literário do próprio J.M.

---

[53] Samuels, Warren J., Jeff E. Biddle & John B. Davis (2003), *A Companion to the History of Economic Thought*, Malden MA, Blackwell, p. 320.

[54] Como o faz Deirdre Mcloskey, escolhendo duas páginas ao acaso (as pp. 122 e 123 das *Fondations*) e submetendo-as a um cuidadoso exame. Cfr. McCloskey, Deirdre N. (1998), *The Rhetoric of Economics*, 2ª ed., Madison WI, University of Wisconsin Press, pp. 35ss..

[55] Um rótulo introduzido pelo próprio Samuelson na 5ª edição do Manual, em 1955.

Keynes), levemente distorcidos e aditados *ad hoc*[56], e submetidos ao invariável paradigma da «optimização com restrições», que parecia querer absorver todo o espectro dos problemas económicos e cedo degeneraria num chavão reducionista para as gerações subsequentes, geralmente na formulação variante de Lionel Robbins, *"o estudo do comportamento humano como a relação entre fins e meios escassos susceptíveis de usos alternativos"*: a afectação de recursos era o processo objecto de optimização, e as «restrições» seriam as que decorrem da escassez dos meios[57].

O *pedigree* intelectual da ideia de «optimização com restrições» era aliás abundante e conhecido – pense-se, por exemplo, na forma como Pareto reduzia a actividade económica a um embate entre os nossos desejos e os obstáculos que se lhes apresentam, um embate em busca de um equilíbrio –; mas é a formalização de Samuelson que lhe confere uma aparência de automatismo «mecanicista» e lhe empresta o peso carismático de uma «ciência de rigor».

Agora a diferença qualitativa encontrava-se nas novas pretensões do reducionismo, aquela convicção, entre o arrogante e o ingénuo, de que a aplicação recorrente e invariável de um mesmo procedimento elementar a partir de postulados coesos abriria as portas de uma área científica inteira – no caso, que, diante de qualquer problema económico, bastariam dois passos: 1) a redução do número de variáveis até que subsistisse, à escala pretendida, a relação básica descarnada; 2) a reinterpretação / reconstrução dessa relação básica como um problema de «optimização com restrições».

Pelo lado positivo, tratava-se de procurar soluções sólidas e consensuais em áreas nas quais o debate puramente verbal tendia a eternizar-se, tentando reformular as questões de modo a que se pudesse dar-lhes uma resposta, por elementar e estilizada que esta fosse.

---

[56] Pense-se na adição do conceito de «acelerador», ou na ideia, mais ou menos velada mas recorrente, de que o essencial do keynesianismo é uma teoria do desemprego cuja originalidade consistiu em derivar o fenómeno de condições dinâmicas de desequilíbrio, as «viscosidades» do mercado – cfr. Samuels, Warren J., Jeff E. Biddle & John B. Davis (2003), *op. cit.*, p. 407.

[57] Screpanti, Ernesti & Stefano Zamagni (2005), *An Outline of the History of Economic Thought*, 2ª ed., Oxford, O.U.P., pp. 164-165.

Por outras palavras, o «*Leitmotiv*» das *Foundations*, a «optimização com restrições», adequava-se à descrição sintética da conduta de um indivíduo racional confrontado com a necessidade de escolhas e de orientação «consequencialista», teleológica, das meta-escolhas, ou «opções de base»; não admira que, atrás desse pendão, a Economia se tenha tornado o ponto focal e o alicerce de todas as análises reducionistas da conduta humana (a razão mais aparente, mas também a mais frágil, para o consabido «imperialismo» da Economia).

É nos alicerces da «optimização com restrições» que as *Foundations* erigem a teoria do produtor e a teoria do consumidor, avançando com as armas do cálculo[58] para a formulação dos problemas do equilíbrio geral, tal como eles tinham ficado fixados por Hicks em 1939 (com declínio do interesse pelos temas de concorrência e de automatismo nos mercados, que era ainda proeminente na obra de Marshall) [59].

Nas *Foundations*, destes problemas do equilíbrio geral parte-se para a abordagem «de bem-estar» das correspondentes afectações de recursos (naquilo que alguns já caracterizaram como a «refundação paretiana da Microeconomia»), tentando progredir na exploração dos Teoremas Fundamentais da «*Welfare Economics*» (a associação do «óptimo de Pareto» ao equilíbrio concorrencial, e as implicações das afectações iniciais de recursos para a obtenção de um tal «óptimo de Pareto»)[60] – daí nascendo a «função de bem-estar social» mais tarde designada por «Bergson-Samuelson» (porque formulada por Samuelson com base na prévia abordagem de Abram Bergson), uma proposta de ordenação de todas as afectações de recursos igualmente correspondentes a um «óptimo de Pareto» (uma solução que ingloriamente capitularia, logo em 1951, perante o «*Impossibility Theorem*» de Kenneth Arrow)[61].

---

[58] Um recurso ao cálculo que viria a ser radicalmente contestado por Kenneth Arrow, Gerard Debreu e Tjalling Koopmans.

[59] Blaug, Mark (2002), "Is There Really Progress in Economics?", *in* Boehm, Stephan, Christian Gehrke, Heinz D. Kurz & Richard Sturn (orgs.) (2002), *Is There Progress in Economics? Knowledge, Truth and the History of Economic Thought*, Cheltenham, Edward Elgar, p. 24.

[60] Araújo, Fernando (2005), *op. cit.*, p. 213ss..

[61] Samuels, Warren J., Jeff E. Biddle & John B. Davis (2003), *op. cit.*, pp. 377-379. Cfr. Araújo, Fernando (2005), *op. cit.*, p. 620.

As «vestes formais» não explicam a mecânica subjacente à construção de Samuelson: essa temos que buscá-la, antes, nos métodos matemáticos aplicados à termodinâmica – como Samuelson não deixou, aliás, de assinalar, reconhecendo especificamente a sua inspiração no trabalho de Willard Gibbs sobre termodinâmica, *On the Equilibrium of Heterogeneous Substances* (1876), uma obra por sua vez centrada no «Princípio de Le Châtelier», uma forma de «estática comparativa» que encara a «maximização com restrições» como causa de transição entre estados de equilíbrio por simples modificações de parâmetros do sistema. O físico e cultor da estatística Edwin Bidwell Wilson foi o grande mediador nessa importação de paradigmas e nesse «deslizamento metafórico» que contribuiu decisivamente para a substância de *Foundations* (não ficaram por aí as inspirações multidisciplinares, tendo que se referir as incursões na «Economia Biológica» sob o ascendente de Alfred James Lotka[62]). Deve-se, no entanto, ao talento de Samuelson a intuição respeitante às relações entre «estática comparativa» e «dinâmica comparativa», através do «*correspondence principle*», um passo na direcção da análise das condições de estabilidade dinâmica dos equilíbrios gerais[63] (devendo sublinhar-se que a clivagem entre as vertentes «estática» e «dinâmica» continuou muito presente ao longo de toda a obra de Samuelson, como uma das suas «dicotomias constitutivas»[64]).

Mas são as «vestes formais» que explicam o carácter ambicioso da obra, começando pela arrogância do título, *Foundations of Economic Analysis*, a sugerir que se trata de uma meta-teoria, uma «teoria de teorias» vocacionada para restabelecer as condições de validade de toda a ciência económica por referência a novos «alicerces» – o que o próprio Samuelson sugeriu ser uma sistemática conciliação das vertentes teórica e prática (ou aplicada) daquela ciência, uma elaboração de teoremas

---

[62] Kingsland, Sharon E. (1994), "Economics and Evolution: Alfred James Lotka and the Economy of Nature", *in* Mirowski, Philip (org.) (1994), *Natural Images in Economic Thought. «Markets Read in Tooth and Claw»*, Cambridge, C.U.P., pp. 242ss..

[63] Screpanti, Ernesti & Stefano Zamagni (2005), *op. cit.*, pp. 380-381.

[64] Bausor, Randall (1986), "Time and Equilibrium", *in* Mirowski, Philip (1986), *The Reconstruction of Economic Theory*, Dordrecht, Kluwer, p. 101; Weintraub, E. Roy (1988), "On the Brittleness of the Orange Equilibrium", *in* Klamer, Arjo, Donald N. McCloskey & Robert M. Solow (orgs.) (1988), *The Consequences of Economic Rhetoric*, Cambridge, C.U.P., pp. 148ss..

pragmaticamente relevantes, operativos, susceptíveis de dar resposta aos dois pólos da realidade económica: por um lado agentes maximizadores (consumidores e produtores), por outro lado sistemas gravitando em direcção a equilíbrios estáveis.

A explicação mais simples e tradicional aplica-se também aqui: a Ciência Económica lida com valores agregados, com grandes dimensões nas quais é possível discernir padrões e tendências subjacentes à complexidade da superfície – sendo que tal complexidade tende a contaminar a linguagem não formalizada, muito vulnerável a generalizações difusas e a ambiguidades referenciais. Os padrões e tendências de massa prestam-se à formalização, que tende a promover a inteligibilidade, a «purificar» e a habilitar à construção de modelos coerentes a partir de mais ou menos complexas cadeias de interdependências. Perder-se-á em agilidade, em sensibilidade «simpática», em «fineza» de intuição, o que se ganha em transparência, em verificabilidade de métodos, em transmissibilidade de dados, em capacidade de sistematização e de síntese. Por outras palavras, há fenómenos cuja compreensão só está verdadeiramente ao alcance de um tratamento matemático, e a Economia não parece prescindir de abarcá-los – não recuando perante a sua vastidão, a sua complexidade, a sua aparente intratabilidade.

A formalização trazia, como referimos, a «ilusão de rigor» e a solidez das arquitectónicas axiomáticas, e parecia prometer poderosos corolários teóricos, e mesmo previsões seguras, a partir de um conjunto reduzido de «chaves mestras» encontradas na matemática – e aparecia no momento exacto, ajudando à entrada dessa orientação matemática no «*mainstream*» da Ciência Económica (antes disso tinha curso a anedota segundo a qual o economista seria alguém "bom em números", mas sem o carisma suficiente para se tornar contabilista...).

Não foi decerto Paul Samuelson o mais profundo e criativo dos economistas matemáticos – uma simples comparação com a obra de Kenneth Arrow bastará –, mas é ele que consolida e impõe o novo cânone metodológico, o patamar que teriam doravante de alcançar todos aqueles que quisessem reclamar o seu domínio da «arte» e tivessem a pretensão de participar de modo relevante nos diálogos da vanguarda (Robert Lucas reconheceu recentemente que deveu à leitura minuciosa das *Foundations* a sua formação básica como economista, o seu ingresso na «confraria»).

A sistemática conciliação das vertentes teórica e aplicada da Ciência Económica era, como referimos, a primeira intenção das *Foundations*, e ditará muitas ressalvas militantes no meio do crescente agnosticismo induzido pelos elevados níveis de abstracção[65] (dito de outro modo, a pureza da abordagem teorética não exigia a não-contaminação por valores, e não era decerto Samuelson a insistir numa profissão de fé platonista[66], mantendo-se aberto para a consideração do papel director da intuição)[67].

Mas Samuelson terá tido, neste ponto, a proverbial ingenuidade do aprendiz de feiticeiro, aprofundando uma tendência para o formalismo que cedo degeneraria na conversão do método num fim em si mesmo[68] – não deixando de ser irónico que nas *Foundations* se multipliquem as advertências contra os bizantinismos formalistas, contra as "*mental gymnastics of a particularly depraved type*" desenvolvidas nas torres ebúrneas de "*highly trained athletes who never ran a race*", quando ao mesmo tempo se acelera a sedimentação de uma tradição que, levada aos seus limites, contribuiu mais do que qualquer outra para o irrealismo e alheamento da análise, para a dificuldade de comunicação e para a irrelevância política – pecados graves numa construção que não abandonou, nem pretende abandonar, a sua identidade de Ciência Social. E a situação só não é mais grave porque é forçoso reconhecer que a própria Matemática entretanto evoluiu profundamente e tem admitido a multiplicação de paradigmas no seu interior, não consistindo portanto no monólito que, vista de fora e à distância, por vezes aparenta ser[69].

O enamoramento pela forma, uma certa "poesia do rigor axiomático", explica esse desenvolvimento inadvertido que conduziu ao cisma entre as vertentes pura e aplicada da Economia. Como algures se observava com ironia, antes do predomínio do formalismo abundavam os

---

[65] Roy, Subroto (1989), *Philosophy of Economics. On the Scope of Reason in Economic Inquiry*, London, Routledge, pp. 21-22.

[66] Roy, Subroto (1989), *op. cit.*, pp. 52-53, 141.

[67] Samuelson, Paul A. (1949), "International Factor-Price Equalisation Once Again", *Economic Journal*, 59, 181-186; cfr. Frantz, Roger (2005), *Two Minds. Intuition and Analysis in the History of Economic Thought*, New York, Springer, p. 141.

[68] Skousen, Mark (2001), *op. cit.*, pp. 359-360.

[69] Roy, Subroto (1989), *op. cit.*, p. 147.

estudos pouco profundos e pouco claros; e com o predomínio do formalismo... continuou a verificar-se a mesma falta de profundidade e de clareza. E, com ironia mais crua, Kenneth Boulding sublinhará que do legado das *Foundations* tinha certamente resultado maior rigor – só que se tratava do «*rigor mortis*» do formalismo matemático[70].

Abriga-se ainda no formalismo a esperança positivista no progresso do conhecimento através da depuração lógica da linguagem natural – uma ilusão, porque se impõe reconhecer que nenhuma linguagem formal tem «acessos privilegiados» do ponto de vista epistemológico e que nada demonstra, ou pode demonstrar, que a linguagem natural esteja de tal modo contaminada que ela veja comprometido o seu «acesso» à realidade. Aceita-se como razoável uma colaboração, mas decerto já não o é uma pretensa «superação» ou «deposição» da linguagem natural; se aceitássemos esta como boa, que restaria do estatuto científico das proposições «puramente literárias» de Adam Smith, ou das proposições «dominantemente literárias» de Ronald Coase e dos seus seguidores?

Os últimos artigos de opinião com a assinatura de Paul Samuelson são não somente exercícios puramente literários – não sendo de esperar outra coisa, dado o formato e o público-alvo –, constituindo também sinceros reconhecimentos de que muitas dualidades em que assentava o neoclássico «cálculo optimizador» deixaram de fazer sentido com a progressiva aproximação da Economia à Psicologia e a sua abertura à sensibilidade «comportamentalista», repleta de contínuos entre extremos e de *nuances* acerca daquilo que é o comportamento-padrão, e capaz até de fornecer uma imagem ainda mais intensamente racional – contextualmente racional – do que a fornecida pelas premissas clássicas e neoclássicas da Economia: explicando, nos termos do paradigma da «racionalidade limitada», que nos é dado dosear a racionalidade que aplicamos em cada contexto em função de objectivos específicos, não havendo pois, graças a esse policiamento meta-racional, nenhum estado de racionalidade perfeita válido para todas as ocasiões, e muito menos uma racionalidade que possa confundir-se com um propósito invariável de maximização, por atribuição da características à racionalidade decisó-

---

[70] Wood, John Cunningham & Michael McLure (orgs.) (2005), *Paul A. Samuelson. Critical Assessment of Contemporary Economists. Second Series*, Oxford, Routledge, Vol. III, pp. 74ss.. (a 1ª série dedicada a Samuelson é de 1989)

ria, como se ela pudesse confundir-se com a racionalidade argumentativa ou justificativa[71].

## VI. De Keynes à «Síntese Neoclássica»

O primeiro contacto do estudante Paul Samuelson com a *Teoria Geral* de John Maynard Keynes gerou sentimentos de estranheza e de repulsa: como podia aquele economista britânico pôr em causa os postulados do «equilíbrio geral», ao aventar a hipótese de um equilíbrio de subemprego – a possibilidade de o desemprego não ser erradicável, e portanto ter que haver formas de lidar permanentemente com o fenómeno?[72] Demasiado pessimismo para quem queria esconjurar os fantasmas da Grande Depressão, e demasiada heterodoxia, em suma[73].

Como já sabemos, isso não impediu que Paul Samuelson se convertesse a breve trecho num dos apóstolos norte-americanos do keynesianismo[74] (mais especificamente do «*fiscal keynesianism*»[75]), juntamente com Alvin Hansen e Seymour Harris[76] – no caso de Samuelson, como vimos, mais pelos seus méritos de vulgarizador do que pela inegável sofisticação dos seus contributos doutrinários[77].

---

[71] As mais das vezes a visão rígida e universalizadora de «racionalidade» mais não é do que confusão entre o juízo retrospectivo de avaliação da adequação dos meios aos resultados, por um lado, e por outro as motivações psicológicas do agente no momento em que é confrontado com a necessidade de agir (sendo que a vantagem retrospectiva tende para atribuições enviezadas, seja no empolamento da racionalidade seja no da presciência dos resultados). Cfr. Boland, Lawrence A. (1997), *Critical Economic Methodology. A Personal Odyssey*, London, Routledge, pp. 168-169.

[72] Skousen, Mark (2001), *op. cit.*, pp. 358, 361.

[73] Parker, Randall E. (2002), *op. cit.*, p. 29.

[74] Klein, L.R. (2006), "Paul Samuelson as a «Keynesian» Economist", *in* Szenberg, Michael, Lall Ramrattan & Aron A. Gottesmann (orgs.) (2006), *op. cit.*, pp. 165ss..; Davidson, Paul (2006), "Samuelson and the Keynes / Post Keynesian Revolution", *in* Szenberg, Michael, Lall Ramrattan & Aron A. Gottesmann (orgs.) (2006), *op. cit.*, pp. 178ss..

[75] Canterbery, E. Ray (2001), *op. cit.*, pp. 238-239.

[76] Skousen, Mark (2001), *op. cit.*, p. 352.

[77] King, John Edward (2002), *A History of Post Keynesian Economics Since 1936*, Cheltenham, Edward Elgar, p. 104.

*Artigos*

Não se deve subestimar a influência de John Hicks na conversão de Samuelson, pois esta conversão ficou facilitada pela «diluição», por aquele, das teses keynesianas nos quadros da ortodoxia neoclássica, dando assim o primeiro passo num processo de convergência e sincretismo a que Samuelson daria o impulso decisivo[78]. Samuelson chegou ao ponto de sugerir, em 1946[79], que nem o próprio Keynes tinha percebido o alcance da sua teoria até Hicks e Hansen a terem sujeitado a um tratamento matemático e gráfico intenso, reduzindo-a a equações e diagramas, mormente o diagrama IS-LM (uma brilhante manipulação das variáveis keynesianas à maneira da «*equilibrium analysis*» tradicional)[80]. A dívida intelectual é de resto tão extensa e profunda que, chegado o momento de reconhecê-la, Samuelson se enreda numa teia de ambiguidades e de hesitações embaraçadas que parecem esboçar uma difícil conciliação entre gratidão e «ansiedade da influência» (para usarmos a expressão consagrada de Harold Bloom)[81].

Mas não há dúvida de que há originalidades na própria intermediação de Paul Samuelson na sedimentação do «credo neokeynesiano», mormente a concepção do «*45-degree model*»[82] conduzindo a uma espécie de «cruz keynesiana»[83] (por analogia com a «cruz marshalliana») que evidenciava graficamente as possibilidades de «navegação» da política orçamental entre «hiato inflacionista» e «hiato deflacionista», combi-

---

[78] Canterbery, E. Ray (2001), *op. cit.*, p. 245.

[79] No artigo "Lord Keynes and the General Theory", publicado na *Econometrica*.

[80] Samuels, Warren J., Jeff E. Biddle & John B. Davis (2003), *op. cit.*, p. 329; Snowdon, Brian & Howard R. Vane (2005), *Modern Macroeconomics: Its Origins, Development and Current State*, Cheltenham, Edward Elgar, pp. 70ss.. Cfr. Araújo, Fernando (2005), *op. cit.*, pp. 832ss.; Hussain, Syed B. (org.) (2004), *op. cit.*, p. 509 ("macroeconomics").

[81] Samuelson, Paul A. (2001), "My John Hicks", *in* Puttaswamaiah, K. (org.) (2001), *John Hicks. His Contributions to Economic Theory & Application*, New Brunswick NJ, Transaction Publishers, pp. 1ss..

[82] Araújo, Fernando (2005), *op. cit.*, pp. 750, 753, 755-756, 758, 815-817 (gráficos 21.6, 21.7, 21.8, 21.9, 21.10, 21.11, 21.12, 24.7, 24.8, 24.9).

[83] Feiwel, George R. (1985), "Quo Vadis Macroeconomics? Issues, Tensions and Challenges", *in* Feiwel, George R. (org.) (1985), *Issues in Contemporary Macroeconomics & Distribution*, Albany NY, SUNY Press, p. 11; Skousen, Mark (2001), "Paul Raises the Keynesian Cross: Samuelson and Modern Economics", in Skousen, Mark (2001), *op. cit.*, pp. 351ss.

nando os valores da procura agregada aos níveis de emprego (de «PIB potencial»)[84].

E é também em tributo às suas próprias «adições ao cânone» (mas também ao estilo criativo que mais tarde gerará a Lei de Okun ou a Curva de Phillips[85]) que Samuelson se referirá à «síntese neoclássica», basicamente o keynesianismo nas vestes da análise formal pós-marginalista[86], ou seja, como sugerimos já, um keynesianismo despojado da exuberância argumentativa do original e reduzido à fria austeridade do reducionismo formalista[87], na esperança (vã?) de, através desse esforço despojador, se chegar à transparência das variáveis e interdependências primordiais – ou, mais crua e pragmaticamente, «domesticar» Keynes e torná-lo mais discernível por uma comunidade de cientistas ainda profundamente condicionados pelas «categorias de entendimento» herdadas da mais recente revolução intelectual na sua área, o marginalismo.

John Maynard Keynes, congruentemente com a sua posição e atitude geral, não se tinha preocupado em desenvolver um modelo formal no cerne da sua *Teoria Geral* – e daí decorreu o facto de o próprio campo dos admiradores e seguidores de Keynes ter ficado profundamente dividido quanto às implicações do legado da *Teoria Geral* para a evolução do cânone dominante (mormente as implicações para o núcleo «micro» da Teoria dos Preços): sendo que uns admitiam um corte radical com esta tradição, enquanto que Samuelson, alinhando no entendimento oposto, procurava uma compatibilização por confluência, por uma «síntese» susceptível de minimizar as concessões recíprocas e as consequentes truncagens.

---

[84] Canterbery, E. Ray (2001), *op. cit.*, pp. 239ss.; Hussain, Syed B. (org.) (2004), *op. cit.*, pp. 457-458 ("Keynesian Economics").

[85] Pearce, Kerry A. & Kevin D. Hoover (1995), "After the Revolution: Paul Samuelson and the Textbook Keynesian Model", *in* Cottrell, Allin F. & Michael S. Lawlor (orgs.) (1995), *New Perspectives on Keynes (Annual Supplement to Volume 27. History of Political Economy)*, Durham, Duke U.P., p. 185.

[86] Roncaglia, Alessandro (2005), *The Wealth of Ideas. A History of Economic Thought*, Cambridge, C.U.P., pp. 481-484.

[87] Klaes, Matthias, "Keynes between Modernism and Post-modernism", *in* Northrup, Cynthia Clark (org.) (2003), *The American Economy: A Historical Encyclopedia*, Santa Barbara CA, ABC-CLIO, p. 260.

Compreende-se que esta intenção tenha bastado para relativizar e temperar um pouco a sensação de dívida de Samuelson para com o próprio Keynes. Samuelson não deixaria de ser keynesiano e de sentir orgulho em ter pertencido a esse movimento tão fértil e sofisticado: só que isso não envolvia – não podia envolver – qualquer devoção cega, qualquer apego religioso, ele que se revelara congenitamente adverso a intervencionismos e viveria o suficiente para assistir à forma especialmente perversa de intervencionismo em que se converteram muitas experiências da segunda metade do século XX, todas reclamando-se da mais perfeita ortodoxia keynesiana[88].

Em contrapartida, isso não impediu que ele tenha sido o mais efectivo «missionário» do keynesianismo, ao mesmo tempo que era mais do que isso – porque se tivesse sido só isso teria entrado tão depressa na penumbra da história do pensamento económico como qualquer outro «puro keynesiano», como Alvin Hansen, por exemplo. Era mais do que isso – e imperativo se torna reconhecer que sem Samuelson, sem as suas formalizações «abastardadas» do cânone keynesiano[89], sem os seus reducionismos diagramáticos, não se teria chegado a Robert Lucas – ou seja, é também graças ao contributo original de Samuelson que a própria ortodoxia keynesiana entrará na sua mais profunda crise interna.

Sendo assim, dir-se-á que a «síntese neoclássica», a expressão de 1955, fez do legado keynesiano um afluente do caudal que vinha do marginalismo – não subsistindo dúvidas de quem é que prevaleceu, de quem absorveu quem, na própria intenção de Samuelson, mesmo se tomarmos a referida «síntese» num outro sentido, que apesar de mais divulgado nos soa a prematuro e «lucasiano», o sentido da confluência da microeconomia com a macroeconomia (na perene dicotomia da autoria de Ragnar Frisch), ou se acabarmos por adoptar o entendimento que nos parece preferível, o de que a turbulência «macro» de curto prazo não tem a

---

[88] Numa conferência com Solow e Samuelson, Modigliani referia-se a um colega europeu que lamentava que *"o pobre do Modigliani ainda acredita em Keynes"*, observando: *"melhor isso do que nunca ter chegado a entender Keynes!"*.

[89] A expressão é de Joan Robison, que acusava de «abastardamento» essas formalizações «hidráulicas» das ideias de Keynes. Cfr. Pearce, Kerry A. & Kevin D. Hoover (1995), "After the Revolution: Paul Samuelson and the Textbook Keynesian Model", *in* Cottrell, Allin F. & Michael S. Lawlor (orgs.) (1995), *op. cit.*, pp. 193ss..

virtualidade de perturbar os equilíbrios «micro» de longo prazo (e que portanto o sucesso da estabilização é a convocação das condições ideais de funcionamento microeconómico, tornando o primeiro objectivo ancilar do segundo).

Compreende-se que assim fosse: o keynesianismo apelava ao rigor formal e à sofisticação teorética de Samuelson, mas nada se sobrepunha, em última análise, à necessária flexibilidade adaptativa ditada pelo realismo, à ductilidade reclamada pela tradução da teoria na prática[90].

Além disso – aspecto não despiciendo – havia ainda um objectivo pragmático secundário, o de tomar a nova torrente inovadora por um afluente do *mainstream*, para com isso acelerar o reconhecimento das credenciais científicas da mais jovem dos dois (o objectivo ainda é mais nítido no título do artigo de 1937 em que Hicks lançou a construção IS-LM[91]: "Mr. Keynes and the «Classics»: A Suggested Interpretation").

Talvez baste analisarmos a expressão literalmente: trata-se da «síntese *neoclássica*», não da «síntese *keynesiana*». Nenhuma revolução copernicana, portanto – nem depois de, para efeitos retóricos, se ter reduzido a tradição clássica e neoclássica a uma imagem cristalizada, muito mais compacta, estruturada, «polida» e imóvel do que o que consentiria a observação da realidade (ainda hoje tem curso essa noção simplista de que dentro da Microeconomia não há debate)[92].

Bem entendida, pois, a «síntese neoclássica» orienta-se para o fim pragmático por excelência, a promoção, por manipulação das variáveis agregadas da Macroeconomia, de condições de funcionamento da Microeconomia *tal como eles nunca tinham existido* nem – segundo a lição de Keynes – podiam existir, sem aquela manipulação. O lado revolucionário de Keynes é, como referimos, «domado», reaparecendo em vestes mais consentâneas com a forma paradigmática que a ciência deveria ter que revestir, na segunda metade do século XX, para poder beneficiar do carisma da ciência «pós-einsteiniana». Na essência, a ambiguidade do keynesianismo, que ditará todas as degenerações doutrinárias e polí-

---

[90] Fox, Justin (2009), *The Myth of the Rational Market. A History of Risk, Reward, and Delusion on Wall Street*, New York, Harper Business, pp. 61-62 ("A Random Walk from Paul Samuelson to Paul Samuelson").

[91] Inicialmente, IS-LL.

[92] Samuels, Warren J., Jeff E. Biddle & John B. Davis (2003), *op. cit.*, pp. 308-309.

ticas sob a sua alçada, mantém-se: porque agora o que os pensadores de Cambridge, Massachusetts asseveram é que é possível transcender a intervenção do Estado e recobrar em pleno a confiança nos automatismos do mercado – só não dizendo *quando*[93].

O declínio deste impulso keynesiano e do edifício de «síntese» sobre ele edificado – como já referimos de passagem – deve-se a um facto inesperado, e mais do que inesperado, um facto imprevisto: a «estagflação», a combinação de elevado desemprego e de elevada inflação a conspirarem contra o crescimento económico[94]. Tratava-se de um verdadeiro mistério, até se ter percebido que o choque petrolífero de 1973 tinha causado uma retracção da *oferta* agregada – quando anteriormente a ortodoxia keynesiana só concebia movimentos da *procura* agregada, e dela retirava os *«trade-offs»* elementares da política macroeconómica, cingida à gestão de curto prazo dessa procura agregada[95] (mais inflação com menos desemprego, menos inflação com mais desemprego, mas nunca os dois a aumentarem ou a diminuírem ao mesmo tempo – a chave para a definição inicial, a mais elementar, da «Curva de Phillips»[96]).

O fenómeno da estagflação já de si era bizarro. Mas o que verdadeiramente desacreditou a ortodoxia keynesiana foi a incapacidade, então demonstrada, de fornecer um remédio para esse «pesadelo macroeconómico»: havia remédios tanto para a inflação como para o desemprego, mas nenhum remédio para a manifestação combinada de ambos[97].

Como o próprio Samuelson reconheceu, a estagflação abria uma brecha na muralha da «síntese neoclássica» – uma muralha que resistira longamente aos assaltos monetaristas[98]. Mas, mais irónico, enquanto que é facto que esse declínio foi aproveitado para o sucesso político das teses monetaristas e liberais (consagradas na independência dos Bancos Centrais e na subsequente «Regra de Taylor»[99], ou mais visivelmente na

---

[93] Dougherty, Peter J. (2002), *op. cit.*, p. 24.
[94] Araújo, Fernando (2005), *op. cit.*, p. 660ss..
[95] Snowdon, Brian & Howard R. Vane (2005), *op. cit.*, pp. 24ss..
[96] Cfr. Araújo, Fernando (2005), *op. cit.*, p. 774ss..
[97] Klaes, Matthias, "Keynes between Modernism and Post-modernism", *in* Northrup, Cynthia Clark (org.) (2003), *op. cit.*, p. 265.
[98] Spulber, Nicolas (1989), *Managing the American Economy, from Roosevelt to Reagan*, Bloomington IN, Indiana University Press, p. 98.
[99] Araújo, Fernando (2005), *op. cit.*, p. 799ss..

exaltação do «Estado Mínimo» com as políticas de Margaret Thatcher e de Ronald Reagan), os danos estruturais mais sérios foram causados pelas construções de Robert Lucas e de Thomas Sargent, a sugerirem a inutilidade, inicial ou superveniente, de rectificações ao funcionamento de curto prazo de mercados que, em larga medida, passavam a ser considerados como dotados de «racionalidade sistémica».

Volatilidades e prazos eram descartados, de uma penada, pela abordagem das «Expectativas Racionais», de súbito arvorada em «nova ortodoxia macroeconómica», com uma rapidez verdadeiramente «viral», tanto em capacidade de replicação como em potência destrutiva do hospedeiro[100]. O próprio Paul Samuelson acabou por reconhecer que, se tivesse que optar entre os paradigmas sucessivamente dominantes, mais facilmente descartaria a mensagem keynesiana na sua forma primitiva (o *«ur-Keynesian model»*) do que se atreveria a defrontar a nova «vaga de fundo»[101].

Isso não significava o abandono de todos os velhos paradigmas e de todos os projectos políticos: a própria Microeconomia triunfante ainda implicava, na perspectiva de Samuelson, a superioridade dos desafios de Hicks dentro do cânone Marshalliano[102]; a antecipação do longo prazo macroeconómico pelas artes dos defensores das «expectativas racionais» não destruiu as convicções de Samuelson quanto à necessidade de uma economia mista, assente na presença activa e nítida do Estado[103]; a «mão invisível» de Adam Smith continuou a ser, para ele, não mais do que uma «meia-verdade»[104], sobretudo quando considerada à luz de novos arquétipos, como o da «concorrência monopolística», um progresso que ele considerava tão revolucionário como irreversível[105].

---

[100] Araújo, Fernando (2005), *op. cit.*, p. 784ss..
[101] Fox, Justin (2009), *op. cit.*, p. 180.
[102] Roy, Subroto (1989), *op. cit.*, p. 173.
[103] Puttaswamaiah, K. (2002), "Contributions of Paul A. Samuelson", *in* Puttaswamaiah, K. (org.) (2002), *op. cit.*, p. 12.
[104] Hutchison, Terence (2000), *On the Methodology of Economics and the Formalist Revolution*, Cheltenham, Edward Elgar, pp. 340ss..
[105] Samuels, Warren J., Jeff E. Biddle & John B. Davis (2003), *op. cit.*, p. 305. Cfr. Araújo, Fernando (2005), *op. cit.*, p. 390ss..

No fim, o impulso inicial do keynesianismo esgotava-se, para sobre ele se erguer um neokeynesianismo – deliberada ou até inadvertidamente herdeiro da «síntese» tentada por Samuelson. Não havia, também aqui, qualquer retrato de Dorian Gray: mas o declínio das ideias poderia – deveria – ser encarado como uma inevitabilidade, uma característica inseparável de qualquer criação humana.

Keynes estava morto? *"Sim"*, respondeu prontamente Paul Samuelson, *"Keynes está morto, tal como o estão Einstein e Newton"*[106].

## VII. A Controvérsia com Milton Friedman (ou: a criança que não sabia parar)

Nenhum confronto de ideias económicas suscitou tanta curiosidade no público em geral e mobilizou tanto a profissão dos economistas como aquele que foi sendo mantido pelos dois amigos (que nunca deixaram de sê-lo[107]), Paul Samuelson e Milton Friedman, os Prémios Nobel de 1970 e de 1976. Nem se pode dizer que tenha sido uma coisa episódica, uma demonstração cintilante de personalidades e talentos em colisão, destinada a perdurar muito pouco na memória colectiva: é que o embate é tão simbólico das opções em presença para a arquitectura geral de economias livres que, de certo modo, tomarmos consciência dos termos do debate é acedermos por um atalho àquilo que foi verdadeiramente a essência da política económica dessas economias na segunda metade do século XX.

Já indicámos que o progressivo afastamento de Samuelson em relação à Escola de Chicago, culminando na sua conversão ao Keynesianismo, teria necessariamente que significar uma fé, mitigada que fosse, no protagonismo estadual na economia, uma posição que, no panorama norte-americano, acarretava uma conotação esquerdista («*liberal*», no sentido específico que a expressão adquire nos EUA).

---

[106] Snowdon, Brian & Howard R. Vane (2005), *op. cit.*, p. 358.
[107] Snowdon, Brian & Howard R. Vane (2005), *op. cit.*, p. 218.

Milton Friedman, cujos caminhos se tinham cruzado em Chicago, desde 1933, com os de Samuelson, não apenas se mantivera apegado aos valores que viriam a celebrizar a Escola de Chicago, como ainda contribuiria para o aprofundamento (os críticos diriam para a radicalização) dessa orientação teórica e política: uma defesa do «Estado mínimo» de acordo com uma ética liberal («*conservative*» no léxico político norte-americano), ou talvez, mais apropriadamente, libertária.

Num, portanto, uma fé mitigada no funcionamento do mercado – ou ao menos uma fé condicionada a prévias rectificações macroeconómicas, ou ao decurso do «longo prazo» –; no outro uma fé quase irrestrita no funcionamento do mercado (exceptuadas algumas áreas como a Justiça ou a Defesa), ou ao menos a fé de que o mercado *funcionaria* se conseguisse libertar-se adequadamente da sombra tutelar do Estado, se o Estado não causasse as perturbações macroeconómicas para as quais ironicamente o mesmo Estado se queria apresentar como solução (em boa lógica libertária, nele não predominava a fé no mercado, mas antes a absoluta falta de fé na capacidade de contenção ou de rectificação das tendências tentaculares do Estado).

Já dissemos o quanto Samuelson respeitava os dotes de polemista do seu adversário, mas a recíproca era igualmente verdadeira, ainda que nem sempre isso transpareça do estilo aguerrido de Friedman. Ambos possuidores de currículos incontestáveis, assemelhavam-se no brilho oratório, no rasgo literário, na concisão e na incisão argumentativas: mas foi o próprio Samuelson a reconhecer que, conquanto no rescaldo dos debates, a frio, fosse possível reconhecer ao menos o equilíbrio das posições, no calor da contenda Milton Friedman dispunha de um *handicap* evidente, na medida em que as suas convicções apelavam com facilidade a valores constituintes da nação americana, o fascínio individualista pelo sucesso do «*self-made man*» e pela autonomia do «*frontier spirit*», uma espécie de condição primordial que no subconsciente colectivo norte--americano reclama sempre precedência sobre o pacto social, mesmo quando a razão impõe o oposto.

Mais subtilmente, a posição de Friedman tendia a remeter para as margens, culturais e até geográficas, a posição de um professor das elitistas e europeizadas Faculdades de Boston («*liberal*», no sentido norte-americano, tem também essa conotação de «elitista» e de «espúrio»), impondo a Samuelson o ónus adicional de inverter tal presunção. Em termos europeus, Milton Friedman tinha a capacidade de fazer Samuelson parecer um esquerdista – coisa que desagradava profundamente à sensibilidade moderada (e anti-populista[108]) de Samuelson[109].

Para este, Milton Friedman era, antes de mais, o prototípico monetarista, capaz de, com extremo talento, avançar para os mais remotos corolários das equações básicas do quantitativismo, sem cair em paradoxo e sem se desviar um milímetro da congruência dedutiva – e por isso predisposto a mobilizar toda a sua fé ao serviço desse credo minimalista e intuitivo, e em especial a fé libertária, de uma solidez invulgar[110]. À crença na gestão continuada das variáveis macroeconómicas contrapunha ele a convicção inabalável numa única regra, a do incremento da massa monetária estritamente limitado ao ritmo de crescimento da economia – o que no seu entender estabilizaria as expectativas e, através delas, as variáveis macroeconómicas[111].

Para Samuelson isto soava, por assim dizer, a platonismo – até no sentido próprio de o monetarismo remeter para um projecto radical totalmente estribado numa esperança pedagógica (a estabilização das expectativas tinha semelhanças com a estafada «revolução das mentalidades»). Quando, ainda em corolário das suas convicções nucleares, Milton Friedman (acompanhado de Edmund Phelps) parte da «Curva de Phillips» para a formulação do conceito de «Taxa Natural de Desemprego»[112], Samuelson, que concordava com a ideia da «Curva de Phillips aumentada pelas expectativas» (e até já a anteciparia na sua docência[113]), não hesitará em exprimir os seus receios de que o conceito, por rigoroso que fosse, pudesse degenerar num simples pretexto para o abandono do combate ao desemprego e para um abandono dos desempregados à sua sorte

---

[108] Thornton, William H. (2002), *Fire on the Rim: The Cultural Dynamics of East / West Power Politics*, Lanham MD, Rowman & Littlefield, p. 109.

[109] Szenberg, Michael, Lall Ramrattan & Aron A. Gottesmann (orgs.) (2006), *op. cit.*, p. xxv.

[110] Araújo, Fernando (2005), *op. cit.*, pp. 728ss..

[111] Araújo, Fernando (2005), *op. cit.*, pp. 841ss..

[112] Araújo, Fernando (2005), *op. cit.*, pp. 695ss..

[113] Akerlof, George A. & Robert J. Shiller (2009), *Animal Spirits: How Human Psychology Drives the Economy, and Why It Matters for Global Capitalism*, Princeton NJ, Princeton U.P., p. 113. Cfr. Araújo, Fernando (2005), *op. cit.*, pp. 784ss..

– o que poderia vir a revelar-se como um preço desproporcionadamente elevado para a travagem da inflação.

Na essência, Samuelson concordava com as premissas de Friedman nesse ponto (e por isso se distanciará progressivamente dos «orçamentalistas puros» representados por Galbraith[114]), apenas discordando da rigidez das conclusões, mormente quando susceptíveis de tradução política directa. Fiel à convicção de que "*every good cause is worth some inefficiency*", Samuelson não se inibiria de adoptar, mesmo que ocasionalmente, a ideia monetarista de que a inflação é um pecado das autoridades monetárias, que respondem com emissão de moeda às simples «pressões inflacionistas» (ainda que aquele que terá sido o mais célebre debate entre os dois, um debate televisivo em 1969, tenha gravitado em torno das «culpas» pela Grande Depressão, Samuelson insistindo na explicação multifacetada do keynesianismo e Friedman apontando invariavelmente o dedo acusador à Reserva Federal[115]); o que ele repudiava era a rigidez analítica que, apegada a essa condenação das autoridades monetárias, se pretenderia pedagógica apenas por anunciar, com o propósito de prevenção geral, a sua recusa de socorrer as vítimas da situação.

Num artigo de 1969 na *Newsweek*, sem designar o alvo (por desnecessário), Samuelson advertia severamente: "*there is no sight in the world more awful than that of an old-time economist, foam-flecked at the mouth and hell-bent to cure inflation by monetary discipline. God willing, we shan't soon see his like again*". O imperativo pragmático – e uma epidérmica aversão à "*ruthless economy*" de antanho[116] – é que ditava a separação de águas, não a visão inicial sobre os fundamentos analíticos. Com fina ironia, várias vezes Samuelson comparará Milton Friedman a uma criança que é exímia a soletrar a palavra «banana», só que não sabe quando parar...[117]

Menos visível para o público em geral, mas mais fértil em consequências para o entendimento do estatuto e missão da ciência económica, será uma outra divergência entre Milton Friedman e Samuelson, esta

---

[114] Pressman, Steven (1999), *op. cit.*, p. 165.

[115] Parker, Randall E. (2002), *op. cit.*, p. 25.

[116] Crouzet, François (2001), *A History of the European Economy, 1000-2000*, Charlottesville VA, University Press of Virginia, p. 231.

[117] Akerlof, George A. & Robert J. Shiller (2009), *op. cit.*, p. 108.

centrada em questões metodológicas – Milton Friedman definindo os termos da questão em 1953, com o artigo "The Methodology of Positive Economics" (inserido nos *Essays in Positive Economics*), e Samuelson reagindo em 1963 com "Problems of Methodology – Discussion" (um comentário a Ernest Nagel, na *American Economic Review*).

Milton Friedman assumiu uma posição instrumentalista/positivista, de radical nominalismo, sustentando que na ciência económica a «verdade» das premissas poderia ser substituída sem problema pelo rigor das previsões, desde que essas «funcionassem»; e Samuelson contrapôs que em caso algum deveria abrir-se mão da «verdade» das próprias premissas, na medida em que, pretendendo alcançar-se através da ciência conclusões «verdadeiras», elas não poderiam em caso algum estribar-se em premissas «falsas» ou «inverificadas», até pela razão formal de que «*ex falso sequitur quod libet*»...[118].

Aqui, neste curioso reavivar da «Querela dos Universais» no seio da Economia, a relação de forças da contenda política invertia-se: Milton Friedman representava a posição dominante (durante muito tempo ele foi tido como o suprassumo da sofisticação epistemológica nestes domínios), Samuelson a contestação por uma minoria «realista»[119]. Também aqui os economistas julgaram dever tomar partido, e para muitos a tentação maniqueísta afigurou-se, mais uma vez, irresistível[120].

Com mais sobranceria do que elegância, Samuelson designou o nominalismo de Friedman como o «*F-Twist*», a despromoção pragmática da validação de conteúdos empíricos na teoria, o que ele tomou por ser um apelo expresso ao irrealismo metodológico, sem considerar sequer a possibilidade de, naquela construção de Friedman, se abrigar antes um apelo à utilização de «hipóteses de trabalho», de asserções condicionadas a uma validação retrospectiva, e portanto invalidáveis logicamente pelo *modus (tollendo) tollens*[121].

---

[118] Pressman, Steven (1999), *op. cit.*, p. 163.
[119] Boland, Lawrence A. (1997), *op. cit.*, p. 9.
[120] Boland, Lawrence A. (1997), *op. cit.*, p. 10.
[121] Boland, Lawrence A. (1997), *op. cit.*, pp. 35-36. Cfr. Caldwell, Bruce (1982), *Beyond Positivism: Economic Methodology in the Twentieth Century*, London, Allen & Unwin; Friedman, Milton (1953), "The Methodology of Positive Economics", *in Essays in Positive Economics*, Chicago, University of Chicago Press, pp. 3-43.

Vendo as coisas mais de perto, uma petição de princípio circunda a crítica de Samuelson, dado que presume que a construção de Friedman subscreve uma posição causalista/realista, para depois denunciar a frustração desses planos pela aceitação de premissas inverificadas e meramente falsificáveis – quando de nada disso se tratava, tratando-se antes de «desbloquear» os infindáveis «pruridos de realismo» através do reconhecimento da função pragmática de uma teoria que tem apenas, para se validar, que estar aberta à sua própria superação através da demonstração da falsidade, não das suas premissas, mas dos seus resultados (compreende-se que a difusão da epistemologia popperiana tenha dado uma grande ajuda à posição metodológica de Milton Friedman).

De certo modo, tratava-se de invocar a velha sabedoria que nos propõe que apreciemos a árvore pelos frutos – o que nos sugere, regressando uma última vez ao plano substantivo, um paralelo com o facto de ter sido mais pelos resultados do que pelas premissas que o monetarismo continuou a mover a sua batalha contra o keynesianismo e o neokeynesianismo, com maiores ou menores apoios em «sínteses neoclássicas»[122].

## VIII. O Problema das Economias Socialistas

O máximo empolamento ideológico levou alguns opositores de Paul Samuelson a sublinharem a «brandura» com que lidou com a realidade económica e política da «galáxia socialista» – o que não era de modo algum inocente, quando associado à já aludida insinuação de «simpatias esquerdistas» do Professor do MIT.

Admita-se que o registo não é muito abonatório para Samuelson. Longe de antever o colapso da URSS, na edição de 1989 do seu Manual (a 13ª) sustentava ainda: *"The Soviet economy is proof that, contrary to what many sceptics had earlier believed, the socialist command economy can function and even thrive"* (p. 837)[123]. É difícil imaginarmos

---

[122] Rowley, Charle K. & Friedrich Schneider (orgs.) (2004), *The Encyclopedia of Public Choice*, New York, Kluwer, Vol. I, p. 151.

[123] Cfr. Skousen, Mark (2001), *op. cit.*, p. 416.

*Artigos*

coincidência mais infeliz, a de se produzir uma tal afirmação no próprio ano do colapso do bloco soviético[124].

O mal vinha de antes: enquanto que desde os anos 20 alguns pensadores, como Von Mises, pressagiavam o colapso do sistema soviético, que consideravam economicamente insustentável[125], Samuelson optava por alinhar na «*Stagnation Thesis*» de Alvin Hansen – a noção de que não apenas os EUA não conseguiriam recuperar a economia no pós--guerra sem uma vigorosa intervenção estadual, mas também a de que, dada a inviabilidade dessa intervenção vigorosa, os EUA retornariam a uma depressão ao estilo da dos anos 30, acabando por ser ultrapassados pela economia soviética[126]. Na 9ª edição do Manual, em 1973, eram até fixadas metas temporais: dado o potencial de crescimento resultante da superior organização da economia socialista, o PIB *per capita* da URSS ultrapassaria o dos EUA possivelmente em 1990, mas certamente antes de 2010 (p. 883): outro erro embaraçoso[127].

Quer isto dizer que o alegado «cripto-esquerdismo» de Samuelson lhe tolhia a capacidade para diagnósticos objectivos e rigorosos? Nada disso, embora possa admitir-se alguma complacência na análise de factos e indícios que, ao menos retrospectivamente, eram muito eloquentes – alguma cegueira selectiva que o final do século XX designou por «progressismo» para não voltar a crismá-la de «*trahison des clercs*»; para resistir à demonização de Marx, Samuelson incorreu no «ópio dos intelectuais» que foi a tentativa de manter alguma equidistância face às opostas tentativas de endeusamento, remetendo-se a um silêncio que, ultrapassada a «Guerra Fria» e a «Era das Ideologias», perdia (e novamente perdia retrospectivamente) qualquer base de legitimação[128].

---

[124] Skousen, Mark (1997), *op. cit.*, 137-152.

[125] Hülsmann, Jörg Guido (2007), *Mises. The Last Knight of Liberalism*, Auburn AL, Ludwig Von Mises Institute, p. 783n43.

[126] Skousen, Mark (2001), *op. cit.*, p. 356 (= Skousen, Mark (2007), *op. cit.*, p. 168).

[127] Holcombe, Randall G. (2001), "Public Choice and Economic Growth", *in* Shughart II, William F. & Laura Razzolini (orgs.) (2001), *The Elgar Companion to Public Choice*, Cheltenham, Edward Elgar, p. 641.

[128] Harcourt, Geoff (2006), "Paul Samuelson on Karl Marx: Were the Sacrificed Games of Tennis Worth It?", *in* Szenberg, Michael, Lall Ramrattan & Aron A. Gottesmann (orgs.) (2006), *op. cit.*, pp. 127ss..

Procuremos não cair nós próprios na tentação de julgamentos retrospectivos, mais a mais num registo contaminado de maniqueísmo, acusando Samuelson por ter procurado não tomar partido, quando tantos à sua volta o faziam – e tantos o fizeram para de seguida reverem os seus empenhamentos ideológicos ao sabor da direcção dos «ventos da História».

Paul Samuelson é o produto de uma fase do pensamento económico em que se assistiu a uma sobre-politização e a uma exacerbação ideológica inteiramente exógenas – e é no mínimo apócrifo querer reclamar dele que se tivesse mantido «*au-dessus de la mêlée*», quando a «*mêlée*» era a própria identidade da sua actividade profissional e científica. Schumpeter sabia-o quando, em pura provocação, qualificou Samuelson como «socialista»; perante os protestos deste, esclareceu: "*My dear Paul, I was merely making reference to what you will not deny, that you lack respect for the pietistic verities of capitalism*"[129].

Talvez seja mais adequado considerarmos que os qualificativos e as classificações dependem crucialmente do contexto. Num meio norte-americano profundamente condicionado pela «*Cold War*» e pelo seu rescaldo, qualquer «*MIT liberal*» seria sempre suspeito de simpatias esquerdistas, mesmo antes de proferir uma única frase ou escrever uma linha; mas na Europa dos anos 60 a 90 Samuelson passaria por um conservador, por um «aliado da direita»: pois não tinha sido esse mesmo Paul Samuelson que ousara qualificar Karl Marx como um "*auto-didacta*" e um "*pós-ricardiano menor*"?[130] Não tinha sido ele que, em 1967 (no artigo "Marxian Economics as Economics"[131]) denunciara o carácter contraditório e alienador do marxismo, atribuindo-o – pecado dos pecados – ao próprio pensamento de Karl Marx? Não fora ele quem, parafraseando Marx ele mesmo, aludia ao «ópio dos marxistas»?

---

[129] *Cit. in* Tsuru, Shigeto (1994), "If Schumpeter Were Alive Today", *in* Shionoya, Yüichi & Mark Perlman (orgs.) (1994), *Schumpeter in the History of Ideas*, Ann Arbor MI, University of Michigan Press, pp. 9-10.

[130] Dobb, Maurice (1973), *Theories of Value and Distribution since Adam Smith: Ideology and Economic Theory*, Cambridge, C.U.P., p. 142.

[131] Reimpresso *in* Curtis, Michael (org.) (1997), *Marxism. The Inner Dialogues*, Edison NJ, Transaction Publishers, pp. 135ss..

*Artigos*

Sem dissolução relativista, insistamos que parece impor-se a conclusão de que a avaliação final depende aqui totalmente da perspectiva que resolvamos adoptar.

## IX. Temas Escolhidos:

### a. *Economia de Bem-Estar*

Já nas *Foundations* (pp. 252ss.) aparecia declarado o intento de se proceder a uma síntese dos progressos na «Economia de Bem-Estar» (a tradição analítica que vinha de Edgeworth, Ramsey e Pigou[132]), para se poder dar alguns passos em diante. Logo aí fica plasmada aquela que já vimos designada por função de bem-estar social «Bergson-Samuelson», um procedimento ordenador de preferências ordinais dentro de um cálculo maximizador promovido por cada indivíduo[133].

Samuelson voltará frequentemente ao tema, ora estabelecendo os critérios «Lindahl-Bowen-Samuelson» de avaliação das melhorias de bem-estar, ora fixando os critérios de compensação «Chipman-Moore-Samuelson»[134], ora contribuindo, não sem uma ponta de paradoxo, para o aprofundamento de uma atitude «tecnocrática» cuja essência era precisamente um vincado «agnosticismo» relativamente ao emprego de funções de bem-estar social como critérios de avaliação e determinação de opções de política económica[135] – e isto fundamentalmente porque Samuelson foi dos que mais contribuiu para colocar obstáculos à ideia de comparabilidade de estados subjectivos de bem-estar com os quais edificar valores agregados (alinhando do lado de Pareto, Robbins, Hicks

---

[132] Winer, Stanley L. & Walter Hettich, "Structure and Coherence in the Political Economy of Public Finance", *in* Weingast, Barry R. & Donald A. Wittman (orgs.) (2006), *The Oxford Handbook of Political Economy*, Oxford, O.U.P., p. 442.

[133] Tresch, Richard W. (2002), *Public Finance. A Normative Theory*, San Diego CA, Academic Press, pp. 40ss.; Varian, Hal R. (2006), *Intermediate Microeconomics. A Modern Approach*, 7ª ed., New York, W.W. Norton, pp. 620-621.

[134] Segura, Julio & Carlos Rodríguez Braun (orgs.) (2003), *An Eponymous Dictionary of Economics. A Guide to Laws and Theorems Named After Economists*, Cheltenham, Edward Elgar, pp. 42-43.

[135] Tresch, Richard W. (2002), *op. cit.*, pp. 95, 309ss..

e Arrow, contra a convicção de que essa comparabilidade seria possível, uma convicção partilhada por Marshall, Wicksell, Pigou e Robertson[136]).

No fim, o contributo mais perene, mesmo que possivelmente o mais inadvertido, desta elaboração sofisticadíssima dos conceitos da «Economia de Bem-Estar» foi o elevar da fasquia das condições de optimização a um tal nível que acabaram por multiplicar-se as caracterizações de «falhas de mercado», dada a impossibilidade de verificação com espontaneidade de todos os requisitos que *ad hoc* se foram aditando àqueles com os quais a «Análise de Bem-Estar» tinha nascido.

É bem sabido que a ampliação, ou trivialização, do conceito de «falha de mercado» passou a ser a via privilegiada para a intensificação do intervencionismo tutelar – e assim teria porventura continuado indefinidamente, se não fosse a oportuna denúncia da situação por parte da Escola da «*Public Choice*»[137], a notar a artificialidade do conceito de «falha de mercado» e a advertir para a maior gravidade e frequência das «falhas de intervenção»: a estabelecer, em suma, a fundamental incapacidade da «política» para fornecer uma terapêutica adequada aos diagnósticos sofisticados da «Economia de Bem-Estar»[138].

### b. *Bens Públicos*

No domínio das Finanças Públicas, Samuelson destacou-se pela análise das condições de afectação óptima de recursos na presença simultânea de bens públicos e de bens privados, fixando na doutrina, de passagem[139] (e com apoio em Lindahl[140]), a hoje trivial definição de «bens públicos» em termos de não-rivalidade no uso e insusceptibilidade de exclusão no acesso. E analisando a insusceptibilidade de princípio de produção privada de bens públicos (puros[141]), ou ao menos de produção

---

[136] Roy, Subroto (1989), *op. cit.*, p. 171.
[137] Cfr. Araújo, Fernando (2005), *op. cit.*, pp. 601ss..
[138] Rowley, Charle K. & Friedrich Schneider (orgs.) (2004), *op. cit.*, Vol. I, p. 5.
[139] Em "The Pure Theory of Public Expenditure", de 1954.
[140] Segura, Julio & Carlos Rodríguez Braun (orgs.) (2003), *op. cit.*, p. 155.
[141] Para quem queira designar como bens públicos «impuros» aqulo que nos parece mais apropriad de designar como «recursos comuns».

aos níveis socialmente eficientes, dada a universalização do «efeito de boleia» como estratégia dominante, a ocultar eficientemente as «disposições de pagar» de cada indivíduo envolvido[142] (o que converte os bens públicos, enquanto continuam a sê-lo[143], em casos-limite de externalidades positivas[144]).

Da caracterização estrutural de um bem público («estrutural» porque não se prende com o regime de titularidade a que, por qualquer razão, o recurso se encontre sujeito[145]) era possível, obviamente, retirar corolários pragmáticos, de alcance político[146], e não apenas nacional[147].

Nos bens públicos, a oferta tende a ser invariável em termos de quantidades, e a procura é constituída por um universo de consumidores que estarão dispostos a pagar diferentes preços para cada quantidade oferecida (somando-se portanto verticalmente, no eixo dos preços, a procura desses bens públicos, ao contrário do que sucede com os bens privados, em relação aos quais a procura individual se soma horizontalmente, no eixo das quantidades). Logo, a optimização da produção de bens públicos seguiria idealmente a «condição samuelsoniana», que determina que um bem público deva ser produzido enquanto a soma dos benefícios marginais ultrapassar o custo marginal de produzi-lo[148]; sucedendo contudo que o «*free-riding*» torna impossível a determinação do valor agregado dos benefícios marginais, e menos ainda a internalização da externalidade positiva, sob forma de compensação adequada do produtor do bem público, razão pela qual há uma tendência para a subprodução

---

[142] Vane, Howard R. (2005), *op. cit.*, p. 36.

[143] Enquanto os interessados em produzir esses bens não descobrem soluções (mormente soluções tecnológicas), seja de forçarem à revelação de preferências e de disposições de pagar por parte dos consumidores, seja encontrando meios eficientes de limitar-lhes o acesso. Cfr. De Alessi, Louis (2001), "Property Rights: Private and Political Institutions", *in* Shughart II, William F. & Laura Razzolini (orgs.) (2001), *op. cit.*, p. 47.

[144] Tresch, Richard W. (2002), *op. cit.*, pp. 170ss..

[145] Araújo, Fernando (2005), *op. cit.*, pp. 579ss..

[146] Buchanan, James M., "Politics and Scientific Enquiry: Retrospective on a Half-Century", *in* Weingast, Barry R. & Donald A. Wittman (orgs.) (2006), *op. cit.*, p. 986.

[147] Nordhaus, William D. (2006), "Paul Samuelson and Global Public Goods", *in* Szenberg, Michael, Lall Ramrattan & Aron A. Gottesmann (orgs.) (2006), *op. cit.*, pp. 88ss..

[148] Rowley, Charle K. & Friedrich Schneider (orgs.) (2004), *op. cit.*, Vol. II, p. 458.

(ou para a falta de produção) de bens públicos; melhor, para a sua produção sub-óptima – uma razão muito forte para se sustentar o protagonismo do Estado na economia[149].

### c. Economia Internacional

Na área da Economia Internacional, Paul Samuelson teve alguns contributos de grande destaque, mormente a análise do «Efeito Balassa-Samuelson» e a formulação do «Teorema Stolper-Samuelson»[150].

Em ambos os casos, que têm em comum o serem contributos para o aperfeiçoamento do «Modelo Heckscher-Ohlin» sobre o comércio internacional, Samuelson esforçou-se por dar uma base formal sólida a uma intuição que remonta, pelo menos, a Adam Smith: a de que as opções de comércio internacional são antes de tudo, e do ponto de vista político, opções de redistribuição de riqueza entre grupos no interior de um mesmo país[151].

O «Teorema Stolper-Samuelson» (formulado numa partilha de contributos com Wolfgang Friedrich Stolper, e assente em pressupostos de mobilidade e imobilidade relativa entre os próprios factores, de acordo com o «Modelo de Factores Específicos» já estabelecido por Paul Samuelson e Ronald Jones[152]) permite a demonstração de que o incremento das importações de bens produzidos em países com mão-de-obra barata, se esses bens são intensivos no factor de produção trabalho (por exemplo, bens manufacturados), é capaz de ter o efeito de baixar o nível remuneratório dos trabalhadores não-qualificados nos países importado-

---

[149] Dasgupta, Partha (2007), *Economics. A Very Short Introduction*, Oxford, O.U.P., p. 52.

[150] Puttaswamaiah, K. (2002), "Contributions of Paul A. Samuelson", *in* Puttaswamaiah, K. (org.) (2002), *op. cit.*, pp. 18ss..

[151] Dixit, Avinash (2006), "Paul Samuelson and International Trade Theory Over Eight Decades", *in* Szenberg, Michael, Lall Ramrattan & Aron A. Gottesmann (orgs.) (2006), *op. cit.*, pp. 197ss..

[152] Krugman, Paul R. & Maurice Obstfeld (2003), *International Economics. Theory and Practice*, 6ª ed., Boston, Addison-Wesley, p. 39.

res[153]. Por outras palavras, o que o «Teorema Stolper-Samuelson» afirma é que, quando sobe o preço relativo de uma mercadoria, o factor de produção em que essa mercadoria é «intensiva» vê a sua remuneração real subir correspondentemente, descendo as remunerações reais das mercadorias cujo preço relativo desceu.

Sendo assim, o «Teorema Stolper-Samuelson» contradiz as proposições básicas do livre-cambismo com a noção de que nem tudo é «soma positiva» na abertura ao comércio internacional, advertindo que a melhoria de produtividade de um país exportador é susceptível de produzir efeitos negativos nas economias dos seus parceiros comerciais[154].

Em termos muito simples, a evolução dos preços mundiais das mercadorias tem impactos significativos na distribuição interna do rendimento – incluindo o aumento de rendimento real que pode advir, para um sector produtivo, da circunstância de os preços dos seus produtos serem mantidos artificialmente elevados através da colocação de entraves ao comércio. Daí decorre um corolário proteccionista – a vantagem de se defender, com barreiras aduaneiras, a produção nacional naqueles sectores nos quais há escassez de factores (nomeadamente escassez de mão-de-obra, característica dos países industrializados com elevados níveis salariais[155]).

A sua intenção, confessou-o mais tarde[156], não era a de dar mais argumentos ao proteccionismo, que entendia ser uma posição insustentável na maior parte das situações – mas apenas a de advertir para os efeitos nocivos da perda de produtividade nos sectores internacionalmente competitivos, modificando, imperceptível mas firmemente, os «termos de troca» de que depende o maior ou menor sucesso do comércio internacional para cada um dos envolvidos.

---

[153] Asimakopulos, Athanasios, Robert D. Cairns & Christopher Green (orgs.) (1990), *Economic Theory, Welfare and the State*, Québec, McGill-Queen's U.P., pp. 123ss..

[154] Dunn Jr., Robert M. & John H. Mutti (2004), *International Economics*, 6ª ed., London, Routledge, pp. 58ss., 78ss..

[155] Das, Satya P. (2005), "Trade and Personal Distribution of Wealth and Income: Beyond the Stolper-Samuelson Theorem", *in* Wood, John Cunningham & Michael McLure (orgs.) (2005), *op. cit.*, Vol. III, pp. 31ss..

[156] McKenzie, Lionel W. (2009), *op. cit.*, pp. 295ss..

Além disso, as implicações políticas não interferiam no rigor das conclusões do Teorema, mormente a conclusão de que os movimentos nos preços dos bens finais refluem sobre os preços dos correspondentes factores produtivos, e que portanto a expansão na procura de bens «intensivos em trabalho» não deixará de provocar a subida dos salários nos países produtores (um corolário do «*Factor Price Equalization Theorem*»[157]) e de fragilizar os correspondentes sectores nos países que importam esses bens apenas porque neles existe escassez desse factor de mão-de-obra – contrariando assim, de passagem, a ideia smithiana e ricardiana de que o comércio seria favorável até para os trabalhadores desses sectores, que seriam beneficiados com a elevação de salários provocada pela sua escassez[158].

Em suma, o «Teorema Stolper-Samuelson» pretende ser uma advertência para os países mais industrializados e para as economias mais evoluídas: enquanto o modelo Heckscher-Ohlin prevê que a abertura do comércio será benéfica para todos os parceiros, tanto para países desenvolvidos como para países em desenvolvimento[159], o «Teorema Stolper-Samuelson» demonstra o contrário, ou seja, que essa abertura poderá ter efeitos distributivos muito vincados no interior dos países desenvolvi-

---

[157] Samuelson, Paul A. (1948), "International Trade and the Equalization of Factor Prices", *Economic Journal*, 58, 163-184; Stolper, Wolfgang F. & Paul A. Samuelson (1994), "Protection and Real Wages", *in* Deardoff, Alan V. & Robert M. Stern (orgs.) (1994), *The Stolper-Samuelson Theorem: A Golden Jubilee*, Ann Arbor MI, University of Michigan Press, pp. 37ss. ([1]1941, o artigo original). Cfr. Samuelson, Paul A. (1994), "Tribute to Wolfgang Stolper on the Fiftieth Anniversary of the Stolper-Samuelson Theorem", *in* Deardoff, Alan V. & Robert M. Stern (orgs.) (1994), *op. cit.*, pp. 343ss..; Bhagwati, Jagdish N. (1994), "The Stolper-Samuelson Theorem: Then and Now", *in* Deardoff, Alan V. & Robert M. Stern (orgs.) (1994), *op. cit.*, pp. 219ss..; Grimwade, Nigel (2000), *International Trade: New Patterns of Trade, Production & Investment*, 2ª ed., Abingdon, Routledge, pp. 52ss.; Krugman, Paul R. (1994), "Stolper-Samuelson and the Victory of Formal Economics", *in* Deardoff, Alan V. & Robert M. Stern (orgs.) (1994), *op. cit.*, pp. 275ss..; Stolper, Wolfgang F. (1994), "Afterthoughts on «Protection and Real Wages»", *in* Deardoff, Alan V. & Robert M. Stern (orgs.) (1994), *op. cit.*, pp. 339ss..

[158] Deardoff, Alan V. (1994), "Overview of the Stolper-Samuelson Theorem", *in* Deardoff, Alan V. & Robert M. Stern (orgs.) (1994), *op. cit.*, pp. 7ss..

[159] Vane, Howard R. (2005), *op. cit.*, p. 35.

dos, beneficiando os seus trabalhadores especializados em detrimento dos demais[160].

Hoje, essa *nuance* no «Modelo Heckscher-Ohlin»[161], o cânone analítico nestes domínios (apesar das reservas a este modelo, que se têm multiplicado ao menos a partir do «Paradoxo de Leontief»[162]), é reconhecida como uma inovação decisiva para o adensamento do debate e para o incremento do realismo da análise do comércio internacional[163]. Actualmente são já diversos os modelos que enfatizam os efeitos distributivos, tanto os internos como os transfronteiriços, das modificações nos preços, nos termos de troca e nos obstáculos ao comércio internacional; e todos concordam com a essência do «Teorema Stolper-Samuelson», de que a abertura ao comércio é algo de globalmente positivo – ainda que não isento de riscos, especialmente em matéria de justiça, e riscos tanto mais graves quanto maior o desenvolvimento económico do país em causa[164].

Interrogado mais tarde sobre o núcleo da sua argumentação, Samuelson limitou-se a observar que, para se manter fiel à sua convicção de que uma boa causa justifica alguma ineficiência, teve que enfrentar a possibilidade de que os ganhos de poupança para os consumidores advindos da abertura do comércio internacional não fossem bastantes para contrabalançar as perdas de rendimentos dos trabalhadores afecta-

---

[160] Segura, Julio & Carlos Rodríguez Braun (orgs.) (2003), *op. cit.*, p. 248.

[161] Simples *nuance*, ou, como assevera Krugman, uma perversão? Cfr. Krugman, Paul (2002), "Was It All in Ohlin?", *in* Findlay, Ronald, Lars Jonung & Mats Lundahl (orgs.) (2002), *Bertil Ohlin: A Centennial Celebration, 1899-1999*, Cambridge MA, MIT Press, pp. 389ss..

[162] Maneschi, Andrea (2002), "How New Is the «New Trade Theory» of the Past Two Decades?", *in* Boehm, Stephan, Christian Gehrke, Heinz D. Kurz & Richard Sturn (orgs.) (2002), *op. cit.*, p. 241.

[163] Irwin, Douglas A. (2002), "Ohlin versus Stolper-Samuelson?", *in* Findlay, Ronald, Lars Jonung & Mats Lundahl (orgs.) (2002), *op. cit.*, pp. 407ss.; McCulloch, Rachel (2006), "Protection and Real Wages: The Stolper-Samuelson Theorem", *in* Szenberg, Michael, Lall Ramrattan & Aron A. Gottesmann (orgs.) (2006), *op. cit.*, pp. 242ss.; Samuelson, Paul A. (2002), "My Bertil Ohlin", *in* Findlay, Ronald, Lars Jonung & Mats Lundahl (orgs.) (2002), *op. cit.*, pp. 51ss..

[164] Rogowski, Ronald, "Trade, Immigration, and Cross-Border Investment", *in* Weingast, Barry R. & Donald A. Wittman (orgs.) (2006), *op. cit.*, p. 814.

dos com essa abertura – e que portanto houvesse, em última análise, uma perda de bem-estar total[165].

O «Efeito Balassa-Samuelson», por seu lado, procura explicar porque é que as divergências internacionais de preços tendem a agravar-se, mesmo quanto às mercadorias não-transaccionadas no comércio internacional[166]. O «Efeito» (formulado numa partilha de contributos com Bela Balassa[167]) supõe que são significativas as diferenças na produtividade dos países quanto aos bens internacionalmente transaccionados, ainda que sejam insignificantes as diferenças de produtividade quanto aos «*nontradables*»; o nivelamento internacional dos preços resultará do comércio, mas a inferior produtividade do trabalho nos países pobres determinará mais baixas remunerações neles, e consequentemente menores custos de produção, e logo menores preços, dos bens que, circulando internamente, não chegam contudo a ser transaccionados internacionalmente[168].

Discute-se hoje se é válido o postulado de existência de maiores diferenças de produtividade nos bens transaccionados do que nos bens não-transaccionados a nível internacional[169], e mais ainda se é válido um subentendido que perpassa toda esta análise, o de que a Economia Internacional, na sua infinita complexidade teórica e prática[170], é o produto de uma superveniente fragmentação de um estado primordial de «integração» – aquilo que vimos já designado pitorescamente como «*Samuelson's Angel*»[171].

---

[165] Bergstrand, Jeffrey H. (2005), "The Heckscher-Ohlin-Samuelson Model, the Linder Hypothesis and the Determinants of Bilateral Intra-Industry Trade", *in* Wood, John Cunningham & Michael McLure (orgs.) (2005), *op. cit.*, Vol. I, pp. 152ss..

[166] Araújo, Fernando (2005), *op. cit.*, p. 487.

[167] Grossman, Gene M. & Kenneth Rogoff (2005), *Handbook of International Economics. Volume 3*, 2ª ed., Amsterdam, North-Holland, pp. 1673ss..

[168] Segura, Julio & Carlos Rodríguez Braun (orgs.) (2003), *op. cit.*, p. 14.

[169] Krugman, Paul R. & Maurice Obstfeld (2003), *op. cit.*, p. 409-410.

[170] Quando desafiado a dar um exemplo de uma teoria ao mesmo tempo verdadeira e não-trivial, Samuelson respondeu sem hesitar a «Teoria das Vantagens Comparativas» de David Ricardo: "*That it is logically true need not be argued before a mathematician; that is not trivial is attested by the thousands of important and intelligent men who have never been able to grasp the doctrine for themselves or to believe it after it was explained to them*".

[171] Por alusão ao anjo que teria pulverizado a unidade da Torre de Babel. Cfr. Grossman, Gene M. & Kenneth Rogoff (2005), *op. cit.*, pp. 1245ss..

Seja como for, em parte nenhuma do firmamento da Economia há mais corpos celestes rotulados com o nome de Samuelson do que nesta área da Economia Internacional – a prova mais rematada do interesse e da relevância do tema para ele.

### d. Macroeconomia e o Acelerador

Já o indicámos, Paul Samuelson não se contentou com um papel de keynesiano ortodoxo, e até nas suas interpretações do cânone foi-se desviando subtilmente dos escritos de Keynes (referimos já o modo como adensou e distorceu a noção de «*paradox of thrift*»[172]), e contribuindo com isso para a evolução da Macroeconomia.

Nesta área, o seu contributo mais *original* terá consistido na introdução de um modelo de «gerações sobrepostas» («*overlapping generations*») no equilíbrio geral, um modelo inspirado nas análises de Maurice Allais, com o qual procurou lidar-se com as questões, hoje debatidas até ao ponto da trivialidade, da responsabilidade intergeracional e da consistência intertemporal das decisões políticas – aplicáveis, como instrumentos de análise «dinâmica», a temas tão relevantes como o da sustentabilidade da Segurança Social ou o da gestão da dívida pública[173].

O contributo mais *conhecido* terá sido o da adição, ao aparato teórico do keynesianismo, da noção de «acelerador», um vector que, combinado com o multiplicador, amplificaria a instabilidade macroeconómica a partir de «choques exógenos»[174] – no caso, variações significativas ao nível do investimento, repercutidas em flutuações nos valores agregados (e por sua vez reflectidas nas expectativas e atitudes dos agentes económicos, um retorno circular que, já o referimos, aparece designado em

---

[172] Skousen, Mark (2001), *op. cit.*, p. 361-362 (= Skousen, Mark (2007), *op. cit.*, p. 173-174).

[173] Samuelson, Paul A. (1958), "An Exact Consumption-Loan Model of Interest with or without the Social Contrivance of Money", *Journal of Political Economy*, 66/6, 467-482. Cfr. Segura, Julio & Carlos Rodríguez Braun (orgs.) (2003), *op. cit.*, p. 225.

[174] Samuelson, Paul A. (1939), "Interactions Between the Multiplier Analysis and the Principle of Acceleration", *Review of Economics and Statistics*, 75-78; Samuelson, Paul A. (1939b), "A Synthesis of the Principle of Acceleration and the Multiplier", *Journal of Political Economy*, 47, 786-797.

Samuelson por «*correspondence principle*», a essencial comunicabilidade de estados de equilíbrio aos níveis «micro» e «macro», a própria pedra de toque da «Síntese Neoclássica»)[175].

Com o Acelerador (uma noção remotamente atribuível ao pioneirismo de Aftalion), dava-se conta da forma como os níveis de investimento interagiam com o próprio crescimento económico – sendo propiciados por ele, e propiciando-o por sua vez[176]; o que, se por um lado apontava para novas formas de entender as flutuações económicas e promover medidas de crescimento e de estabilização, por outro lado evidenciava também os riscos acrescidos da ausência de uma política estabilizadora em ambientes de elevada volatilidade como aqueles que podem enquadrar as decisões de investimento[177].

Mas decerto o contributo mais *frutífero* de Paul Samuelson para a evolução da Macroeconomia, em termos de abundância e intensidade do debate gerado e de repercussões políticas bem concretas, foi a divulgação, ao mundo da ciência e da academia, e através deles ao mundo da ideologia, da «Curva de Phillips» – um baptismo e uma divulgação em que partilha os louros com Robert Solow[178] (ao qual proporcionará também intuições em matéria de Teoria do Crescimento[179]), e um «clássico» na história do pensamento económico, no sentido de que concentrou e polarizou nela todo o debate subsequente[180], a começar pelos imediatos esforços de inflexão «monetarista» por parte de Milton Friedman e de Edmund Phelps, que começaram imediatamente a chamar a atenção para

---

[175] Solow, Robert M. (2006), "Overlapping Generations", *in* Szenberg, Michael, Lall Ramrattan & Aron A. Gottesmann (orgs.) (2006), *op. cit.*, pp. 35ss., e em especial as pp. 10-11.

[176] Pressman, Steven (1999), *op. cit.*, p. 165.

[177] Pressman, Steven (2006), *op. cit.*, p. xxi.

[178] Mankiw, N. Gregory (2009), *Principles of Economics*, 5ª ed., Mason OH, South-Western, pp. 762-763, 769-770; Phillips, A.W. (1958), "The Relation between Unemployment and the Rate of Change in Money Wage Rates in the United Kingdom, 1861–1957", *Economica*, 25, pp. 283-300.

[179] Araújo, Fernando (2005), *op. cit.*, pp. 681ss.; Vane, Howard R. (2005), *op. cit.*, pp. 35-36.

[180] Pressman, Steven (1999), *op. cit.*, pp. 165-166.

*Artigos*

a relevância das expectativas acerca da inflação na configuração concreta dessa nova descoberta teórica[181].

A Curva de Phillips tinha começado por ser uma simples intuição respeitante à possibilidade de existir uma correlação inversa entre os valores da inflação de preços e da inflação dos rendimentos (e o concomitante desemprego), expandindo-se de seguida para esforços de fundamentação microeconómica dessa correlação (em especial por Richard Lipsey); mas é com Samuelson e Solow que a «Curva de Phillips» passa a designar a tensão fundamental entre os objectivos políticos do combate à inflação e do combate ao desemprego[182] – um «*trade-off*» que condicionaria, no seu esquematismo, todo o pensamento futuro em matéria de política de estabilização macroeconómica, conferindo ao conceito uma inesperada relevância prática, convertendo-o, não menos inesperadamente, num ícone da política económica dos anos 60 a 90 do século XX[183].

Por fim, o contributo mais *duradouro* de Paul Samuelson para o destino da Macroeconomia poderá bem ser o de ter detectado e crismado a contracção da curva da oferta agregada como uma «estagflação» (como dissemos, um neologismo a designar a confluência de «estagnação» e «inflação»). Esse novo fenómeno, um caso extremo de «*cost-push inflation*» induzido por um «choque exógeno», vinha comprometer profundamente a teoria e a prática da Macroeconomia, tal como elas tinham florescido na tradição keynesiana – e, como também referimos, gerou uma crise na disciplina que só não surpreendeu mais o próprio Paul Samuelson porque ele sempre insistiu na ideia de que a Macroeconomia não deveria ser considerada uma ciência exacta, ou sequer uma ciência que ganhasse muito em assumir para si mesma objectivos de «exactidão».

Dito por outras palavras, mesmo apanhada de surpresa, mesmo abalada nos seus alicerces teóricos, a Macroeconomia não perdia a sua razão de ser – e essa era, no entender de Samuelson, sobretudo uma missão política, uma missão premente, porque «civilizacional». Comentando a nomeação de Ben Bernanke para Chairman da Reserva Federal, Samuelson lembrava que se tratava de um seu ex-aluno, nascido nos anos 50,

---

[181] Hall, Thomas E. (2003), *The Rotten Fruits of Economic Controls and the Rise from the Ashes, 1965-1989*, Lanham MD, University Press of America, p. 22ss..

[182] Araújo, Fernando (2005), *op. cit.*, p. 774.

[183] Samuels, Warren J., Jeff E. Biddle & John B. Davis (2003), *op. cit.*, p. 415.

e acrescentava que isso fazia com que Bernanke nunca tivesse sentido na pele os efeitos directos da Grande Depressão – e que o facto de ter sido um aluno brilhante no MIT não chegava para colmatar a falta dessa vivência directa.

Nenhuma observação, no nosso entender, resume melhor o que era, para Paul Samuelson, a missão histórica da Macroeconomia.

### e. Teoria do Consumidor e Preferências Reveladas

Paul Samuelson contribuiu, com todo o seu prestígio, para a inflexão metodológica na Teoria do Consumidor – distanciando-a da falibilidade e subjectivismo dos tradicionais recenseamentos e inquéritos reportados a intenções e outros valores não-observáveis, a favor de modos mais objectivos e automáticos de determinação de comportamentos[184]. É essa inflexão que fica consignada na designação de «Teoria das Preferências Reveladas» (por contraposição a preferências «meramente declaradas»)[185]: com ela, o resultado das vendas no retalho é que conta, e não simples afirmações sobre condutas futuras, por mais sinceras e determinadas que estas sejam; é da conduta revelada, empiricamente determinada, que se reconstroem as opções de que aquela emergiu, e não o contrário[186]. Podem, por exemplo, formular-se reservas ao raciocínio que conduz à formulação do conceito de «bens de Giffen»[187]; mas que dizer quando as preferências reveladas indicam uma conduta que só é explicável através daquele conceito?[188]

---

[184] Bevir, Mark (org.) (2007), *Encyclopedia of Governance*, Thousand Oaks CA, Sage, pp. 837-838 ("Revealed Preference").

[185] Samuelson, Paul A. (1938), "A Note on the Pure Theory of Consumers' Behavior", *Economica*, n.s., 5, 61-71 (a expressão «*revealed preferences*» só aparece mais tarde, nas *Foundations*). Sobre este artigo, cfr. Wong, Stanley (2006), *Foundations of Paul Samuelson's Revealed Preference Theory. A Study by the Method of Rational Reconstruction*, 2ª ed., Abingdon, Routledge, pp. 46ss.. Ainda: Araújo, Fernando (2005), *op. cit.*, pp. 213ss..

[186] Vane, Howard R. (2005), *op. cit.*, p. 35.

[187] Araújo, Fernando (2005), *op. cit.*, pp. 253-254.

[188] Segura, Julio & Carlos Rodríguez Braun (orgs.) (2003), *op. cit.*, p. 91.

Não quer isso dizer que as propostas de Samuelson constituam um primor de realismo – presas que ficaram, desde a elaboração de *Foundations*, a propósitos formalistas de referência a «funções de utilidade» e a «estratégias maximizadoras», em alternativa, ou não, ao artifício rebuscado das «curvas de indiferença» (a seriação dos «valores ordinais» das preferências)[189] – e isto mesmo depois de adoptada a terminologia, relativamente mais densa e intuível, da «análise de bem-estar»[190], em relação à qual, contudo, Samuelson formulava algumas reservas (especialmente quanto ao conceito de «excedente do consumidor»[191], que julgava equívoco e supérfluo[192]).

A partir do final dos anos 40, o problema das «preferências reveladas» evoluiu subtilmente para um problema lateral, o do estabelecimento de «mecanismos de revelação», de meios susceptíveis de forçarem a partilha de informação privada, tornando mais eficiente o funcionamento do mercado e mais nítida a análise desse funcionamento – um desafio aceite pela comunidade científica, com fertilíssimos desenvolvimentos[193].

Poderá criticar-se a timidez dos progressos subsequentemente averbados na teoria do consumidor, e mais uma vez a inflexão formalista que, para aquela teoria, resultou da intervenção de Samuelson. Mas não devemos subestimar o desafio que ela se propôs, nem as dificuldades que teve que enfrentar[194]. Uma boa parte da superficialidade caricatural a que chegou a modelação económica deve-se, é certo, à forma expedita como o positivismo tentou livrar-se de «alçapões metafísicos», mesmo quando eles mais não eram do que referências a «preferências não-reveladas», alusões aos meandros psicológicos da personalidade ou da deliberação

---

[189] Bandyopadhyay, Taradas & Kunal Sengupta (2005), "Revealed Preference Axioms for Rational Choice", *in* Wood, John Cunningham & Michael McLure (orgs.) (2005), *op. cit.*, Vol. I, pp. 174ss..

[190] Puttaswamaiah, K. (2002), "Contributions of Paul A. Samuelson", *in* Puttaswamaiah, K. (org.) (2002), *op. cit.*, pp. 3ss..

[191] Araújo, Fernando (2005), *op. cit.*, p. 218.

[192] Just, Richard E., Darrell L. Hueth & Andrew Schmitz (2004), *The Welfare Economics of Public Policy. A Practical Approach to Project and Policy Evaluation*, Cheltenham, Edward Elgar, pp. 6, 639.

[193] Wong, Stanley (2006), *op. cit.*, pp. 1, 67ss..

[194] Varian, Hal R. (2006), "Revealed Preference", *in* Szenberg, Michael, Lall Ramrattan & Aron A. Gottesmann (orgs.) (2006), *op. cit.*, pp. 99ss..

mental, e tentou livrar-se ainda de todo o contexto externo que, sendo decisivo, parecia ter que ser desconsiderado por não se conter completamente dentro dos confins das operações mentais de um autómato maximizador[195].

Neste ponto, a época de Samuelson representa os primórdios de um incremento de sofisticação que não era consentido pelas constrições impostas pelo paradigma dominante, e apenas passou a sê-lo quando alguns dos velhos ídolos se foram desmoronando. O que apenas quer significar que nenhuma ciência social nasce adulta – aliás, nada nasce adulto, se exceptuarmos o nascimento de Pallas Athena a partir da cabeça de Zeus.

### f. Preços no Mercado Bolsista

Foi tardio o interesse de Samuelson nos movimentos das cotações em Bolsa e nas possibilidades da respectiva tradução matemática – mas suficientemente intenso para sentir genuínos remorsos pelo papel desempenhado pela sua obra, pela sua escola e pelo formalismo que encabeçou na criação de pequenos «monstros» como os instrumentos financeiros do mercado de opções e de derivados, os veículos por excelência das crises financeiras deste início do século XXI.

Já nos anos 50, Samuelson tinha alinhado em aventuras colectivas no mercado bolsista, lembrando mais tarde como o pai de um dos seus colegas tivera a sensatez de travar alguns dos mais delirantes impulsos especulativos dentro do grupo; e, como é natural, de entre os inúmeros alunos do MIT alguns acabaram por notabilizar-se na teoria e na prática dos mercados financeiros – entre eles Paul Cootner, um dos pioneiros na divulgação da «*random walk*»[196].

Anos volvidos, os super-sofisticados economistas do MIT e da *Ivy League* tinham transformado a Economia numa «*rocket science*», e aparentemente tinham-se esquecido de incorporar os sistemas de navegação moral nas armas potentíssimas que tinham engendrado – permitindo

---

[195] Schabas, Margaret (2005), *The Natural Origins of Economics*, Chicago, The University of Chicago Press, pp. 15-16.

[196] Fox, Justin (2009), *op. cit.*, p. 71.

assim a rápida generalização da ganância como motor central da actividade financeira, degradando até as mais respeitáveis instituições à veneração de ganhos fáceis, mais-valias milagrosamente multiplicadas pela operação de mecanismos obscuros.

Num rebate crepuscular, a voz do moralista recobrará o seu lugar, verberando a cegueira dos CEOs no uso de engenharia financeira cuja lógica recôndita lhes escapava, e que os deixava sem norte e sem critério para distinguirem os ganhos reais dos fictícios, sem travões no plano inclinado que leva do sonho do ganho multiplicado até ao pesadelo da «alavancagem», quando toda e qualquer retracção do mercado pode fazer igualmente sentir os seus efeitos multiplicados. Paul Samuelson procurava ainda sustentar o valor social dessa super-sofisticação a que tinham chegado os mercados financeiros – mas sem grandes ilusões quanto à irrelevância dos pruridos morais dos últimos resistentes ao canto de sereia[197].

Insistamos que no âmago das preocupações de Samuelson nunca deixará de estar o traumatismo com a Grande Depressão, um episódio desencadeado, na sua interpretação dos factos, por um colapso bolsista – e que, em larga medida, a sua oposição à Escola de Chicago e ao monetarismo emerge do seu cepticismo face à possibilidade de funcionamento perfeito dos mercados, quaisquer mercados, em quaisquer circunstâncias; um cepticismo que ele julgava insuficientemente representado na atitude de Milton Friedman e seus seguidores (que fosse conveniente, muito conveniente, o funcionamento perfeito dos mercados especulativos, era uma coisa; que eles funcionassem perfeitamente, era outra)[198].

É também em larga medida por força dessas reservas que Samuelson subscreverá uma interpretação de «passeio aleatório» quanto ao funcionamento básico dos mercados bolsistas e quanto à formação de preços dentro deles[199] – porque essa interpretação é fundamentalmente a do «jogo excluído», a ideia de que não é possível «vencer o mercado» no curto prazo e que a única estratégia rentável é a do acompanhamento da

---

[197] Fox, Justin (2009), *op. cit.*, p. 67.
[198] Fox, Justin (2009), *op. cit.*, pp. 73-74.
[199] Araújo, Fernando (2005), *op. cit.*, pp. 286ss..

corrente de fundo de longo prazo, a ditada pela tendência central, gaussiana, dos grandes números[200].

Dito por outras palavras, e por paradoxal que pareça, o contributo principal de Samuelson para a análise do mecanismo dos preços num mercado que é universalmente tido por especulativo – «mercado especulativo» é, na percepção popular, sinónimo de mercado bolsista – é que nele a especulação tende para a irrelevância, sendo tão aconselhável, para a tomada de decisões de investimento no mercado bolsista, seguir-se uma estratégia sofisticada como o é seguir-se a álea da «moeda ao ar»[201]. A especulação é uma manipulação postiça de percepções, uma prestidigitação para auditórios impreparados: o Rei vai nú, em suma, por mais que digam o contrário os cortesãos da ganância.

### g. Teorias do Capital e da Produção

Em comparação com a proeminência que vimos alcançada noutras áreas, poderemos considerar secundário o contributo de Samuelson para a moderna Teoria do Produtor – não no sentido de ter menos importância, mas antes no sentido oposto de esse contributo ter ingressado imediatamente no «*mainstream*», e por isso ser difícil de distingui-lo do pano de fundo da corrente maioritária da microeconomia neoclássica (pense-se no «*envelope theorem*» e nas «funções de custos» já exaustivamente dissecados nas *Foundations*).

Para a Teoria do Produtor contribuíram também as perspectivas que acabámos de referir, respeitantes ao mercado financeiro – dispensando-se a demonstração de relevância do «passeio aleatório» e da «hipótese do mercado eficiente» para as decisões de formação de capital e de assunção dos riscos da produção[202], bastando pensar-se num único corolário prático que Samuelson e Robert Merton, independentemente um do outro, demonstraram[203]: o de que a diversificação intertemporal dos investi-

---

[200] Fox, Justin (2009), *op. cit.*, p. 132.
[201] Fox, Justin (2009), *op. cit.*, p. 60.
[202] Fox, Justin (2009), *op. cit.*, p. 327.
[203] Cfr. Merton, Robert C. (2006), "Paul Samuelson and Financial Economics", *in* Szenberg, Michael, Lall Ramrattan & Aron A. Gottesmann (orgs.) (2006), *op. cit.*, pp. 262ss..

mentos (com ou sem a taxa de desconto[204]) não é uma boa estratégia num ambiente de eficiência dos mercados, visto que, se a estratégia não é irrelevante, o risco tende a aumentar, e não a diminuir[205].

Coube a Samuelson denunciar a «falácia clássica» de que é apenas o «capital circulante» que valoriza o trabalho, através da criação de um «fundo salarial» – demonstrando que o «capital fixo» não é menos relevante para o incremento dos salários reais, e que além disso a visão tradicional tendia a cometer o erro de tomar a parte, o «fundo salarial», pelo todo do «capital circulante».

Nesta área temática, coube ainda a Samuelson encabeçar o «lado de Massachusetts» na «controvérsia das Cambridges» acerca da natureza do capital, tendo por contrapartes, do lado de lá da contenda, Joan Robinson e Nicholas Kaldor – que ambos punham em causa o bem-fundado do recurso a uma função de produção «agregada», e complementarmente questionavam as noções de juro, lucro e poupança subjacentes às teses dos economistas do MIT[206]. À crispação inicial na controvérsia seguiram-se recuos diplomáticos, concessões recíprocas – e não será deslocado admitir-se que um dos factores tenha sido o reconhecimento pragmático do carácter bizantino de uma controvérsia centrada na semântica de puros tecnicismos.

## X. O «Caput Scholae»

Paul Samuelson podia ter sido, como foi, um excelente investigador e pedagogo, e um profissional alcandorado aos pincaros do reconhecimento pelos seus pares – e mesmo assim não ter formado escola, não ter deixado discípulos, como sucedeu com tantos pensadores que não tiveram a vontade, ou o ânimo, de fazê-lo.

---

[204] Araújo, Fernando (2005), *op. cit.*, p. 259.
[205] Evensky, Harold R. (1997), *Wealth Management. The Financial Advisor's Guide to Investing and Managing Client Assets*, NY, McGraw-Hill, pp. 201-202.
[206] Stiglitz, Joseph E. (1974), "The Cambridge-Cambridge Controversy in the Theory of Capital: A View from New Haven. A Review Article", *Journal of Political Economy*, 82/4, 893-903.

Não foi o caso com Samuelson, e a influência directa e indirecta sobre as subsequentes gerações de economistas e de cultores das ciências sociais é tão evidente que dispensaria mais referências.

Valerá, todavia, a pena sublinhar, ou recapitular, alguns aspectos da sua influência sobre a ciência que cultivou e sobre o meio em que se distinguiu[207].

Insistamos, antes de prosseguirmos, na ideia de que o valor de um pensador não se mede somente pelo número de discípulos, mas pode também medir-se por ele. Pensemos que, só na área da Economia, nomes como Thorstein Veblen, Joseph Schumpeter, Kenneth Galbraith ou Abba Lerner não formaram qualquer escola, qualquer grupo significativo de discípulos[208], talvez porque nenhum deles se tenha prestado a uma formalização mínima susceptível de assegurar uma convergência «focal», ou talvez porque tenha receado o reducionismo e a caricaturização que não raro acompanham as fidelidades doutrinais: por alguma razão Marx se demarcou do marxismo e Keynes do keynesianismo, Kuznets renegou a «Curva» que leva o seu nome, e o mesmo fez Pigou quanto ao «Efeito» que lhe é atribuído – há nestas áreas o receio, não infundado, de uma «maldição do sucesso»[209].

Para a própria comunidade académica – e mais ainda fora dela –, Paul Samuelson representou, de modo quase perfeito, o «*Mr. Science*», o último grande generalista[210], cultor da Microeconomia, da Macroeconomia, da Economia Internacional, da Teoria Financeira e até do jornalismo económico[211], o instaurador do paradigma de investigação (as *Foundations*) e de pedagogia (o *Economics*), o autor de inúmeras inovações teóricas que teriam, cada uma, marcado uma carreira na ciência a

---

[207] Puttaswamaiah, K. (2002), "Contributions of Paul A. Samuelson", *in* Puttaswamaiah, K. (org.) (2002), *op. cit.*, pp. 16ss..

[208] Nalguns casos há notáveis discípulos, ainda que isolados: Wesley Clair Mitchell foi discípulo de Thorstein Veblen, e David Colander pode considerar-se um discípulo de Abba Lerner.

[209] Arestis, Philip & Malcolm Sawyer (orgs.) (2000), *op. cit.*, p. 640 (pp. 636ss.: "Streeten, Paul").

[210] Merton, Robert C. (2006), "Paul Samuelson and Financial Economics", *in* Szenberg, Michael, Lall Ramrattan & Aron A. Gottesmann (orgs.) (2006), *op. cit.*, p. 262.

[211] Szenberg, Michael, Aron Gottesman & Lall Ramrattan (2005), *op. cit.*, p. xii (Prefácio de Joseph Stiglitz).

um economista menor – e, para todos os efeitos (bons e maus), o ícone de uma época de pensamento crescentemente tributária das formas de raciocínio, do vocabulário e dos objectivos da ciência económica[212].

Mesmo quando fosse para contradizê-lo ou para superá-lo, nenhum economista da segunda metade do século XX deixou de aceitar as proposições de Samuelson como ponto de partida, como «arsenal» conceptual e analítico: não será exagero afirmar-se que ele se tornou, para a ciência económica, aquilo que para os computadores se tornaram os sistemas operativos – a base mínima de funcionamento e de inteligibilidade, as instruções básicas para a navegação em contextos de elevada complexidade[213]; nesse aspecto, podemos dizer que, como condicionante e reflexo de todo um ambiente cultural, o seu Manual introdutório merece estar num panteão muito restrito, onde talvez só caibam a *Riqueza das Nações* de Adam Smith e os *Principles* de David Ricardo, de John Stuart Mill e de Alfred Marshall[214].

Claro que para essa influência contribuiu, em larga medida, o propósito transparente de assumir posições intermédias, «moderadas», e de muito frequentemente abandonar a demanda radical de corolários em favor de bissectrizes susceptíveis de preservarem consensos em torno das regras essenciais e do conhecimento partilhado – ponto em que, como vimos, os seus caminhos divergiam dos de Milton Friedman. Esses consensos têm um preço, todavia, que começa pelo facto de ficarem associados ao momento efémero em que eles se formaram e valeram, bastando pensarmos no quão datada soa já a expressão «síntese neoclássica»; mas sem esse consenso é inegável que a proeminência social, académica, até ideológica, da ciência económica nunca se teria alcançado de forma tão profunda e rápida – porque qualquer proposição mais radical suscita mais entusiasmos, decerto, mas também mais rejeições «epidérmicas»[215].

Não vamos romanticamente sugerir que tudo assentou numa deliberação estratégica, que todos os resultados alcançados por Samuelson e

---

[212] Pearce, Kerry A. & Kevin D. Hoover (1995), "After the Revolution: Paul Samuelson and the Textbook Keynesian Model", *in* Cottrell, Allin F. & Michael S. Lawlor (orgs.) (1995), *op. cit.*, p. 184.

[213] Dougherty, Peter J. (2002), *op. cit.*, pp. 22.

[214] Dougherty, Peter J. (2002), *op. cit.*, pp. 22.

[215] Dougherty, Peter J. (2002), *op. cit.*, pp. 23.

pela Escola de Economia do MIT foram premeditados. Bem pelo contrário, a simples associação ao «*mainstream*» assegurou a maior variedade possível de desenvolvimentos teóricos na geração dos discípulos – no fundo porque nenhum discípulo, dominadas as regras básicas do «sistema operativo», se sentia vinculado a uma ortodoxia, ou ao menos a um credo demasiado constritor na sua radicalidade: que tantos Prémios Nobel da Economia se considerem discípulos de Samuelson e tenham ao mesmo tempo obras e orientações científicas tão distintas, isso parece-nos sobremaneira eloquente – Robert M. Solow, George A. Akerlof, Robert F. Engle, Lawrence R. Klein, Paul Krugman, Eric S. Maskin, Franco Modigliani, Robert C. Merton, Joseph E. Stiglitz ou James Tobin são uma boa ilustração deste ponto.

Por outro lado, referimos já que Samuelson procurou, até ao final, manter-se um activo participante na vanguarda científica – resistindo portanto à tentação de converter o MIT numa «fábrica de discípulos» por simples clonagem de um monólito a viver dos dividendos de um investimento pretérito em reputação (os exemplos de monólitos desses proliferaram entretanto, desgraçadamente). Dir-se-ia que o campo temático aberto e o capital humano disponível tornavam dispensável essa via puramente defensiva de auto-replicação – e que a convicção partilhada era a de que muito restava ainda por fazer, que não havia dogmas nem vassalagens nem agendas a entravarem a marcha dessa ciência aberta.

E há ainda o facto de não só Samuelson ter tido a inteligência suficiente para, esquivando-se à adulação, procurar o progresso das suas próprias ideias na leitura dos outros – começando pela obra dos seus discípulos, com os quais aferia a sua própria compaginação com a vanguarda e a sua manutenção nela –, mas também a de ter usado o seu capital de influência para impedir vedetismos dentro do MIT (como alguém observou, não era possível fazer de «*prima donna*» na presença de Samuelson, por razões óbvias)[216].

O orgulho ia todo para o *Department of Economics*, e para aquilo que ele, aquando da criação da «*Samuelson Chair in Economics*» em 1991, considerava o quase-milagre da ascensão da Escola ao primeiro plano a nível mundial (e que ele atribuía à coincidência de fundos dis-

---

[216] Price, B.B. (2002), "Samuelson the Vain", *in* Puttaswamaiah, K. (org.) (2002), *op. cit.*, pp. 181-182

poníveis no pós-guerra com a vocação do MIT para a alta matemática). Mas isso, em retrospectiva, apenas lhe engrandece a estatura pessoal[217].

No fim, talvez se possa dizer que quase todos os cultores das ciências sociais se tornaram, conscientemente ou não, discípulos de Samuelson, dada a proeminência, nos seus ramos de saber, da «*forma mentis*» que ele ajudou a trivializar. E que também os sistemas políticos actuais vivem sob o ascendente de uma peculiar ideologia híbrida que defende o mercado quando há bonança e recua para a tutela do Estado quando assoma a tempestade (ou talvez nunca se aventure para lá dos confins da exploração parasitária dessa tutela) e que pode ainda atribuir-se a uma degeneração da «síntese neoclássica» de Samuelson. No fim, uma confirmação das palavras sábias de John Maynard Keynes na parte final da *Teoria Geral* (palavras entretanto tornadas ironicamente auto-referentes): "*The ideas of economists and political philosophers, both when they are right and when they are wrong, are more powerful than is commonly understood. Indeed the world is ruled by little else. Practical men, who believe themselves to be quite exempt from any intellectual influence, are usually the slaves of some defunct economist. Madmen in authority, who hear voices in the air, are distilling their frenzy from some academic scribbler of a few years back*".

Um Sumo Sacerdote, portanto, nesta «religião civil do sucesso» de que todos nos tornámos, inadvertidamente ou não, gananciosos postulantes – com a «maximização» a fazer as vezes de um imperativo moral.

## XI. Críticas

A visibilidade e o protagonismo cultural têm o seu preço. Para bem e para mal, Samuelson representou o «*mainstream*» da Economia quase até ao fim – e certamente representou o «*establishment*» dos anos 60, para praticantes, para adversários, para dissidentes e para saudosistas. Por associação, todos os méritos e culpas desse «*establishment*» são-lhe atribuídos, com graus muito variáveis de pertinência. Ilustremo-lo desde já com o facto de um grupo de economistas heterodoxos ter publicado

---

[217] Dougherty, Peter J. (2002), *op. cit.*, pp. 104-106.

uma extensa denúncia dos males da moderna ciência económica com uma obra singelamente intitulada *The Anti-Samuelson*[218].

Algumas críticas são mais incisivas e dirigem-se à desconformidade das pretensões metodológicas da moderna ciência económica com os resultados concretos através dela alcançados – uma desconformidade que eles vêem simbolizada na entronização do formalismo matemático e na multiplicação de esoterismos intimidativos sob a liderança de Paul Samuelson, contrastada com embaraçosos erros de prognóstico publicitados pelo mesmo «*caput scholae*»[219].

E há críticos que procuraram atribuir essa desconformidade às limitações impostas pela «síntese» intentada por Samuelson – na medida em que a via intermédia pode converter-se numa «terra-de-ninguém» de agnosticismo quanto à viabilidade de aplicação de medidas concretas relevantes, visto que procura sempre preservar algo de uma tese contrária quando a congruência analítica imporia o seu abandono (a conciliação não é sempre uma virtude, mesmo quando ela já se livrou do risco de impasse)[220].

Outros mais simplesmente detectaram os excessos teóricos que normalmente se associam às «Torres de Marfim», e a insensibilidade que se vai insinuando no meio académico quanto à praticabilidade das propostas abstractas, que passam a ser avaliadas crescentemente pelas suas virtudes «internas», sem mais[221] (como sucede proverbialmente com a música de Wagner, que se diz ser melhor do que aquilo que soa).

Da construção resultante de *Foundations*, vimos já que ela era demasiado mecanicista e organicista, fornecendo uma imagem do funcionamento da Economia como uma espécie de dinâmica inter-sectorial (lembremos os empréstimos da termodinâmica, da biologia, da hidráulica), sempre predisposta a reequilíbrios gerais, aberta e transparente – como se não existissem viscosidades e efeitos distributivos (e redistribu-

---

[218] Linder, M. (1977), *The Anti-Samuelson*, 2 vols., New York, Urizen Books.

[219] Pearce, Kerry A. & Kevin D. Hoover (1995), "After the Revolution: Paul Samuelson and the Textbook Keynesian Model", *in* Cottrell, Allin F. & Michael S. Lawlor (orgs.) (1995), *op. cit.*, pp. 183ss..

[220] McCloskey, Deirdre N. (1994), *op. cit.*, p. xii.

[221] Cfr. Araújo, Fernando (2005), *op. cit.*, pp. 97-100.

tivos) a limitarem as opções e a comprometerem seriamente a bondade e a eficiência das soluções.

E, como todas as alegorias mecanicistas e organicistas, deste avatar de «keynesianismo abastardado» se observou que se tornava demasiado perigoso quando, por qualquer razão, se perdesse de vista o seu carácter puramente alegórico, quando se tomasse a construção por uma representação não-convencional da realidade, quando se tomassem as suas proposições por artigos de fé. E o perigo não diminuía, pelo contrário, seja pelo facto da alegoria ser servida pela prosa fácil de um pedagogo carismático, seja pelo facto de a veneração à axiomática dever implicar algum sacrifício da sensibilidade histórica, um insubstituível rectificador do irrealismo que cerca as «torres de marfim» dos *idiots savants* (não era por impreparação que Keynes, Myrdal e Schumpeter tinham evitado a via da formalização sistemática dos argumentos económicos, e não é por impreparação que os economistas académicos lêem hoje os artigos pouco densos em formalização do *Journal of Economic Perspectives* muito mais do que o fazem os artigos formalizados da *American Economic Review*[222]).

Referimos também já os problemas do «enamoramento com a forma» que conotam negativamente o formalismo, o «vício ricardiano» na Economia – a substantivação, e glorificação, de uma mera linguagem (ainda que uma linguagem especialmente expurgada de ambiguidades e outras «contaminações», e cultivada por intelectuais brilhantes) e a sua colocação ao serviço dos ideais positivistas da «certeza» e do «rigor»[223].

Acrescentemos aqui que o formalismo envolveu uma simplificação, uma estilização, uma truncagem e uma imobilização do objecto que contribuíram para a caricatura de uma ciência especialmente inapta para alcançar toda a subtileza e infinita complexidade do funcionamento real da sociedade – uma sociedade que confia demasiado na irracionalidade das emoções, nas rectificações da política, no papel do acaso para não soar ilógica ao espartilho formalista e para não gerar a tentação formalista de despromover toda a «contaminação empírica» para as margens da irrelevância (tudo, no caso, que não fosse susceptível de redução à

---

[222] Skousen, Mark (2001), *op. cit.*, p. 360.
[223] Skousen, Mark (2001), *op. cit.*, p. 360.

fórmula universal, mas psicologicamente vazia, do «*Constrained Maximizer, Seeking Man*»[224]).

De uma outra perspectiva, dir-se-ia que os excessos de formalismo derivam fundamentalmente da perda da noção de que todas as fórmulas operam numa escala, que seleccionam o número restrito de variáveis com que trabalham, e que privilegiam algumas das interacções de variáveis sobre outras (nomeadamente aquelas que evoluem num contínuo quantificável, em detrimento de variáveis de valores discretos ou mais imprecisamente quantificáveis[225]) – existindo o risco de que, perdida a noção da escala e das inerentes simplificações, se tome a representação pela própria realidade, mormente para efeitos de tomada de decisões (para uma simples ilustração deste ponto, como é que é possível lidar-se com valores agregados ou com «funções» colectivas dentro de um universo em que coexistem as mais díspares atitudes perante o risco e as mais diversas preferência inter-temporais?).

Já nos referimos ao sarcasmo de Kenneth Boulding, de que "*Mathematics brought rigor to Economics. Unfortunately, it also brought* [rigor] *mortis*". O problema, porque se trata de uma ciência social, é o de saber-se se a compreensão da causalidade económica e a correspectiva capacidade de relevância pragmática ficaram gravemente embotados nessa transição das generalizações indutivas para a modelação cartesiana, comprometendo algumas facetas cruciais da vocação científica da Economia[226].

É sem dúvida largamente por força do ascendente e do exemplo de Paul Samuelson que uma boa parte da Ciência Económica continua a concentrar os seus esforços na formalização de teoremas e na estimação de modelos, despromovendo os esforços de concretização e de referência empírica para os domínios, tidos por menores, da Econometria e da Ciência Aplicada[227]; a «abstracção pela abstracção» leva à complacência, e no

---

[224] McCloskey, Deirdre N. (1998), *op. cit.*, p. 95.
[225] Puttaswamaiah, K. (2002), "Contributions of Paul A. Samuelson", *in* Puttaswamaiah, K. (org.) (2002), *op. cit.*, p. 10.
[226] Samuels, Warren J., Jeff E. Biddle & John B. Davis (2003), *op. cit.*, p. 648.
[227] McCloskey, Deirdre N. (1994), *op. cit.*, pp. 141-142.

*Artigos*

caso conduz à avaliação dos resultados pelo engenho que revelam, pela sofisticação que alcançam – não pela compreensão que proporcionam[228].

Uma observação atribuída a Paul Samuelson – a ser verdadeira – seria sumamente significativa da perspectiva do formalismo: à afirmação de Willard Gibbs, *"Mathematics is a language"*, Samuelson teria contraposto uma asserção ainda mais categórica, *"Mathematics is language"*. Uma rematada auto-imunização, o culminar da ofensiva dedutivista, axiomática e positivista do velho *Methodenstreit*, de que a Ciência Económica tem vindo a procurar libertar-se, a muito custo, nos últimos cinquenta anos (graças sobretudo ao adensamento psicológico da análise)[229].

De todo este ambiente decorrem algumas das mais flagrantes insuficiências da metodologia económica que tomou Samuelson por referência, e alguns dos mais embaraçosos erros de avaliação, dos quais destacaremos:

1. O desprezo pela abordagem histórica, tida por refúgio dos economistas incapazes de acompanhar a vanguarda formalista[230] (com o argumento, da lavra do próprio Samuelson – aqui com o apoio de Kenneth Boulding –, de que, sendo *cumulativa* a evolução da disciplina, as mais recentes descobertas dispensariam a averiguação dos respectivos antecedentes[231]);
2. A redução da abordagem histórica remanescente à perspectiva «presentista», ao anacronismo retrospectivo que glorifica o presente e admite julgamentos do passado[232] (a «Whig History» a que Samuelson dedicou algumas páginas «*ex professo*»[233]);

---

[228] Gruchy, Allan G. (1988), "Neoinstitutionalism and the Economics of Dissent", *in* Samuels, Warren J. (org.) (1988), *Institutional Economics, Volume I*, Aldershot, Edward Elgar, p. 60 ([1]1969).

[229] Schabas, Margaret (2005), *op. cit.*, pp. 137-140, 157-158.

[230] Samuels, Warren J., Jeff E. Biddle & John B. Davis (2003), *op. cit.*, p. 497.

[231] Samuelson, Paul A. (1954), "Some Psychological Aspects of Mathematics and Economics", *Review of Economics and Statistics*, 36, 380-386; Boulding, Kenneth (1971), "After Samuelson, Who Needs Adam Smith?", *History of Political Economy*, 3, 225-237.

[232] Samuels, Warren J., Jeff E. Biddle & John B. Davis (2003), *op. cit.*, p. 532.

[233] Samuelson, Paul A. (1987), "Out of the Closet: A Program for the Whig History of Science", *History of Economics Society Bulletin*, 9, 51-60; cfr. Hollander, Samuel

3. A certidão de óbito passada ao institucionalismo em 1976 (na 10ª edição do Manual, p. 847), um movimento que, tantos anos volvidos, está mais pujante do que nunca (Oliver Williamson recebeu o Nobel em 2009)[234];
4. A insensibilidade ao legado de Ronald Coase[235] – decerto compreensível dado o carácter revolucionário representado pelo novo paradigma –, traduzido, seja em alusões levianamente irónicas, seja na falsa esperança de que fosse possível reconduzi-lo ao «*mainstream*», seja até em puros e simples erros e desconhecimentos (o mais notório foi a manutenção no Manual de Samuelson e Nordhaus, até à edição de 1998, a 16ª, dos faróis como exemplos de bens públicos puros, não obstante a demonstração em contrário por Ronald Coase, desde 1974[236]).

## XII. Conclusão

São pecados menores que não ensombram o legado de Paul Samuelson, um intelectual que criou, liderou, arriscou, que se expôs à crítica. Como o «*Man in the Arena*» do célebre discurso de Theodore Roosevelt, dele se dirá que com essas sombras pagou o seu brilho, e que também aqui "The credit belongs to the man who is actually in the arena [...] who spends himself in a worthy cause; who at the best knows in the end the triumph of high achievement, and who at the worst, if he fails, at least fails while daring greatly, so that his place shall never be with those cold and timid souls who neither know victory nor defeat".

Sem glorificações. Não somente porque isso correspondia à sua compreensão do que é o funcionamento moderno da ciência ("*repea-*

---

(1980), "On Professor Samuelson's Canonical Classical Model of Political Economy", *Journal of Economic Literature*, 18, 559-574.

[234] Klein, Philip A. (1994), *Beyond Dissent: Essays in Institutional Economics*, Armonk NY, M.E. Sharpe, pp. 224ss..

[235] McCloskey, Deirdre N. (1998), *op. cit.*, p. 88.

[236] Coase, Ronald H. (1974), "The Lighthouse in Economics", *Journal of Law and Economics*, 17/2, 357-376. Cfr. Skousen, Mark (2001), *op. cit.*, p. 365.

*tedly I have denied the great-man or great-work notion of science*"[237]), mas também porque a democratização do ensino universitário e a multiplicação dos meios de comunicação e partilha de conhecimentos vieram propiciar, mais do que se suspeitaria no apogeu da «síntese neoclássica», um «*long tail*» criativo, ou seja, a desconcentração dos centros de investigação, a disseminação das tarefas de vanguarda, a dinamização da ciência em termos genuinamente plurais[238] – sem necessidade das «grandes locomotivas», dos «*capita scholarum*».

Paul Samuelson gostava de invocar a observação de Max Planck, de que a ciência progride "*funeral a funeral*"[239]; isso parece contradizer a velha esperança na imortalidade dos pensadores, sobretudo se entendermos a frase como referindo a própria luta darwinista que as ideias, no seu esforço de replicação viral, travam entre elas no seio das ciências – mas também é prova de vida, se aceitarmos o velho ensinamento de Aristóteles de que a vida se detecta em tudo o que está imerso (enquanto está imerso) no interminável ciclo de geração e decadência.

---

[237] Samuelson, Paul A. (1986b), "Economics in My Time", *cit.*, p. 804.

[238] Anderson, Chris (2004), "The Long Tail", *Wired* (http://www.wired.com/wired/archive/12.10/tail.html); Anderson, Chris (2006), *The Long Tail. Why the Future of Business Is Selling Less of More*, New York, Hyperion.

[239] Samuelson, Paul A. (1998), "How Foundations Came to Be", *Journal of Economic Literature,* 36, 1378. Cfr. Frantz, Roger (2005), *op. cit.*, p. 8.

# COMENTÁRIOS DE JURISPRUDÊNCIA

# A REVERSÃO DAS COIMAS: UMA *VEXATEA QUAESTIO* A QUE SÓ O LEGISLADOR PODE DAR RESPOSTA

COMENTÁRIO AO ACÓRDÃO DO SUPREMO TRIBUNAL DE ADMINISTRATIVO
DE 16-12-2009 – PROCESSO 01074/09

*Rui Duarte Morais*\*[1]

**Ac. do STA de 16-12-2009, proc. n.º 01074/09:** "*É materialmente inconstitucional o artigo 8.º do RGIT quando interpretado no sentido de que consagra ou autoriza uma responsabilização subsidiária que se efectiva através do mecanismo da reversão da execução fiscal* contra as pessoas nele indicadas, na medida em que a reversão implica e provoca, forçosamente, a transmissão da obrigação de cumprimento da sanção que constitui a dívida exequenda para os revertidos e tal envolve a violação do princípio constitucional da intransmissibilidade das penas e a violação dos direitos de audiência e de defesa consagrados no n.º 10 do art. 32.º da Constituição".

**Acórdão do Tribunal Constitucional de 12 de Março, n.º 129/90:** "*Não são inconstitucionais as normas das alíneas a) e b) do artigo 8.º do RGIT* (Lei n.º 15/2001, de 5 de Junho) quando interpretadas no sentido de admitir a responsabilidade subsidiária de administradores, gerentes ou outras pessoas, que exerçam funções de administração, pelo pagamento de coimas aplicadas à sociedade, porquanto se não viola o princípio da intransmissibilidade das penas (artigo 30.º, n.º 3, da CRP) nem o princípio da presunção da inocência (artigo 29.º, n.º 2 da CRP)".

---

\* Professor da Faculdade de Direito da Universidade Católica (Porto).
[1] Uma palavra de especial agradecimento à Sr.ª Dr.ª MARIANA BRANDÃO DE PINHO NOITES que aceitou partilhar connosco as suas reflexões sobre este tema.

O primeiro dos Acórdãos acima, determinante destas linhas, relatado pela Sr.ª Conselheira DULCE NETO, retoma a orientação dominante do STA sobre a questão da constitucionalidade do art. 8.º do RGIT, tendo como particularidade o facto de ser posterior Acórdão do Tribunal Constitucional que também deixámos parcialmente transcrito.

Entre os vários méritos deste Acórdão do STA, particularmente bem fundamentado na defesa de uma posição que se sabe ser discutível, ressalta a frontalidade na assunção da posição acolhida, apesar de, como adiante se dirá, a aceitação do entendimento do TC (o que seria, porventura, a atitude mais "cómoda") não implicar, necessariamente, um beneplácito para que a reversão das coimas se processe nos termos que resultam das disposições da lei ordinária.

Não podemos, também, deixar de notar que, neste confronto – ora renovado – entre a jurisprudência do STA e a do TC, é aquele Tribunal, tantas vezes acusado de uma maior permeabilidade aos interesses da Fazenda, quem invoca, como substrato da sua decisão, princípios e normas constitucionais, nomeadamente o direito de audiência e defesa no processo de contra-ordenação (art. 30.º, n.º 10, da CRP).

2 – O que separa estas duas correntes jurisprudenciais aparece sumariado, em termos que reputamos totalmente correctos, no Acórdão do STA em análise, pelo que, com a devida vénia, nos limitamos a transcrever:

"Segundo essa corrente jurisprudencial [a dominante no STA], o princípio da *intransmissibilidade das penas*, embora previsto no n.º 3 do art. 30.º da CRP para as penas, deve aplicar-se a qualquer outro tipo de sanções, designadamente às coimas, por ser essa a única solução que se harmoniza com os fins específicos que justificam a aplicação de sanções, que são de repressão e prevenção. Por outro lado, porque os revertidos não intervêm no processo contra-ordenacional e não têm possibilidade de contraditar os elementos trazidos pela acusação ou de impugnar ou recorrer do acto de aplicação da coima, estariam a ser violados os *direitos de audiência e de defesa* que a Constituição estabelece no n.º 10 do art. 32.º para todos os arguidos de processos sancionatórios. E, finalmente, seria inconstitucional a presunção legal constante do art. 8.º do RGIT, de que a falta de pagamento da coima é imputável aos gerentes, por inconciliável com o *princípio da presunção de inocência do arguido* consagrado no n.º 2 do art. 32.º da CRP.

É, pois, neste enquadramento que a jurisprudência dominante no STA tem vindo a sufragar o entendimento de que a responsabilização subsidiária dos administradores e gerentes pelo pagamento de coimas aplicadas à sociedade, prevista no art. 8.º do RGIT e que a Administração Fiscal tem vindo a concretizar através do mecanismo da reversão da execução fiscal, se reconduz a uma transmissão para outrem do dever de cumprimento da sanção imposta à sociedade infractora, o que acarretaria as apontadas inconstitucionalidades, inviabilizadoras da aplicação do preceito.

O Tribunal Constitucional veio a entender [no acórdão n.º 129/2009] que o referido preceito não consagra uma qualquer forma de transmissão de responsabilidade penal ou contra-ordenacional imputável à sociedade, estabelecendo, antes, a imposição de um dever indemnizatório que deriva do facto ilícito e culposo que é praticado pelo administrador ou gerente e que constitui causa adequada do dano que resulta, para a Administração Fiscal, da não obtenção da receita em que se traduzia o pagamento da multa ou coima que eram devidas.

Tratar-se-ia de uma responsabilidade de natureza civil extracontratual dos gerentes e administradores, resultante do *facto culposo* que lhes é imputável por terem causado uma situação de insuficiência patrimonial da empresa, determinante do não pagamento da coima, ou por não terem procedido ao pagamento da coima quando a sociedade foi notificada para esse efeito ainda durante o período de exercício do seu cargo.

Ou seja, a responsabilidade subsidiária prevista no art. 8.º do RGIT assentaria, não no facto típico que é caracterizado como infracção contra-ordenacional, mas num facto autónomo, inteiramente diverso deste, traduzido num comportamento pessoal causador de um dano para a Administração Fiscal, sendo que a «circunstância de o montante indemnizatório corresponder ao valor da multa ou coima não paga apenas significa que é essa, de acordo com os critérios da responsabilidade civil, a expressão pecuniária do dano que ao lesante cabe reparar, que é necessariamente coincidente com a receita que deixa de ter dado entrada nos cofres da Fazenda Nacional; e de nenhum modo permite concluir que tenha havido a própria transmissão para o administrador ou gerente da responsabilidade contra-ordenacional".

3 – É, agora, altura de tomarmos, nós próprios, posição nesta querela. Mas, desde já, adiantamos o nosso entendimento de que o problema

(e, consequentemente, a solução que importa encontrar) não se situa (apenas) ao nível da questão da natureza jurídica da obrigação dos revertidos pagarem o montante em causa (saber se são chamados aos pagamento de uma coima, se ao pagamento de uma indemnização por facto ilícito, por eles praticado, de valor igual à coima aplicada à pessoa colectiva).

O tema tem evidente paralelismo com o da responsabilidade tributária[2], ainda que quanto a esta, obviamente, não se coloque o problema de uma "transmissão de pena".

Apenas diremos, seguindo um percurso que também foi percorrido pelo Acórdão do STA que motivou estas linhas[3], que o entendimento sobre a natureza jurídica da responsabilidade tributária evoluiu da visão tradicional de uma *fiança legal* para a de uma *responsabilidade civil por acto ilícito,* sem prejuízo da consideração das especificidades próprias do instituto, eminentemente fiscal. Evolução que teve subjacente o acentuar do pressuposto *culpa* (ainda que, em certos casos, uma culpa legalmente presumida) enquanto condição de responsabilização de alguém pelo pagamento de uma dívida tributária de que outrem é sujeito passivo.

Assim, considerado "em abstracto", não nos repugna aceitar que o art. 8.º do RGIT consagra uma obrigação de indemnização decorrente do ilícito cometido pelos gerentes e administradores, "resultante do *facto culposo* que lhes é imputável por terem causado uma situação de insuficiência patrimonial da empresa, determinante do não pagamento da coima, ou por não terem procedido ao pagamento da coima quando a sociedade foi notificada para esse efeito ainda durante o período de exercício do seu cargo[4]".

Esta posição tem amplo suporte doutrinário, como bem mostrou recentemente MARIANA NOITES em excelente estudo sobre o tema[5].

---

[2] É pacífico que a *responsabilidade tributária* (art. 22.º e ss da LGT) não abrange as coimas. Outra questão – que não cabe aqui analisar – é saber se no conceito de "dívida tributária" se devem incluir outras figuras que não as que tenham a natureza de imposto.

[3] *www.dgsi.pt*, pág. 13.

[4] *Ibidem*, pág. 10.

[5] MARIANA BRANDÃO DE PINHO NOITES, «Ainda a problemática dos agentes das infracções tributárias: considerações sobre a aplicabilidade da reversão da execução fiscal como meio de efectivar a responsabilidade dos administradores e representantes das sociedades», *Revista Fiscal*, Dezembro (2009) 7 ss.

3 – Só que, como bem ficou demonstrado no Acórdão que vimos analisando – no que consideramos ser elemento decisivo na apreciação da questão que, em concreto, se suscita – a tese de que está em causa uma indemnização originária em responsabilidade "civil" [ainda que sendo eventualmente a tese mais correcta, acrescentamos nós], não encontra suporte nos dados processuais que concorrem na r*eversão da execução*.

"A reversão da execução provoca, inevitavelmente, a transmissão da responsabilidade pelas dívidas que constam do título executivo para aquele que a lei aponta como responsável subsidiário", "pois que a reversão do processo de execução fiscal constitui um mecanismo destinado a redireccionar a cobrança da dívida, fundado no princípio da economia processual na medida em que visa evitar a instauração de uma nova execução contra outro responsável pela mesma dívida, permitindo que aquela que já foi instaurada contra o sujeito passivo originário passe a correr contra outro responsável pela *mesma dívida*[6]".

Partilhamos este entendimento: uma coisa é apurar qual a natureza jurídica da responsabilidade tributária, outra é saber qual o objecto da execução revertida. E, quanto a esta última questão, a resposta só pode ser uma: a coima aplicada à sociedade.

Ou seja, em síntese: processualmente, estamos perante a cobrança coerciva de uma coima, a transmissão da exigência de cumprimento de uma sanção contra-ordenacional.

Nesta medida, a doutrina do Acórdão em análise parece-nos ser de sufragar: no actual quadro normativo, os revertidos são parte (são executados) num processo dirigido à cobrança de uma coima e não à cobrança de uma indemnização.

4 – A questão que deve colocar (mas à qual cabe ao legislador, e não ao julgador, dar resposta) é a de saber como há-de ser garantido ao revertido o seu direito de defesa relativamente à decisão de aplicação da coima (à pessoa colectiva).

Isto porque o primeiro pressuposto da existência de responsabilidade civil é a existência de um *dano*, pelo que o obrigado ao dever de indemnizar sempre terá que dispor de oportunidade para questionar, em Tribunal, a existência e extensão desse dano. Ou seja, autonomizando

---

[6] Ob. e loc. *cit*., pág. 12.

as obrigações em causa (obrigação de pagamento da coima a cargo da pessoa colectiva; obrigação de indemnizar pelo dano resultante do seu não pagamento, a cargo dos revertidos) cai por terra o argumento de que " a simples circunstância de o montante indemnizatório corresponder ao valor da multa ou coima não paga apenas significa que é essa, de acordo com os critérios da responsabilidade civil, a expressão pecuniária do dano que ao lesante cabe reparar, que é necessariamente coincidente com a receita que deixa de ter dado entrada nos cofres da Fazenda Nacional[7]".

Só será assim se se confirmar que a coima foi correctamente aplicada, que se verificam os pressupostos legais determinantes da sua aplicação e é conforme à lei o valor fixado. Na perspectiva do revertido, o montante da coima/dano não pode ser um "dado adquirido": ele tem, inegavelmente o direito de em nome próprio, autonomamente em relação à pessoa colectiva, de questionar a legalidade do que lhe é exigido[8].

Entende o STA – pensamos que bem – que não é possível fazer uma interpretação analógica do n.º 4 do artigo 22.º da LGT, pela qual resulte abrangido pela hipótese desta norma o processo de contra-ordenação: "em processo de contra-ordenação fiscal, o gerente executado por reversão não tem legitimidade para, por si, interpor recurso judicial da decisão de aplicação de coima à sociedade executada originária[9]".

O revertido não tem, pois, oportunidade de contradizer a acusação nos casos em que o processo contra-ordenacional só corre contra a sociedade.

E não tem possibilidade de questionar o montante da dívida constante do título executivo (a "liquidação" da coima) no âmbito do processo de execução, pois tal não cabe no âmbito do instituto da oposição à execução, no quadro do qual apenas poderá questionar os demais pressupostos da responsabilidade que lhe é imputada, nomeadamente a *culpa*.

---

[7] Ac. do TC n.º 129/2009, de 12 de Março, ponto 3 da "fundamentação".

[8] Não podemos sufragar a posição do Sr. Conselheiro Jorge Lino, no seu voto de vencido no Acórdão do STA de 12-02-08, proc. n.º 0153/07, que sustenta estar dentro da margem de liberdade e de conformação do legislador conceder mais ou menos garantias impugnatórias, sendo compreensível que haja mais garantias no âmbito da obrigação tributária principal (pagamento de tributos) do que para a impugnação de deveres decorrentes de deveres acessórios (estarão em causa os deveres de lealdade e cooperação).

[9] Ac. do STA de 19-01-05 (proc. 01007/04) e Ac. de 06-03-08 (proc: 01056/07).

*Comentários de Jurisprudência*

5 – Como deve ser então garantido, pelo legislador, o direito de defesa do responsável na imputação de responsabilidade de uma indemnização em valor correspondente à coima aplicada à sociedade.

Numa visão sistemática (pensamos que, sempre que possível, se deve evitar a criação de mais formas processuais, pela maior complexidade que tal implica para o *sistema* jurídico), encontramos duas vias possíveis:
– a que lei prevê em matéria de responsabilidade tributária;
– a que a lei prevê em matéria de multas;
A diferença essencial entre os dois regimes é a seguinte: relativamente à responsabilidade tributária, o revertido só é admitido a impugnar a liquidação do tributo[10] quando citado para a execução (art. 102.º, n.º 1, al. c) do CPPT).

A maior vantagem desta solução legal é a de o revertido só ficar constituído no ónus de se defender quando haja uma probabilidade séria de ser chamado, ele próprio, a pagar a dívida exequenda[11].

Como desvantagens deste sistema temos: a) a ocorrência de situações, relativamente frequentes, em que o tribunal é chamado, por duas vezes, a julgar da legalidade da liquidação, primeiro por iniciativa da pessoa colectiva (na sequência da notificação da liquidação) e, mais tarde, por iniciativa do revertido (na sequência da citação em processo de execução), com o risco inevitável de ocorrer contradição de julgados; b) os custos resultantes desta duplicação processual; c) a demora no prosseguimento da execução, que sempre estará suspensa[12]; d) a necessidade de o revertido ter que lançar mão de dois meios judiciais de recurso distintos (impugnação da liquidação e oposição à execução) quando queira questionar quer a legalidade da dívida tributária, quer a verificação dos demais pressupostos da sua responsabilização; e) a diminuição das possibilidades efectivas de defesa em razão intervalo temporal, normalmente

---

[10] Ignoraremos, intencionalmente, a via graciosa que, também nesse momento, se abre ao revertido.

[11] Se e quando estiver suficientemente indiciada a insuficiência do património do vedor para satisfação da dívida exequenda e acrescido (art. 153.º, n.º 2, al. b) do CPPT).

[12] Mesmo não tendo havido prestação de caução, a execução suspende-se, após a penhora (após a penhora dos bens que foi possível encontrar e penhorar) até haver decisão final no processo de execução (art. 169.º do CPPT).

longo, que medeia entre o tempo em que ocorreu o facto gerador de imposto e aquele em que o revertido é chamado a impugnar a liquidação, o qual implica, muitas vezes, o desaparecimento de meios de prova.

Diferentemente, relativamente às multas, os responsáveis civis (os gerentes administradores, etc., contra as quais, em fase de cobrança coerciva, se poderá vir a mostrar necessário fazer reverter a execução), são chamados a intervir no próprio processo penal, em que é arguida a pessoa colectiva, gozando aí dos direitos de defesa dos arguidos compatíveis com a defesa dos seus interesses (art. 49.º do RGIT).

Parece-nos ser esta a melhor solução, a que deve ser a adoptada pelo legislador relativamente aos procedimentos contra-ordenacionais, não só por obstar às desvantagens apontadas relativamente à outra solução possível, como, também, porque é a que mais se quadra com a unidade do sistema (multas e as coimas são, ambas, sanções pelo cometimento de ilícitos tributários).

6 – Uma última nota: o tema não ficará encerrado caso o TC, persistindo na orientação de que dá conta o Acórdão acima, continue a sustentar a constitucionalidade do art. 8.º do RGIT.

O STA, provavelmente, manterá a orientação que deixou expressa no seu Acórdão de 01-07-2009 (processo n.º 031/08) "se a responsabilidade dos devedores subsidiários pelas dívidas por coimas da sociedade originária devedora é uma responsabilidade de natureza civil extracontratual e não uma responsabilidade pelo pagamento de coimas, a cobrança destas dívidas não figuram entre as dívidas que podem ser cobradas através do processo de execução fiscal, uma vez que tal cobrança não está prevista no art. 148.º do CPPT. E a ser assim, como é, é patente que não pode haver reversão!"

A questão – mais uma vez o salientamos – situa-se para além da aferição da constitucionalidade "intrínseca" do art. 8.º do RGIT. O que se deve perguntar é se *a reversão da execução fiscal instaurada contra a sociedade é o meio adequado para efectivar a responsabilidade prevista no artigo 8.º do RGIT*[13].

---

[13] *Vd.* o voto de vencida da Srª Conselheira Isabel Marques da Silva no Ac do STA de 16/12/2008 (Proc. n.º 147/09).

Não o é – entendemos nós – pelo que é inconstitucional essa forma de efectivar tal responsabilidade, porque gravemente violadora dos direitos de defesa dos direitos de defesa dos que, por força de tal norma, se vêm colocados na posição de executados por reversão, como bem demonstrou o Acórdão do STA em análise o qual, no nosso entender, atento o quadro legal vigente, decidiu como se impunha: *""É materialmente inconstitucional o artigo 8.º do RGIT quando interpretado no sentido de que consagra ou autoriza uma responsabilização subsidiária <u>que se efectiva através do mecanismo da reversão da execução fiscal</u>"*.

# A APLICAÇÃO DO PEC (PAGAMENTO ESPECIAL POR CONTA) ÀS EMPRESAS ISENTAS DE IRC: O PECADO DA GULA

COMENTÁRIO AO ACÓRDÃO DO TRIBUNAL CONSTITUCIONAL
N.º 494/2009, DE 29 DE SETEMBRO DE 2009

*António Carlos dos Santos**

1. O pagamento especial por conta (PEC) foi criado pelo XIII Governo Constitucional através do Decreto-Lei n.º 44/98, de 3 de Março [1]. Com as alterações introduzidas pela Lei do Orçamento de Estado (LOE) para 2003 e até final de 2009, o regime do PEC passou a constar dos artigos 98.º, 83.º, nºs 2 e 7 e 87.º do Código do Imposto sobre o Rendimento das Pessoas Colectivas (CIRC) [2]. De acordo com o preâmbulo do diploma de 1998, o PEC surgia como um instrumento de combate a "práticas evasivas de ocultação de rendimentos ou de empolamento de

---

\* Professor da UAL. Membro do IDEFF e do Conselho Científico da RFPDF. Membro do Gabinete de Estudos da OTOC e do SOCIUS (ISEG). Jurisconsulto.

[1] O regime do PEC foi inicialmente inserido nos artigos 74º-A e 83.º-A do Código do Imposto sobre o Rendimento das Pessoas Colectivas (IRC). Ver o debate parlamentar acerca do PEC in *Diário da Assembleia da República*, n.º 62, sessão de 24 de Abril de 1998 e o meu texto "Sobre a colecta mínima", in *Da Questão Fiscal à Reforma da Reforma Fiscal*, Lisboa: Rei dos Livros, 1999, p. 125 e ss.

[2] Cfr. as alterações aos artigos 87.º (anterior art. 74.º-A) e 98.º (anterior art. 83.º-A) do CIRC introduzidas pelo art. 27.º da Lei n.º 32-B/2002, de 30 de Dezembro. Com a renumeração efectuada pelo Decreto-Lei n.º 159/2009, de 13 de Julho, que adaptou o Código à normalização contabilística (com aplicação aos períodos de tributação iniciados em, ou após, 1 de Janeiro de 2010), o regime passou a constar dos artigos 106.º, 90.º, nºs 2 e 7 e 93.º do CIRC. Ver ainda os artigos 33.º da LGT e 114.º do Regime Geral de Infracções Tributárias.

custos" reveladas por todas as estatísticas existentes.[3] Reconhecia-se que a Reforma Fiscal de 1989, ao introduzir o sistema de declaração controlada, não havia acautelado suficientemente a possibilidade da administração fiscal poder controlar, de modo eficaz, as empresas anteriormente inseridas no grupo C da antiga Contribuição Industrial. Essa mesma razão levava, na época, à necessidade de a Lei Geral Tributária (LGT) contemplar, no âmbito do procedimento de avaliação indirecta, a criação de indicadores objectivos da actividade de base técnico-científica, destinados, em particular, ao mesmo universo empresarial[4].

O PEC surgiu com carácter experimental e era visto, de algum modo, como um mecanismo transitório que poderia tornar-se desnecessário se e quando aqueles indicadores fossem instituídos e provassem ser eficazes. Na sua versão original, o PEC consistia num montante igual à diferença entre o valor correspondente a 1% do respectivo volume de negócios (determinado com base no valor das vendas e/ou dos serviços prestados até ao final do exercício anterior), com o limite mínimo de 100.000 escudos (498,80 euros) e o máximo de 300.000 escudos (1496,39 euros).

O regime do PEC foi, até hoje, objecto de diversas alterações, algumas delas de duvidosa constitucionalidade.[5] As mais significativas

---

[3] Vejam-se, a propósito das alterações introduzidas pela LOE para 2003, as declarações de Agostinho Lopes, da Comissão Política do PCP (disponíveis na *internet* no sítio deste partido), proferidas em 10 de Julho de 2003: "O PCP há muito que reclama um efectivo combate à fraude e evasão fiscal. E sempre considerou que os pagamentos por conta, aprovados em 1998, poderiam constituir um instrumento complementar para esse objectivo".

[4] Estes indicadores estão previstos na secção II do Capítulo V da LGT (artigos 87 e ss.) relativa à avaliação indirecta. Sobre o tema, cfr. o meu artigo "Avaliação indirecta e garantias dos contribuintes", in *O Economista – Anuário de Economia Portuguesa* n.º 12, Lisboa: Ordem dos Economistas, 1999, pp. 197 e ss.

[5] Especificamente sobre o PEC e, em particular, a questão da constitucionalidade ou inconstitucionalidade de algumas das suas alterações, vide OGANDO, Avillez, "A constitucionalidade do regime do pagamento especial por conta", in *Revista da Ordem dos Advogados*, vol. 62, t. III, 2002, p. 811 e ss. TORRES, Manuel Anselmo, "Incidência e inconstitucionalidade do pagamento especial por conta", in *Fisco*, n°s 107/108, 2003, p. 26 e ss; SANCHES, Saldanha/ MATOS, A. Salgado de, in "O pagamento especial por conta: questões de conformidade constitucional", *Fiscalidade*, n.º 15, 2003, p. 16; GIL, Teresa, "Pagamento Especial por Conta", in *Fisco*, n°s 107/108, 2003, p. 12 e ss; SANTOS, António Carlos dos, "As empresas isentas de IRC e o pagamento especial por conta",

*Comentários de Jurisprudência*

ocorreram inicialmente com as Leis do Orçamento para 2001, tendo em vista estender o prazo de dedução do PEC e impedir o reembolso por solicitação do contribuintes em actividade, e para 2003, com a alteração da fórmula de cálculo e dos limites mínimos e máximos do PEC para, respectivamente, 250 e 200000 euros e ainda com a introdução de novas regras de reembolso (que passaram a constar de um n° 3 aditado ao artigo 87° do Código do IRC) no sentido de os sujeitos passivos, para poderem obter o reembolso da parte não deduzida do PEC, terem que suportar os encargos inerentes ao "regime da inspecção tributária por iniciativa do sujeito passivo ou de terceiro", podendo ocorrer que o valor da taxa a pagar pela inspecção a pedido fosse superior ao imposto a reembolsar, em particular nos casos de empresas integradas num grupo sujeito ao RETGS.[6]

Em 2006, a LOE para 2007 veio introduzir um novo n.°, o 9, ao art. 98.° do CIRC, e prever expressamente o pagamento do montante mínimo do PEC para os sujeitos passivos que, no exercício anterior àquele a que o mesmo respeita, apenas tenham auferido rendimentos isentos[7]. Foi esta última alteração – ainda por cima, aplicável, por força do n.° 5 do artigo 44.° da Lei do OE 2006, ao período de tributação iniciado em 2005 – que foi objecto de pedido de declaração de inconstitucionalidade, com força obrigatória geral, por parte de um grupo de deputados à Assembleia da República[8].

---

in *TOC – Revista da Câmara dos Técnicos Oficiais de Contas*, n.° 88, 2007, p. 26 e ss; e "A deriva inconstitucional do actual regime do pagamento especial por conta", *Fisco*, n°s 122/123, 2007, p. 3 e ss.. No plano político, vejam-se as declarações

[6] Este facto coloca, aliás, a interessante questão de saber se a taxa de inspecção pode ser, em certos casos, um imposto.

[7] É a seguinte a redacção do citado n.° 9 do art. 98.° do CIRC, objecto de pedido de inconstitucionalidade: "O pagamento especial por conta a efectuar pelos sujeitos passivos de IRC que, no exercício anterior àquele a que o mesmo respeita, apenas tenham auferido rendimentos isentos corresponde ao montante mínimo previsto no n.° 2, sem prejuízo do n.° 3". Recorde-se que o montante mínimo referido é de 1000 euros e que o n.° 3 estabelece que "ao montante apurado nos termos do número anterior deduzem-se os pagamentos por conta calculados nos termos do artigo anterior, efectuados no exercício anterior".

[8] O pedido refere-se ainda a duas outras disposições relacionadas com aquelas, a do n.° 11 do artigo 98.° do CIRC e a do n.° 6 do artigo 44.°, n.° 6 da Lei do OE 2006

**2.** Em 29 de Setembro de 2009, o Tribunal Constitucional (TC) decidiu – e bem – a favor da inconstitucionalidade do n.º 9 do art. 98.º do CIRC, embora, ao abrigo do art. 282.º, n.º 4 da Constituição tenha determinado (de forma discutível, pois acaba por funcionar a benefício do infractor e legitimar, *a posteriori*, uma espécie de locupletamento à custa alheia), que a declaração de inconstitucionalidade apenas tivesse efeitos temporais *ex nunc*[9].

Na base desta fixação de efeitos meramente prospectivos esteve a consideração das consequências económicas e financeiras da decisão, no caso, a ponderação dos excessivos encargos administrativos que uma decisão com efeitos *ex tunc* provocaria em comparação com os parcos benefícios a colher por cada um dos sujeitos passivos isentos. Tratando-se de procedimentos que se encontram informatizados, temos as maiores dúvidas sobre o carácter excessivo dos encargos administrativos que daí adviriam, não nos parecendo que justifiquem a invocação da cláusula do "interesse público de excepcional relevo" exigida pelo artigo 282.º, n.º 4, da Constituição [10].

---

(Lei n.º 60-A/2005, de 30 de Dezembro). O alcance destas medidas legislativas, no seu conjunto, é clarificado pelo facto de o n.º 11 do art. 98.º do CIRC remeter, quanto ao âmbito do universo dos sujeitos passivos totalmente isentos, para os artigos 9.º e 10.º do CIRC relativos, respectivamente às isenções do Estado (em sentido amplo) e das pessoas colectivas de utilidade pública e de solidariedade social, não contemplando qualquer isenção de PEC para sujeitos passivos isentos de IRC.

[9] É a seguinte a redacção do n.º 4 do art.282.º da CRP: " Quando a segurança jurídica, razões de equidade ou interesse público de excepcional relevo, que deverá ser fundamentado, o exigirem, poderá o Tribunal Constitucional fixar os efeitos da inconstitucionalidade ou da ilegalidade com alcance mais restrito do que o previsto nos nºs 1 e 2", ou seja, pode excepcionalmente a declaração de inconstitucionalidade com força obrigatória geral não produzir efeitos desde a entrada em vigor da norma declarada inconstitucional. Não sendo, como é óbvio, uma decisão justificada por razões de segurança jurídica nem de equidade, que apontariam, aliás, no sentido inverso, resta a justificação do *interesse público de excepcional relevo*. No caso em apreço, dificilmente se poderá sustentar que tal interesse exista, pois a receita foi obtida ilegitimamente, abrangendo mesmo montantes obtidos através de uma aplicação retroactiva da lei que pretendeu consagrar uma interpretação que vinha a ser sustenta pela DGCI.

[10] Sobre o tema, cfr. MEDEIROS, Rui, in MIRANDA, J./ MEDEIROS, R., *Constituição Portuguesa Anotada*, Tomo III, Coimbra: Coimbra Almedina, 2007, p. 845 e ss. O Autor critica, aliás, a "contestável latitude com que o Tribunal Constitucional lança

A decisão do TC fundou-se apenas na violação do *princípio da proibição do excesso*, em duas das suas dimensões, a ausência de adequação meio-fim, pois a exigência do PEC a entidades isentas não contribui para a luta contra a evasão fiscal, e o teste da necessidade e proporcionalidade (em sentido estrito) da medida, uma vez que não é razoável obrigar uma entidade a entregar um determinado montante, a título de PEC, quando se sabe, no momento da sua exigência, que deverá ser totalmente reembolsado na sua totalidade. Como refere o acórdão, " a inexistência de uma relação de instrumentalidade entre o pagamento do PEC e a obrigação tributária emergente – a qual verdadeiramente não existe – não deixa margem para dúvidas quanto à conclusão de que a exigência do pagamento de um montante a título de pagamento especial por conta às empresas que apenas auferiram rendimentos isentos de IRC no período a que esse pagamento respeita viola o princípio da proporcionalidade ínsito no princípio do Estado de direito democrático (artigo 2.º da CRP)"[11].

A partir daqui, o acórdão entendeu não ter que se pronunciar sobre outros vícios de inconstitucionalidade alegados no pedido relativos ao referido n.º 9 do art. 98.º do CIRC.[12] Quanto, porém, à questão da consti-

---

mão da limitação de efeitos, designadamente em questões tributárias". De facto, já não é a primeira vez que o TC apenas confere efeitos *ex nunc* (por exemplo, em matéria de taxas), tendência que, de certa maneira, também tem vindo a ser seguida pelo próprio legislador fiscal, como no caso da nova redacção do artigo 90°-A do CIRC introduzida pelo LOE para 2008 (Lei 67-A/2007). A referência ao interesse público de excepcional relevo não equivale a razão de Estado nem justifica o argumento da quebra de receitas. Traduz-se, sim, como refere o mesmo Autor, na adopção de um "conceito indeterminado para abarcar todos os interesses constitucionalmente protegidos não subsumíveis nas noções de segurança jurídica e de equidade". Por conseguinte, a aplicação deste critério dificilmente conduziria à solução defendida, neste ponto, pelo TC.

[11] Cfr. o ponto 6 *in fine* do acórdão.

[12] O pedido invocava ainda a violação do princípio da legalidade, a violação do princípio da tributação das empresas com base no rendimento real, a violação do princípio da não retroactividade da lei fiscal, a violação dos princípios da proporcionalidade e da confiança legítimas e do princípio da autonomia regional. No entanto, fundamentar a inconstitucionalidade apenas na proibição do excesso pode ser redutor, pois o que estava sobretudo em causa era uma injustificada compressão do princípio da tributação sobre o lucro real, dir-se-ia mesmo a compressão máxima no caso das empresas com rendimento tributável zero. Cf., a propósito, NABAIS, J. Casalta, *Direito Fiscal*, 5ª ed., Coimbra: Almedina, 2009, p. 607.

tucionalidade do n.º 5 do art. 44.º da Lei do OE 2006, que mandava aplicar o novo artigo 98.º, n.º 4 do CIRC ao período de tributação iniciado em 2005, o TC preferiu – e bem - ser claro e declarar a inconstitucionalidade deste normativo por clara violação do princípio da não retroactividade da lei fiscal, previsto no art. 103.º, n.º 3 da CRP.

**3.** A decisão do TC não foi tomada por unanimidade. Em sentido contrário ao acórdão, houve três votos (os dos juízes Carlos Pamplona de Oliveira, Gil Galvão e Joaquim de Sousa Ribeiro) que fizeram constar, em anexo, as respectivas declarações de voto. Uma das razões apontadas, a de que estaríamos perante uma situação de fiscalização concreta de constitucionalidade (e não abstracta), daí decorrendo que o TC não deveria ter tido conhecimento do pedido, sendo uma interessante do ponto de vista constitucional, não atinge a substância do caso, pelo que está fora dos objectivos deste comentário[13].

A outra razão apontada pelos juízes que votaram vencidos é a ideia que o sentido da norma do n° 9 do art. 98.º do CIRS – isoladamente considerada, na sua literalidade – não consentiria a interpretação efectuada pelo TC.

De acordo com o juiz Carlos Pamplona de Oliveira, o resultado da aplicação concreta das normas impugnadas – que admite ser porventura desconforme com a Constituição – não decorre da exclusiva incidência dessas normas, mas da sua conjugação com regras que disciplinam o regime fiscal especial de que beneficiam as entidades licenciadas no Centro Internacional de Negócios da Madeira (CINM). Não é claro o sentido desta declaração de voto. É verdade que o benefício de isenção de IRC atribuído no capítulo VI do Estatuto dos Benefícios Fiscais (arti-

---

[13] Todavia há que sublinhar que o procedimento de fiscalização abstracta sucessiva previsto no artigo 281.º da CRP coexiste com o da fiscalização concreta previsto no artigo 280.º, sendo, porém, autónomo em relação a este. No caso presente, estamos perante novas normas postas em vigor depois da LOE para 2007, suscitando-se a questão da sua inconstitucionalidade, independentemente da sua aplicação a casos concretos. Que, ao abrigo de leis anteriores sobre o regime do PEC, tenha havido disputas entre contribuintes e a Administração fiscal que o poder político procurou resolver por via legislativa apenas sublinha a necessidade de fazer apelo para a fiscalização abstracta da constitucionalidade das normas em causa.

gos 33.º e 34.º) a entidades licenciadas no CINM deriva de um regime fiscal privilegiado autorizado temporariamente pela Comissão, ao abrigo do regime de auxílios de Estado regionais, como compensação dos custos da ultraperificidade (cfr. os artigos 299.º, n.º 2 e 87.º, n.º 3, al. a) do Tratado da Comunidade Europeia, a que correspondem hoje os artigos 349.º e 107.º, n.º 3, al. a) do Tratado sobre o Funcionamento da União). Mas se esse é o fundamento ou a causa próxima do benefício da isenção, este facto apenas viria reforçar a ideia que não deveria o Estado português pôr em causa as expectativas das entidades licenciadas de que usufruiriam de isenção de IRC durante todo o período de vigência dos benefícios autorizados. Em si mesmo, não se vê por que razão a interpretação do n.º 9 do artigo 98.º do IRC dependa da conjugação com as regras do Estatuto dos Benefícios Fiscais relativas à ZFM. E, em rigor, nenhum outro elemento é avançado em favor da posição do juiz Carlos Pamplona de Oliveira.

**4.** Mais interessantes são, neste aspecto, os argumentos avançados pelos juízes Gil Galvão e Joaquim de Sousa Ribeiro. Segundo o primeiro não seria possível utilizar um argumento *a contrario*, retirado do n.º 11 do artigo 98.º do CIRC, para modificar a literalidade do n.º 9 do mesmo artigo e chegar, assim, a uma interpretação obviamente inconstitucional. De facto, para o juiz Gil Galvão, o referido n.º 9 limitar-se-ia, ao invés, a prever o modo de cálculo do pagamento exigível às empresas que, tendo beneficiado de isenção total no ano anterior, teriam passado a ficar sujeitas a IRC no exercício seguinte, pelo que não conteria nenhuma inconstitucionalidade. Posição semelhante foi afirmada pelo juiz Joaquim de Sousa Ribeiro, para quem a interpretação do n.º 9 do art. 98.º do CIRC efectuada pelo TC não seria a interpretação mais adequada do normativo. Segundo ele, o TC, ao pressupor que estavam abrangidos pela previsão da norma os contribuintes que, no exercício a que o PEC respeita, apenas auferiram rendimentos isentos, partiu do entendimento da administração fiscal (do "direito vivente") aplicado em casos concretos e não do "entendimento pressuposto pelo teor literal da norma". Este entendimento do TC contraria, segundo o juiz Sousa Ribeiro, "a natureza e a função desde sempre atribuídas ao PEC" pois ele equivaleria a transformá-lo num "tributo mínimo, de carácter autónomo e não instrumental" e, como tal, inconstitucional. Mas não existiriam, para o Autor, indicações muito sólidas e conclusivas que sustentassem esta interpretação, isto é, a tese da transformação do PEC numa espécie de tributo mínimo. Haveria assim que procurar, dentro dos sentidos literais possíveis, um que estivesse em conformidade com a natureza e função (cautelar) do PEC. E este seria que a norma só se aplicaria às empresas que, tendo estado isentas no exercício anterior, não o estão no exercício a que o PEC respeita porque, por exemplo, cessou a isenção ou por acumulação de actividades isentas com não isentas.

Assim, imaginemos que, em 2005, uma dada empresa encontrava-se isenta de IRC e que, em 2006, cessou a isenção, passando a empresa a ser tributada pelos rendimentos auferidos nesse ano. Segundo esta interpretação, como não seria possível retirar os *dados habituais de referência* relativos ao exercício anterior (2005, ano em que a empresa estava isenta de IRC), o PEC seria devido em 2006 (ano em que já não haveria isenção, total ou parcial, de IRC) pelo montante mínimo. Põe-se, porém, uma questão: se em 2006 a empresa continuasse isenta (isenção total), em 2007 voltaria a não haver dados de referência relativos a 2006. Qual seria então a solução para 2007? Estaria a empresa isenta de PEC, apesar da letra do n.º 9 do art. 98.º do CIRC indiciar o contrário? Ou a empresa pagaria, também em 2007, ou seja, pela segunda vez consecutiva, o montante mínimo de PEC? E se assim fosse, e dados os constrangimentos para a obtenção de reembolso, não seria legítimo concluir, como faz o acórdão, que estaríamos perante um verdadeiro tributo mínimo? E, se em vez de isenção total de IRC, estivéssemos perante a prática, por parte da empresa, de operações tributadas ao lado de outras isentas (isenção parcial), seria a solução de obrigar a empresa a pagar PEC pelo montante mínimo a mais correcta? Ou não seria preferível, em nome de um princípio de proporcionalidade, que os cálculos fossem efectuados de acordo com a proporção de rendimento isento e não isento, a exemplo do que ocorre com o *pro rata* no IVA?

Acresce, quanto a nós, que a interpretação da posição vencida esquece a história da norma, desvaloriza, sem razão, a sua ligação sistemática com o n.º 11 do artigo 98.º do CIRC, bem como o facto de a LO para 2006 pretender aplicar o n.º 9 ao próprio ano de 2005, ano em que a empresa se encontrava isenta. A conjugação destes elementos torna ainda mais difícil a posição dos juízes vencidos e legitima, em meu entender, a interpretação do TC.

*Comentários de Jurisprudência*

Uma última nota: ao contrário do que a oposição sustenta(va), a Proposta de OE para 2009 não elimina o PEC e, a meu ver bem, dado que não há mecanismo que o substitua nem os sistemas informáticos nem os sistemas de informações tributários funcionam de modo tão perfeito que dele se possa prescindir. Mas, em termos gerais, também não acolhe – e aí, menos bem - as recomendações do Grupo para o Estudo da Política Fiscal, no sentido de um regresso à filosofia inicial do regime do PEC.[14] Mas acolhe uma das recomendações deste Grupo, a da eliminação do n.º 9 do artigo 98.º do CIRC, vindo assim, em boa hora, ao encontro da posição do Tribunal Constitucional.

---

[14] Relatório a publicar proximamente nos *Cadernos de Ciência e Técnica Fiscal* n.º 209 e disponível na *internet* desde Outubro de 2009.

# EMPRESAS PÚBLICAS, PARCERIAS PÚBLICO-PRIVADAS E OS PODERES DE FISCALIZAÇÃO PRÉVIA DO TRIBUNAL DE CONTAS

COMENTÁRIO AO ACÓRDÃO DO TRIBUNAL DE CONTAS N.º 160/09, DE 2 DE NOVEMBRO DE 2009, PROCESSO N.º 1787/08, 1.ª SECÇÃO/SUBSECÇÃO (ESTRADAS DE PORTUGAL, S.A./AENOR DOURO – ESTRADAS DO DOURO INTERIOR, S.A.)

*João Pateira Ferreira*[*]

**Sumário do Acórdão**[1]:

O acórdão recusa o visto prévio ao contrato celebrado entre as empresas Estradas de Portugal, S.A. e AENOR, S.A., no âmbito do plano rodoviário nacional, tendo por objecto a subconcessão *Douro Interior*, com os seguintes fundamentos:

1. A empresa pública concedente integra o elenco do artigo 2.º, n.º 2 da Lei n.º 98/97, de 26 de Agosto[2], e é uma das entidades sujeitas a fiscalização prévia por via da segunda parte da alínea c) do n.º 1 do artigo 5.º da LOPTC. Resultando encargos directos do contrato para a referida empresa, o mesmo não poderá deixar de ser submetido à apreciação e fiscalização prévia do Tribunal.

---

[*] Assistente da Faculdade de Direito de Lisboa.

[1] O Acórdão teve como relator o Conselheiro João Figueiredo, encontrando-se disponível no sítio institucional do Tribunal de Contas, em www.tcontas.pt. O sumário é da nossa responsabilidade.

[2] Lei de Organização e Processo do Tribunal de Contas (LOPTC), com as alterações introduzidas pelas Leis n.ºs 87-B/98, de 31 de Dezembro, 1/2001, de 4 de Janeiro, 55-B/2004, de 30 de Dezembro, 48/2006, de 29 de Agosto e 35/2007, de 13 de Agosto.

2. Quando uma empresa pública celebra um contrato sujeito ao Decreto-Lei n.º 86/2003, de 26 de Abril[3], deverá observar, nos termos do seu artigo 2.º, n.º 6, e "*com as devidas adaptações, as exigências materiais e os princípios constantes*" desse regime; o facto de essa mesma norma especificar, "*designadamente os resultantes dos artigos 4.º, 5.º, 6.º, 7.º, 14.º-C e 14.º-F*", não impede que se determinem outras exigências materiais e princípios aplicáveis às parcerias público-privadas abrangidas pelo seu âmbito de aplicação.
3. Cabe ao intérprete, analisando todo o RJPPP, determinar quais serão os princípios e as exigências materiais a ser observadas neste âmbito, sendo certo que tais exigências materiais não poderão, nomeadamente, deixar de se reportar aos actos ou factos que imperativamente devam ser praticados ou ocorrer, bem como, às estatuições muito concretizadas resultantes desse regime.
4. Assim, quando o RJPPP estabelece, no artigo 6.º, n.º 1, al. d), que o lançamento e a contratação de parcerias público-privadas pressupõem a obtenção das autorizações e pareceres administrativos de natureza ambiental, o Tribunal conclui que o legislador pretendeu assegurar a transferência integral do risco da execução para o parceiro privado. De igual modo, pretende-se com tal imposição acautelar eventuais impactos financeiros ou de outra natureza nas diversas fases que compõem o lançamento e contratação da PPP, pelo que deverá entender-se que o pressuposto da avaliação ambiental prévia constitui uma exigência material concreta a respeitar nos procedimentos abrangidos pelo RJPPP, sob pena de ilegalidade.
5. Mesmo que a concedente, nos termos dos seus estatutos ou em cumprimento de imposição de natureza legal ou outra, deva privilegiar o recurso às parcerias público-privadas nas concessões ou subconcessões por si promovidas, não poderá deixar de respeitar a exigência imposta pelo RJPPP de avaliação prévia das vantagens comparativas, para o parceiro público, relativamente

---

[3] Regime Jurídico das Parcerias Público-Privadas (RJPPP), com as alterações introduzidas pelo Decreto-Lei n.º 141/2006, de 27 de Julho.

a formas alternativas de alcançar os mesmos fins, nos termos do seu art. 6.º, n.º 1, al. c). Como tal, sempre que se recorrer a uma parceria público-privada, deverão previamente demonstrar-se os méritos relativos desta opção face a alternativas equiparáveis de alcançar os mesmos objectivos ou resultados.
6. O procedimento de adjudicação da parceria deverá reger-se pelo disposto no Decreto-Lei n.º 59/99, de 2 de Março, bem como no Programa do Concurso e no Caderno de Encargos que a entidade adjudicante livremente produziu. Determinando o programa do concurso que este terá duas fases, a fase de avaliação e selecção de propostas e a fase de negociação, e que a fase de negociação visará atingir uma melhoria das propostas seleccionadas previamente à elaboração da minuta do contrato, pretende-se que sejam melhoradas as propostas das concorrentes, em benefício da entidade adjudicante; em contrapartida, não poderão ser admitidas condições menos vantajosas para a adjudicante na fase da negociação, do que aquelas que resultaram da primeira fase.
7. A violação das regras imperativas previstas no programa do concurso, pela própria entidade concedente, permitiu a apresentação de alterações às propostas iniciais durante a fase de negociações, em benefício das empresas seleccionadas para esta fase, o que redundou em condições menos vantajosas para o parceiro público quando comparadas com as que tinham sido obtidas na fase anterior de avaliação das propostas. Tal resultado tipifica uma violação dos n.ºs 1 e 2 do artigo 100.º do Decreto-Lei n.º 59/99, de 2 de Março, nos termos do qual as propostas são analisadas em função dos critérios estabelecidos no programa do concurso, do n.º 1 do artigo 14.º do Decreto-Lei n.º 197/99, de 8 de Junho, que consagra o princípio da estabilidade do procedimento, e como tal, também do n.º 2 do artigo 9.º e do n.º 2 do artigo 10.º, ambos do mesmo Decreto-Lei n.º 197/99, de 8 de Junho, que consagram os princípios da igualdade e da imparcialidade.
8. A violação das normas legais citadas redundou em condições mais gravosas para a entidade concedente, e provocaram, com fortíssima probabilidade, a alteração efectiva do resultado financeiro do procedimento, o que constitui fundamento de recusa de visto nos termos da al. c) do n.º 3 do artigo 44.º da LOPTC.

## ANOTAÇÃO

**1. Enquadramento**

O acórdão recusa a concessão do visto assente em duas questões fundamentais, ultrapassada a questão prévia da sujeição do contrato à sua fiscalização: em primeiro lugar, entende o Tribunal de Contas que a Estradas de Portugal não deu cumprimento a determinadas exigências materiais resultantes do RJPPP relativas ao próprio procedimento de constituição da parceria; em segundo lugar, considera que a Estradas de Portugal não respeitou as regras do concurso de concessão, definidas pelo Programa do Concurso, admitindo a apresentação de alterações às propostas seleccionadas para a fase de negociações mais gravosas do que as condições iniciais, pondo em causa não só as regras do concurso, como também as regras e princípios aplicáveis aos procedimentos concursais públicos que visam, *inter alia*, garantir os direitos dos demais concorrentes[4].

Todavia, pela sua novidade, merecerá a nossa reflexão a sujeição do contrato em causa à fiscalização prévia do tribunal, em razão da natureza da entidade concedente, bem como, a recusa de concessão de visto decorrente do incumprimento do RJPPP por parte de uma empresa pública sob forma societária – afinal, duas questões que decorrem de alterações legislativas ainda não suficientemente sedimentadas na doutrina ou jurisprudência, mas que revelam ser fundamentais para a operacionalização dos respectivos regimes; já as demais questões representam algum grau de continuidade em relação à jurisprudência recente do Tribunal, em particular no que respeita à aplicação das regras relativas aos procedimentos concursais e consequências do seu incumprimento enquanto fundamento de recusa de visto[5], embora, no caso concreto, com a relativa novidade

---

[4] Tal como referido pelo próprio Tribunal (cfr. § 14), a questão relativa à fixação do preço de fornecimento dos documentos concursais, não tendo particular relevância para o teor da decisão, não será objecto de comentário.

[5] Merecendo particular destaque o Acórdão do Tribunal de Contas n.º 96/08, de 15 de Julho de 2008, e a declaração de voto anexa do Conselheiro João Figueiredo, bem como o Acórdão do Tribunal de Contas n.º 157/09, de 21 de Outubro de 2009, ambos da 1.ª Secção. Recorde-se que uma das alterações introduzidas pela Lei n.º 48/2006, de

de se tratar de um procedimento concursal promovido e desenvolvido por uma empresa pública sob forma societária, e portanto, sujeita ao Direito Privado.

Passemos em revista as principais questões de facto relevantes para a apreciação do enquadramento jurídico da decisão do Tribunal:

*a)* Por Resolução do Conselho de Ministros n.º 89/2007, de 14 de Junho, instituiu-se um novo modelo de gestão e financiamento do sector das infra-estruturas rodoviárias, prevendo-se a celebração de um contrato de concessão entre o Estado e a Estradas de Portugal tendo por objecto a rede rodoviária nacional;

*b)* Através do Decreto-Lei n.º 374/2007, de 7 de Novembro, a Estradas de Portugal foi transformada em sociedade anónima de capitais exclusivamente públicos[6];

*c)* Pelo Decreto-Lei n.º 380/2007, de 13 de Novembro[7], e pela Resolução do Conselho de Ministros n.º 174-A/2007, de 14 de Novembro, aprovaram-se as bases e a minuta do contrato de concessão entre o Estado e a Estradas de Portugal. Posteriormente, pela Resolução do Conselho de Ministros n.º 177/2007, de 22 de Novembro, determinou-se que a Estradas de Portugal lançasse, até ao final de 2007, um concurso público internacional para a concessão Douro Interior, em regime de parceria público-privada;

*d)* Nos termos do programa do concurso, este decorreu em duas fases: uma fase inicial, de qualificação e avaliação de propostas, visando a escolha de duas propostas que passariam à segunda, e última fase; a segunda fase, de negociação e escolha do subcon-

---

29 de Agosto, consistiu na introdução de uma listagem restrita de ilegalidades que determinam a recusa de visto: ilegalidade geradora de nulidade, falta de cabimento, violação de norma financeira, ilegalidade susceptível de alterar o resultado financeiro (cfr. artigo 44.º, n.º 3 da LOPTC), em substituição da anterior (e tradicional) apreciação ampla de legalidade.

[6] Ou seja, uma empresa pública nos termos e para os efeitos do Decreto-Lei n.º 558/99, de 17 de Dezembro (regime jurídico do sector empresarial do Estado e das empresas públicas, RJSEE), com as alterações introduzidas pelo Decreto-Lei n.º 300//2007, de 23 de Agosto.

[7] Alterado pelo Decreto-Lei n.º 110/2009, de 18 de Maio.

cessionário. De acordo com o Programa do Concurso, a segunda fase do procedimento visa atingir uma melhoria das propostas seleccionadas e terá como resultado final a minuta do contrato de subconcessão, sendo que o resultado da fase de negociações não pode resultar em condições menos vantajosas para a Estradas de Portugal do que as inicialmente propostas;

e) Na fase de negociações, as duas propostas seleccionadas das seis apresentadas, apresentaram condições mais gravosas do que as inicialmente previstas, obtendo por isso, em termos de classificação, uma pontuação menos favorável do que na primeira fase; o que terá sido aceite pela concedente, em concreto, pela alteração das condições de financiamento decorrentes da crise económica e financeira internacional.

No que respeita ao enquadramento jurídico das questões suscitadas, e tendo em conta a matéria de facto relevante, haverá que considerar o seguinte:

a) À empresa Estradas de Portugal, uma empresa pública, constituída nos termos da lei comercial, com capital integralmente subscrito e realizado pelo Estado, foi atribuída a concessão da rede rodoviária nacional, sendo que, de acordo com as bases da concessão (cfr. base 32, em anexo ao Decreto-Lei n.º 380/2007, de 13 de Novembro), a empresa deve privilegiar, como forma de execução do objecto da concessão, a atribuição de subconcessões em regime de parceria público-privada;

b) Nos termos do artigo 2.º, n.º 6 do RJPPP, *"as parcerias público-privadas promovidas por empresas públicas sob a forma societária devem observar, com as devidas adaptações, as exigências materiais e os princípios constantes do presente decreto-lei, designadamente os resultantes dos artigos 4.º, 5.º, 6.º, 7.º, 14.º-C e 14.º-F, sendo o respectivo acompanhamento e controlo...exercidos através da função accionista do Estado."*

c) No que respeita à estabilidade procedimental, como garantia da transparência e tutela da confiança dos demais concorrentes, verifica-se que, nos termos do artigo 14.º, n.º 1 do Decreto-Lei n.º 197/99, de 8 de Junho, *"os programas de concurso, cadernos de encargos e outros documentos que servem de base ao proce-*

*dimento devem manter-se inalterados durante a pendência dos respectivos procedimentos*".

## 2. Quanto à competência do Tribunal para fiscalizar o contrato

### 2.1. Em razão da natureza da entidade concedente

A primeira questão que mereceu a apreciação do Tribunal respeita à sua competência para fiscalização prévia de um contrato outorgado por uma empresa pública, tendo a mesma sido decidida nos seguintes termos: "*a EP remeteu o processo a este Tribunal, e este foi objecto de análise pelos Serviços de Apoio que o devolveram nos termos do n.º 1 do artigo 82.º da LOPTC. Igualmente foi objecto de decisões tomadas por este Tribunal, em sessão diária de visto, nos termos do n.º 3 do artigo 77.º da mesma LOPTC, solicitando-se, nomeadamente, elementos adicionais e informações que a EP posteriormente remeteu e pronunciando-se sobre requerimentos por esta apresentados. Refere a alínea c) do n.º 1 do artigo 5.º da LOPTC que compete ao Tribunal 'fiscalizar previamente a legalidade e o cabimento orçamental dos actos e contratos geradores de despesa ou representativos de quaisquer encargos e responsabilidades, directos ou indirectos...' para as entidades sujeitas a fiscalização prévia... A EP integra o elenco do n.º 2 do artigo 2.º da LOPTC e é uma das entidades sujeitas a fiscalização prévia por via da segunda parte da alínea c) do n.º 1 do artigo 5.º já citado, como se decidiu, neste processo, também em sessão diária de visto*".[8]

Verifica-se que, do percurso decisório do Tribunal quanto à sujeição do acto em causa ao seu controlo prévio, podemos concluir que foram tidas em conta: a remissão do processo pela empresa pública em causa para apreciação prévia pelo Tribunal; a decisão de recebimento do processo pelo Tribunal, em sessão diária de visto; os pedidos de elementos e informações complementares realizados pelo Tribunal e respondidos pela empresa; o âmbito de competência do Tribunal, nos termos do artigo 2.º, n.º 2 da LOPTC, que sujeita *também* à sua jurisdição e controlo as

---

[8] Cfr. § 10 a 12 do Acórdão em análise.

empresas públicas e, finalmente, a sua competência material essencial a nível da fiscalização prévia, constante da alínea c) do n.º 1 do artigo 5.º da LOPTC.

Neste ponto, a decisão do Tribunal é merecedora de alguns reparos: em primeiro lugar, o facto de a Estradas de Portugal ter remetido o processo para fiscalização prévia, e de o mesmo ter sido o *"objecto de decisões tomadas... em sessão diária de visto"*, não impede nem prejudica o necessário enquadramento a realizar quanto à competência do Tribunal para apreciar actos e contratos de empresas públicas a título de fiscalização prévia, não podendo aceitar-se um *iter* causal pelo qual meros factos ou acontecimentos preliminares constituirão uma espécie de "caso julgado" sobre o âmbito do controlo prévio; em segundo lugar, a conclusão do Tribunal pela qual a Estradas de Portugal é *"uma das entidades sujeitas a fiscalização prévia por via da segunda parte da alínea c) do n.º 1 do artigo 5.º"* da LOPTC, parece menosprezar a cautela interpretativa que deverá nortear a aplicação dessa norma, atendendo tanto ao seu teor literal, como às consequências decorrentes de uma muito ampla aplicação da sua estatuição.

Para melhor compreensão da nossa segunda observação quanto ao percurso decisório do Tribunal, considere-se preliminarmente o seguinte: em primeiro lugar, de acordo com o artigo 2.º, n.º 2 da LOPTC (*"âmbito de competência"*), *"também estão sujeitas à jurisdição e aos poderes de controlo financeiro do Tribunal as seguintes entidades: b) as empresas públicas, incluindo as entidades públicas empresariais"*. Ora, tal norma não implica que todos os poderes de fiscalização inerentes à jurisdição e controlo financeiro do Tribunal sejam aplicados, de igual forma, aos três universos subjectivos previstos no corpo do artigo 2.º; pelo contrário, resulta da articulação sistemática do artigo 2.º com o artigo 5.º e ainda com as demais normas pertinentes da LOPTC relevantes para efeito da operacionalização dos distintos poderes de fiscalização que, sendo o controlo financeiro do Tribunal exercido através de poderes de fiscalização prévia, concomitante e sucessiva (consoante o momento temporal do seu exercício), nem todos estes poderes podem ser utilizados independentemente da entidade pública ou dos actos e contratos em causa, estatuindo a própria LOPTC quais os concretos âmbitos de aplicação dos poderes de controlo do Tribunal.

*Comentários de Jurisprudência*

Em segundo lugar, nos termos do artigo 5.º, n.º 1, al. c) da LOPTC (*"competência material essencial"*), *"compete, em especial, ao Tribunal de Contas: c) fiscalizar previamente a legalidade e o cabimento orçamental dos actos e contratos de qualquer natureza que sejam geradores de despesa ou representativos de quaisquer encargos e responsabilidades, directos ou indirectos, para as entidades referidas no n.º 1 do artigo 2.º e os das entidades de qualquer natureza criadas pelo Estado ou por quaisquer outras entidades públicas, para desempenhar funções administrativas originariamente a cargo da Administração Pública, com encargos suportados por transferência do orçamento da entidade que as criou, sempre que daí resulte a subtracção de actos e contratos à fiscalização prévia do Tribunal de Contas."*

Nestes termos, a própria redacção e técnica de remissão empregues pelo legislador não permitem ao intérprete concluir, com segurança, por uma aplicação estrita do sistema de fiscalização prévia a todos os actos ou contratos, de todas as entidades instrumentais (incluindo-se aqui tanto as entidades de natureza pública ou privada, consoante o regime remissivo geral que lhes seja aplicável[9]), criadas pelo Estado ou outras entidades públicas.

Assim, o legislador não se limitou a ampliar o escopo da fiscalização prévia a todas as entidades abrangidas pelo artigo 2.º[10], mas sim, a restringir tal fiscalização aos actos e contratos:

1. Das entidades referidas no artigo 2.º, n.º 1 (Estado, Regiões Autónomas, Autarquias Locais, institutos públicos e instituições de segurança social); e

---

[9] Ressalvando-se a actual complexidade resultante da qualificação jurídica das pessoas colectivas públicas (ou criadas por iniciativa pública), na esteira do que tem vindo a ser sublinhado pela doutrina administrativista. A título de exemplo, V. Alexandra Leitão, *"Os Contratos Interadministrativos"*, in Estudos de Contratação Pública, CEDIPRE (org.), vol. I, Coimbra, Coimbra Editora, 2008, pág. 733-779, que destaca que *"a adopção de uma forma jurídico-privada ou a aplicação de normas de direito privado – como acontece, por exemplo, no caso das empresas públicas – não afasta, só por si, a qualificação como sujeito de direito público"*.

[10] Recorrendo, para o efeito, à redacção constante da alínea f) do n.º 1 do mesmo artigo.

2. Das *"entidades de qualquer natureza criadas pelo Estado ou por quaisquer outras entidades públicas, para desempenhar funções administrativas originariamente a cargo da Administração Pública, com encargos suportados por transferência do orçamento da entidade que as criou, sempre que daí resulte a subtracção de actos e contratos à fiscalização prévia do Tribunal de Contas"*.

Como tal, e tomando como boa a conclusão do acórdão quanto à efectiva sujeição do contrato *sub judice* à fiscalização prévia do Tribunal, não pode deixar de nos merecer reserva a omissão de qualquer fundamentação (para além da que transcrevemos), assim como, na sequência do que já afirmámos, não será de subscrever integralmente a posição adoptada pelo Tribunal quanto à sujeição da Estradas de Portugal à fiscalização prévia. Esta interpretação, quanto a nós, extravasa largamente o âmbito de aplicação da norma em causa, que não pretende alargar o âmbito de aplicação da fiscalização prévia a todas as entidades não previstas no n.º 1 do artigo 2.º da LOPTC (*v.g.*, a todas as empresas públicas), mas sim a *determinados* actos de *algumas* entidades que não estejam aí previstas.

Nestes termos, a Estradas de Portugal não é uma entidade sujeita *per se* à fiscalização prévia do Tribunal, sem prejuízo de se admitir que alguns dos seus actos e contratos devam, efectivamente, ser apreciados pelo Tribunal nessa sede.

Outrossim, atendendo ao teor literal da segunda parte da al. c) do n.º 1 do artigo 5.º, resulta necessário verificar, em cada caso concreto, o preenchimento cumulativo dos seguintes requisitos de sujeição de um determinado acto ou contrato à fiscalização prévia do Tribunal, quando a entidade que o pratica ou celebra não esteja prevista no artigo 2.º, n.º 1 da LOPTC:

1. A entidade, independentemente da sua natureza jurídica, foi criada pelo Estado ou por qualquer outra entidade pública;
2. O objecto de tal entidade é o desempenho de funções originariamente a cargo da Administração Pública;
3. Os encargos dessa entidade serão suportados por transferência do orçamento da entidade criadora;
4. A interposição dessa entidade terá por efeito a subtracção de actos ou contratos à fiscalização prévia do Tribunal.

Sem prejuízo de, no caso concreto, tais requisitos se poderem verificar, teria sido fundamental para a compreensão do percurso valorativo e decisório do Tribunal determinar até que ponto os mesmos foram tidos em conta, e de que forma, em particular pelas consequências que poderão decorrer daqui.

Com efeito, esta norma preconiza a submissão à fiscalização prévia dos actos e contratos praticados e celebrados por algumas entidades criadas pelo Estado e outras entidades públicas, sublinhando-se aqui a aparente intenção do legislador abranger, através de conceitos suficientemente vagos e indeterminados, todas e quaisquer formas de entidades instrumentais; sem prejuízo, não subscrevemos que tenha sido intenção do legislador de 2006 – ou que resulte do próprio teor da norma – a reversão integral do sistema de visto prévio, *v.g.*, em relação às empresas públicas (que tradicionalmente, não estão sujeitas à fiscalização prévia), pela sua generalização aos actos e contratos geradores de despesa praticados ou celebrados por tais empresas; fora esse o seu objectivo, e teria bastado reduzir a actual alínea c) do n.º 1 do artigo 5.º à sua primeira parte, limitando-se a abranger no seu âmbito de aplicação todas as entidades previstas no artigo 2.º, ou apenas as entidades previstas nos n.ºs 1 e 2[11].

Ao estabelecer-se uma distinção entre os dois tipos de entidades, devemos ainda ter em consideração que o primeiro tipo de entidades abrangidas pela fiscalização prévia resulta de um elenco mais ou menos estanque, constante da própria LOPTC; já as entidades previstas na segunda parte da norma terão de preencher cumulativamente quatro requisitos de sujeição à fiscalização prévia: esta distinção não permite chegar a outra conclusão senão a de que as entidades previstas no artigo 2.º, n.º 1 estão sempre sujeitas ao visto prévio do Tribunal, e que as entidades do artigo 2.º, n.º 2 apenas excepcionalmente serão sujeitas a fiscalização prévia, e somente quando tais requisitos estejam preenchidos.

Se consideramos o potencial foco de conflito e insegurança jurídica, num domínio fundamental da contratação pública (aqui entendida em termos necessariamente latos), relativa à competência do Tribunal para

---

[11] Recorrendo, para o efeito, à redacção constante da alínea f) do n.º 1 do mesmo artigo.

apreciação de actos e contratos praticados ou celebrados por entidades instrumentais, facilmente concluiremos que esta teria sido uma oportunidade privilegiada para o Tribunal expor as suas orientações quanto à aplicação concreta desta norma, mormente no que respeita aos elementos pertinentes considerados necessários para o preenchimento dos requisitos constantes da segunda parte da alínea c) do n.º 1 do artigo 5.º.

Em particular, no que respeita à integração do segundo e terceiro requisitos, quanto à possibilidade de se abrangerem no escopo da norma entidades intermédias criadas por outras entidades públicas (de natureza privada), e que tenham por objectivo o desempenho de funções originariamente a cargo da Administração Pública, conjuntamente com o desempenho de outras atribuições ou actividades (*v.g.*, de natureza estritamente mercantil), e ao quarto requisito, quanto à necessidade de se demonstrar uma dimensão subjectiva da decisão pública quanto à conformação da sua margem de liberdade organizativa[12] – através da intenção de defraudar (ou contornar) o instituto do visto prévio – ou se o Tribunal considera que a *ratio legis* é, tão-só, a de impedir que a interposição de uma entidade instrumental de natureza privada, independentemente da intenção ou objectivo que presidiu à sua criação, obste a fiscalização prévia de um acto que, a ser praticado por uma entidade pública prevista no artigo 2.º, n.º 1, a ela estaria sujeito[13].

---

[12] Refira-se, *v.g.*, o acórdão do Tribunal Constitucional n.º 140/02, de 9 de Abril de 2002, quanto à sujeição aos poderes de fiscalização do Tribunal de Contas de entidades públicas de natureza *híbrida* (no caso concreto, os Institutos Públicos Empresariais), as quais apresentam "*características de mais que uma das figuras típicas dos entes colectivos (públicos)*", consequência da "*larga margem de conformação de que o legislador (inclusivamente o legislador governamental) goza, na área organizatória*".

[13] V. Miguel Assis Raimundo, *As Empresas Públicas nos Tribunais Administrativos*, Almedina, Coimbra, 2007, pág. 134 a 136. Para este autor, "*as excepções àquela que deve ser para nós a regra – a da não sujeição dos actos e contratos das empresas públicas a visto prévio – apenas podem prender-se, em nossa opinião, com casos de manifesta manipulação da personalidade colectiva, ou dito de outra forma, com casos onde a interposição de um ente instrumental... constitua única e exclusivamente um expediente que sem qualquer justificação válida exclui do âmbito do controlo do Tribunal de Contas em sede de fiscalização preventiva um acto ou contrato gerador de despesa.*" Implicitamente no mesmo sentido, sublinhando o "*propósito especial de fuga ao controlo prévio do Tribunal de Contas*" na apreciação da nova redacção desta norma,

*Comentários de Jurisprudência*

Nestes termos, e atendendo ao texto da decisão, tornam-se de difícil discernimento as razões de direito, para além da mera citação das normas aplicáveis, que presidiram à decisão do Tribunal quanto a esta questão prévia, fundamental não apenas para compreender o percurso trilhado nesta decisão, como as orientações futuras de apreciação de questões materialmente semelhantes trazidas ao seu julgamento.

### 2.2. Em razão do contrato

Outra questão prévia, suscitada pela Estradas de Portugal, e merecedora de uma apreciação liminar por parte do Tribunal, prende-se com a eventual exclusão do contrato em causa do âmbito objectivo de aplicação da alínea c) do n.º 1 do artigo 5.º da LOPTC, atendendo a que nos primeiros cinco anos de vigência, não resultaria qualquer encargo para a entidade concedente.

A decisão do Tribunal, nos termos da qual *"nada se retira da lei que leve a concluir que, pelo facto de a EP não ter quaisquer encargos nos primeiros cinco anos de vigência do contrato de subconcessão, o contrato não se encontre sujeito a fiscalização prévia. A LOPTC não distingue tal situação, apenas considerando que desde que resultem encargos, quer directos quer indirectos, para a entidade que se encontre sob o seu âmbito de controlo subjectivo, o acto ou contrato está sujeito"*, merece a nossa total concordância, uma vez que iria ao arrepio dos elementares princípios de controlo e transparência, que um acto gerador de encargos futuros, no caso, uma concessão rodoviária explorada de acordo com o modelo SCUT (sem custos para o utente), sujeita não apenas às remunerações contratualmente estabelecidas, como a eventuais compensações decorrentes da necessidade de reequilíbrio financeiro a favor do parceiro privado, fosse excluído da fiscalização prévia em razão de um intervalo

---

José Luís Pinto Almeida, in *Fiscalização prévia, concomitante e sucessiva no quadro das competências do Tribunal de Contas*, Revista de Finanças Públicas e Direito Fiscal, Ano 1, n.º 3, 179-205 (189).

de tempo entre o momento da celebração do contrato e o da efectivação dos encargos dele decorrentes[14].

Finalmente, e quanto ao enquadramento deste contrato no artigo 46.º, n.º 1 da da LOPTC, refira-se que o mesmo é qualificado como um contrato de subconcessão relativo à *"concepção, construção, financiamento, manutenção e exploração"* de lanços rodoviários, enquadrando-se no disposto da alínea b) do n.º 1 do artigo 46.º da LOPTC, sem prejuízo de se tratar de um negócio jurídico complexo, caracterizado por um universo de prestações dificilmente reconduzível a um só tipo contratual. Embora esta matéria não tenha sido objecto de especial destaque no acórdão em análise, não podemos deixar de sublinhar que o Tribunal de Contas tem dado prevalência à materialidade subjacente aos negócios jurídicos que lhe são trazidos para fiscalização prévia, no que se espalda na própria LOPTC, que manda considerar como contratos quaisquer acordos, protocolos ou outros instrumentos de que resultem ou possam resultar encargos financeiros ou patrimoniais (cfr. artigo 46.º, n.º 2)[15].

---

[14] Como o demonstrou já o Tribunal de Contas, mesmo as PPP lançadas de acordo com modelos ou objectivos de "custo zero" para o parceiro público traduziram-se em encargos financeiros elevados imputáveis ao Estado. V. o Relatório de Auditoria n.º 4/2007 (2.ª Secção), *Auditoria aos encargos do Estado com as Parcerias Público Privadas – Concessões Rodoviárias e Ferroviárias*, pág. 33: *"deve referir-se que a experiência portuguesa tem demonstrado que mesmo aquelas PPP que inicialmente eram previstas como sendo de custo zero, vieram a ser geradoras de avultados encargos para o Estado, em sede de processos de reequilíbrio financeiro, motivando, até, posteriores renegociações com condições substancialmente diferentes das iniciais."*

[15] V., a título de exemplo, o Acórdão do Tribunal de Contas n.º 34/09, de 14 de Julho de 2009, pág. 17: *"mesmo que, por hipótese, o Contrato-Programa em causa não fosse qualificável especificamente como uma aquisição de serviços, a verdade é que sempre estaria abrangido pela última parte da referida alínea b), quando refere que também estão sujeitos a fiscalização prévia os contratos relativos a aquisições patrimoniais que impliquem despesa. Tem este Tribunal considerado enquadrados nesta hipótese várias modalidades de contratos que têm surgido no âmbito da crescente atipicidade da actividade contratual pública, como sejam as locações financeiras, as concessões de serviços públicos, vários tipos de parcerias público-privadas ou a adesão às convenções que regulam a futura prestação de serviços médicos ou laboratoriais. Trata-se de um universo crescente de contratos que não são reconduzíveis aos tipos puros de empreitada e de fornecimento de bens e serviços, mas que representam outras formas de aquisição de bens ou direitos com valor patrimonial. O que importa, para*

## 3. Quanto ao incumprimento de exigências materiais decorrentes do regime jurídico das parcerias público-privadas

Considerando em seguida os motivos que resultaram na recusa de visto, importará trazer à colação os argumentos do Tribunal relativos ao incumprimento de exigências materiais decorrentes do RJPPP.

Recordar-se-á que estando em causa um contrato promovido por uma empresa pública, sob forma societária, sujeito ao regime das parcerias público-privadas, terá se ter em conta o disposto no n.º 6 do artigo 2.º do RJPPP, nos termos do qual *"as parcerias público-privadas promovidas por empresas públicas sob a forma societária devem observar, com as devidas adaptações, as exigências materiais e os princípios constantes do presente decreto-lei, designadamente os resultantes dos artigos 4.º, 5.º, 6.º, 7.º, 14.º-C e 14.º-F, sendo o respectivo acompanhamento e controlo pelos Ministros das Finanças e da tutela sectorial exercidos através da função accionista do Estado".*

Uma vez mais, encontramo-nos perante uma norma que visa sujeitar o sector empresarial público a determinadas regras e princípios pertinentes à actuação administrativa, resultantes de um regime que tem por objecto, como se afirma no seu artigo 1.º, *"a definição de normas gerais aplicáveis à intervenção do Estado na definição, concepção, preparação, concurso, adjudicação, alteração, fiscalização e acompanhamento global das parcerias público-privadas"*, concretizando este instrumento de articulação entre a Administração e o sector privado para a prestação de bens públicos como *"o contrato ou a união de contratos, por via dos quais entidades privadas, designadas por parceiros privados, se obrigam, de forma duradoura, perante um parceiro público, a assegurar o desenvolvimento de uma actividade tendente à satisfação de uma necessidade colectiva, e em que o financiamento e a responsabilidade pelo investimento e pela exploração incumbem, no todo ou em parte, ao parceiro privado"* (cfr. artigo 2.º, n.º 1 do RJPPP), esclarecendo depois o artigo 4.º que constituem finalidades essenciais das PPP *"o acréscimo*

---

*esse efeito, é que a realização das prestações tenha um valor económico e um carácter patrimonial e que os contratos impliquem despesa, no sentido de encargos financeiros ou patrimoniais."*

*de eficiência na afectação de recursos públicos e a melhoria qualitativa e quantitativa do serviço, induzida por formas de controlo eficazes que permitam a sua avaliação permanente por parte dos potenciais utentes e do parceiro público*".

Todavia, e como ponto prévio à análise da aplicação daquela norma pelo Tribunal, convirá sublinhar a evolução legislativa do RJPPP, em especial no que ao sector empresarial público diz respeito[16].

A redacção originária do Decreto-Lei n.º 86/2003, de 26 de Abril estatuía, no artigo 2.º, n.º 2, alínea c) que, entre outros, entendiam-se como parceiros públicos "*as empresas públicas e as entidades por ela constituídas com vista à satisfação de interesses comuns*", alargando igualmente o seu âmbito de aplicação às parcerias "público-públicas", ou seja aquelas em que o parceiro não público é uma empresa pública, nos termos do n.º 3 daquele artigo, e que se manteve inalterado na revisão do diploma, em 2006.

Com a revisão introduzida pelo Decreto-Lei n.º 141/2006, de 27 de Julho, procedeu-se a uma alteração substantiva do elenco dos parceiros públicos definido no RJPPP, substituindo-se as empresas públicas pelas entidades públicas empresariais (EPE), pessoas colectivas de direito público, com natureza empresarial, reguladas pelos artigos 23.º e segs. do RJSEE.

Quanto às empresas públicas sob forma societária, deixando de se enquadrar no elenco dos parceiros públicos, passaram a estar subordinadas ao novo n.º 6 do artigo 2.º, como já referido.

Quer isto dizer, desde logo, que o legislador entendeu fixar dois planos distintos de aplicação do RJPPP, no que ao sector empresarial público respeita, atendendo à natureza da empresa pública (em sentido amplo) em causa: no caso das EPE, ser-lhes-á aplicável todo o regime

---

[16] V. Nazaré da Costa Cabral, *As Parcerias Público-Privadas*, Caderno IDEFF n.º 9, Almedina, Coimbra, 2009, pág. 147 e segs.; Maria Eduarda Azevedo, *As Parcerias Público-Privadas: instrumento de uma nova governação pública*, Almedina, Coimbra, 2009, pág. 297 e segs. Com particular interesse para o papel do Tribunal de Contas na fiscalização das PPP (embora sem contemplar as alterações legislativas posteriores), v. Alfredo José de Sousa, *As Parcerias Público-Privadas e o Desenvolvimento – O papel do Controlo Financeiro Externo*, Revista do Tribunal de Contas, n.º 36, Julho/Dezembro de 2001, pág. 27 e segs.

do RJPPP, nos mesmos termos em que é aplicável aos restantes parceiros públicos identificados no artigo 2.º, n.º 2: Estado, entidades públicas estaduais e os fundos e serviços autónomos; quanto às empresas públicas que tenham natureza societária, apenas serão aplicáveis, e com as devidas adaptações, *"as exigências materiais e os princípios constantes"* do RJPPP, excluindo-se a aplicação plena do regime às parcerias público-privadas por si promovidas.

O aresto do Tribunal veio introduzir uma clarificação necessária relativa à interpretação desta norma, concluindo, numa passagem bastante elucidativa do acórdão, que *"se é claro que daquela disposição [artigo 2.º, n.º 6 do RJPPP] resulta a necessidade de serem observados, com as devidas adaptações, as exigências materiais e os princípios constantes dos artigos 4.º, 5.º, 6.º, 7.º, 14.º-C e 14.º-F, deve ser sublinhado que a lei para eles remete dizendo 'nomeadamente'. É pois incontestável que a lei comete ao intérprete a tarefa de descobrir no restante texto legal outras exigências materiais e outros princípios que devem ser observados; devem igualmente retirar-se conclusões do facto de aquela disposição legal não se referir exclusivamente a 'princípios'. O legislador introduziu o conceito de 'exigências materiais' e aliás refere-o mesmo antes. Ora, exigências materiais não podem deixar de significar imperativos dirigidos ao intérprete e aplicador da lei quanto a actos ou factos que devem ser praticados ou ocorrer. Assim, não pode reduzir-se aquela cominação legislativa à procura da ratio legis dos preceitos...A ratio legis é obviamente essencial para iluminar a procura dos princípios e das exigências materiais. Mas aqueles e estas não podem reduzir-se à ratio legis. Sobretudo estas têm que constituir estatuições muito concretizadas que o aplicador da lei deve observar ou fazer observar; finalmente, deve referir-se que há disposições de natureza procedimental que contêm no seu corpo exigências de natureza material"*[17].

No essencial, subscreve-se a posição assumida pelo Tribunal; de facto, resultam do RJPPP diversas normas, para além das especificamente previstas no n.º 6 do artigo 2.º, que, visando dar cumprimento aos objectivos e pressupostos das parcerias público-privadas e atendendo à necessidade de assegurar o rigor e o balanço dos custos e benefícios

---

[17] Cfr. § 7 do Acórdão em análise.

decorrentes da utilização deste instrumento, constituem uma verdadeira conformação dos pressupostos de regulação das PPP; como tal, são exigências ou imperativos que se deverão impor a qualquer parceria que envolva entes públicos e privados. Não é, assim, por mero acaso que o RJPPP define, nomeadamente como exigências e princípios aplicáveis às parcerias promovidas por empresas públicas sob forma societária, os que resultam das normas desse regime quanto aos fins e pressupostos das parcerias, repartição de risco e responsabilidade entre os parceiros público e privado, condições de verificação de reequilíbrio financeiro perante a alteração significativa das condições financeiras iniciais, e ainda quanto às regras de transparência relativas à utilização de consultores externos.

Não obstante, convirá reflectir adequadamente sobre o escopo concreto desta norma, atendendo aos seus elementos literal, sistemático, teleológico e histórico[18], no que nos afastamos das conclusões do Tribunal (estritamente no que respeita à latitude da decisão).

Antes de mais, e sublinha-se a ausência de ponderação do Tribunal sobre este elemento, a lei manda aplicar as exigências materiais e princípios do RJPPP às parcerias promovidas por empresas públicas sob forma societária, *com as devidas adaptações*, sublinhando depois que o *respectivo acompanhamento e controlo pelos Ministros das Finanças e da tutela sectorial serão exercidos através da função accionista do Estado*[19].

Haverá que ter em conta, desde logo, o imperativo legal de *adaptar* as exigências materiais e os princípios em causa à natureza dos parceiros públicos abrangidos pela norma. Recorde-se que o RJPPP terá por principal objectivo, atendendo aos pressupostos de concretização de uma parceria, regular a intervenção dos parceiros públicos na concepção, lançamento e concretização da mesma, sem prejuízo de por essa via se determinarem igualmente as posições dos parceiros privados[20]; como tal,

---

[18] Já que a interpretação da lei não deve cingir-se ao seu teor literal, mas reconstituir a partir do texto o pensamento legislativo, tendo sobretudo em conta a unidade do sistema jurídico, as circunstâncias em que a lei foi elaborada e as condições específicas do tempo em que é aplicada (artigo 9.º, n.º 1 do Código Civil).

[19] Remetendo-se assim, *in genere*, para o artigo 10.º do RJSEE.

[20] Como contrapartida da conformação e vinculação da actuação dos parceiros públicos. V. Nazaré Costa Cabral, ob. cit., pág. 148-149.

a sujeição de tais parcerias às exigências e princípios em causa deverá ser necessariamente adaptada à própria natureza da empresa pública sob forma societária, razão e motivo desta norma[21], bem como, à remissão das funções de acompanhamento e controlo pelos Ministros das Finanças e da tutela sectorial, plasmadas ao longo do diploma, para as regras pertinentes ao exercício da função accionista do Estado, sob pena de se exaurir o sentido útil da norma.

De seguida, e no que respeita à concretização do que possam ser tais exigências e princípios, concordamos com a tese exposta pelo Tribunal quando defende que poderão resultar de outras normas que não aquelas para que o artigo 2.º, n.º 6 expressamente remete. Em contrapartida, não podemos deixar de expressar algumas dúvidas quanto às conclusões do Tribunal, e amplitude dos seus efeitos concretos, ao considerar que as exigências materiais "*não podem deixar de significar imperativos dirigidos ao intérprete e aplicador da lei quanto a actos ou factos que devem ser praticados ou ocorrer*", e que "*estas têm que constituir estatuições muito concretizadas que o aplicador da lei deve observar ou fazer observar*" [22]. Note-se que, a ser assim, admitir-se-á que quaisquer *actos ou factos que devem ser praticados ou ocorrer*, e demais *estatuições muito concretizadas* constantes do RJPPP, deverão ser qualificadas de exigências materiais, conformadoras das parcerias público-privadas promovidas por empresas públicas sob forma societária.

Esta proposição parece-nos sistemática e teleologicamente desadequada tendo em atenção as relevantes alterações ao RJPPP introduzidas pelo Decreto-Lei n.º 141/2006, de 17 de Julho, onde se procurou claramente cindir o regime aplicável às parcerias público-privadas promovidas por entidades públicas (*rectius*, pessoas colectivas públicas, mesmo as que tenham natureza empresarial, como no caso das EPE), das PPP

---

[21] Sendo o regime subsidiário aplicável a estas empresas o Código das Sociedades Comerciais, sem prejuízo das relevantes componentes jus-publicísticas que as caracterizam, em especial no respeita ao exercício da função accionista pelo Estado, e os seus poderes de fiscalização e acompanhamento definidos no RJSEE.

[22] O Tribunal considerou necessário julgar apenas da violação de exigências materiais do RJPPP, não identificado eventuais *princípios* postos em causa no contrato de subconcessão em análise, sendo por isso silencioso quanto aos critérios integradores de tal conceito, e seu enquadramento no RJPPP.

promovidas por *empresas públicas sob forma societária*, introduzindo uma diferenciação de regimes que, até ali, não se verificava[23]; isto é, o intérprete não poderá deixar de ter em conta que o legislador quis reduzir o escopo de aplicação do RJPPP neste domínio (mormente, pela exclusão das empresas públicas sob forma societária do seu âmbito de aplicação pleno), o que terá necessariamente consequências a nível da aplicação concreta do mesmo.

Como tal, o critério orientador da concretização da norma do artigo 2.º, n.º 6, resultará não tanto da determinação dos actos ou factos que devem ser praticados ou ocorrer e, bem assim, das estatuições muito concretizadas resultantes do RJPPP, como dos fins, objectivos e pressupostos da aplicação do regime das parcerias público-privadas, de forma que as parcerias promovidas por empresas públicas sob forma societária dêem cumprimento aos princípios orientadores da escolha pública por uma parceria pública-privada, a nível de cumprimento dos requisitos de economicidade, repartição do risco e sustentabilidade, e nas exigências de rigor, transparência e controlo financeiro na concepção e preparação das parcerias. *In fine*, caberá ao intérprete apurar quais as exigências decorrentes do RJPPP, que, dando cumprimento aos princípios orientadores desse regime, devem ser cumpridos também pelas empresas públicas sob forma societária[24].

Como tal, a posição assumida pelo Tribunal não poderá deixar de ser devidamente temperada pelos elementos circunstanciais e teleológicos decorrentes de uma clara distinção dos âmbitos de aplicação do RJPPP consoante o parceiro público seja uma entidade prevista no n.º 2 ou no n.º 6 do artigo 2.º, donde resultará que o imperativo legal constante

---

[23] Poder-se-ia sempre discutir se teria sido intenção original do legislador incluir no âmbito de aplicação do Decreto-Lei n.º 86/2003, de 26 de Abril, as empresas públicas em sentido amplo, ou apenas as entidades públicas constituídas sob forma empresarial. Todavia, cremos que essa dúvida dificilmente seria compatibilizada com o regime já então em vigor do RJSEE.

[24] Sob pena de se chegar a dois resultados díspares, quanto a nós inaceitáveis: a aplicação *in totum* do RJPPP a estas situações, o que colidiria com a evolução legislativa identificada no sentido de diferenciar o regime aplicável às empresas públicas; ou, em alternativa, a diluição das garantias e orientações do RJPPP que dão cumprimento aos fins e pressupostos de constituição destas parcerias, pela mera interposição de uma entidade instrumental de natureza privada.

do artigo 2.º, n.º 6 do RJPPP determinará a extracção das exigências materiais e princípios aplicáveis às parcerias promovidas por empresas públicas sob forma societária que, por um lado, não colidam com a própria natureza da entidade promotora, por outro lado, não prejudiquem a clara diferenciação imposta pelo legislador entre a aplicação plena do regime das parcerias aos parceiros públicos, de natureza pública, e a aplicação mitigada, devidamente adaptada, do mesmo regime às empresas públicas sob forma societária e, finalmente, não permitam o recurso a entidades empresariais de natureza privada para contornar os fins e pressupostos da constituição de parcerias público-privadas.

No caso em apreço, o Tribunal julgou que a Estradas de Portugal não deu cumprimento a exigências relativas às declarações de impacto ambiental, impostas nos termos da alínea d) do n.º 1, e nos n.ºs 4 a 6 do artigo 6.º, e ainda à exigência de apresentação de um *comparador público*, nos termos da alínea c) do n.º 1 do artigo 6.º, todos do RJPPP.

Neste ponto, onde subscrevemos a posição assumida pelo Tribunal, não podemos deixar de sublinhar que a norma resultante do artigo 2.º n.º 6 não pode ter por efeito útil esvaziar o conteúdo das regras do RJPPP que dêem cumprimento aos fins, pressupostos e condições de concretização das parcerias público-privadas, sob pena de se admitir, pelo subterfúgio da interposição de entidades instrumentais, que tais regras deixem de ter aplicação prática. Ora, tal consequência não poderia deixar de ocorrer caso se admitisse que as referidas obrigações decorrentes da aplicação plena do RJPPP não são também exigências materiais das parcerias público-privadas promovidas por empresas públicas, uma vez que se prendem com os próprios pressupostos de lançamento e concepção de tais parcerias.

Assim, e no que respeita concretamente à declaração de impacto ambiental, convirá sublinhar que, para além da sua obtenção ser considerada como um pressuposto do lançamento e da contratação da parceria público-privada, nos termos da alínea d) do n.º 1 do artigo 4.º, a revisão do RJPPP veio reforçar o seu grau de exigência, e que decorre da necessidade de garantir acrescidos rigor, transparência e controlo financeiro na preparação e desenvolvimento da parceria, acrescentando, no n.º 4 do mesmo artigo e no artigo 10.º, n.º 4 do RJPPP, a necessidade de tal declaração ser obtida previamente ao lançamento da parceria (constituindo, como tal, uma condição *sine qua non* da mesma), devendo ainda constar do teor do despacho ministerial que determinar o lançamento da parceria[25].

O mesmo se diga relativamente à inexistência de um "comparador público", ou seja, de *"um programa alternativo visando a obtenção dos mesmos objectivos com exclusão de financiamentos ou de exploração a cargo de entidades privadas"*, previsto nos termos da alínea c) do n.º 1 do artigo 6.º do RJPPP.

O que está aqui em causa é um elemento fundamental da apreciação da escolha pública pela parceria público-privada em detrimento dos instrumentos tradicionais de prestação de bens e serviços públicos pela Administração[26], uma vez que não se poderá presumir que, apenas pela participação ou intervenção de parceiros públicos, tais instrumentos representem melhorias significativas em termos de economia, eficácia e eficiência na utilização dos dinheiros públicos[27]; como tal, haverá sempre que determinar se a parceria público-privada representa uma mais-valia real (*value for money*) em relação às opções de contratação ou prestação pública alternativas.

A importância deste comparador – cujas dificuldades técnicas não podem ser subestimadas, atenta a eventual imprevisibilidade das variá-

---

[25] Como refere Maria Eduarda Azevedo, ob. cit., pág. 313, a exigência da declaração de impacto ambiental *"trata-se de uma regra de indesmentível relevância, susceptível de evitar, ou pelo menos minorar, a maior parte dos problemas existentes com as PPP's, ficando não só limitadas as responsabilidades do parceiro público perante o parceiro privado, mas também clarificadas as consequências da apresentação de propostas com variantes assentes em pressupostos distintos dos que serviram de base à DIA"*. No mesmo sentido, Nazaré Costa Cabral, ob. cit., pág. 182.

[26] V. Nazaré Costa Cabral, ob. cit., pág. 78 e segs.

[27] O artigo 6.º, n.º 1, al. c) do RJPPP determina que o lançamento da parceria público-privada pressupõe *"a configuração de um modelo de parceria que apresente para o parceiro público vantagens relativamente a formas alternativas de alcançar os mesmos fins, avaliadas nos termos previstos no n.º 2 do artigo 19.º da lei de enquadramento orçamental"*, o qual, por sua vez (cfr. artigo 19.º, n.º 2 da Lei n.º 91/2001, de 20 de Agosto, Lei de Enquadramento Orçamental), impõe que *"a avaliação da economia, da eficiência e da eficácia de programas com recurso a parcerias dos sectores público e privado tomará como base um programa alternativo visando a obtenção dos mesmos objectivos com exclusão de financiamentos ou de exploração a cargo de entidades privadas, devendo incluir, sempre que possível, a estimativa da sua incidência orçamental líquida."*

*Comentários de Jurisprudência*

veis económico-financeiras relevantes – é fundamental para permitir apreciar os custos relativos da opção pela parceria como alternativa aos instrumentos tradicionais de prestação de bens e serviços públicos, sendo a sua omissão um factor relevante nos diagnósticos pouco positivos do Tribunal de Contas sobre esta matéria, mormente no âmbito das auditorias realizadas[28]. Como tal, não poderia deixar de ser considerado, em sede de fiscalização prévia, como uma exigência a cumprir por qualquer parceria público-privada, independentemente da natureza pública (*strictu sensu*), ou privada, da entidade promotora.

**4. Notas finais**

O presente aresto constitui um importante marco na jurisprudência do Tribunal de Contas, concretizando a norma resultante do artigo 5.º, n.º 1, al. c), relativa à sujeição ao visto prévio de determinados actos de entidades "instrumentais" criadas pelo Estado ou outras pessoas colectivas públicas (e que alarga consideravelmente a porta estreita a que o visto prévio, até à reforma da LOPTC de 2006, se vinha confinando), como na concretização, no âmbito de um contrato sujeito à fiscalização do Tribunal, das preocupações demonstradas pela instituição superior de controlo financeiro incidentes na utilização recorrente do Estado e outras entidades públicas à prestação de infra-estruturas e serviços tradicionalmente assegurados pelo sector público através das parcerias público-privadas[29].

---

[28] Uma síntese dos relatórios de auditoria e respectivas conclusões, de 2000 a 2008, pode ser consultada em Nazaré Costa Cabral, ob. cit., pág. 203 e segs. Os relatórios de auditoria estão disponíveis no sítio do Tribunal de Contas.

[29] Nas suas *"Linhas de orientação e procedimentos a adoptar nas auditorias externas a realizar aos projectos de parcerias público-privadas"*, de 2008, o Tribunal de Contas sublinha que Portugal é o país europeu com maior percentagem de PPP, quer em relação ao Produto Interno Bruto, quer em relação ao Orçamento do Estado. Ainda recentemente, no parecer sobre a Conta Geral do Estado de 2008, o Tribunal de Contas voltou a sublinhar o elevado impacto financeiro das parcerias público-privadas nas contas públicas e a necessidade de reforçar a transparência relativa aos encargos futuros decorrentes do recurso a estes instrumentos. V. *"Parecer sobre a Conta Geral do Estado de 2008"*, vol. I, págs. 8 e 49 e segs. Ambos os documentos estão disponíveis e podem ser consultados no sítio do Tribunal de Contas. No que respeita especificamente

De facto, no decurso dos últimos anos, e ao abrigo dos seus poderes de fiscalização, controlo e auditoria, o Tribunal de Contas tem realizado um aturado trabalho de investigação e análise do fenómeno das PPP, evidenciado que os objectivos declarados deste instrumento (a saber, o financiamento privado da prestação de bens públicos e a partilha entre os parceiros público e privados das responsabilidades e risco inerentes a tais prestações), nem sempre encontram adequado reflexo na sua concretização, podendo implicar, pela sua concepção defeituosa ou imprevidente quanto à evolução das variáveis económicas que presidiram à concepção inicial da parceria, uma sobrecarga a nível dos encargos financeiros futuros para o parceiro público.

Tais preocupações, ganhando particular acuidade em tempos de maior esforço orçamental, reflectem negativamente o impacto de tais parcerias na sustentabilidade das finanças públicas, o que se torna por demais evidente quando a opção pública pelo modelo PPP resulta não apenas da escolha fundamentada do decisor público quanto à inexistência de alternativas mais eficientes e eficazes de prestação de bens públicos pelos meios tradicionais, mas sim da sua utilização como uma *"janela de oportunidades enquanto via alternativa viável para realizar projectos em condições de constrangimento orçamental"*[30].

São exemplo concreto as auditorias que têm sido realizadas pelo Tribunal, cujos relatórios apresentam conclusões bastante críticas (de

---

ao sector rodoviário, importa referir o Relatório de Auditoria do Tribunal de Contas n.º 10/2008 (2.ª Secção), *Auditoria à gestão das Parcerias Público Privadas – Concessões Rodoviárias*.

[30] Maria Eduarda Azevedo, *As PPP's e as Finanças Públicas – Reflexões sobre a moldura orçamental*", Revista de Finanças Públicas e Direito Fiscal, Ano 1, n.º 4, 246-273 (254). Como sublinha a Comissão Europeia, o *"recurso acrescido às operações de PPP explica-se por diferentes factores. Dadas as restrições orçamentais com que se confrontam os Estados-Membros, ele corresponde a uma necessidade de financiamentos privados no sector público. Explica-se igualmente pela vontade de beneficiar da experiência e dos modos de funcionamento do sector privado no âmbito da vida pública. O desenvolvimento das PPP insere-se ainda na evolução geral do papel do Estado na esfera económica, passando do papel de operador directo para o de organizador, de regulador e de fiscalizador"*. Livro Verde sobre as Parcerias Público-Privadas e o Direito Comunitário em matéria de Contratos Públicos e Concessões, Bruxelas, 30 de Abril de 2004, COM(2004) 327 final, pág. 3.

*Comentários de Jurisprudência*

que sublinhamos os relatórios relativos às parcerias na área da saúde, no domínio das concessões rodoviárias e de infra-estruturas portuárias), em particular pelo desequilíbrio evidenciado entre os parceiros públicos e privados, com claro prejuízo dos primeiros, a nível da partilha de riscos e de benefícios, cláusulas de salvaguarda e de compensação às concessionárias e as condições muito favoráveis para os parceiros privados em caso de necessidade de reequilíbrio financeiro, nem sempre transparecidas nos instrumentos iniciais de formalização da parceria, e que se traduzem normalmente num impacto financeiro bastante superior ao inicialmente previsto.

Este acórdão é, também, consequência directa da reforma introduzida na organização e funcionamento do Tribunal de Contas em 2006, a qual, entre outras alterações significativas, poderá traduzir-se pela aplicação do princípio da perseguição dos dinheiros públicos à definição do universo de entidades e actos sujeitos à jurisdição e controlo financeiro do Tribunal. De facto, e convirá ter presente tal mudança estruturante no sistema de controlo financeiro nacional na apreciação do presente aresto, a passagem de um sistema de identificação concreta das entidades e respectivos actos sujeitos à apreciação do Tribunal para um sistema de identificação material dos actos sujeitos a tal apreciação de acordo com a natureza pública dos recursos financeiros em causa, representa um marco fundamental na relevância do papel do controlo financeiro externo entre nós.

E se a reforma de 2006 introduz igualmente desenvolvimentos importantes nas competências de auditoria do Tribunal, pelo reforço da avaliação dos parâmetros da *economicidade* e da *boa gestão* dos dinheiros públicos (no que representa um relevante factor de equiparação das competências do Tribunal à crescente osmose entre a prossecução de objectivos de interesse público com instrumentos típicos da gestão privada), por via da ampliação da competência material essencial do Tribunal, verificam-se igualmente importantes desenvolvimentos no mais tradicional dos poderes de fiscalização externa: a fiscalização prévia.

Como referimos já, a reforma de 2006, revertendo um processo de progressiva secundarização desta figura tradicional do controlo financeiro externo em Portugal, movimento que se vinha reforçando com a crescente "privatização" da actividade pública, mormente na sua dimensão financeira (entendida enquanto recurso do decisor público a modelos de prestação de bens e serviços públicos de acordo com princípios de gestão, organização e funcionamento do sector privado[31]), veio introduzir um novo alento ao visto prévio, alargando a fiscalização prévia do Tribunal aos actos e contratos celebrados por "*entidades de qualquer natureza criadas pelo Estado ou por quaisquer outras entidades públicas, para desempenhar funções administrativas originariamente a cargo da Administração Pública, com encargos suportados por transferência do orçamento da entidade que os criou, sempre que daí resulte a subtracção de actos e contratos à fiscalização prévia do Tribunal de Contas*" (artigo 5.º, n.º 1, alínea c), segunda parte)[32].

No presente caso, encontrando-se perante um contrato celebrado por uma empresa pública, o Tribunal de Contas, por remissão para os artigos 2.º, n.º 2 e 5.º, n.º 1, al. c) da LOPTC, afasta quaisquer dúvidas relativas à sujeição de tais entidades à sua "*jurisdição e poderes de controlo financeiro*" e, em particular, à fiscalização prévia.

Verificamos assim uma marcante evolução quanto à intervenção do Tribunal nos novos domínios de actuação do sector público, caracterizados por uma constante mutação e adaptação de modelos jurídico-institucionais, para os quais o controlo externo dos dinheiros públicos não poderá deixar de estar devidamente equipado; em especial, reforça-se por esta via a intervenção do Tribunal no sector empresarial público (*maxime*, do Estado), e na actividade desenvolvida por entidades empresariais, geridas de acordo com regimes de direito privado, palco privilegiado da moderna actuação pública, pelo estabelecimento de um novo *leitmotiv* do controlo financeiro externo, significativamente intensificando o papel do Tribunal de Contas enquanto entidade suprema de con-

---

[31] Subscrevemos aqui a síntese proposta por Maria João Estorninho, *A Fuga para o Direito Privado. Contributo para o estudo da actividade de Direito Privado da Administração Pública*, Coimbra, Almedina, 2009 (2.ª reimpressão), em especial pág. 189 e segs.

[32] Convirá ainda referir que a reforma introduzida pela Lei n.º 48/2006, de 29 de Agosto, muito embora tenha alargado o âmbito subjectivo de sujeição a visto prévio, acabou por conceder a alguns dos reparos relativos à eficácia do visto, ao excluir da fiscalização prévia os actos ou contratos adicionais, bem como, como já sublinhamos, a substituição de um sistema genérico de apreciação de legalidade pela identificação das razões que justificam a recusa de visto.

*Comentários de Jurisprudência*

trolo externo da actividade financeira pública. O que se torna tão mais significativo quando se recorda o quadro legal inicialmente estabelecido para as Empresas Públicas, expressamente excluídas da jurisdição do Tribunal[33].

Ainda assim, somos confrontados por uma aparente divergência entre a submissão ao sistema de fiscalização prévia dos actos e contratos praticados e celebrados pelas empresas públicas, opção que questionamos se entendida de forma lata (atentos os objectivos da privatização e da relativa liberdade de conformação organizativa do legislador, desde que devidamente enquadrada pelos fins e limites da prossecução do interesse público), com a apreciação pouco positiva da fiscalização prévia, instrumento clássico do controlo financeiro em Portugal, em especial quando confrontada com as necessidades – e com os instrumentos disponíveis ao decisor público – de maior modernização, eficácia e eficiência da decisão financeira, e com o próprio quadro normativo da LOPTC relativo ao âmbito e natureza do visto prévio enquanto condição de eficácia dos actos sujeitos ao controlo prévio[34].

Sublinhamos aqui que não cremos, nem defendemos, que a privatização da actividade financeira pública possa servir como instrumento

---

[33] Nos termos do artigo 29.º do Decreto-Lei n.º 260/76, de 8 de Abril (Estatuto das Empresas Públicas), *"as contas das empresas públicas não são submetidas a julgamento do Tribunal de Contas"*. Como reconhecido pelo Conselheiro José Luís Pinto Almeida, *"esta foi uma alteração da maior importância na medida em que, dada a crescente criação de entidades de natureza empresarial geridas em regime de direito privado, recolocou sob o controlo prévio muitos actos e contratos que haviam passado a ser celebrados por, designadamente, empresas públicas que funcionam numa total 'dependência' financeira da entidade 'criadora' dada a sua impossibilidade de auto-subsistência e que foram criadas com o propósito especial de fuga ao controlo prévio do Tribunal de Contas dos contratos por elas celebrados e que originariamente se encontravam no âmbito das atribuições do Estado e das Autarquias Locais"*. Ob. e loc. cit.

[34] V., por todos, de Eduardo Paz Ferreira, *"Os Tribunais e o controlo dos dinheiros públicos"*, in Jorge Figueiredo Dias, Ireneu Cabral Barreto, Teresa Pizarro Beleza, Eduardo Paz Ferreira (org.), *Estudos em Homenagem a Cunha Rodrigues*, vol. II, Coimbra Editora, Coimbra, 2001, pág. 151 e segs.; *"O visto prévio do Tribunal de Contas. Uma figura a caminho da extinção?"* in António Menezes Cordeiro, Luís Menezes Leitão, Januário da Costa Gomes (org.), *Estudos em Homenagem ao Prof. Doutor Inocêncio Galvão Telles*, vol. I, Almedina, Coimbra, 2002, pág. 835 e segs., e *"Ensinar Finanças Públicas numa Faculdade de Direito"*, Almedina, Coimbra, 2005, pág. 161 e segs.

de *fuga* ao controlo externo ou como justificação para uma menor transparência (como contrapartida da menor onerosidade e desformalização procedimental) da decisão pública[35]. Mas a imposição sobre a mesma dos instrumentos de fiscalização e controlo clássicos da actividade financeira, contribuindo de sobremaneira para o reforço da transparência dos procedimentos e do controlo dos resultados, não poderá deixar de esvaziar os objectivos legítimos pretendidos com tal privatização[36], sendo igualmente de questionar se, de entre todos os instrumentos de controlo ao dispor dos modernos tribunais de contas e instituições superiores de

---

[35] Assim, "*tais entidades integrantes do sector empresarial público, atendendo à sua vinculação teleológica ao princípio da prossecução do interesse público e ao facto de integrarem a 'administração indirecta privada' devem aplicar o direito privado através de um processo de especial vinculação aos direitos fundamentais e aos princípios gerais resultantes da Constituição para o exercício da actividade administrativa, muito em particular aos princípios da igualdade e da imparcialidade. Compreende-se, por via desta administrativização do Direito Privado, que a escolha de uma forma jurídico-privada de organização do sector empresarial público nunca possa ser um meio de 'fuga' total às vinculações constitucionais da Administração Pública*". Paulo Otero, "*Legalidade e Administração Pública*", Almedina, Coimbra, 2007, págs. 798-799. Do mesmo autor, e no que respeita à conformação da aplicação do Direito Privado pelas entidades do sector empresarial público por razões de natureza pública, v. "*Vinculação e liberdade de Conformação Jurídica do Sector Empresarial do Estado*, Coimbra, Coimbra Editora, 1998, pág. 199 e segs. Sempre diríamos, aliás, que a nova redacção da alínea c), n.º 1 do artigo 5.º da LOPTC serviria, precisamente, para evitar tais fugas ao controlo do Tribunal de Contas, e não para alargar indistintamente o âmbito da fiscalização prévia.

[36] Sintomaticamente, a privatização da actividade financeira pública, que teve como consequência inicial a exclusão do controlo pelo Tribunal de Contas de uma parte crescente dos dinheiros públicos, tem vindo a ser paulatinamente seguida por um reforço dos poderes do Tribunal neste domínio, o que não deixa de ser contraditório, na medida em que a crescente desformalização ou *privatização* dos procedimentos necessários à formação da vontade e decisão públicas, e instrumentos jurídicos utilizados para a sua concretização, é posteriormente confrontada com a necessidade de um juízo formal de legalidade financeira, por vezes dependente do cumprimento de requisitos e imperativos formais que, pela sua concepção numa lógica administrativista pura, se pretenderia evitar através do recurso aos instrumentos de Direito Privado. V., para uma breve síntese do reforço dos poderes do Tribunal neste âmbito (não contemplando as alterações relevantes introduzidas pela Lei n.º 48/2006, de 29 de Agosto), José F. F. Tavares, "*O Tribunal de Contas e o controlo do Sector Público Empresarial*", in Eduardo Paz Ferreira (org.), *Estudos sobre o Novo Regime do Sector Empresarial do Estado*, Almedina, Coimbra, 2000, pág. 185 e segs.

controlo e auditoria financeira, a fiscalização prévia será o mais adequado em relação a actos ou contratos de entidades privadas detidas ou controladas pelo sector público.

Todavia, atendendo tanto às consequências imediatas decorrentes do precedente estabelecido por esta decisão[37], como às repercussões que a mesma poderá vir a ter na jurisprudência do Tribunal na apreciação dos actos e contratos com origem no sector empresarial público, seria fundamental que se tivesse aproveitado esta oportunidade para melhor expor os parâmetros teleológicos e hermenêuticos necessários à cabal compreensão da jurisprudência fixada nesta matéria, que, como sublinhámos, pecou por excessivo defeito.

---

[37] Empregamos a palavra "precedente" com cautela. Sem prejuízo, na sequência deste acórdão, o Tribunal de Contas recusou o visto prévio, em rápida sucessão, aos restantes quatro contratos de subconcessão promovidos pela Estradas de Portugal e submetidos à apreciação prévia do Tribunal, com os mesmos fundamentos de direito. Cfr. os acórdãos do Tribunal n.º 161/09, de 2 de Novembro, n.º 164/09, de 17 de Novembro, n.º 168/09, de 23 de Novembro e n.º 169/09, de 23 de Novembro, disponíveis no sítio do Tribunal de Contas.

# EXCURSO SOBRE COMPLEMENTARIDADE DOS BENEFÍCIOS FISCAIS NOS IMPOSTOS SOBRE O PATRIMÓNIO E NO IMPOSTO DO SELO

COMENTÁRIO AO ACÓRDÃO DO SUPREMO TRIBUNAL ADMINISTRATIVO, RELATIVO AO PROCESSO N.º 0937/09, DATADO DE 20/01/2010 (RELATOR: ISABEL MARQUES DA SILVA)

*Guilherme Waldemar d'Oliveira Martins*[1]

**Sumário do Acórdão:**

"I – Os benefícios fiscais previstos no n.º 1 do artigo 20.º do DL 423/83, de 5/12, não foram revogados pelo DL 485/88, de 30/12, pois o âmbito da revogação operada pelo artigo 3.º, n.º 22 deste último diploma restringe-se apenas aos benefícios fiscais atribuídos em sede de contribuição industrial e imposto complementar.
II – Tais benefícios fiscais são de aplicação automática desde que verificadas as condições previstas nesse mesmo preceito: que a aquisição do imóvel se destine à instalação de empreendimento qualificado de utilidade turística, ainda que tal qualificação seja atribuída a título prévio, desde que esta se mantenha válida e seja observado o prazo fixado para a abertura ao público do empreendimento.
III – Atenta a natureza dos benefícios em causa não é condição que os mesmos constem do despacho de atribuição da utilidade turística.
IV – Pagos IMT e imposto de selo, relativos a aquisição de imóvel que gozava daqueles benefícios, tem o contribuinte direito a juros indemnizatórios, ao abrigo do disposto no artigo 43.º da LGT."

---

[1] Mestre em Direito e Assistente da Faculdade de Direito

**I** – No presente acórdão está em causa saber se os benefícios previstos nos artigos 16.º a 24.º do Decreto-Lei n.º 423/83, de 5 de Dezembro, entre os quais se integram os aqui em causa previstos no artigo 20.º – isenção total de Imposto Municipal sobre as Transmissões Onerosas de Bens Imóveis (IMT) e redução a 1/5 do Imposto do Selo – terão sido revogados pelo Decreto-Lei n.º 455/88, de 30 de Dezembro.

Ora, dispõe o artigo 3.º deste diploma legal que são revogados, a partir da sua entrada em vigor, sem prejuízo da manutenção dos já concedidos e dos regimes de caducidade previstos na legislação ao abrigo da qual estão a ser usufruídos, os benefícios fiscais constantes da legislação a seguir indicada, designadamente as alíneas a) e e) do n.º 1 do artigo 16.º, no que respeita à contribuição industrial e ao imposto complementar – secções A e B, o artigo 19.º e, bem assim, os constantes dos artigos 16.º a 27.º do Decreto-Lei n.º 423/83, de 5 de Dezembro, diploma que estabelece benefícios susceptíveis de serem concedidos no âmbito da atribuição de utilidade turística, na parte que com aqueles estejam correlacionados (n.º 22 do citado artigo).

**II** – Dispõe o artigo 47.º do Estatuto dos Benefícios Fiscais, aprovado pelo Decreto-Lei n.º215/89, de 1 de Julho, na sua actual redacção, que os prédios integrados em empreendimentos a que tenha sido atribuída a utilidade turística, ficam isentos de Imposto Municipal sobre Imóveis (IMI).

Complementarmente a esta isenção também é aplicável a isenção de IMT e redução de imposto do selo a um quinto relativamente às aquisições de prédios ou de fracções autónomas com destino à instalação de empreendimentos qualificados de utilidade turística. Até à feitura deste Acórdão subsistiram algumas dúvidas quanto ao alcance do artigo 3.º do já falado Decreto-Lei n.º 423/83, talvez pela sua redacção deficiente. Os entendimentos possíveis seriam dois:

a) Estávamos perante uma revogação dos benefícios em sede de IMT e de IS; ou
b) A revogação não operaria relativamente a estes dois impostos, dado que o legislador teria apenas revogado as disposições invocadas apenas no que concerne à contribuição industrial e ao imposto complementar.

Comentários de Jurisprudência

Se estivéssemos perante a primeira hipótese, poderíamos defender, inclusive, que, a própria revogação não poderia por em causa os direitos adquiridos[2], pelo que benefícios seriam mantidos relativamente às declarações de utilidade pública[3] anteriores à entrada em vigor do Decreto-Lei n.º 485/88 de 30 de Dezembro.
O acórdão é muito claro e opta pela segunda hipótese. Resta-nos fazer uma breve análise empírica.

III – A tributação estática do património, que conhecemos actualmente, até à Reforma Fiscal de 1989 manteve a natureza de imposto directo sobre os rendimentos prediais rústicos e urbanos. Pelo Decreto-Lei n.º 442-C/88, de 30 de Novembro é criada a Contribuição Autárquica, que passa a incidir sobre o património e não sobre o rendimento, que, por seu lado, passa a ser tributado nos dois impostos sobre o rendimento entretanto criados – IRS e IRC. Sendo assim, a cada prédio seria atribuído um valor tributável, determinado no termo de um Código de Avaliações. Este Código das Avaliações nunca chegou a ser publicado, pelo que até á criação do IMI, o valor patrimonial era definido pelo Código da Contribuição Predial e do Imposto sobre a Indústria Agrícola anterior. E é só com o Decreto-Lei n.º 287/2003, de 12 de Novembro que se procede a uma verdadeira reforma da tributação do património, pela instau-

---

[2] A propósito, discute-se na mudança do regime do Decreto-Lei 404/90 qual a verdadeira amplitude do n.º 1 do artigo 10.º do EBF. Na realidade, esta disposição vem sublinhar que o âmbito de aplicação das regras contidas se restringe aos benefícios fiscais a que se reconhece um direito adquirido, sem prejuízo do disposto na lei. Com efeito, a manutenção dos benefícios fiscais deverá ser assegurada desde que se tenham criados expectativas atendíveis. No entanto, esta manutenção de benefícios fiscais não está dependente apenas da não caducidade subjectiva dos benefícios. Como sucedeu na Reforma Fiscal de 1989, as expectativas atendíveis poderão ser asseguradas por regimes substitutivos ou equivalentes.

[3] A atribuição de utilidade turística baseia-se na aferição de critérios como a localização e os parâmetros de construção, de equipamentos e de serviços a prestar, que se coadunem com os objectivos e as orientações constantes no Plano Estratégico Nacional de Turismo, bem como as tipologias, o interesse do empreendimento no âmbito regional e a sua contribuição para o interesse regional, tendo em vista garantir a qualidade da oferta turística – conforme resulta do artigo 4.º, n.º 1 do Decreto-Lei n.º 423/83, de 5 de Dezembro.

ração de um sistema efectivo de avaliação dos prédios urbanos e rústicos, permitindo assim o estabelecimento do valor patrimonial próximo do valor de mercado, algo que não acontecia com a anterior Contribuição Autárquica, o que causava sérios problemas de igualdade horizontal e vertical. Esta criação de um sistema efectivo de avaliação dos prédios permitiu assim criar um verdadeiro imposto sobre o património e não sobre o rendimento, abrindo, igualmente, a possibilidade de o legislador descer as taxas, em resultado do aumento dos valores patrimoniais, que serviriam de base tributável.

A admissibilidade dos benefícios fiscais em sede de IMI encontra-se num feixe complexo de direitos subjectivos, que ao lado do IMT, constituem o tecido mais alargado de benefícios fiscais em sede de impostos sobre o património.

Detecta-se, no entanto, na fundamentação dos vários benefícios fiscais, uma lógica de adequação do custo social ao custo individualmente suportado pelo contribuinte. Na verdade, a propriedade de imóveis deverá ter um custo individual proporcional ao benefício auferido, em resultado da intervenção autárquica, na manutenção das infra-estruturas básicas que permitem a usufruição pelo sujeito passivo do direito à propriedade. Mas existe, no caso de intervenções colectivas tendo em vista a prossecução de funções do Estado, um desfazamento entre o custo individual e o benefício social auferido – o que evidencia a existência de externalidades positivas, que terão de ser internalizadas à custa dos sujeitos activos do imposto, neste caso as autarquias.

Assim, os benefícios fiscais constantes de IMI têm uma dupla fundamentação:

a) assentam num feixe de direitos subjectivos, constitucionalmente consagrados;
b) representam uma forma de compensação/internalização de externalidades positivas, resultante do desfazamento entre custo individual e benefício colectivo, numa determinada circunscrição.

Os benefícios em sede de IMI tem como fim, por ordem de importância: (1) apoio ao associativismo, como forma de prossecução privada de actividades que inicalmente pertenceriam ao sector Estado; (2) incremento do investimento; e (3) apoio à cultura.

*Comentários de Jurisprudência*

Advirta-se, e à semelhança do sucedido nos impostos sobre o rendimento que o Estado, autarquias locais e Regiões Autónomas gozam de isenção total de IMI. Acrescente-se que, em resultado da celebração de convenções internacionais, cuja cláusula de recepção do seu direito surge por via do artigo 8.º da CRP, surgem, igualmente neste imposto, os benefícios fiscais referentes aos Estados Estrangeiros (Artigo 40.º/1, alínea a) do EBF) e a isenção de impostos da Igreja Católica quanto aos templos, seminários ou outros estabelecimentos destinados à formação do clero, por via da Concordata de 2004, celebrada entre o Estado português e a Santa Sé.

**IV** – O IMT é, não obstante a denominação evidenciar uma realidade mais recente, nada mais é que um imposto que sustentou uma grande parte das receitas do Estado no Antigo Regime. O núcleo essencial do IMT encontra fundamento, não só na arrecadação de receita, mas também, mais recentemente, na criação de custos de transacção necessários ao cumprimento do contrato de aquisição de bens imóveis[4].

Encetada esta análise, é de assinalar a quase coincidência entre os benefícios em sede de IMI e de IMT. São cinco as principais áreas de atribuição de benefícios, a saber, por ordem de importância: (1) apoio ao associativismo, como forma de prossecução privada de actividades que inicalmente pertenceriam ao sector Estado; (2) incremento do inves-

---

[4] E é também curioso actualmente discutir-se a verdadeira utilidade do imposto, dado o acréscimo económico evidenciado quanto aos custos de transacção, dada a integração sistemática do IVA como imposto geral sobre o consumo. A dinâmica dos custos de transacção admite que possam ser criados mecanismos contratuais por forma a que as partes cumpra os seus termos, ou que, caso isso não suceda, a outra parte possa tomar uma acção apropriada. Repare-se que só adoptando esta óptica é que se percebe que não só a tributação imobiliária incide sobre as sucessivas transmissões do mesmo bem, novo ou usado, como também que compreende por que razão é o património ou o rendimento futuro do sujeito passivo a suportar o respectivo imposto. Neste sentido, compreende-se a opção tomada pelo legislador, como regulador de um mercado imobiliário e garante da certeza no estabelecimento das relações jurídicas. Esta análise não quer evidenciar, contudo, e numa lógica de simplificação, que a tributação imobiliária não faça mais sentido quando integrada na sistemática do IVA, ponderadas as taxas (se 5% ou 21%) que seriam mais adequadas à referida manutenção das expectativas das partes envolvidas no negócio jurídico.

timento; (3) apoio à habitação e à defesa da propriedade privada; e (4) defesa da saúde.

À semelhança dos IMI, em resultado da celebração de convenções internacionais, cuja cláusula de recepção do seu direito surge por via do artigo 8.º da CRP, surgem os benefícios fiscais referentes aos Estados Estrangeiros (Artigo 6.º, alínea c) do CIMT) e a isenção de impostos da Igreja Católica quanto aos templos, seminários ou outros estabelecimentos destinados à formação do clero, por via da Concordata de 2004, celebrada entre o Estado português e a Santa Sé[5].

V – Ainda a propósito da coincidência dos benefícios entre os benefícios fiscais do IMI e do IMT, os benefícios fiscais no imposto do selo inserem-se em dois grupos: (1) o primeiro que chamamos *benefícios fiscais acessórios*, (2) o segundo grupo, que abrange os *benefícios fiscais exclusivos* do imposto.

Ora, os benefícios fiscais acessórios por razões de uniformidade tributária, associam a extrafiscalidade dos benefícios criados, à extrafiscalidade criada para outros impostos estaduais ou locais. Os exemplos são múltiplos, e entre eles incluem-se a isenção de IMT e a isenção de Imposto do Selo relativamente a empreendimentos qualificados de utilidade turística, atrás evidenciados, mas podemos evidenciar outros, como por exemplo:

| Diploma relevante | Benefícios fiscais e diplomas associados | Disposições que prevêem isenção de Imposto do Selo |
|---|---|---|
| Decreto-Lei n.º 20/86, de 13 de Fevereiro e n.º 1/87, de 3 de Janeiro | EBF Artigos 22.º a 24.º– regime especial em sede de IRC | Fundos de Investimento – Unidades de Participação |
| Estatuto dos Benefícios Fiscais (EBF) | EBF Artigo 41.º – crédito de imposto em IRC, isenção de IMI e de IMT | EBF Artigo 41.º, n.º 1 – Investimento produtivo |

---

[5] Resolução da Assembleia da República 74/2004 e ratificada pelo Decisão do Presidente da República de 80/2004, de 16 de Novembro.

*Comentários de Jurisprudência*

| Diploma relevante | Benefícios fiscais e diplomas associados | Disposições que prevêem isenção de Imposto do Selo |
|---|---|---|
| Estatuto dos Benefícios Fiscais (EBF) | EBF Artigo 51.º, a) – isenção parcial de IRC | EBF artigo 51.º, b) – Marinha mercante |
| Estatuto dos Benefícios Fiscais (EBF) | EBF Artigo 32.º – Regime especial de IRC, em matéria de lucros distribuídos e mais-valias | Código do Imposto do Selo – Artigo 7.º, n.º 1, alíneas g) e s) – Sociedades Gestoras de Participações Sociais (SGPS) |
| Lei n.º 150/99, de 11 de Setembro | Isenção de IRC, IMI e IMT | Código do Imposto do Selo Artigo 5.º e 7.º, n.º 1, alínea q) – Utilidade Pública e Utilidade Pública Administrativa |
| Lei n.º 23/2006, de 23 de Junho | Isenção de IRC, IMI e IMT, dependente da declaração de utilidade pública | Associações juvenis |

Esta extrafiscalidade por associação não retira o valor atribuído nos outros tributos. Apenas uniformiza o tratamento dos sujeitos passivos ou contribuintes, cujo comportamento é desagravado por razões extrafiscais. Isto vem demonstrar que não é o carácter eclético do legislador no imposto do selo que impede uma determinada uniformidade no tratamento das matérias que merecem relevância extrafiscal, dado o acolhimento constitucional devido, que legitima a cedência da capacidade contributiva.

Quanto ao segundo grupo dos benefícios fiscais exclusivos, estes são, porém em menor número, e visam objectivos muito concretos. São de apontar dois exemplos: o dos benefícios respeitantes aos contratos de futuros e opções (previstos no artigo 7.º/1, alíneas c) e d) do Código do Imposto do Selo e os respeitantes aos contratos de reporte de valores mobiliários realizados em bolsa (previstos no artigo artigo 7.º/1, alínea m) do CIS). Estão aqui em causa, como legitimadores da derrogação à capacidade contributiva, os artigos 61.º e 87.º, ambos da CRP. O legislador cria, assim, condições para propiciar à celebração de determinados contratos relativos a valores mobiliários, pela remoção de barreiras, tendo em vista o financiamento de entidades públicas e privadas, atraindo o investimento interno e externo, potenciando os interesses dos adquirentes. O núcleo essencial do imposto, no que respeita às operações financeiras identificadas na verba 17 da Tabela Geral, é desta forma recortado, derrogando a igualdade, pelo revestimento de um benefício ao investimento.

**VI** – Em suma, a propósito deste Acórdão podemos tirar as seguintes conclusões empíricas:

a) Há uma coincidência evidente entre os benefícios fiscais em sede de IMI, IMT e Imposto do Selo;

b) O Imposto do Selo, por estar dotado de heterogeneidade, *só excepcionalmente admite benefícios fiscais exclusivos*, tendo em conta que todos os actos e contratos nele tributados são objecto de tratamento pelas normas de incidência próprias de outros impostos. Nesse sentido, podemos defender, pelo menos no que respeita à extrafiscalidade dos benefícios fiscais, que, em tese geral, estes são dotados de acessoriedade, porquanto a sua existência e elementos depende da prévia existência de outros benefícios, dotados de extrafiscalidade admitida noutros impostos;

c) Materialmente, a revogação dos benefícios fiscais em sede de IMT e de Imposto do Selo dedicados à utilidade turística, com a manutenção do benefício em sede de IMI, seria assistemática, uma vez que, em matéria de extrafiscalidade, estes impostos são complementares.

# VICISSITUDES DA RENÚNCIA À ISENÇÃO DAS OPERAÇÕES IMOBILIÁRIAS EM IMPOSTO SOBRE O VALOR ACRESCENTADO

COMENTÁRIO AO ACÓRDÃO DO SUPREMO TRIBUNAL ADMINISTRATIVO DE 25 DE NOVEMBRO DE 2009, 2.ª SECÇÃO, PROCESSO 0486/09

*Clotilde Celorico Palma*[1]

1. Na situação concreta está em causa a decisão do Supremo Tribunal Administrativo[2] relativamente a um recurso de uma sentença do Tribunal Administrativo e Fiscal de Lisboa, de 8 de Maio de 2008, que julgou improcedente o pedido principal e procedente o pedido subsidiário de uma impugnação judicial deduzida sobre a renúncia da isenção das operações imobiliárias em IVA.

Os factos em apreço prendiam-se com o recorrente ter adquirido um imóvel que se encontrava arrendado pelo anterior proprietário que, por sua vez, tinha exercido o direito à renúncia da isenção do Imposto sobre o Valor Acrescentado (IVA) dos bens imóveis prevista no então n.º 30 do artigo 9.º do Código do Imposto sobre o Valor Acrescentado/CIVA (actual n.º 29.º), ao abrigo do disposto no Decreto-Lei n.º 241/86, de 20 de Agosto, regime legal vigente à data[3]. Tal como resultou da matéria de

---

[1] Advogada especialista em Direito Fiscal e Docente Universitária

[2] Acórdão do Supremo Tribunal Administrativo de 25 de Novembro de 2009, 2.ª Secção, Processo 0486/09, em que foi relatora a Juíza Conselheira Isabel Marques da Silva.

[3] Entretanto, como é sabido, este regime foi substituído pelo regime previsto no Decreto-Lei n.º 21/2007, de 29 de Janeiro, cujos requisitos de aplicação têm vindo a ser contestados. Neste sentido, veja-se António Pedro Braga, *"Da incompatibilidade com os princípios do IVA do regime da renúncia à isenção"*, Fiscalidade n.º 34, Abril-Junho 2008 e António Beja Neves e Afonso Arnaldo, *"O sector imobiliário e o IVA: Perspectivas de uma relação conturbada"*, RFPDF, ano 1, n.º 2. Sobre o regime anterior e a pos-

facto considerada provada pelo tribunal "*a quo*", a situação não sofreu qualquer alteração na esfera do recorrente, dado que este sucedeu juridicamente nos direitos e obrigações do transmitente relativos ao contrato de arrendamento.

A questão que se suscitava era a de saber se, mantendo-se o contrato de arrendamento integralmente em vigor, sem qualquer alteração dos seus elementos essenciais, existiriam razões que determinassem ou justificassem a emissão de um novo certificado de renúncia à isenção de IVA no arrendamento do imóvel como condição necessária à manutenção do correspondente regime fiscal.

Invocando não ser necessário um novo certificado de renúncia, o recorrente alegava essencialmente que: (i) todos os requisitos consagrados na lei necessários à opção pela renúncia continuavam a verificar-se; (ii) O certificado de renúncia não é emitido no estrito interesse do locador, mas de todas as partes e não pode ser revogado unilateralmente, porquanto configura um acto administrativo constitutivo de direitos em matéria tributária; (iii) Contrariamente ao entendimento preconizado pelo tribunal "a quo", a isenção de IVA aplicável às operações de imóveis não tem natureza "pessoal", mas sim objectiva; (iv) O regime de IVA aplicado ao contrato desde o seu início pelo anterior proprietário não sofreu vicissitudes ou alterações que possam colocar em causa as condições essenciais à opção pela tributação, tendo esta opção sido exercida por meios válidos, sendo constitutiva de direitos que não podem ser revogados.

A impugnante tinha dirigido ao Director Geral dos Impostos um requerimento solicitando autorização para dedução do IVA pago no acto de aquisição do referido imóvel, tendo sido parcialmente indeferido pela Direcção de Serviços do IVA. Por outro lado, veio sempre a liquidar o IVA correspondente nos recibos de renda.

Para além do descrito supra, estava igualmente em causa o facto de se saber se o regime então previsto no artigo 4.º do Decreto – Lei n.º 241/86 quanto ao exercício do direito de renúncia no caso de ter sido

---

sibilidade de aplicação da cláusula geral anti-abuso, veja-se Gustavo Lopes Courinha, "*Norma especial anti-abuso e renúncia à isenção de IVA nas operações imobiliárias*", Fiscalidade n.º23, Julho-Setembro 2005, pp. 59-63.

*Comentários de Jurisprudência*

precedida de uma locação isenta se encontrava ou não em conformidade com as regras comunitárias. Discordava o recorrente da não aplicação que a sentença fez dos números 4 e 5 do artigo 4.º do Decreto-Lei n.º 241/86, articulados com os, à data, artigos 3.º nº 1, 4.º n.ºs 1 a 5, 12.º e 91.º (actual artigo 98.º) do CIVA, imputando-lhe, em consequência, o vício de violação de lei, por violação concreta destas normas, alegando que o Decreto-Lei n.º 241/86, não contém qualquer disposição que contrarie o prazo de exercício do direito à dedução definido no CIVA, pretendendo, pois, que se entenda que as regularizações do IVA se devem limitar a 50% do imposto suportado na aquisição, pois seria este o valor resultante da fracção que comporta, no numerador, a diferença entre o número de anos a que alude o n.º 2 do então artigo 91.º do Código do IVA – 4 anos – e o número de anos em que a locação tiver estado isenta – no caso 2 anos – e, no denominador, o número de anos previsto naquela disposição.

2. A sentença recorrida julgou improcedente o pedido principal formulado pelo então impugnante – de que lhe fosse reconhecido ter juridicamente sucedido à anterior proprietária do imóvel na renúncia à isenção do IVA sobre a locação do imóvel, mantendo, pois, a renúncia à isenção do IVA que aquela havia exercido e lhe fora certificada –, por ter considerado que a isenção prevista no então artigo 9.º n.º 30 do Código do IVA *"...não é uma isenção que persiga o bem, trata-se de uma isenção que tem de ser solicitada pelos detentores do direito à isenção, pelo que se ocorreu uma alteração dos titulares do direito ao arrendamento, terão necessariamente de ser estes a solicitar a renúncia à isenção, pois não se trata de uma isenção do bem ou do contrato, mas sim uma isenção pessoal"*.

Como bem reconheceu o STA, *"Do reconhecimento da natureza objectiva destas isenções não resulta, contudo, que a resposta à questão decidenda deva ser diversa daquela que lhe foi dada pelo tribunal "a quo", pois que da natureza da isenção não decorre linearmente a necessidade ou desnecessidade de (nova) opção pela renúncia à isenção e de emissão de (novo) certificado de renúncia, uma vez verificados os pressupostos de que depende a possibilidade de exercício de tal opção, nos termos dos números 4 a 7 do artigo 12.º do Código do IVA e do Decreto-Lei n.º 241/86, de 20 de Agosto (vigente à data dos factos e aqui aplicável)."*

Neste contexto, o STA julgou improcedente o recurso que tinha por objecto o pedido principal, mantendo-se, quanto a ele, a sentença recorrida. Já no tocante à questão do exercício do direito de renúncia no caso de ter sido precedida de uma locação isenta, a sentença recorrida, conclui que *"Ou seja, as regularizações de IVA, relativamente a imóveis poderiam ser efectuadas no prazo de 20 anos. Este regime regra é afastado neste caso de precedência de locação isenta, sendo que o prazo de regularização é fixado em quatro anos. Por outro lado, o art. 20.º da Sexta Directiva Comunitária estabelece um prazo mínimo de cinco anos e um máximo de 20. Atento o princípio do primado do direito comunitário sobre o direito interno, não pode deixar-se de considerar as normas constantes do Decreto-Lei nº 241/86, como violadoras da Sexta Directiva. Ora, assim sendo, não pode o Tribunal deixar de desaplicar o normativo que colide com a Directiva Comunitária, com a consequente remissão para as regras gerais de regularização constantes dos artigos 24.º e 25.º do CIVA supra citados."*

Isto é, na sentença recorrida o fundamento para a desaplicação do disposto no artigo 4.º do Decreto-Lei n.º 241/86, assenta, antes de mais, no pressuposto de que esta norma se trata de uma regra sobre as regularizações do IVA e que, enquanto tal, se encontra em desconformidade com o direito comunitário, sendo a decisão de afastar a aplicação daquela norma limitativa motivada pelo "princípio do primado do direito comunitário sobre o direito interno". Ora, como concluiu o STA, a existência deste princípio e a sua aplicabilidade ao caso dos autos – em que se verifica uma manifesta contrariedade entre a norma legal interna e o artigo 20.º da Sexta Directiva, leva a concluir que esta desconformidade foi até implicitamente assumida pelo legislador aquando da aprovação do Decreto-Lei n.º 21/2007, de 29 de Janeiro, que revogou o Decreto-Lei n.º 241/86[4]. Neste contexto, conclui o STA que não se lhe oferecem dúvidas

---

[4] Neste sentido veja-se António Beja Neves e Afonso Arnaldo, *"O sector imobiliário e o IVA: Perspectivas de uma relação conturbada"*, *op.cit.*, e António Pedro Braga, *"Da incompatibilidade com os princípios do IVA do novo regime de renúncia à isenção de IVA nas operações imobiliárias"*, *op.cit.* Como os autores salientam, o novo regime é muito mais complexo e algumas das soluções consagradas afiguram-se de duvidosa compatibilidade com as normas comunitárias, configurando restrições ao exercício da faculdade de renúncia.

quanto a esta desconformidade, concluindo que o recurso não merece provimento, devendo ser confirmada a sentença recorrida.

3. Vejamos, pois, a matéria em causa.

Em sede de IVA temos duas modalidades de isenções tendo em consideração a possibilidade do exercício do direito à dedução: completas e incompletas. Ora, a isenção do IVA nas operações imobiliárias caracteriza-se tecnicamente por ser uma isenção incompleta, simples, parcial, ou que não confere o exercício do direito à dedução do IVA suportado. Nestas isenções o sujeito passivo beneficiário não liquida imposto nas suas operações activas, mas não tem o direito a deduzir o IVA suportado para a respectiva realização. É o caso de todas as isenções previstas no artigo 9.º do CIVA[5].

Regra geral, não é possível renunciar às isenções previstas no artigo 9.º do CIVA, admitindo-se apenas tal possibilidade em algumas situações excepcionais, como é o caso das operações relativas à locação e transmissão de imóveis, quando realizadas entre sujeitos passivos do imposto, previstas nos n.ºs 29 e 30 do artigo 9.º, anteriores n.ºs 30 e 31 (n.ºs 4 e 5 do artigo 12.º do CIVA)[6].

---

[5] Neste sentido veja-se, da autora, Introdução ao Imposto sobre o Valor Acrescentado, *Colecção Cadernos do IDEFF (Instituto de Direito Económico, Financeiro e Fiscal da Faculdade de Direito da Universidade de Lisboa), Livraria Almedina*, 4ª edição, Novembro de 2009, pp. 145 e 146. Tal como esclarecemos, para além desta modalidade de isenção, temos também as chamadas isenções completas, totais, plenas, ou que conferem o exercício do direito à dedução do IVA suportado. Nestas isenções, tal como a própria designação o indica, o sujeito passivo beneficiário não liquida imposto nas suas operações activas (transmissões de bens ou prestações de serviços efectuadas), e tem o direito a deduzir o IVA suportado para a respectiva realização. É o caso das isenções das exportações e das transmissões intracomunitárias de bens, conforme o disposto nos artigos 14.º do CIVA e do RITI e 19.º, n.º 1, alínea b), I), do CIVA e 19.º, n.º 2, do RITI.

[6] Como se reconhecia no próprio preâmbulo do Decreto-Lei n.º 241/86, "*As isenções estabelecidas nos n.os 30 e 31 do artigo 9.º do Código do IVA para a locação e transmissão de bens imóveis não constituem uma solução satisfatória em termos de desagravamento fiscal deste tipo de bens, nem da própria neutralidade do imposto.*

*Os efeitos cumulativos originados pela isenção simples aplicável à locação e à transmissão de imóveis ou partes autónomas, utilizados total ou parcialmente em actividades tributadas, podem ser eliminados através de renúncia à isenção, prevista nos n.os 4 a 6 do artigo 12.º do Código do IVA.*"

A possibilidade de renúncia à isenção do IVA nas operações imobiliárias tem por objectivo permitir aos sujeitos passivos a opção pela tributação das referidas operações quando os adquirentes ou locatários tenham a sua actividade afecta total ou parcialmente a operações tributáveis em sede deste imposto, eliminando ou minorando o IVA oculto. Esta possibilidade foi concedida no artigo 13.º, C, da Sexta Directiva IVA[7], sendo actualmente consagrada, nos mesmos termos, no artigo 137.º da Directiva IVA[8]. Neste contexto, o legislador comunitário concede aos Estados membros uma ampla margem de manobra, podendo estes prever e regulamentar nas suas legislações o exercício deste direito. Com efeito, a Directiva confia aos Estados membros a determinação das regras de exercício desta opção, bem como do respectivo âmbito objectivo e subjectivo de aplicação.

Conforme o Tribunal de Justiça das Comunidades (TJCE) reconhece no Caso Waldbur, "26 *Segundo jurisprudência assente, a tributação das operações de locação é uma faculdade que o legislador concedeu aos Estados-Membros em derrogação à regra geral estabelecida no artigo 13.º, B, alínea b), da Sexta Directiva, segundo a qual as operações de locação estão isentas de IVA (...)*"[9].

Como o TJCE já declarou[10], resulta da própria redacção do artigo 13.º, C, da Sexta Directiva, que os Estados membros podem, no exercício desta faculdade, conceder aos beneficiários das isenções previstas por esta Directiva a possibilidade de renunciarem à isenção, quer em

---

[7] Directiva 77/388/CEE, do Conselho, de 17 de Maio de 1977, publicada no JO n.º L 145, de 13.6.77.

[8] Publicada no JO n.º L 347, de 11 de Dezembro de 2006. Essencialmente, esta Directiva veio reformular o texto da Sexta Directiva (trata-se de uma reformulação basicamente formal, atendendo ao facto de o seu texto se encontrar excessivamente denso, dadas as sucessivas alterações que lhe foram introduzidas desde a sua aprovação). Com a reformulação passou a ter 414 artigos (tinha 53). Note-se, todavia, que foram revogadas várias directivas de IVA, pelo que poderemos passar a designar a "nova" Directiva, abreviadamente, como Directiva IVA (a Directiva do sistema comum vigente). As Directivas revogadas pela Directiva 2006/112/CE constam do respectivo Anexo XI.

[9] Acórdão de 12 de Janeiro de 2006, Processo C-246/04, Colect., p. I-589.

[10] Sobre a jurisprudência comunitária relativa a esta isenção e o direito de renúncia veja-se, designadamente, Rui Laires, *A Jurisprudência Comunitária em Matéria de Isenções do IVA*, Almedina, Julho de 2006, pp. 83 a 109.

*Comentários de Jurisprudência*

todos os casos, quer dentro de certos limites, quer ainda segundo determinadas modalidades[11].

Ou seja, a referida regra dá aos Estados membros a possibilidade de conceder aos seus sujeitos passivos o direito de optarem pela tributação da locação de bens imóveis e também o de restringir o âmbito do direito de opção ou suprimi-lo[12].

Daí resulta que os Estados membros gozam de um amplo poder de apreciação no âmbito das referidas disposições comunitárias. Com efeito, cabe-lhes apreciar se é conveniente conceder ou não o direito de opção, consoante o que considerarem oportuno em função do contexto existente no seu país num determinado momento[13]. Como nota o TJCE no Caso *Waldbur*, ao exercerem o seu poder de apreciação relativo ao direito de opção, os Estados membros podem igualmente isentar determinadas operações ou determinadas categorias de sujeitos passivos do âmbito de aplicação deste direito[14].

Contudo, quando os Estados membros usarem da faculdade de restringir o alcance do direito de opção e de determinar as modalidades do seu exercício, devem respeitar os objectivos e os princípios gerais da Directiva IVA, designadamente o princípio da neutralidade fiscal e a exigência da aplicação correcta, simples e uniforme das isenções previstas[15].

A Directiva 2006/69/CE, de 24 de Julho, cujo objectivo consiste na luta contra a fraude e evasão fiscais, veio alterar a Sexta Directiva, aditando os números 6 e 7 ao ponto A do respectivo artigo 11.º, de forma a contemplar regras específicas para garantir que não exista nenhuma perda de receitas fiscais através do recurso a partes associadas tendo em

---

[11] Acórdão de 19 de Janeiro de 1982, Caso *Becker*, Processo 8/81, Recueil, p. 53, n.º 38.

[12] Acórdão de 29 de Abril de 2004, Casos *Gemeente Leusden* e *Holin Groep*, Processos C-487/01 e C-7/02, Colect., p. I-5337, n.º 66.

[13] Acórdãos de 3 de Dezembro de 1998, Caso *Belgocodex*, Processo C-381/97, Colect., p. I-8153, n.ºs 16 e 17, de 3 de Fevereiro de 2000, Caso *Amengual Fa*r, Processo C-12/98, Colect., p. I-527, n.º 13, e de 4 de Outubro de 2001, Caso *Goed Wonen*, Processo C-326/99, Colect., p. I-6831, n.º 45.

[14] Acórdão de 12 de Janeiro de 2006, Processo C-246/04, já referido.

[15] V., neste sentido, Acórdãos de 11 de Junho de 1998, Caso *Fische*r, Processo C-283/95, Colect., p. I-3369, n.º 27, Caso *Goed Wonen*, já referido, n.º 56 e Caso *Waldbur*, já referido, n.º31.

vista a obtenção de vantagens fiscais. Neste sentido, veio introduzir a possibilidade de os Estados membros introduzirem medidas de forma a garantir que o valor tributável relativo às entregas de bens ou prestações de serviços seja idêntico ao valor normal, tendo tal possibilidade fundamentado o novo regime de renúncia à isenção consagrado no aludido Decreto-Lei n.º 21/2007.

Entre nós, a possibilidade de renúncia à isenção foi acolhida em termos genéricos no artigo 12.º do CIVA. O Decreto-Lei n.º 241/86, foi o primeiro diploma a regulamentar tal faculdade, revestindo maior simplicidade que a legislação actualmente aplicável, o Decreto-Lei n.º 21/2007[16]. Assim, de acordo com o primeiro regime bastava, *grosso modo*, que o sujeito passivo provasse a afectação do imóvel, não exercesse o direito de dedução antes da celebração da escritura e mantivesse tal afectação e cumprisse com algumas obrigações acessórias contabilísticas e declarativas[17].

Como se elucidava no preâmbulo do Decreto-Lei n.º 241/86, que conjuntamente com os nºs. 4 a 6 do artigo 12.º do CIVA estabelecia à data as formalidades e condicionalismos a cumprir pelos sujeitos passivos que dele pretendam beneficiar, *"Os procedimentos a seguir no domínio contabilístico, as exigências declarativas e, bem assim, as modalidades fixadas para o exercício do direito à dedução decorrem essencialmente das características específicas das operações imobiliárias e visam proporcionar um correcto apuramento e controle do imposto relativo a cada imóvel ou parte autónoma abrangidos pelo regime de renúncia à isenção."*

De acordo com o regime acolhido, a dedução do IVA suportado a montante apenas podia ser concedida a quem reunisse os pressupostos que lhe permitissem assumir a qualidade de sujeito passivo de IVA e desde que cumpridas determinadas formalidades, (nomeadamente quanto à forma legal dos documentos que servem de suporte ao exercício

---

[16] Sobre este regime foi emitido o Ofício-Circulado n.º 30099/2007, de 9 de Fevereiro, da DSIVA.

[17] Com o novo regime as formalidades foram aumentadas, existindo novas delimitações ao direito de renúncia de carácter objectivo e subjectivo, que, no geral, têm vindo a ser contestadas, nomeadamente, a impossibilidade de aplicação do regime em novos contratos de locação subsequentes a uma locação isenta e a impossibilidade de renúncia à isenção em situações de sublocação.

do direito à dedução, contendo todos os elementos mencionados no n.º 5 do actual artigo 36.º do CIVA). Este processo era desencadeado através da obrigação declarativa de apresentação de um pedido de renúncia à isenção efectuado pelo locador, mediante a apresentação de uma declaração de modelo aprovado da qual constassem certos requisitos (nome do locatário, renda e demais condições do contrato) com base no qual, uma vez comprovados os pressupostos do direito à renúncia, a Administração Fiscal emitia um certificado de renúncia (cfr. o disposto no n.º 6 do artigo 12.º do CIVA).

Como o TJCE fez notar no Caso *Kirchberg,* a faculdade conferida no segundo parágrafo do artigo 13.º, C, da Sexta Directiva é compatível com a exigência de uma prévia apresentação à administração fiscal de uma declaração em que se manifeste a intenção de optar pelo regime de renúncia à isenção[18].

De realçar ainda que a isenção em apreço, tal como as demais isenções em sede de IVA, se trata de uma isenção objectiva relevando para a sua concessão a natureza da actividade económica em causa e não a natureza jurídica do sujeito passivo[19]. Nos termos dos n°s. 4 e 5 do artigo 4º do citado Decreto-Lei quando a renúncia à isenção tivesse sido precedida de uma locação isenta, o direito à dedução do imposto suportado era limitado na proporção do número de anos em que o imóvel estiver afecto a uma actividade ou sector tributado. A referida proporção resultava de uma fracção que comportava, no numerador, a diferença entre o número de anos a que aludia o n.º 2 do então artigo 91.º do Código do IVA, isto é, 4 anos, e o número de anos em que a locação tivesse estado isenta – no caso concreto 2 anos – e, no denominador, o número de anos previsto naquela disposição.

As disposições constantes dos n.º 4 a 6 do artigo 4.º foram introduzidas pelo n.º 7 do artigo 44.º da Lei n.º 3-B/2000, de 4 de Abril, que aprovou o Orçamento do Estado para 2000, como medidas anti-abuso, tendo por objectivo evitar situações de dedução integral do imposto que onerou

---

[18] Acórdão de 9 de Setembro de 2004, Processo C-269/03, Colect. p. I-8067. Estava concretamente em causa uma disposição da lei luxemburguesa.

[19] Neste sentido veja-se, da autora, Introdução ao Imposto sobre o Valor Acrescentado, *op. cit.,* p. 145.

a aquisição de um imóvel, nos casos em que o mesmo tinha estado afecto durante um largo período a uma actividade isenta (locação isenta), que não conferia direito à dedução. O legislador sentiu, porém, necessidade de introduzir alguma restrição nessas situações, porque o regime estava, na prática, a ser objecto de uma aplicação abusiva, registando-se situações de renúncia no fim do prazo dos 4 anos para deduzir todo o imposto na aquisição[20]. De acordo com a jurisprudência do TJCE, quando o bem começa a ser utilizado é que se afere das condições para o exercício do direito à dedução. Consequentemente, se um bem for afecto a uma actividade económica isenta o IVA suportado não é dedutível. Todavia, se esse bem, estando inicialmente afecto a uma actividade isenta, venha posteriormente a ser afecto a uma actividade tributada, deve poder-se deduzir parte do IVA[21].

Na realidade, o que estava em causa na referida disposição eram critérios para aplicar a regra geral do direito à dedução (artigo 20.º do CIVA) conjugado com o prazo geral para o exercício do direito à dedução (artigo 98.º, n.º 2) no caso de um bem (imóvel) que, após ter sido afecto a uma actividade isenta – sem direito à dedução –, é posteriormente afecto a uma actividade tributada – com direito à dedução. O prazo de 4 anos previsto nessa fracção reporta-se ao prazo do actual artigo 98.º, n.º 2, do CIVA – ou seja, só se deduz IVA na proporção da utilização do imóvel em actividades que conferem direito à dedução.

Isto é, o n.º 4 do artigo 4.º do Decreto-Lei n.º 241/86 não pretendeu tratar das regularizações do imposto deduzido relativo a bens imóveis.

Contudo, a Administração Fiscal utilizou esta norma de distinta forma, tendo, na realidade, sido aplicada na prática como uma disposição limitativa do exercício do direito à dedução *vis a vis* o disposto nas regras comunitárias.

4. Quanto à natureza da isenção em causa, é certo que se trata inequivocamente de uma isenção de tipo objectivo. Assiste, assim, inteira

---

[20] Não é pois por mero acaso que o actual regime não permite a renúncia em novos contratos de locação subsequentes a uma locação isenta e a impossibilidade de renúncia à isenção em situações de sublocação.

[21] V., nomeadamente, Acórdão de 12 de Fevereiro de 2009, Caso *VNLTO*, Processo C-515/07, ainda não publicado.

razão ao recorrente ao alegar esta característica da isenção em causa. Todavia, esta característica não poderá determinar o não cumprimento das obrigações declarativas previstas na lei, condição de eficácia do exercício do direito de renúncia.

Com efeito, para aplicação da isenção a Administração Fiscal necessita, naturalmente, de comprovar da existência dos pressupostos de aplicação de natureza subjectiva, como, por exemplo, o regime fiscal a que se encontra sujeito o locatário. Tal exigência encontra-se em total conformidade com as regras comunitárias.

Como nota o STA, é certo que a lei podia ter dispensado a emissão de novo certificado de renúncia em situação como a dos autos, em que se verifica uma sucessão no arrendamento do imóvel e os pressupostos da renúncia à isenção estão preenchidos, mas a lei não o fez, nem tinha de o fazer. Como mui acertadamente salienta o STA, o certificado de renúncia à isenção é um *acto constitutivo de direitos em matéria tributária*, pelo que *não pode ser revogado unilateralmente*, sendo, porém, igualmente certo que o certificado requerido pelo anterior proprietário do imóvel não foi revogado, antes caducou pois que aquele a quem foi conferido perdeu a qualidade de locador aquando da alienação do imóvel.

Nestes termos, a sucessão no contrato de arrendamento não dispensava o recorrente de cumprir as formalidades necessárias para que, de acordo com a lei fiscal, pudesse legitimamente cumprir aquilo a que ficou obrigado para com o arrendatário.

Ora, como conclui o STA, "*não o tendo feito no momento que lhe permitiria assegurar o integral exercício do direito à dedução do IVA que suportou aquando da aquisição do imóvel com renúncia à isenção do IVA, mas apenas em momento posterior, esse comportamento omissivo, que redunda em prejuízo seu, é-lhe exclusivamente imputável, pois que não parece que o legislador nacional, ao ter condicionado a renúncia à isenção e ao exigir a certificação administrativa dessa renúncia, tenha excedido a "ampla margem" de manobra de que dispunha no âmbito do artigo 13.º-C da Sexta Directiva*".

Quanto à questão das regularizações, o fundamento de que o STA se socorre para a não aplicação da norma em apreço é a sua evidente contrariedade ao direito comunitário, nos termos descritos. Entendemos que o Tribunal parte do pressuposto de que esta norma trata da matéria das regularizações do imposto deduzido relativo a bens imóveis, quando, na realidade, o objectivo que lhe esteve subjacente, como vimos, se reporta à determinação de como é que pode ser exercido o direito à dedução do IVA. Da letra da lei não resulta com clareza tal objectivo e, na prática, a norma veio a ter distinta aplicação, afigurando-se como limitativa do exercício daquele direito face ao prescrito nas regras comunitárias.

Como tal, concordamos igualmente com o STA na parte respeitante ao n.º 4 do artigo 4.º do DL n.º 241/86, pelo sufragamos a decisão de afastar a aplicação daquela norma limitativa com fundamento no "princípio do primado do direito comunitário sobre o direito interno".

# O CONCEITO DE «ACEITAÇÃO DE COMPROMISSOS» PARA EFEITOS DA ISENÇÃO DO IVA APLICÁVEL ÀS OPERAÇÕES FINANCEIRAS

COMENTÁRIO AO ACÓRDÃO DO TJCE DE 19 DE ABRIL DE 2007, PROCESSO C-455/05, CASO *VELVET & STEEL*

*Rui Laires**

## 1. Introdução

O *Finanzgericht-Hamburg* (adiante referido como "Tribunal alemão"), em acção em que era recorrente a sociedade *Velvet & Steel Immobilien und Handels GmbH* (a seguir identificada por *"Velvet & Steel"*) e recorrido o *Finanzamt Hamburg-Eimsbüttel* (a seguir designado de "Administração Fiscal alemã"), decidiu suspender a instância e suscitar perante o Tribunal de Justiça das Comunidades Europeias (TJCE) uma questão prejudicial relativa à interpretação da Directiva 77/388/CEE, do Conselho, de 17 de Maio de 1977 ("Sexta Directiva"), no que concerne ao alcance da isenção de IVA contida no ponto 2 da alínea d) da parte B) do seu artigo 13.º.[1]

Era a seguinte a questão colocada ao TJCE: «O artigo 13.º, B, alínea d), n.º 2, da Sexta Directiva […], no que se refere ao conceito de 'aceita-

---

* DGCI/Centro de Estudos Fiscais.

[1] A Sexta Directiva foi objecto de uma reformulação, entrada em vigor a 1 de Janeiro de 2007, tendo em vista, no essencial, proceder a uma diferente sistematização das matérias e a uma nova numeração dos seus artigos. Tal objectivo foi concretizado através da Directiva 2006/112/CE, do Conselho, de 28 de Novembro de 2006, relativa ao sistema comum do imposto sobre o valor acrescentado. No entanto, dado que, quer os factos tributários controvertidos no processo principal, quer a questão prejudicial suscitada pelo Tribunal alemão, se reportavam ao seu articulado, a matéria foi analisada à luz das disposições da Sexta Directiva. Assinale-se que a disposição a que respeitava a questão prejudicial suscitada no processo corresponde à actual alínea c) do n.º 1 do artigo 135.º da Directiva do IVA.

ção de compromissos' deve ser interpretado no sentido de que só engloba os compromissos financeiros ou a disposição abarca igualmente a aceitação de outras obrigações, como, por exemplo, obrigações de prestação de facto?»

## 2. Matéria de facto e pontos de vista dos intervenientes

Em causa estava o enquadramento em IVA das operações decorrentes dos contratos celebrados entre a *Velvet & Steel* e outras entidades, designados por "*contratos de cessão de uma parte do preço de venda contra aceitação de compromissos*".

Nas mesmas datas desses acordos, tais entidades – a sociedade *Burmeister Immobilien GmgH*, num dos contratos, e as pessoas singulares *Selahatin Karademir e Hussein Karademir*, no outro contrato – haviam procedido à alienação de determinados bens imóveis a terceiros, transferindo igualmente para estes a posição de locador nos contratos de arrendamento de que os imóveis eram objecto.

Por efeito do contrato celebrado com as entidades acima identificadas, a *Velvet & Steel* assumia-se como responsável pela realização de trabalhos de renovação dos imóveis, assim como pelo pagamento das rendas referentes aos contratos de arrendamento, suportando todos os custos necessários para o efeito. Como contrapartida, a *Velvet & Steel* constituía-se no direito de receber, da parte dos vendedores dos imóveis, uma parcela do valor da respectiva venda.

Tendo ficado estipulado nos contratos de compra e venda que os compradores – a sociedade *Taurus Immobilien-und Verwaltungsgesellschaft mbH*, num dos casos, e a pessoa singular *Nikolaus Persch*, no outro caso, tinham direito a exigir da *Velvet & Steel* a realização das obras de renovação dos imóveis e o pagamento das rendas, esta última veio, por acordo entre as partes, a exonerar-se de tais obrigações, mediante o pagamento aos referidos compradores de uma parte do valor recebido inicialmente pela *Velvet & Steel*. A diferença, entre o montante recebido e o montante pago pela *Velvet & Steel*, ficou na posse desta a título de "*remuneração e de indemnização global/compensação por eventuais lucros cessantes*".

No que respeitava ao IVA eventualmente incidente sobre as operações decorrentes dos contratos em que a *Velvet & Steel* interveio, esta limitou-se a submeter a tributação aquela diferença entre o montante inicialmente recebido dos vendedores dos imóveis e o montante que, posteriormente, se obrigara a entregar aos compradores.

A Administração Fiscal alemã considerou que a prestação inicial recebida pela *Velvet & Steel*, correspondente a uma parcela do valor da venda dos imóveis, se configurava como a contraprestação de um serviço de "aceitação de compromissos", prestado por aquela aos vendedores dos imóveis. Na óptica da Administração Fiscal alemã, tais serviços seriam insusceptíveis de beneficiar de qualquer isenção de IVA, nomeadamente da que se encontra prevista na norma da legislação interna que transpõe a isenção contida no ponto 2 da alínea d) da parte B) do artigo 13.º da Sexta Directiva.

Para tanto, a Administração Fiscal argumentava, por um lado, que o contexto daquela disposição se reporta a operações de carácter financeiro e, por outro lado, que "*a aceitação da obrigação de fazer obras constitui, em termos económicos, uma obrigação de prestação do correspondente serviço*".

A *Velvet & Steel*, por seu turno, considerava, em primeiro lugar, que as obrigações por si assumidas não eram relevantes para efeitos do IVA, porquanto as mesmas não chegaram a ser objecto de cumprimento.

Em segundo lugar, entendia esta entidade que, ainda que assim não fosse, se tratariam de operações abrangidas pela isenção correspondente ao disposto no ponto 2 da alínea d) da parte B) do artigo 13.º da Sexta Directiva. Na sua perspectiva, a referida disposição não se restringia à assunção de obrigações de carácter pecuniário.

Por último, a *Velvet & Steel* alegava que as obrigações que lhe haviam sido transmitidas pelos vendedores dos imóveis, obrigações que estes, por sua vez, tinham inicialmente assumido perante os respectivos compradores, constituíam uma prestação de serviços acessória da transmissão do direito de propriedade adveniente dos contratos de compra e venda, pelo que essa prestação de serviços deveria seguir o regime da operação principal.[2]

---

[2] Ou seja, se bem se entendeu este argumento, na óptica da referida entidade, a operação principal deveria considera-se excluída da incidência do IVA, em virtude da transposição para a legislação interna da regra de não sujeição prevista no n.º 8 do artigo

## 3. Análise da questão prejudicial

No respectivo despacho de "reenvio", o Tribunal alemão afastava, desde logo, a eventualidade de se estar perante uma operação fora do âmbito de incidência do IVA, manifestando, no entanto, dúvidas sobre o alcance da expressão *"aceitação de compromissos"*, a que se reportava a isenção consignada no ponto 2 da alínea d) da parte B) do artigo 13.º da Sexta Directiva. Nesse domínio, o Tribunal alemão cogitava se a isenção aí consignada deveria ser entendida como abrangendo a generalidade das situações em que um sujeito passivo, mediante retribuição, se comprometa a dar cumprimento a uma obrigação de qualquer natureza que antes impendera sobre outra entidade, ou se, ao invés, se deveria entender a isenção como restringindo-se às situações em que um sujeito passivo aceita assumir a responsabilidade pelo cumprimento de obrigações de carácter financeiro de uma outra entidade. A dúvida do Tribunal alemão, porém, incidia apenas sobre o caso da assunção pela *Velvet & Steel* da obrigação de realização de obras de renovação dos imóveis, enquanto obrigação de *facere*, não se estendendo à assunção da obrigação de pagamento das rendas, relativamente à qual aquele tribunal não reputava duvidoso o seu enquadramento como isenta.

No que concerne à dúvida subsistente, o Tribunal alemão fazia notar que a disposição relevante da legislação interna daquele país, ao ter sido alterada no sentido de deixar de se referir aos créditos pecuniários para passar a mencionar os créditos em geral, visava *"clarificar que o âmbito de aplicação da isenção engloba igualmente transacções de créditos sob a forma de títulos de crédito, especialmente negócios com créditos sobre mercadorias (por exemplo, opções na compra e venda de mercadorias a prazo)"*.

No entanto, embora salientando que a redacção actual da disposição interna *"não se opõe à inclusão da aceitação de compromissos relativos a prestações de coisas ou de serviços"*, o Tribunal alemão detectava

---

5.º e no n.º 5 do artigo 6.º da Sexta Directiva. Tal enquadramento decorreria da acepção de que a compra e venda dos imóveis resultava na aquisição pelos compradores de universalidades autónomas, cuja exploração era viável por si mesma, devido aos contratos de arrendamento que incidiam sobre os imóveis.

que a Sexta Directiva, nomeadamente as suas versões nas línguas alemã, francesa e inglesa, divergiam no respectivo sentido literal e não eram claras em relação à possibilidade de inclusão daquelas realidades no âmbito da isenção prevista no ponto 2 da alínea d) da parte B) do seu artigo 13.º, pelo que suscitou ao TJCE que se pronunciasse sobre a matéria.

Nos termos da mencionada disposição da Sexta Directiva, tendo por base a respectiva versão portuguesa, deveriam considerar-se isentas do imposto "*a negociação e a aceitação de compromissos, fianças e outras garantias, e bem assim a gestão de garantias de crédito efectuada por parte de quem concedeu esses créditos*".

A expressa referência a "aceitação de compromissos", incluída também nas versões nas línguas alemã e francesa, não constava, por exemplo, da versão inglesa da citada disposição, cuja redacção se limitava a indicar: "*[...] the negotiation of or any dealings in credit guarantees or any other security for money and the management of credit guarantees by the person who is granting the credit*". Aliás, também a versão em língua espanhola omitia a referência à "aceitação de compromissos", como se verifica pela transcrição que segue: "*[...] la negociación y la prestación de fianzas, cauciones y otras modalidades de garantía, así como la gestión de garantías de créditos efectuada por quienes los concedieron*".

Em face de divergências linguísticas entre versões de uma disposição constante de um acto comunitário, a jurisprudência do TJCE sempre tem apontado que nenhuma delas se pode à partida sobrepor, devendo o sentido da disposição ser interpretado de modo uniforme à luz das versões redigidas em todas as línguas da Comunidade. Tal vem sendo afirmado, nomeadamente, desde o acórdão de 5 de Dezembro de 1967, proferido no processo 19/67 (caso *Van der Vecht*, Colect. p. 683).

Adicionalmente, o TJCE já definira, também, que o procedimento a adoptar em caso de divergência entre as versões linguísticas de uma disposição comunitária – como sucedeu no seu acórdão de 27 de Março de 1990, tirado no processo C-372/88 (caso *Cricket St Thomas*, Colect. p I-1345, n.ºs 18 e 19) – deve consistir na interpretação dessa disposição em função da economia geral e da finalidade da regulamentação de que constitui um elemento.

No caso concreto, tratava-se de uma disposição que integra o artigo 13.º da Sexta Directiva, que, uma vez que estabelece uma isenção de IVA, se constitui como uma excepção ao objectivo geral de tributação em sede deste imposto de todas as transmissões de bens e prestações de serviços efectuadas no quadro de uma actividade económica. Nessa medida, vem sendo jurisprudência constante do TJCE que as disposições integrantes do mencionado artigo devem, em princípio, ser objecto de uma interpretação "estrita" [*cf*., por exemplo, os acórdãos de 11 de Agosto de 1995 (processo C-453/93, caso *Bulthuis-Griffioen*, Colect. p. I-2341, n.º 19) e de 12 de Fevereiro de 1998 (processo C-346/95, caso *Elisabeth Blasi*, Colect. p. I-481, n.º 18)].

Por outro lado, não poderia perder-se de vista que a disposição em causa no processo, ao inserir-se na alínea d) da parte B) do artigo 13.º, se reportava a operações de natureza bancária ou financeira. Afigurava-se, assim, curial uma interpretação do sentido da expressão "aceitação de compromissos" como referente a operações relacionadas com contratos que visem assegurar o recebimento de uma dívida ou a co-responsabilização financeira de terceiros no recebimento pelo credor da prestação na eventualidade de esta não ser satisfeita por parte do originário devedor.

Deve salientar-se que no caso em apreço tal não se verificava. Com efeito, de harmonia com o descrito na decisão de reenvio, o que estava em causa era, na sequência de contrato estabelecido entre o devedor de uma obrigação e um terceiro, a atribuição a este, mediante retribuição, da obrigação de proceder à realização de obras em determinados imóveis.

A remuneração acordada entre as duas partes, correspondente a uma percentagem do valor da venda do imóvel, representava a contraprestação dos serviços a realizar pelo terceiro aos futuros proprietários dos imóveis, ficando o vendedor desobrigado perante os compradores de ser ele a proceder à realização das obras. A circunstância de, posteriormente, esse terceiro ter renegociado com os compradores dos imóveis a não realização das obras previstas não se mostrava relevante para efeitos da resposta à questão prejudicial colocada pelo Tribunal alemão.

Não parecia, pois, estar em causa a aplicação da isenção prevista no ponto 2 da alínea d) da parte B) do artigo 13.º, já que, inserindo-se aquele ponto 2 no âmbito de uma disposição que visa isentar do IVA algumas operações de carácter financeiro, a parte em que se refere a "aceitação de compromissos" sempre teria de ser entendida como reportando-se a obrigações de natureza financeira assumidas por um terceiro, solidária ou subsidiariamente com o devedor originário. Dessa forma, se podia garantir – indo ao encontro das orientações resultantes da jurisprudência do TJCE atrás mencionada – uma interpretação estrita do preceito e, ao mesmo tempo, se conciliava as suas diferentes versões linguísticas. Tal devia-se à circunstância de, mesmo naquelas versões em que não constava a expressão "aceitação de compromissos", ao fazer referência a *"fianças e outras garantias"*, a norma enumerar expressamente casos de prestação de garantias com vista a assegurar a satisfação de uma dívida.[3]

## 4. A decisão do TJCE

De harmonia com o que parecia razoável antecipar-se, o TJCE concluiu que a isenção não poderia ser aplicável, uma vez que a norma contida no ponto 2 da alínea d) da parte B) do artigo 13.º da Sexta Directiva exclui do seu âmbito os compromissos que não sejam financeiros.

Para tanto, sem necessidade de apresentação de conclusões por parte do advogado-geral, o TJCE baseou a sua análise nos princípios interpretativos já anteriormente apontados em matéria de isenções do IVA, bem como no critério a seguir perante a constatação de divergências entre as várias versões linguísticas de uma mesma disposição comunitária, arrolando a seguinte fundamentação:

a) As normas de isenção contidas no artigo 13.º da Sexta Directiva devem ser objecto de uma interpretação estrita, uma vez que constituem derrogações ao princípio geral de tributação visado pelo sistema comum do IVA;

b) Os conceitos constantes das normas de isenção representam noções autónomas de direito comunitário, de modo a assegurar uma aplicação uniforme das disposições da Sexta Directiva em todos os Estados membros;

c) Concatenando as diversas versões linguísticas do ponto 2 da alínea d) da parte B) do artigo 13.º da Sexta Directiva, constata-se

---

[3] Com base na fundamentação exposta, uma tal decisão em relação à questão prejudicial suscitada no processo foi tida como muito provável pelo signatário, através da informação n.º 104/06, de 24 de Março de 2006, do Centro de Estudos Fiscais, tendo-se pronunciado no sentido da desnecessidade de o Estado português apresentar observações no processo.

que algumas delas, como é o caso da alemã, francesa e italiana, se indica de um modo geral a "aceitação de compromissos", ao passo que outras versões, como sucede com a inglesa e espanhola, enumeram expressamente compromissos financeiros;
d) É jurisprudência reiterada, perante divergências linguísticas de uma mesma disposição, que esta não deve ser interpretada à luz de uma única versão, mas, sim, tendo em conta o contexto em que essa disposição se insere, bem como as finalidades e a sistemática da Sexta Directiva;
e) Relativamente ao contexto em que a disposição se insere, é pacifico que todas as outras referências que são feitas na norma, como sejam fianças e outras garantias, integram, no seu conjunto, o domínio das operações financeiras, o que não sucede com a aceitação de um compromisso relativo à renovação de um imóvel;
f) Quanto à finalidade das isenções do IVA aplicáveis às operações financeiras, a mesma reside nas dificuldades que estariam ligadas à determinação do valor tributável dessas operações e dos montantes dedutíveis, assim como evitar o aumento dos custos de recurso ao crédito;
g) Nas referidas circunstâncias, nem o texto, nem o contexto, nem a finalidade da norma em apreço levam a considerar que o legislador comunitário teve a intenção de nela incluir a aceitação de compromissos desprovidos de carácter financeiro.

Assim, no trecho decisório do acórdão, o TJCE declarou o seguinte:

«O artigo 13.º, B, alínea d), n.º 2, da Sexta Directiva [...] deve ser interpretado no sentido de que o conceito de "aceitação de compromissos" exclui do âmbito de aplicação desta disposição os compromissos que não sejam financeiros, como o compromisso de renovação de um imóvel.»

## 5. A legislação interna portuguesa

A disposição contida no ponto 2 da alínea d) da parte B) do artigo 13.º da Sexta Directiva, vertida na alínea c) do n.º 1 do artigo 135.º da Directiva do IVA, encontra-se transposta para o ordenamento interno através da actual subalínea b) da alínea 27) do artigo 9.º do Código do IVA (CIVA).[4] Esta disposição do CIVA isenta do imposto "*[a] negociação e a prestação de fianças, avales, cauções e outras garantias, bem como a administração ou gestão de garantias de créditos efectuada por quem os concedeu*".

A interpretação feita pelo TJCE afigura-se em consonância com a redacção constante da citada disposição do CIVA, já que, embora o legislador interno tenha optado por não transpor a expressão "aceitação de compromissos", nem por expressamente indicar a "aceitação de compromissos de carácter financeiro", optou por uma formulação em que enuncia os vários tipos de contratos susceptíveis de ser abrangidos por esta segunda acepção, por via da referência a "*prestação de fianças, avales, cauções e outras garantias*".

---

[4] Correspondia à anterior alínea b) do n.º 28 do artigo 9.º, até à republicação do CIVA promovida pelo Decreto-Lei n.º 102/2008, de 20 de Junho.

SÍNTESE DOS PRINCIPAIS ACÓRDÃOS DO TRIBUNAL
DE JUSTIÇA EM MATÉRIA FISCAL
PROFERIDOS DESDE OUTUBRO DE 2009

**IMPOSTO SOBRE O VALOR ACRESCENTANDO**

**Processo C-473/08 (Eulitz) de 28 de Janeiro de 2010**

«*Sexta Directiva IVA – Artigo 13.°, A, n.° 1, alínea j) – Isenção – Aulas de ensino escolar ou universitário, dadas por docentes a título pessoal – Prestações efectuadas por um docente independente no âmbito de cursos de formação profissional contínua organizados por um instituto terceiro*»

O artigo 13.°, A, n.° 1, alínea j), da Sexta Directiva, deve ser interpretado no sentido de que as prestações de docente fornecidas por um engenheiro diplomado num instituto de formação com o estatuto de associação de direito privado, no âmbito de ciclos de formação sancionados por um exame, destinados a participantes já titulares de, pelo menos, um diploma de Arquitectura ou de Engenharia passado por um estabelecimento de ensino superior, ou com formação equivalente, podem constituir «lições [...] relativas ao ensino escolar ou universitário», na acepção dessa disposição. Podem também constituir lições desse tipo outras actividades, para além da de docente propriamente dita, desde que sejam exercidas, no essencial, no âmbito da transmissão de conhecimentos e de competências entre um docente e os alunos, relativos ao ensino escolar ou universitário. Se for necessário, cabe ao órgão jurisdicional de reenvio verificar se todas as actividades em causa no processo principal constituem «lições» relativas ao «ensino escolar ou universitário», na acepção dessa disposição.

O artigo 13.º, A, n.º 1, alínea j), da Sexta Directiva, deve ser interpretado no sentido de que, em circunstâncias como as do processo principal, não se pode considerar que uma pessoa como T. Eulitz, sócio da recorrente no processo principal, que fornece prestações como docente no âmbito dos cursos de formação propostos por um organismo terceiro, dá lições «a título pessoal», na acepção dessa disposição.

CLOTILDE PALMA

**Processo C-35/08 (Terceira Secção) de 15 de Outubro de 2009** – O Senhor Busley e a Senhora Cibrian são irmãos e nacionais espanhóis residentes na Alemanha, que auferiram rendimentos prediais de fonte espanhola, tendo, nomeadamente, apurado rendimentos negativos em vários anos que pretendiam ver deduzidos no seu imposto sobre o rendimento alemão por via de amortizações regressivas. A legislação alemã impede uma dedução em tais termos, reservando-a exclusivamente aos imóveis sitos em território alemão.

O Tribunal considerou que a liberdade de circulação de capital protege a presente situação (o bem imóvel tinha sido deixado em herança) e que a legislação alemã realiza uma discriminação entre os bens imóveis, consoante a sua localização. O TJCE não considerou, igualmente, justificada por razões de promoção do arrendamento imobiliário, a presente situação discriminatória, uma vez que ela não se revelava adequada à finalidade pretendida.

**Processo C-540/07 (Segunda Secção) de 19 de Novembro de 2009** – Segundo a Comissão, a legislação fiscal italiana trata de modo desigual os dividendos distribuídos a sociedades residentes em Itália e a sociedades não residentes mas residentes na União Europeia ou no Espaço Económico Europeu (EEE), em termos injustificados.

O Estado Italiano alega que tal diferença no tratamento fiscal é, por um lado, anulada pela aplicação das Convenções de Dupla Tributação celebradas por Itália e, por outro lado, é necessária, uma vez que não existem mecanismos de troca de informações que permitam controlar potenciais situações de evasão fiscal internacional, mormente quanto aos

Estados do EEE uma vez que não estão vinculados à Directiva de Assistência Mútua.

O Tribunal declarou a incompatibilidade do normativo italiano com o Direito Comunitário por ser discriminatório e não ficar demonstrado que a restrição criada pelo normativo nacional seja sempre neutralizada por aplicação de Convenções de Dupla Tributação. Ainda segundo o Tribunal, o tratamento fiscal diferenciado entre as situações não se pode justificar com base no combate à fraude fiscal, na medida em existem instrumentos que permitam o necessário controlo (Convenções e Directiva de Troca de Informações) dentro do Espaço da União Europeia.

Finalmente, o TJCE ressalva que no caso dos Estados-Membros que integram o EEE, a solução é diferente, uma vez que o Estado Italiano não se pode valer da Directiva de Assistência Mútua face a eles, nem existem cláusulas convencionais adequadas (nas Convenções italianas com esses países) a permitir um efectivo controlo da evasão fiscal.

GUSTAVO LOPES COURINHA

# SÍNTESE DE ACÓRDÃOS DO TRIBUNAL CONSTITUCIONAL (1.º TRIMESTRE DE 2010)

## Acórdão n.º 3/2010

Decide não declarar a inconstitucionalidade das normas constantes dos seguintes preceitos:

– artigo 53.º, do Estatuto da Aposentação, na redacção dada pelo artigo 1.º, n.º 1, da Lei n.º 1/2004, de 15 de Janeiro;
– artigo 1.º, n.º 3, da Lei n.º 1/2004, de 15 de Janeiro;
– artigo 3.º, da Lei n.º 60/2005, de 29 de Dezembro, na redacção dada pelo artigo 5.º, da Lei n.º 11/2008, de 20 de Fevereiro;
– artigo 5.º, da Lei n.º 60/2005, de 29 de Dezembro, na redacção dada pelo artigo 1.º, da Lei n.º 52/2007, de 31 de Agosto;
– artigo 5.º, n.º 1, 2 e 6, da Lei n.º 52/2007, de 31 de Agosto;
– artigo 6.º, n.º 6 , da Lei n.º 52/2007, de 31 de Agosto;
– artigo 7.º, n.º 2, da Lei n.º 52/2007, de 31 de Agosto;
– artigo 37.º-A, do Estatuto da Aposentação, na redacção dada pelo artigo 4.º, da Lei n.º 11/2008, de 20 de Fevereiro;
– artigo 6.º, da Lei n.º 11/2008, de 20 de Fevereiro;
– artigo 7.º, da Lei n.º 11/2008, de 20 de Fevereiro.

## Acórdão n.º 47/2010

Não julga inconstitucional a norma contida no n.º 1 do artigo 18.º do Estatuto dos Benefícios Fiscais, aprovado pelo Decreto-Lei n.º 215/89, de 1 de Julho e republicado pelo Decreto-Lei n.º 198/2001, de 3 de Julho, na redacção que lhe foi dada pela Lei n.º 32-B/2002, de 30 de Novembro, interpretada no sentido de o benefício fiscal aí previsto, bem como o respectivo limite de dedução à colecta, respeitarem ao montante total depositado em cada ano por agregado familiar.

(Nota: Todos os Acórdãos encontram-se disponíveis em http://www.tribunalconstitucional.pt)

GUILHERME W. DE OLIVEIRA MARTINS

# SÍNTESE DE JURISPRUDÊNCIA DO SUPREMO TRIBUNAL ADMINISTRATIVO (DEZEMBRO 2009 - FEVEREIRO 2010)

### PROCEDIMENTO E PROCESSO TRIBUTÁRIO

**Acórdão do STA (Pleno da Secção de Contencioso Tributário) de 02-12-2009, Processo n.º 0997/08**

*Declaração de compensação de dívida tributária*
Numa interpretação conforme à Constituição, o artigo 89.º do Código de Procedimento e de Processo Tributário não apoia a Administração na declaração de compensação de dívida tributária, sem que sobre o acto de liquidação da dívida tenham decorrido os prazos de impugnação administrativa e contenciosa.

**Acórdão do STA (Pleno da Secção do Contencioso Tributário) de 02-12-2009, Processo n.º 0570A /08**

*Execução de julgado*
A obrigação da Administração Tributária de executar os julgados surge imediatamente com o trânsito em julgado da decisão judicial e não com a remessa, a requerimento do contribuinte, do processo para o serviço competente para a execução.

**Acórdão do STA (2.ª) de 02-12-2009, Processo n.º 0724/09**

*Privilégio creditório*
O n.º 1 do artigo 240.º, n.º 1 do CPPT deve ser interpretado amplamente, no sentido de abranger não só os credores que gozam de garantia real *stricto sensu* mas também aqueles a que a lei substantiva atribui cau-

sas legítimas de preferência, como é o caso dos privilégios creditórios. Os créditos de IRC, porque gozam de privilégio creditório imobiliário, devem ser admitidos ao concurso de credores, não obstante não beneficiarem de um direito real de garantia.

**Acórdão do STA (2.ª) de 09-12-2009, Processo n.º 01017/09**

*Suspensão do prazo de prescrição*
Nos termos do n. 5 do art. 5.º do DL n. 124/96, de 10/8, "o prazo de prescrição das dívidas suspende-se durante o período de pagamento em prestações". Porém esta norma é organicamente inconstitucional. Na verdade, não tendo o Governo legislado ao abrigo de autorização legislativa e sendo inovadora a causa de suspensão prevista no n. 5 do art. 5.º do DL n. 124/96 (e o CPT não previa causas gerais de suspensão da prescrição) é de concluir pela inconstitucionalidade orgânica da norma.

**Acórdão do STA (2.ª) de 09-12-2009, Processo n.º 0594/09**

*Projecto de decisão de indeferimento de reclamação graciosa*
O projecto de decisão de indeferimento de reclamação graciosa de acto de liquidação de taxa municipal, notificado ao reclamante para exercício do direito de audição, nos termos do art. 60.º, n.º 5, da LGT, não se transforma automaticamente em decisão final pelo facto de o reclamante nada dizer.

**Acórdão do STA (2.ª) de 16-12-2009, Processo n.º 0747/09**

*Prazo para o pagamento do imposto*
A notificação da nota de cobrança e para pagamento efectuada em momento anterior ao da notificação da liquidação é ineficaz e daí que não produza qualquer efeito em relação ao contribuinte. Em tais circunstâncias, nada legitima a AF a considerar que a partir da notificação da liquidação passaria a correr um novo prazo para o pagamento do imposto, na ausência de nova notificação para pagamento.

*Comentários de Jurisprudência*

## IMPOSTO /FIGURAS AFINS

**Acórdão do STA (2.ª) de 09-12-2009, Processo n.º 0739/09**

*Base de incidência objectiva de contribuições para a Segurança Social*
Nos termos do artigo 3.º do Decreto-Lei n.º 300/89, de 4 de Setembro e da alínea d) do artigo 2.º do Decreto Regulamentar n.º 12/83, de 12 de Fevereiro, integram a base de incidência objectiva de contribuições para a Segurança Social as importâncias efectivamente pagas a jogadores profissionais e treinadores de futebol a título de "prémios de classificação, de permanência e de jogo", previstos nos respectivos contratos como podendo ser pagos, se e quando forem efectivamente pagos. As cláusulas contratuais nos termos das quais os prémios como retribuição extraordinária, não fazem parte da remuneração não são oponíveis à segurança social, pois que se encontram em violação das normas de incidência objectiva que estabelecem a base de incidência contributiva das contribuições para a segurança social, não estando essa base de incidência na disponibilidade das partes. O mesmo não sucede, porém, em relação às importâncias pagas mensalmente a alguns jogadores a título de "subsídio de deslocação", referentes às suas deslocações da residência para o Clube e deste para a residência, pois que tais importâncias parecem assumir carácter compensatório por despesas efectuadas com transporte ou "ajudas de custo", pelo que sobre elas não recairiam contribuições para a segurança social.

## IMPOSTO SOBRE O PATRIMÓNIO

*IMI*

**Acórdão do STA (2.ª) de 02-12-2009, Processo n.º 0720/09**

*Aplicação valor base dos prédios edificados*
A norma do n.º 1 do artigo 39.º do CIMI, prevendo que o valor base dos prédios edificados (VC) corresponde ao custo médio da construção por metro quadrado adicionado do valor do metro quadrado de terreno de implantação fixado em 25% daquele custo, aplica-se indistintamente

aos sujeitos passivos do imposto indicados no n.ºs 1 e 2 do artigo 8.º do mesmo Código.

**IMPOSTOS SOBRE A DESPESA**

*IVA*

**Acórdão do STA (2.ª) de 01-27-2010, Processo n.º 0766/09**

*Imposto sobre Veículos*
O facto gerador de imposto sobre veículos é, entre outros, «o fabrico, montagem, admissão ou importação dos veículos», de acordo com o n.º 1 do artigo 5.º do Código do Imposto sobre Veículos. O sujeito passivo do imposto sobre veículos é o respectivo operador/vendedor, nos termos do artigo 3.º, n.º 1, do mesmo Código do Imposto sobre Veículos. Assim, o pagamento do imposto sobre veículos realizado pelo operador/vendedor do automóvel é feito em nome e a título próprio, e não em nome ou por conta do adquirente do veículo. Nas aquisições intracomunitárias de veículos automóveis (novos) o imposto sobre veículos é incluído no valor tributável em IVA, de acordo com o n.º 3 do artigo 17.º do Regime do IVA nas Transacções Intracomunitárias [RITI]. A conclusão, porém, por não se afigurar de conformidade inequívoca e clara com o Direito Comunitário, deve ser colocada como questão ao Tribunal de Justiça da União Europeia, a título de reenvio prejudicial.

**SIGILO BANCÁRIO**

**Acórdão do STA (2.ª) de 02-12-2009, Processo n.º 01116/09**

*Derrogação administrativa do sigilo bancário*
Ainda que verificados os pressupostos da derrogação administrativa do sigilo bancário prevista no artigo 63.º-B da LGT, uma vez deduzida oposição por parte do contribuinte no acesso às suas contas bancárias com fundamento em sigilo profissional (advogado), a administração tributária só poderá aceder a tal informação após autorização judicial concedida no termos do n.º 5 do artigo 61º da LGT. A oposição

*Comentários de Jurisprudência*

do contribuinte ao acesso às suas contas e informações bancárias impede, por isso, a Administração Fiscal de aceder directamente a essas contas e informações, sendo irrelevante o argumento de que não existe devassa do sigilo profissional por apenas se pretender colher elementos sobre os rendimentos do advogado enquanto contribuinte.

## BENEFÍCIOS FISCAIS

**Acórdão do STA (2.ª) de 09-12-2009, Processo n.º 0934/09**

*Os benefícios fiscais previstos no n.º 1 do artigo 20.º do DL 423/83, de 5/12*

Os benefícios fiscais previstos no n.º 1 do artigo 20.º do DL 423/83, de 5/12, não foram revogados pelo DL 485/88, de 30/12, pois o âmbito da revogação operada pelo artigo 3.º, n.º 22 deste último diploma restringe-se apenas aos benefícios fiscais atribuídos em sede de contribuição industrial e imposto complementar. Tais benefícios fiscais são de aplicação automática desde que verificadas as condições previstas nesse mesmo preceito: que a aquisição do imóvel se destine à instalação de empreendimento qualificado de utilidade turística, ainda que tal qualificação seja atribuída a título prévio, desde que esta se mantenha válida e seja observado o prazo fixado para a abertura ao público do empreendimento. Atenta a natureza dos benefícios em causa não é condição que os mesmos constem do despacho de atribuição da utilidade turística. Pagos IMT e imposto de selo, relativos a aquisição de imóvel que gozava daqueles benefícios, tem o contribuinte direito a juros indemnizatórios, ao abrigo do disposto no artigo 43.º da LGT.

## INFRACÇÕES TRIBUTÁRIAS

**Acórdão do STA (2.ª) de 16-12-2009, Processo n.º 01074/09**

*Responsabilidade subsidiária pelo pagamento de coimas*
Constituindo o objecto das reclamações, apresentadas ao abrigo do artigo 276.º do CPPT, os actos proferidos pelo órgão da execução fiscal,

não existe qualquer desarmonia ou discrepância entre o meio processual utilizado e a pretensão formulada de invalidação desses actos, pelo que não pode falar-se em erro na forma de processo. O facto de terem sido suscitadas, nessas reclamações, questões que não haviam sido colocadas ao órgão decisor, que por ele não foram apreciadas e que não constituem questões de conhecimento oficioso, leva ao não conhecimento dessas questões. É materialmente inconstitucional o artigo 8.º do RGIT quando interpretado no sentido de que consagra ou autoriza uma responsabilização subsidiária que se efectiva através do mecanismo da reversão da execução fiscal contra as pessoas nele indicadas, na medida em que a reversão implica e provoca, forçosamente, a transmissão da obrigação de cumprimento da sanção que constitui a dívida exequenda para os revertidos e tal envolve a violação do princípio constitucional da intransmissibilidade das penas e a violação dos direitos de audiência e de defesa consagrados no n.º 10 do art. 32.º da Constituição.

**Acórdão do STA (2.ª) de 16-12-2009, Processo n.º 0721/09**

*Entrega de declarações*
É admissível recurso da decisão que aplicou coima de valor inferior à alçada do tribunal de 1ª instância, quando o mesmo se torne necessário para melhoria da aplicação do direito e uniformização de jurisprudência. Pelo que é, assim, aqui aplicável, subsidiariamente, o disposto no art.º 73.º, n.º 2 do Regime Geral das Contra-Ordenações. A expressão "entregar" utilizada no art.º 61.º do CIRS há-de ser entendida na sua vertente jurídica, isto é, que o acto material da recepção não é relevante, considerando-se satisfeito o ónus real com a respectiva remessa. Não ficando provada a hora em que o contribuinte digitalizou a declaração de IRS Modelo 3, a dúvida assim suscitada quanto ao tempo dessa digitalização e de submissão à validação do sistema electrónico, há-de ser valorada no sentido mais favorável ao arguido, como corolário lógico do princípio "in dubio pro reo". Se a Administração Tributária pretende que todos os actos processuais se processem através de correio electrónico, de acordo, aliás, com o sentido da lei, é patente que tem, também, que suportar os possíveis desvios e irregularidades do sistema, que não podem, assim, ser imputados ao contribuinte.

*Comentários de Jurisprudência*

**Acórdão do STA (2.ª) de 01-20-2010, Processo n.º 0974/09**

*A condição de sujeito passivo do prestador de bens e serviços para efeitos da aplicação do art. 19.º, n.º1, al. a) CIVA*
Se é certo que à luz da alínea a) do n.º 1 do artigo 19.º do CIVA a condição de sujeito passivo do prestador de bens e serviços constitui um requisito essencial do direito à dedução, a verdade é que tal condição não se define um função de um "estatuto" que se adquira com a declaração de início de actividade nos termos do artigo 30.º, n.º 1 do CIVA e se perca como decorrência da declaração de cessação de actividade ao abrigo do sequente artigo 32.º. Antes a condição de sujeito passivo se pode definir em função de cada acto tributável e daí que o adquirente de serviços sempre tenha direito à dedução do montante do IVA mencionado na respectiva factura.

**Acórdão do STA (2.ª) de 01-20-2010, Processo n.º 01037/09**

*Indicação dos elementos para a fixação da coima*
A imposição legal de indicação dos elementos que contribuíram para a fixação da coima sob pena de nulidade da decisão, contida na 2ª parte da alínea c) do artigo 79.º do RGIT, visa dotar o arguido das informações indispensáveis à preparação da sua defesa, habilitando-o a adversar a existência e valoração dos elementos concretamente considerados com vista à contestação e diminuição do montante da coima que lhe foi aplicada. Deste modo, se a coima é fixada no limite mínimo abstractamente aplicável ou num valor muito próximo dele, de tal modo que não assuma relevo jurídico autónomo, a falta de indicação dos elementos considerados na fixação não é sancionada com nulidade, constituindo mera irregularidade nos termos dos artigos 118.º n.º 1 e 123.º do Código de Processo Penal, porquanto essa omissão não é susceptível de causar prejuízo ao arguido, pois que ele não pode ver diminuído o montante da coima aplicada. Quando a decisão que aplica uma coima única pela prática de duas infracções é omissa no que toca ao montante fixado para cada uma das infracções em concurso e no que toca às circunstâncias que, nos termos preconizados pela alínea c) do n.º 1 do artigo 79.º do RGIT, terão influído na sua determinação, bem como no que toca aos ele-

mentos que contribuíram para a fixação da coima única aplicada, inviabilizando qualquer juízo sobre a adequação dos montantes concretamente fixados e impedindo o conhecimento do limite mínimo abstractamente aplicável à coima única, não pode afirmar-se a existência de uma mera irregularidade.

### Acórdão do STA (2.ª) de 01-27-2010, Processo n.º 0905/09

*Recursos jurisdicionais em processo tributário de contra-ordenação*

O n.º 2 do art. 73.º do RGCO é subsidiariamente aplicável aos recursos jurisdicionais em processo tributário de contra-ordenação, por força do disposto na al. b) do art. 3.º do RGIT. O tipo legal da infracção prevista e punida pelas disposições conjugadas do n.º 4 do art. 17.º do DL n.º 40/93, de 18/2 e 108.º n.ºs. 1 e 4, al. a) do RGIT, preenche-se com a não apresentação do respectivo pedido de regularização da situação fiscal, na estância aduaneira competente, no prazo de quatro dias úteis após a entrada do veículo no território nacional. Se a decisão recorrida enfermar de insuficiência factual em ordem à decisão de direito, impõe-se ordenar a ampliação da matéria de facto.

ANA LEAL
NUNO OLIVEIRA GARCIA

# SÍNTESE DOS PRINCIPAIS ACÓRDÃOS DO TRIBUNAL DE CONTAS (DE JANEIRO A MARÇO DE 2010)

1ª SECÇÃO (FISCALIZAÇÃO PRÉVIA)

**Acórdão n.º 170/09 – 4 DEZ. 09 /1.ª S/SS – Processo n.º 1359/09 Hospital E.P.E. Concurso de concepção. Nulidade do procedimento. Recusa de visto**

1. Quando a entidade adjudicante pretende, como no caso *sub judice*, adquirir um plano organizacional e de faseamento de obras e, em momento posterior, a execução desse plano com a elaboração de um ou vários dos projectos nele compreendidos, o procedimento adjudicatório tem que ser apreciado como um todo indissociável;

2. Como dispõe o n.º 2 do art. 219.º do Código dos Contratos Públicos (CCP), quando a entidade adjudicante pretenda adquirir, por ajuste directo, ao abrigo do al. g) do n.º 1 do art. 27.º, planos ou projectos que consistam na concretização dos trabalhos de concepção, deve previamente abrir um concurso de concepção;

3. Nesta conformidade, não podia a entidade adjudicante escolher o procedimento de ajuste directo, estando obrigada a abrir um concurso público de concepção, como determinam os arts. 219.º, n.º 2, e 220.º, n.º 1, ambos do CCP;

4. Não é, pois, possível adoptar um procedimento por ajuste directo com base no disposto no art. 24.º, n.º 1, al. c), do CCP, ou seja, fundamentado na protecção de direitos exclusivos, pois que, sem pôr em causa os direitos de autor que a empresa adjudicatária eventualmente reivindique, a questão coloca-se no procedimento que deveria ter sido observado;

5. A falta de concurso público, quando legalmente exigido, torna nulo todo o procedimento, por preterição de uma formalidade essencial, nulidade que se transmite ao contrato celebrado, constituindo, pois, fun-

damento de recusa de visto, nos termos do art. 44.º, n.º 3, al. c), da Lei n.º 98/97, de 26 de Agosto.

**Acórdão n.º 171/09 – 4 DEZ. 09 /1.ª S/SS – Processo n.º 1615/09
Protocolo de articulação entre Centrais de Compras. Procedimento administrativo. Recusa de visto.**

1. As entidades adjudicantes podem constituir centrais de compras para centralizar a contratação de empreitadas de obras públicas, de locação e de aquisição de bens móveis e de serviços (artigo 260.º, n.º 1 do CCP e Decreto-Lei n.º 200/2008);

2. O Protocolo submetido a fiscalização prévia cria o Sistema Comum de Compras para o Serviço Nacional de Saúde, agregando as duas centrais de compras criadas pelo art. 10.º do Decreto-Lei n.º 200/2008: a Administração Central do Sistema de Saúde, IP, e o Somos Compras, ACE;

3. Ao abrigo de uma habilitação legal que apenas previa a celebração de protocolo para articular as actividades da ACSS e do Somos Compras, pretende criar-se uma nova central de compras, extravasando o âmbito do disposto no n.º 3 do art. 10.º do Decreto-Lei n.º 200/2008;

4. O Protocolo em apreço é ilegal por criar uma nova central de compras sem fundamento legal e sem a observância das formalidades essenciais para o efeito. Por outro lado, não há fundamento legal para a obrigatoriedade de recurso por todos os Serviços e Estabelecimento do SNS ao Sistema Comum de Compras (SCC), uma vez que extravasa o n.º 2 do art. 10.º do Decreto-Lei n.º 200/2008 e viola o regime das entidades públicas empresariais contido no Decreto-Lei n.º 558/99, de 17 de Dezembro;

5. Estas ilegalidades traduzem-se na ausência de elementos essenciais e consubstanciam ainda a prática de actos que não se inserem nas atribuições das entidades subscritoras do Protocolo;

6. Assim, nos termos do art. 44.º, n.º 3, als. a) e b), da Lei n.º 98/97, é recusado o visto ao Protocolo em apreço.

Comentários de Jurisprudência

**Acórdão n.º 41/10 – 15.DEZ.-1ª S/PL – Recurso ordinário n.º 16/09**
**Permuta de bens presentes por bens futuros. Finalidade da permuta. Empreitada de obras públicas. Recusa de visto. Publicação do acórdão recorrido no Diário da República**

1. A minuta da escritura do contrato submetido a fiscalização prévia consubstancia-se, no essencial, na obrigação de o Município transmitir, no imediato, à sociedade adjudicatária determinadas parcelas de terreno, sua propriedade, tendo a sociedade adjudicatária como contrapartida dessa transmissão a obrigação, entre o mais, de construir nessas parcelas, determinados imóveis/equipamentos, voltando a propriedade dessas parcelas, após a conclusão das obras, a ser transferida para o Município, sem qualquer custo adicional;

2. A sociedade adjudicatária, por sua vez, será "remunerada" através da alienação a terceiros dos imóveis construídos em duas dessas parcelas, destinadas à habitação;

3. Este contrato visa, no essencial, assegurar a realização de obras municipais, para as quais a Câmara não dispõe de meios financeiros, estando, por isso, afecto a fins de interesse público;

4. Estamos, assim, perante um contrato que, formalmente, podemos denominar como um contrato de permuta de bens presentes – as parcelas de terreno – por bens futuros – a construção de determinados imóveis/equipamentos nas parcelas cedidas – seguida de uma retransmissão dessas parcelas com as respectivas construções, sem qualquer custo adicional para a entidade adjudicante, sendo a entidade adjudicatária "remunerada" através da alienação a terceiros dos imóveis construídos em duas parcelas de terreno, destinadas a habitação e comércio;

5. A permuta e posterior retransmissão das parcelas cedidas (com as respectivas construções) constituem apenas o modo/meio pelo qual o Município pretende efectivar a empreitada e para a qual não dispõe de meios financeiros;

6. Daí que ao contrato em análise lhe seja aplicável o procedimento pré-contratual do regime das empreitadas de obras públicas;

7. Assim, atendendo ao valor do contrato, as obras em causa deveriam ter sido precedidas da realização de concurso público, com publicitação no JOUE, o que não ocorreu no presente caso.

8. Estamos, por isso, perante um dos fundamentos de recusa do visto ao contrato: o do art. 44.º, n.º 3, alínea a), da Lei n.º 98/97, de 26/08.

9. Está fundamentada a ordem de publicação do Acórdão recorrido, ínsita neste, quando aí se faz referência à norma legal aplicável; in casu, o art. 9.º, n.º 2, alínea f), da Lei 98/97, na redacção da Lei n.º 48/2006, de 29 de Agosto.

**Acórdão n.º 1/10 – 19. JAN.10/1ª S/SS – Processos n.ºs 2094/09, 2095/09 e 2133/09**
**Produção de efeitos antes do visto. Inutilidade da fiscalização prévia. Infracção financeira**

1. Nos termos do artigo 45.º, n.º 1, da Lei n.º 98/97, de 26 de Agosto, é possível a produção de efeitos do contrato antes do visto, excepto quanto aos pagamentos a que derem causa;

2. No caso vertente, verifica-se que ocorreram pagamentos antes da remessa do processo a fiscalização prévia;

3. A violação de normas sobre o pagamento de despesas públicas é geradora de responsabilidade financeira sancionatória, nos termos do artigo 65.º, n.º 1, al. b) do mesmo diploma legal;

4. Nestes termos, acorda-se não apreciar os presentes contratos, por inutilidade, e ordenar o prosseguimento do processo no sentido do eventual sancionamento das infracções previstas e puníveis pelas disposições conjugadas dos artigos 45.º, n.º 1 e 65.º, n.º 1, al. b) da Lei n.º 98/97.


3.ª SECÇÃO (JULGAMENTO DE RESPONSABILIDADES FINANCEIRAS)

**Acórdão n.º 4/09. 26 OUT – 3.ª Secção – PL – Recurso Ordinário n.º 04-JRF/09**
**Responsabilidade financeira sancionatória. "Trabalhos a mais"**

1. Adquirida a ilicitude do ajuste directo, a respectiva responsabilidade financeira recai sobre o agente ou agentes da acção – arts. 61.º, n.º 1, 62.º, n.º 2 e 67.º, n.º 3, da Lei n.º 98/97. A abstenção não tem o efeito

desresponsabilizador das deliberações tomadas nos órgãos dos municípios e freguesias;

2. O argumento de que os demandados decidiram de acordo com as informações e pareceres dos serviços não releva. Na verdade e como é jurisprudência uniforme do Plenário da 3.ª Secção, quem repousa na passividade ou nas informações dos técnicos para se justificar de decisões ilegais esquece que a boa gestão dos dinheiros públicos não se compatibiliza com argumentários de impreparação técnica para o exercício de tais funções;

3. A impreparação dos responsáveis pela gestão e administração pública não pode nem deve ser argumento excludente da responsabilidade das suas decisões (cfr. também Ac. n.º 3/07, de 27-06, e Ac. n.º 02/08, de 13-03);

4. A falta de consciência da ilicitude é, assim, injustificada e censurável, tendo os demandados, no caso concreto, agido com culpa.

**Acórdão n.º 1/10. 21 JAN – 3.ª Secção – PL – Recurso Ordinário n.º 09-JRF/09**
**Responsabilidade financeira sancionatória. Deliberação relativa a "trabalhos a mais"**

1. É erróneo o entendimento de que sejam trabalhos imprevistos todos aqueles que não foram inicialmente previstos. Só perante circunstâncias inesperadas, inopinadas que um decisor público não pudesse nem devesse ter previsto, os trabalhos daí resultantes são susceptíveis de integrarem o conceito legal de "trabalhos a mais" em sede de empreitada de obra pública;

2. A factualidade em causa não deixou de ser financeiramente sancionável com a entrada em vigor do CCP.

3. Os ora recorrentes são autarcas experientes, sendo, por isso, irrelevantes e despiciendas as considerações apresentadas quanto a não possuírem formação jurídica e a de terem confiado nas informações técnicas e pareceres dos Serviços Municipais;

4. Como é jurisprudência uniforme do Plenário da 3ª Secção, quem repousa na passividade ou nas informações dos Técnicos para se justificar de decisões ilegais esquece que a boa gestão dos dinheiros públicos

não se compatibiliza com argumentários de impreparação técnica para o exercício de tais funções.

5. Nenhuma modificação da medida da pena se justifica analisar ou decidir.

ALEXANDRA PESSANHA
NUNO CUNHA RODRIGUES

# RECENSÕES

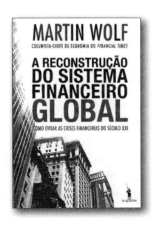

**A Reconstrução do Sistema Financeiro Global –
Como evitar as crises financeiras do século XXI**

MARTIN WOLF

Publicações D. Quixote, 2009
Tradução de *Fixing Global Finance*, 2009

1. Martin Wolf é, desde 1996, colunista-chefe de economia do prestigiado jornal *Financial Times*. Todos os que se interessam pelas matérias económicas e financeiras conhecem a lucidez e a profundidade dos seus artigos no referido jornal, muitas vezes os primeiros a ser procurados na tão prestigiada publicação. Mas Martin Wolf é muito mais do que um eminente jornalista financeiro, mesmo que, para citar as palavras de Lawrence H. Summers, o qualifiquemos como "um dos mais conceituados do mundo".

Licenciado pela Universidade de Oxford, Martin Wolf foi, nos anos 70 do século XX, economista de topo no Banco Mundial e trabalhou no Quénia, na Zâmbia e na Índia. Publicou artigos nas revistas *Foreign Affairs* e *Foreign Policy*. Ganhou inúmeros prémios pelo seu trabalho de jornalismo e foi distinguido, em 2000, como *Commander of the British Empire* por serviços prestados no jornalismo financeiro. É também professor convidado da *Nuffield College*, em Oxford, e *special professor* na Universidade de Nottingham.

Escreveu sobre os mais diversos temas e tem vários livros publicados, importando a esse respeito destacar a obra *Por que Funciona a Globalização – Em Defesa de uma Economia Global de Mercado*, publicada em Portugal, em 2008, também pelas Publicações D. Quixote, a qual por toda a parte alcançou generalizado e merecido reconhecimento.

2. Em a "Reconstrução do Sistema Financeiro Global – Como evitar as crises financeiras do século XXI", Martin Wolf disseca de modo notável os desequilíbrios e os problemas que nas últimas décadas se foram acumulando na economia mundial. Nesse sentido, embora seja um instrumento precioso para a sua compreensão, não é estritamente uma obra sobre a crise financeira em curso.

Com efeito, o propósito do Autor é mais ambicioso, pois analisa as causas e as saídas das sucessivas crises financeiras que, desde 1980, têm abalado diversos países e regiões do mundo. Começando por afirmar que "a finança é o cérebro da economia de mercado" (trata-se, aliás, da primeira frase da obra), Martin Wolf reconhece que a história das crises financeiras globais desde 1980 "tem sido a de crises financeiras de custos assustadores – onerosas não apenas em termos de custos para o contribuinte ou quanto aos maus resultados alcançados, como também devido ao seu efeito devastador sobre vidas inocentes" (cf. p. 19).

Tais desastres – prossegue o Autor – tornaram a finança global no maior dos desafios económicos para os defensores da integração da economia mundial. De facto, reconhece que "se a finança global pouco mais fizer do que causar catástrofes à sua passagem, torna-se quase impossível defender a existência (quanto mais o aumento) dos níveis de integração financeira" (cf. *idem*).

Martin Wolf assinala que economistas tão prestigiados como Joseph Stiglitz e Jagdish Bhagwati, embora distantes em muitas coisas, condenam a integração financeira, tornado claro que a maioria dos economistas converge quanto aos benefícios do mercado livre mas que o mesmo já não se verifica no que respeita à liberalização da finança.

Martin Wolf demarca-se desse pessimismo (embora prestando homenagem ao famoso artigo do economista Carlos Díaz-Alexandro, "Good-Bye Financial Repression – Hello Financial Crises", publicado em 1985, e que, nas suas próprias palavras, se revelou premonitório), mas reconhece que a exploração das vantagens dos mercados financeiros liberalizados em simultâneo com a minimização dos riscos "é um tremendo desafio" (cf. p. 20).

Retomando um tema que já nos anos 80 o famoso economista Robert Triffin pusera em evidência, Martin Wolf assinala que o grande afluxo de capitais dos países pobres para os países mais ricos "acarreta efeitos perversos" (cf. p. 23).

Depois de um primeiro capítulo sobre as "Lições a Aprender", Martin Wolf dedica o segundo capítulo a descrever e a analisar as "Bênçãos e Riscos da Finança Liberal". À pergunta sobre se o impacto da globalização na finança é benéfico ou perigoso, Martin Wolf responde: "ambas as coisas". A globalização financeira pode contribuir para o desenvolvimento económico de um país; mas caso as instituições não tenham atingido um certo nível, ela é capaz de gerar crises, nocivas para o desenvolvimento económico. (cf. p. 49). Não espanta por isso que, mais à frente, Martin Wolf afirme que "a explicação mais plausível para a frequência das crises nos anos 80 e 90 foi o número de países com políticas e instituições frágeis que optaram pela globalização financeira – ou, pior, foram aliciados ou mesmo forçados a entrar nela" (cf. p. 52).

A este respeito, cumprirá sublinhar que muito embora haja alguma verdade, em certos casos nessa explicação, trata-se de uma perspectiva algo redutora e que muitos outros autores contestam.

No capítulo 3, intitulado "Crises Financeiras na Era da Globalização", Martin Wolf analisa os mecanismos de várias crises e põe em evidência os seus enormes custos, designadamente no plano fiscal. Socorrendo-se de números publicados pelo Banco Mundial, Martin Wolf assinala que entre os finais dos anos 70 e o fim do século XX, houve 112 crises sistémicas da banca, em 93 países, enquanto entre 1945 e 1971 houve apenas 38 crises no total, com 7 crises gémeas graves (cf. pp. 58-59).

Sob a designação "Das crises aos desequilíbrios", o capítulo 4 é o mais longo da obra. Nele Martin Wolf propõe-se explicar os mecanismos que conduziram a que os EUA, o mais importante mercado mundial e o emissor da moeda mais significativa do mundo, se tenham tornado "no superpoder dos pedidos de empréstimo a nível internacional – mutuário e gastador de último recurso". Situação que qualifica como sem precedentes: nunca antes a economia mais avançada do mundo fora também um enorme destinatário de capital. O facto de assim ser demonstra até que ponto a realidade do balanço de capital divergiu daquilo que seria de esperar. O capital flui ao contrário: dos pobres do mundo para o país mais rico de todos (cf. pp. 89-90).

De facto, dos anos 20 até aos anos 70 do século XX, os EUA eram uma nação credora e tinham excedentes nas contas-correntes. No princípio da década de 80, a conta-corrente passou a deficitária numa quantia que parecia enorme, mas que agora aparece como bastante modesta.

Martin Wolf explica os factores que geraram essa mudança radical na economia global e, em particular, o que levou à superabundância de poupanças nas economias emergentes, com particular destaque para o caso da China, salientando que este país tem 800 milhões de pobres mas que, apesar disso, consome agora menos de metade do PIB, exportando capital para o resto do mundo (cf. p. 101).

Para Martin Wolf pode concluir-se, com segurança, que não vivemos numa era de taxas de câmbios flutuantes. Na sua maioria, as economias de mercado emergentes não confiam nos méritos das taxas determinadas pelo mercado por razões perfeitamente compreensíveis, dada a experiência de "paragem súbita" de capitais nos anos 80 e 90. E mesmo entre os países ricos nem todos as aceitam, pelo que "estamos claramente numa era de taxas de câmbio muito controladas, com grandes esforços a serem feitos para que as economias de mercado emergentes as mantenham baixas". A conclusão a que muitos desses países chegaram não foi a de que tinha sido um erro controlar a moeda. Bem pelo contrário, o erro fora antes permitir que a taxa de câmbio valorizasse, sob a pressão das entradas de fluxos de capitais vindos do estrangeiro, a um nível que se veio a provar ser insustentável, por claramente não competitivo. Decidiram-se assim por taxas de câmbio altamente competitivas, que se esperava que gerassem contas-correntes fortes (como de facto aconteceu), de modo a que o excedente comercial ajudasse a sustentar altos níveis de actividade interna (cf. p. 126).

No capítulo 5, "A Calmaria Antes da Tempestade", Martin Wolf debate de forma detalhada, apresentando e criticando os diversos pontos de vista sobre o assunto, o argumento da insustentabilidade do défice americano da balança de transacções correntes e o argumento da sua sustentabilidade, ambos na perspectiva dos EUA e na perspectiva dos credores.

No capítulo 6, "Para o Ajustamento e a Reforma Doméstica", Martin Wolf expõe os seus pontos de vista para ultrapassar os enormes desequilíbrios em que a economia mundial contemporânea está mergulhada. Como primeira ideia, sublinha que para que o resto do mundo avance sem o motor da procura norte-americana, os países emergentes têm de alcançar eles próprios um crescimento mais equilibrado. No mínimo, a sua procura conjunta tem de crescer tão depressa quanto o potencial produtivo. As economias emergentes de peso crescente terão de assumir as responsabilidades que lhe cabem na actual economia mundial.

Uma mudança do fluxo de capital parece ser uma auto-evidência desejável, pois faz inequivocamente mais sentido que o capital flua dos países ricos com sociedades envelhecidas para os países mais pobres, com boas oportunidades de investimento, do que para os consumidores do país mais rico do mundo (cf. p. 195).

Como catálogo das reformas a empreender nas economias de mercado emergente, Martin Wolf aponta:

- O reconhecimento dos limites de um crescimento estimulado pelas exportações, em particular no caso da China;
- A reforma do sistema financeiro;
- Reformas nas políticas macroeconómicas, incluindo regimes de taxas de câmbio, medidas monetárias e de política fiscal.

No capítulo 7, intitulado "Para a Reforma Global", Martin Wolf centra-se nas mudanças que devem ser levadas a cabo no plano internacional: (i) o futuro de um sistema monetário global, (ii) a reforma da finança global, (iii) a reforma das instituições financeiras internacionais, com especial destaque para o Fundo Monetário Internacional, e (iv) a reforma dos grupos informais como o G-7 e o G-20.

Tudo isto é proposto com o propósito de criar uma economia mundial mais equilibrada e com menos crises financeiras. No que toca ao FMI note-se a observação, citada de Mervyn King, Governador do Banco de Inglaterra, de que a organização necessita, primeiro que tudo, de um director executivo legitimado, que seja escolhido por todos os membros e não num escritório secreto, pelos europeus, que têm um acordo de longa data com os EUA que lhes permite designar a chefia do FMI, enquanto estes últimos designam a chefia do Banco Mundial. E de que é necessário um aumento do poder na organização dos países emergentes (a título de exemplo, refere-se que a Bélgica tem uma quota de votação superior à da Índia) (cf. pp. 237-238). Relativamente aos grupos informais, Martin Wolf alvitra a hipótese da constituição de um G-15, constituído pela Alemanha, Arábia Saudita, Brasil, Canadá, China, Coreia do Sul, EUA, França Índia, Indonésia, Itália, Japão, Reino Unido, Rússia e União Europeia.

A obra termina com um capítulo de apenas 4 páginas, intitulado "Para um Mundo Mais Estável". Nele se condensam algumas das conclusões implícitas ao longo do livro.

Como primeira nota, gostaríamos de salientar a ideia – que também nós já defendemos - de que a crise do *subprime* não deveria ter sido uma surpresa, pois, pelo contrário, foi aquilo que a experiência das três últimas décadas levaria a esperar. Outra ideia fundamental é a de que, "com rédea livre, até o sistema financeiro mais sofisticado é capaz de desmandos". As crises parecem inevitáveis pelo que o objectivo só pode ser o da redução da sua gravidade e frequência (cf. p. 246).

Para Martin Wolf "parte da solução é limitar a escala dos desequilíbrios macroeconómicos, uma vez que eles muitas vezes exacerbam a fragilidade financeira. A outra parte é fazer funcionar o sistema financeiro por forma a reduzir a fragilidade sempre que surjam correcções macroeconómicas".

Por seu turno, acrescenta o Autor, os países com grandes excedentes têm de perguntar a si próprios se não poderiam fazer melhor uso desses recursos em casa. A China certamente que podia e devia, pois o seu excedente das contas-correntes, enorme e em rápido crescimento, é uma força massivamente destabilizadora da economia mundial. Quanto ao défice dos EUA, opina que deve diminuir mas não pode desaparecer.

A finalizar, Martin Wolf (cf. p. 248) afirma que o desempenho do sistema financeiro tem sido o calcanhar-de-Aquiles da era da globalização, frase com a qual não podíamos estar mais de acordo.

3. Em suma, consideramos que a obra em questão, pelo manancial de informação que nos traz e pela riqueza da análise que efectua, é de leitura indispensável para compreender alguns dos problemas fundamentais da economia contemporânea, e em especial a génese, a natureza e os custos das crises financeiras da era da globalização, bem como as saídas que, na óptica do Autor, são possíveis, sempre numa visão não dogmática, que permanentemente dialoga com visões e perspectivas diferentes.

**Luís Máximo dos Santos**

**Curso de Direito Tributário**

JÓNATAS E. M. MACHADO
PAULO NOGUEIRA DA COSTA

Almedina, 2009

Jónatas Eduardo Mendes Machado é Professor na Faculdade de Direito da Universidade de Coimbra, que em 2001 obteve o grau de Doutor, com uma tese intitulada *Liberdade de Expressão* e actualmente lecciona Direito Constitucional, Direito Internacional Público e Europeu e Direito Administrativo e Fiscal. Por seu lado, Paulo Nogueira da Costa é Mestre e docente do Instituto Superior de Contabilidade e Administração de Lisboa. Juntos, estes docentes resolveram trazer à estampa mais um manual na área do direito tributário.

A obra está dividida em dez capítulos e segue a estrutura usual de um manual de direito tributário, iniciando com a parte material e terminando com a parte processual. O capítulo I e II dedicam-se ao Direito Tributário e à Constituição Fiscal, sendo que o capítulo III ao Direito Internacional Tributário. Já os capítulos IV e V dedicam-se à relação jurídica tributária e à interpretação, enquanto os capítulos VI e VII dedicam-se aos impostos portugueses e aos benefícios fiscais. Finalmente os capítulos IX e X ao procedimento e ao processo tributário.

Fora desta estrutura, mas seguindo um pouco a mais recente bibliografia sobre o tema, este manual dedica o capítulo VIII, ainda que de forma breve, à minimização dos encargos fiscais.

Pela leitura descritiva e extensa dedicada aos impostos portugueses, diríamos que se trata fundamentalmente de um manual de largo espectro, dirigido a juristas e não juristas.

No campo da minimização dos encargos tributários, que é a novidade do manual, interessa assinalar duas visões que poderiam ser mais exploradas: a do Estado e a do contribuinte.

De facto, na perspectiva do Estado, os últimos governos constitucionais elegeram, entre outros objectivos primordiais, o reforço da eficácia do combate à fraude e evasão fiscais.

A importância socioeconómica do combate à fraude e evasão fiscais manifesta-se pela afirmação clara do empenho demonstrado por parte da acção governativa nos últimos anos nesta sede, como também, pela crescente consciencialização dos cidadãos em geral acerca dos malefícios que advêm da distorção da concorrência, da lesão da equidade e justiça fiscais e, em última análise, da própria delapidação dos recursos públicos, obviando a afectação desses mesmos recursos para a criação de riqueza e de emprego. É de salientar, por imperativo legal emanado das várias Leis do Orçamento do Estado a partir de 2006, procedeu-se sempre à elaboração do presente relatório sobre a evolução do combate à fraude e evasão fiscais. Seria interessante, desta feita, que o manual em causa reflectisse esta experiência.

Por outro lado, e na vertente do contribuinte, seria igualmente importante que o manual reflectisse a mais recente experiência resultante da aplicação do Decreto-Lei n.º 29/2008, de 25 de Fevereiro, referente aos deveres de comunicação, informação e esclarecimento, em ordem ao combate ao planeamento fiscal abusivo. Com este diploma, institui-se um instrumento para controlar e contrariar as operações de planeamento fiscal abusivo, com vista a melhorar a luta contra formas de evasão fiscal cada vez mais sofisticadas, mediante o desenvolvimento de procedimentos que habilitem a Administração Fiscal com os conhecimentos necessários para enfrentar com sucesso esquemas e actuações de planeamento fiscal que representem práticas inaceitáveis de minimização dos encargos fiscais. O processo de apuramento do carácter abusivo tem, contudo três filtros importantes, aliás determinados por decisão administrativa interna: (1) apurar se o esquema diz respeito a imposto sobre o rendimento, sobre a despesa ou sobre o património; (2) determinar se o esquema pressupõe a obtenção de uma vantagem fiscal, sendo que a vantagem fiscal deve constituir a finalidade, exclusiva ou predominante, do mesmo esquema; (3) o esquema reconduz-se a uma situação tipificada, como seja a participação de entidade sujeita a um regime fiscal privilegiado ou envolva a utilização de prejuízos fiscais ou operações financeiras ou sobre seguros susceptíveis de determinar a requalificação do rendimento ou a alteração do beneficiário, ou até mesmo quando o esquema seja proposto com cláusula de exclusão ou limitação da responsabilidade. De facto, conseguimos antever, com segurança, que a minimização dos encargos fiscais terá lugar de relevo nos manuais futuros e este não escapa à regra.

**Guilherme Waldemar d'Oliveira Martins**

**Direito Penal Tributário - Sobre as Responsabilidades das Sociedades e dos seus Administradores Conexas com o Crime Tributário**

GERMANO MARQUES DA SILVA

Universidade Católica, 2009

O Professor Doutor Germano Marques da Silva concentra, nesta obra, o RELATÓRIO e a LIÇÃO DE SÍNTESE correspondentes às provas de agregação apresentadas na Faculdade de Direito da Universidade Católica Portuguesa.

O autor é, seguramente, um dos precursores do estudo académico do Direito Penal Tributário, constituindo a presente obra um registo cabal da profundidade do seu pensamento e reflexões sobre esta temática, num estilo muito marcado pela importância que o autor concede à Pedagogia no ensino do Direito.

Na parte respeitante ao RELATÓRIO, o autor começa por enunciar (Título I - PROGRAMA) as motivações pessoais, bem como as justificações pedagógicas para a defesa da autonomia curricular da disciplina. A clara necessidade de sistematização no estudo destas matérias, a dispersão doutrinária e as exigências de um tratamento unificado em face da proposta feita pela própria lei – que hoje congrega num único diploma os crimes fiscais, os crimes aduaneiros e os crimes contra a segurança social – são as razões apontadas pelo autor para a apologia da emancipação do Direito Penal Tributário.

No Título II (CONTEÚDOS) vem apresentada a estrutura proposta pelo autor para a cadeira, onde se destaca uma estrutura clássica, sobressaindo uma parte de *Introdução*, e as tradicionais *Parte Geral* e *Parte Especial*.

Quanto à *Introdução*, destaca-se o levantamento da legislação avulsa actualmente existente, bem como o enquadramento histórico que rodeou a elaboração do Regime Geral das Infracções Tributárias (RGIT), de cujo Anteprojecto o autor foi responsável; igualmente se destaca uma excursão sobre a influência da Constituição Tributária no actual regime penal dos tributos, em especial com o tratamento de alguns tópicos como o da (falsa) existência de prisão por dívidas ou a existência de fundamento legitimador para os crimes tributários.

Na *Parte Geral*, é feita a distinção entre as matérias referentes à Lei Penal Tributária, as referentes à Responsabilidade Penal Tributária e as de índole processual.

Sobre a Lei Penal (Capítulo I), vêm convenientemente tratadas matérias como o concurso de crimes, o crime continuado e as soluções particulares adoptada em sede Penal Tributária (Sub-Capítulo 6) ou a formulação e estrutura dos próprios tipos tributários penais e as especialidades que rodeiam a sua aplicação, chamando à colação matérias gerais do Direito Penal, como sejam as Causas de Justificação e de Exclusão da Culpa ou a temática do Erro (Sub-Capítulo 7); também o estudo do bem jurídico tutelado pelas leis penais tributárias (Sub-Capítulo 8), assim como questões de territorialidade e aplicação da lei no Tempo (Sub-Capítulo 9) e a categorização de crimes tributários (Sub-Capítulo 10) merecem um enquadramento adequado na *Parte Geral*.

No Capítulo II (Responsabilidade Penal Tributária) da *Parte Geral*, o autor faz uma notável excursão sobre as características da Responsabilidade no Direito Penal Tributário, sobressaindo em especial os aspectos em que a dogmática penal geral mais singularidades apresenta face à matéria objecto da obra. Assim, além da aplicação dos institutos gerais do Direito Penal ao mundo do crime tributário – análise muito útil perante crimes tão especiais, onde a transposição de raciocínios é especialmente difícil – destaca-se, ainda, o tratamento cuidado de matérias muito específicas como a responsabilidade civil emergente do crime e a sua distinção face à responsabilidade fiscal (Sub-Capítulo 12), as particularidades no regime da aplicação da pena, v.g. a dispensa, atenuação especial e suspensão da pena (Sub-Capítulo 13), as condicionantes quanto à determinação da pena em concreto (Sub-Capítulo 14) e as regras sobre extinção da responsabilidade (Sub-Capítulo 15).

Na matéria reservada às Questões Processuais (Capítulo III) da *Parte Geral*, é notável destacar o conjunto de questões eminentemente práticas tratadas pelo autor, assim como o nível de análise conseguido, numa área que se destaca, pese embora os esforços do RGIT em sentido contrário, pelas suas ainda consideráveis especialidades. Permitimo-nos destacar os intervenientes processuais, os prazos e o regime das vicissitudes do inquérito, assim como as relações (importantíssimas) entre o processo penal tributário e o procedimento tributário ou entre aquele e o processo tributário (Sub-Capítulo 16). Ao princípio da não auto-incriminação em sede penal fiscal é reservado um tratamento autónomo (Sub-Capítulo 17).

Num registo já distinto, a *Parte Especial* do Título II (Conteúdos) assenta numa análise mais sintética, onde se enunciam os problemas interpretativos mais frequentemente levantados a propósito de cada tipo penal em concreto, seguindo-se a estrutura sugerida pelo próprio RGIT – Crimes Tributários Comuns (Capítulo I), Crimes Tributários Aduaneiros (Capítulo II), Crimes Fiscais (Capítulo III) e Crimes contra a Segurança Social (Capítulo IV). Mereceu, ainda, tratamento autónomo o crime de branqueamento de capitais (capítulo V).

O objectivo do autor é, manifestamente, o de fornecer as coordenadas a partir das quais os alunos poderão investigar, individualmente ou em grupo, cada crime em concreto.

No Título III (Métodos de Estudo e Avaliação), o autor trata estas matérias, essenciais numa obra com preocupações pedagógicas, cabendo o destaque para a relevância concedida aos trabalhos em grupo enquanto elemento de avaliação.

A tudo isto, o Relatório soma uma bibliografia repartida por Capítulos e que se revela especialmente útil ao intérprete que queira aprofundar ainda mais os seus conhecimentos jurídico-penais e que complementa a análise, já de si extensa, feita pelo autor.

Na parte respeitante à Lição de Síntese, o autor estuda separadamente e com especial profundidade o tema da "Responsabilidades das Sociedades e dos seus Administradores conexas com o Crime tributário". Adoptando uma tripartição para as modalidades de responsabilidade (criminal, fiscal e civil) associadas com o crime tributário, o autor aprofunda cada uma destas modalidades, descrevendo os respectivos regimes e densificando consideravelmente as características de cada uma, assim como os pontos de conexão que, frequentemente, elas apresentam entre si.

Nesta sede, julgamos que a grande virtude da Lição está precisamente em distinguir e tratar separadamente aquilo que, por uma questão de facilitismo, não é, por vezes, devidamente apartado. Desta opção do autor, fica a ganhar o leitor em termos de rigor no tratamento de uma matéria que é reconhecidamente complexa.

Em jeito conclusivo, a presente obra não só abre o caminho à consolidação do estudo do Direito Penal Tributário nos *Curricula* das Escolas de Direito Nacionais, como fornece um utilíssimo elemento de estudo quer para os alunos, quer para os práticos de uma matéria que vai merecendo a crescente atenção do Ministério Público, da Administração Fiscal e dos Tribunais, em resposta à ideia difundida durante anos em certos meios (e que o autor logo contesta na página 12), de que "*a avaliação dos gestores se media pelos lucros apresentados aos sócios em cada exercício, importando pouco a legalidade e a ética dos meios para alcançar os resultados*".

**Gustavo Lopes Courinha**

**Crise et rénovation de la finance**

MICHEL AGLIETTA E SANDRA RIGOT

Odile Jacob, 2009

> *"I believe that banking institutions are more dangerous to our liberties than standing armies."*
>
> Thomas Jefferson *apud* Michel Aglietta e Sandra Rigor,
> Crise et rénovation de la finance, Odile Jacob, 2009

Sugerimos, neste número, a leitura do livro de Michel Aglietta e Sandra Rigot "Crise et rénovation de la finance", publicado em Março de 2009 e, ao que sabemos, ainda não traduzido em Português.

O livro sequencia um estudo realizado pelos autores, em 2007, sobre estratégias de investimento a longo prazo que deu origem a um relatório intitulado *Investidores a longo prazo e governance* ("Investisseurs à long terme et gouvernance").

Entretanto, o volume acrescenta muito a este estudo, analisando, com rigor histórico, a recente crise económica e constituindo, simultaneamente, uma reflexão sobre os caminhos a seguir num cenário pós-crise.

O livro divide-se em quatro capítulos: o primeiro, em que se investiga a crise dos mercados de crédito e a crise da organização financeira; o segundo trata da crise da regulação e do regresso do Estado e da necessária cooperação internacional; no terceiro capítulo, procura-se responder à questão de saber quem são os investidores a longo prazo; no quarto e último capítulo, ensaia-se uma noção para os comportamentos estratégicos dos investidores a longo prazo, tendo em vista uma conclusão geral onde se reflecte sobre as dificuldades a enfrentar no cenário pós-crise e sobre os modelos de financiamento do crescimento mundial.

Os primeiros dois capítulos são verdadeiramente interessantes, porquanto, ao fazerem a análise da recente crise económica, conjugam uma visão, na medida do possível, distanciada com uma explicação técnico-científica exaustiva.

Como sustentam os autores, depois de Keynes, torna-se necessário encontrar formas de tornar o capitalismo viável, apesar da instabilidade financeira A regulação macroeconómica pelos poderes públicos (p. 13) aparece como mecanismo (contra-poder) mais vulgarizado para o fazer.

Segundo os autores, para se tentar dar resposta à questão fundamental de longo prazo, no quadro da globalização financeira, devem ser retomados os termos do problema, sem reter as soluções do *New Deal* relativas à segmentação das finanças nos Estados Unidos ou da estatização na Europa (p. 14).

Os autores identificam algumas das causas da crise (p. 31) colocando no epicentro a circunstância de os bancos, em vez avaliarem de forma correcta o risco, terem colocado em marcha técnicas de titularização de créditos para se desembaraçarem. Terão sido estas técnicas de titularização sistemáticas, aplicadas aos créditos imobiliários, que conduziram à maior crise financeira do pós-guerra.

O conhecido o problema das agências de notação é assinalado (p. 41). Como aí é descrito, nas agências de notação, os conflitos de interesses são amplificados ao extremo, pois funcionam simultaneamente como juízes e partes na notação do crédito estruturado de que foram, também elas, parte (e não solução) do problema.

A questão é retomada quando se assinala o monopólio das agências de notação a propósito das exigências de disciplina de mercado e da necessidade de se lhes impor um caderno de encargos (pp. 144 e seguintes).[1]

---

[1] Trata-se, aliás, de uma questão central na actual crise financeira devendo assinalar-se a existência de propostas recentes da Comissão Europeia de regulamentação das agências de *rating*.

A origem norte-americana da crise financeira, nomeadamente com a falência do Fannie Mae e do Freddie Mac (p. 69) e o efeito de arrastamento dessa crise à Europa (p. 85) são também trabalhados na obra.

O impacto que a crise financeira provocou na banca europeia e a análise casuística das situações mais graves - como sucedeu nos casos dos bancos Fortis; Dexia; Bradford & Bingley e Hypo Real Estate – é igualmente tratado (p. 89) e, mais em detalhe, nas pags. 120-123.

O segundo capítulo constitui, em nossa opinião, um dos mais assinaláveis do livro que vimos comentando.

Neste, é tratada a crise da regulação, o consequente regresso do Estado e a necessária cooperação internacional no contexto da (ainda actual) crise financeira.

Explicam-se as políticas de gestão da crise que surgiram nos EUA, baseadas na esperança que emergiu das eleições de Novembro de 2008, em consequência da vitória de Obama - que recorda o triunfo de Roosevelt em Novembro de 1932 e as expectativas que, aí, emergiram quando os EUA também enfrentavam, uma grave crise financeira (p. 102), sem se ignorar que algumas das políticas falharam – em particular o plano Paulson que defendia a aquisição massiva de créditos duvidosos (p. 116).

De resto, o livro não se limita a enunciar os dados da crise financeira. Define os contra-poderes necessários para equilibrar a instabilidade do sistema financeiro.

Para os autores, os contra-poderes são constituídos pelos bancos centrais (em particular, no caso da Europa, pelo Banco Central Europeu), pelos reguladores e, em terceiro lugar, pelos accionistas preocupados com investimentos a longo prazo (tratados no terceiro e quarto capítulos).

São propostas soluções que, não constituindo uma novidade absoluta, reforçam as correntes dominantes que preconizam um novo modelo de regulação do sistema financeiro assente em novos princípios (p. 129).

Na verdade, segundo os Autores, os princípios que dirigiram a reforma americana há três quartos de século e que se traduziam na segregação das profissões do sector financeiro – nomeadamente quanto aos assuntos da banca de investimento e da banca comercial; banca e seguros e operações sobre títulos e crédito bancário – falharam.

Como é descrito na obra, a gestão da banca de investimento está nos antípodas da boa governação (pp. 162-175). É ventilado o problema "crucial" das remunerações (p. 169) e ilustrado, com particular detalhe, o caso Madoff (pp. 167-169) e a falha de supervisão que ficou definitivamente associada a este caso.

O livro ensina que podem ser retiradas lições da crise e dos ensinamentos empíricos que ela nos traz, evitando posições dogmáticas (p. 130).

Defende, entre outras medidas, a necessidade de políticas macroprudenciais claras (p. 132); a disciplina do mercado e, em particular, das operações de créditos (p. 141) e a divulgação de informação, de forma a atenuar os conhecidos problemas da informação assimétrica nos mercados financeiros (p. 147).

Nos terceiros e quarto capítulos, o livro faz uma abordagem científica – de leitura, apesar disso, simples -, concentrando-se na análise do perfil dos investidores a longo prazo (*verbi gratia*, fundos perpétuos como fundos soberanos ou, por outro lado, fundos de pensões).

Neste contexto, são analisados os chamados fundos de rendimento (retorno) absoluto (*"fonds de rendement absolu"*) e os riscos que estes escondem (pp. 302-336) - na medida em que geram risco sistémico. As conclusões podem ser, de alguma forma, extrapoladas para o caso português.

O livro termina com uma conclusão geral (pp. 341-350), em que se apontam duas premissas para a superação da crise - i) a retoma do crescimento não pode ser feita sem a fundação de um novo contrato social compatível com a globalização financeira; ii) deve surgir uma nova fase de relacionamento entre Estado que atenue a diferença entre países desenvolvidos e países em vias de desenvolvimento – e que demonstra algum pessimismo, assinalável por uma das frases finais: *"les discordances entre les politiques économiques et les conflits d`intérêts politiques y seront aigues et se manifesteront par de violentes perturbations des changes qui seront peut-être les causes des futures crises financières."*

**Nuno Cunha Rodrigues**

PUBLICAÇÕES RECENTES

- Eduardo Paz Ferreira, Alexandra Pessanha, **Finanças Públicas – Legislação Fundamental,** Quid Juris, Lisboa, 2009.
- Ana Paula Dourado, **Lições de direito fiscal europeu tributação directa**, Coimbra Editora, Coimbra, 2010.
- António Fernandes de Oliveira, **A legitimidade do planeamento fiscal, as cláusulas gerais anti-abuso e os conflitos de interesse,** Coimbra Editora, Coimbra, 2010.
- Jónatas E. M. Machado, Paulo Nogueira da Costa, **Curso de Direito Tributário,** Coimbra Editora, Coimbra, 2009.
- Sérgio Vasques, **Legislação Fiscal de Cabo Verde,** Almedina, Coimbra, 2009.
- André Teixeira dos Santos, **O Crime de Fraude Fiscal - Um contributo para a configuração do tipo objectivo de ilícito a partir do bem jurídico,** Coimbra Editora, Coimbra, 2009.
- António Martins, Manuel T. Fernandes, **Imposto Sobre Veículos e Imposto Único de Circulação - Códigos Anotados**, Coimbra Editora, Coimbra, 2009.
- Verônica Scriptore Freire e Almeida, **A Tributação dos Trusts,** Almedina, Coimbra, 2009.
- Joaquim Freitas da Rocha, **Direito Financeiro Local (Finanças Locais),** CEJUR, Braga, 2009.
- Jorge Simões (coordenador), **30 anos de serviço nacional de saúde. Um percurso comentado**, Almedina 2010.
- Carmen M. Reinhart e Kenneth S. Rogoff, **This Time is different. Eight Centuries of Financial Folly**, Pinceton University Press, 2009.
- Paul Davidson, **John Maynard Keynes (Great Thinkers in Economics)**, Palgrave Macmillan, Londres, 2009.
- Nassim Nicholas Taleb e Pablo Triana, **Lecturing Birds on Flying: Can Mathematical Theories Destroy the, Financial Markets?: How Financial Practice Differs from Theory,** John Wiley & Sons, 2009.

- Franklin Allen e Douglas Gale, **Understanding Financial Crises (Clarendon Lectures in Finance),** OUP Oxford, 2009.
- Daniel K. Tarullo, **Banking on Basel: The Future of International Financial Regulation**, The Peterson Institute for International Economics, 2009.

**Nuno Cunha Rodrigues**

## NA WEB

Por **Mónica Velosa Ferreira**

SITE DO PROJECT SYNDICATE
http://www.project-syndicate.org/

Foi precisamente há um ano que iniciamos esta secção na Revista. Ao longo do ano de 2009 sugerimos visitas ao site da OCDE, do FMI, do Banco Mundial, e do Banco Central Europeu. Neste número deixamos as grandes organizações internacionais para sugerir uma visita ao mundo editorial. Project Syndicate é um projecto inovador, com duas décadas de existência, e que constitui hoje uma referência no mundo da informação.

Muito provavelmente este nome não lhe é estranho. É muito possível que já o tenha lido em alguma notícia de algum jornal nacional ou internacional. Em Portugal, em especial, podemos encontrar, com frequência, textos com a assinatura Project Syndicate no Jornal de Negócios e no Diário Económico.

Mas o que é Project Syndicate? Formalmente, podemos dizer que é uma associação voluntária de jornais cuja missão é difundir comentários e estudos exclusivos de elevada qualidade, quer através dos seus membros, – através dos jornais que são diariamente publicados em todo o mundo –, quer através da *WEB*.

Do ponto de vista do cibernauta visitante, podemos dizer que é uma fonte importante de informação na forma de comentários, análises, estudos, onde podemos acompanhar 24 horas por dia as ideias e opiniões de alguns dos mais importantes lideres mundiais, tudo à distância de um clique.

Actualmente são mais de 435 os jornais de referência envolvidos neste projecto e várias centenas o número de autores que contribuem com as suas ideias e pensamentos nas mais diversas áreas da ciência que vão desde a economia à ciência política, ao ambiente, passando pelos direitos humanos, e pelas ciências sociais.

Na área económica são de destacar os contributos regulares de nomes tão importantes como Joseph Stiglit, Jeffrey Sachs, Nouriel Roubini, Kenneth Rogoff, Martin Feldstein, Barry Eichengreen, e Robert Shiller. Sem esquecer, noutros campos, os também importantes contributos regulares de Robert Skidelsky, Peter Singer, Naomi Wolf, Joschka Fischer, Richard Haass, e Michel Rocard.

Nomes sonantes que se juntam a outros, igualmente sonantes, que escrevem, com menor regularidade, sobre os mais variados assuntos da actualidade, destacamos nomes como os de George Soros, Dominique Strauss-Kahn, Kofi Annan, Tony Blair, Chris Patten, Javier Solana, Joaquim Almunia, José Manuel Barroso, entre outros, muitos outros.

Na sua categoria, o site do Project Syndicate é, muito provavelmente, um dos *sites* de mais fácil consulta que conhecemos. Em termos gráficos está simples e funcional e o visitante consegue aceder muito rapidamente aos artigos que pretende.

Logo à entrada do site podemos encontrar uma listagem das séries ou cadernos disponíveis, uma espécie de divisão temática que permite um rápido acesso do utilizador à informação: Weekly Series (The World in Words), Thought Leaders, Global Perspectives, International Insight, Mind and Matter e Special Series.

Cada uma destas séries, por sua vez, engloba outras subsecções: Earth in the Balance, The Frontiers of Growth, The Human Rights Revolution, Islam and the Worl, Into África, China Stands Up, Europe at Home and Abroad, European Economies, Latim America, a Window on Russia, Health and Medicine, Science and Society and Worldly Philosophers, The Energy Challenge. Subsecções que ilustram bem a variedade e riqueza da informação disponível no Project Syndicate.

Segue-se uma listagem dos comentários mais recentemente introduzidos no site, acompanhada de uma *janela* que permite visualizar os artigos mais lidos, os mais recomendados e os mais comentados pelos visitantes. Funções de grande utilidade.

Do lado oposto, encontramos os cadernos Thought Leaders. Nesta secção, encontramos uma listagem de nomes importantes onde podemos encontrar associados os contributos regulares de vários autores, alguns dos quais já mencionamos. É curioso notar que cada um destes autores tem – quase sempre – associado um caderno especial da sua própria autoria. Assim, Stiglitz escreve na série *I Dissent: Unconventional Economic*

*Wisdom*, Jeffrey Sachs na série *Economics and Justice*, Nouriel Roubini na série *After the Storm*, Kenneth Rogoff na série *The Unbound Economy*, Martin Feldstein na série *The Magic of the Market*, etc. No total, são mais de 45 séries.

Igualmente útil, é a possibilidade de pesquisar um artigo pelo nome do autor e de encontrarmos associado a cada comentador uma pequena biografia acompanhada da respectiva fotografia. Outras duas facilidades merecem destaque: A circunstância de os comentários serem traduzidos em espanhol, russo, francês, alemão, checo, e, muito deles, ainda, em árabe e chinês, bem como a possibilidade de alguns dos artigos estarem, também, disponíveis em formato áudio.

A tudo isto junta-se, ainda, um pequeno vídeo, muito curioso, disponível logo na página de entrada do site com uma breve apresentação da associação feita à margem da Cimeira de Copenhaga, em Dezembro do ano passado, aproveitando a presença de vários editores e muitos líderes mundiais. Registamos, ainda, com interesse, uma outra *janela* que permite fazer o *download* da aplicação da Apple para o *iphone* para quem quiser estar sempre actualizado.

Sendo uma associação de jornais, que propugnada pelos princípios democráticos, não poderíamos deixar de dizer que o Project Syndicate tem ainda como missão fortificar a independência dos meios de comunicação nos países em vias de desenvolvimento, o que se reflecte, por exemplo, na redução ou mesmo isenção do pagamento de taxas pelos jornais associados desses Países.

Convencido a fazer uma visita ao site do Project Syndicate? Ficam algumas sugestões para incentivar a visita. Os mais lidos: How Safe are your Dollors? (Martin Feldstein), Teaching PIIGS to Fly (Nouriel Roubini), Will China Rule the World? (Dani Rodrik), Can Greece Avoid the Lion? (Kenneth Rogoff). Os mais recomendados: A New World Architecture (George Soros), The Risky Rich (Nouriel Roubini), Let a Hundred Theories Bloom (George Akerlof and Stiglitz), Avatar and Empire (Naomi Wolf). E, por fim, os mais recentes: The Dangers of Deficit Reduction (Stiglitz) e China's Bad Bet Against America (Joseph Nye).

Por **Nuno Cunha Rodrigues**

BLOGUE COLECTIVO A REGRA DO JOGO
http://aregradojogo.blogs.sapo.pt

"Ce qui est terrible sur cette terre, c'est que tout le monde a ses raisons", é o mote do blogue colectivo criado em Outubro de 2009, à sombra de Robert de Cheyniest, personagem do célebre filme de Jean Renoir, A Regra do Jogo (1939).
Trata-se de um espaço plural e controverso em que vários autores - com algumas afinidades à esquerda e com matérias económicas – discutem ideias, "num constante movimento perpétuo, num jogo com lances repetidos e continuados" (17 de Outubro de 2009).
O blogue pretende ser generalista. No entanto, discutem-se fundamentalmente assuntos dedicados à economia e à política, sem descurar o gosto pelo futebol demonstrado por alguns dos autores, maioritariamente académicos e jornalistas.
Na área da economia destaquem-se os posts dedicados à conjuntura e a questões relacionadas com a discussão teórica.
A propósito da conjuntura veja-se, a título de exemplo, este trecho curioso: "O inevitável bail out da Grécia surgirá, ao que se diz, hoje. Sem dúvida mascarado de 20 medidas alegadamente drásticas. Do ponto de vista da economia e da geopolítica era inevitável, como se discutiu neste espaço. A dúvida que sobra é a do moral hazard. Em Economia diz-se que este "risco moral" existe quando os agentes não têm uma monitorização que assegure a aplicação do seu máximo esforço, e é uma forma de informação assimétrica. As ameaças credíveis, na tradução literal de "credible threats" existem precisamente para dissuadir esses comportamentos desviantes. Na prática, a excepção que a UEM abre com a Grécia, é totalmente contrária ao espírito dos tratados, e tem um custo enorme de credibilidade do Euro. E um custo político: quem poderá dizer que não ajuda o próximo Estado Membro em dificuldades?" (11 de Fevereiro).

Ou, numa outra passagem: "Não posso deixar de sentir uma certa estranheza pelo paradoxo em que vivo: por um lado, quase não preciso fisicamente de dinheiro. A sua materialidade quase que se desvaneceu. Por outro lado o paradigma económico invade-me por todo o lado. Agora são os CDS's. Ou as taxas de juro. Ou a divida externa. Ou a divida pública. A inflação. O preço do petróleo. O preço do ouro. O mercado de capitais. O mercado bolsista e os seus índices, todos eles com nomes próprios. O mercado imobiliário. Cada um com seu comportamento associado. No meu economês de caserna, trato por tu o capitalismo de mercado." (27 de Janeiro de 2010).

Quanto à política as assinaladas afinidades pela esquerda democrática tem suscitado algumas controvérsias, nomeadamente com blogues da mesma côr. De facto, encontramos pontos de discordância com as opções políticas da moda, nomeadamente no que concerne à tributação das mais-valias. Sobre este tema afirma-se que "é um erro estratégico olhar qualquer mercado ideologicamente. O mercado de capitais não compreende apenas um conjunto bárbaro de selváticos especuladores. Porque os participantes são cruciais, por exemplo, na obtenção de capital semente e capital de risco, essencial para financiar processos de inovação tecnológica. Querendo equilibrar o orçamento e promover o investimento modernizador, será uma boa ideia hostilizar o financiamento privado de I&D? Esse financiamento é por natureza especulativo, mas podemos com o aperto actual dispensá-lo? Uma coisa é subir a taxa liberatória, outra é englobar as mais-valias no rendimento sobre o qual se cobra IRS" (19 de Janeiro).

E, para além disso, a propósito da apresentação recente do Orçamento do Estado, é referido, sem qualquer reserva, que "dos múltiplos problemas que me parecem nascer do Orçamento de Estado, ou pelo menos que nele não parecem encontrar resposta, e sem prejuízo de outras análises sobre o tema durante o dia, a primeira sensação que me causam as notícias que recebo, é de que estamos perante, um flop do governo e das oposições: o OE 2010 é uma oportunidade perdida!" (26 de Janeiro).

O blogue é recente, mas promete discussão acesa na política e na economia nacional sendo, por isso, aconselhada a sua visita.

# CRÓNICA DE ACTUALIDADE

PONTO DE SITUAÇÃO DOS TRABALHOS NA UNIÃO EUROPEIA E NA OCDE – PRINCIPAIS INICIATIVAS ENTRE NOVEMBRO DE 2009 E JANEIRO DE 2010

*António Brigas Afonso, Clotilde Palma e Manuel Faustino*

## 1. FISCALIDADE DIRECTA

**1.1. A Comissão pediu à França para eliminar as discriminações fiscais em relação a entidades de interesse geral e sem fins lucrativos estrangeiros (IP/09/1764, de 20-11-2009).**

*A Comissão dirigiu um pedido formal visando a modificação do regime fiscal dos donativos a organismos de interesse geral e sem fins lucrativos que tenham sede noutro Estado da EU ou do EEE. A França concede uma isenção de imposto aos dividendos e às doações a título gratuito aos organismos públicos, de utilidade pública e, designadamente, aos de natureza caritativa, apenas se estiverem estabelecidos em França. Por outro lado, a França apenas concede uma dedução de imposto aos doadores que efectuem doações ou paguem quotizações para entidades sem fins lucrativos que exerçam a sua actividade em território francês. A Comissão dirigiu às autoridades francesas um parecer fundamentado que constitui a segunda fase do procedimento de infracção previsto pelo artigo 226.º do Tratado CE. A França tem agora dois meses para aceitar alterar a sua legislação. Se o não fizer, a Comissão pode levar o assunto ao Tribunal de Justiça.*

**1.2. Tributação de juros e de royalties: a Comissão adopta medidas contra a Lituânia (IP/09/1769, de 20-11-2009).**

*A Comissão dirigiu à Lituânia um parecer fundamentado complementar (segunda etapa do procedimento de infracção previsto no artigo 226.º do*

*Tratado CE) a propósito da regulamentação lituana segundo a qual os juros pagos às sociedades estrangeiras de investimento de capital variável e de investimento de capital fico (incluindo os fundos de investimento e os fundos de pensões), são tributados de forma mais pesada que os juros pagos a beneficiários nacionais comparáveis. Este parecer fundamentado complementar respeita também às royalties pagas às sociedades não residentes. A Lituânia tem dois meses para responder; após este prazo, o assunto poderá ser levado ao Tribunal de Justiça.*

**1.3. Lançamento, pelos comissários europeus e a presidente da comissão parlamentar do desenvolvimento, do debate sobre o modo de melhorar a cobrança dos impostos nos países em desenvolvimento**

*Para evidenciar o papel reservado aos regimes fiscais no desenvolvimento e as consequências negativas, nos países em desenvolvimento, das práticas fiscais prejudiciais e da ausência de cooperação, Karel DeGucht, comissário europeu encarregado do desenvolvimento e da ajuda humanitária, Láslo Kovács, comissário europeu encarregado da fiscalidade e da união aduaneira, e Eva Joly, presidente da comissão de desenvolvimento do Parlamento europeu, organizam, no quadro do Parlamento europeu, uma conferência comum intitulada «Fiscalidade e Desenvolvimento – Lutar contra a pobreza». Os participantes nesta conferência vão debruçar-se sobre as medidas que poderiam ser adoptadas para gerar mais receitas fiscais nos países em desenvolvimento e instaurar um ambiente fiscal mais justo e mais aberto à cooperação* (**IP/09/1895, de 9-12-2009**). *Sobre este mesmo tema está disponível o MEMO/09/545, de 9-12-2009.*

**1.4. Impostos directos: a Comissão pediu formalmente a Espanha para modificar as normas relativas à nomeação de representantes fiscais (IP/10/84, de 28-01-2010)**

*A Comissão pediu formalmente a Espanha para modificar as suas normas relativas à nomeação de representantes fiscais. A Comissão considera que as normas que impõem que determinadas pessoas singulares e colectivas não residentes designem um representante fiscal em Espanha dão origem a um tratamento discriminatório. O pedido adopta a forma de parecer fundamentado (segunda etapa do procedimento de infracção previsto no artigo 258.º do Tratado de Funcionamento da União Europeia). Se no prazo de dois meses o Estado membro não reage de forma satisfatória, a Comissão pode recorrer ao Tribunal de Justiça.*

**1.5. Fiscalidade Directa: a Comissão pediu à Grécia para modificar as suas disposições legais em matéria de dedução fiscal de certas categorias de despesas de consumo (IP/10/85, de 28-01-2010)**

*A Comissão pediu formalmente à Grécia para modificar as suas disposições legais que autorizam a dedução fiscal de alguns tipos de despesas de consumos apenas quando são efectuadas na Grécia e apenas permitem esta dedução aos residentes fiscais na Grécia. Estas disposições excluem de facto os não residentes do benefício das deduções, mesmo quando eles obtêm a maior parte do seu rendimento global na Grécia. O pedido da Comissão adoptou a forma de parecer fundamentado, segunda etapa do procedimento de infracção previsto no artigo 258.º do Tratado de Funcionamento da União Europeia (antigo artigo 226.º do Tratado CE). Se as disposições em causa não forem modificadas no prazo de dois meses, a Comissão poderá recorrer ao Tribunal de Justiça.*

**1.6. Fiscalidade Directa: a Comissão pediu à Bélgica para modificar algumas disposições legais relativas à tributação dos dividendos (IP/10/91, de 28-01-2010)**

*A Comissão pediu formalmente à Bélgica para modificar as suas disposições fiscais relativas aos dividendos pagos pelos fundos de investimento belgas que investem todos os seus activos em imobiliário (SICAF imobiliários). A Bélgica limita a dispensa de retenção na fonte sobre os dividendos pagos pelos SICAF imobiliários belgas que invistam pelo menos 60% dos seus activos em bens imóveis situados em território Belga, o que vai originar um tratamento discriminatório. O pedido apresenta-se sob a forma de parecer fundamentado, segunda etapa do procedimento de infracção previsto no artigo 258.º do Tratado de Funcionamento da União Europeia – TFUE – (antigo artigo 226.º do Tratado CE). Se a Bélgica não responder satisfatoriamente no prazo de dois meses, a Comissão poderá recorrer ao Tribunal de Justiça.*

## 1.7. Fiscalidade Directa: a Comissão instaura um novo procedimento de infracção contra a Grécia pela não execução de um acórdão do Tribunal de Justiça respeitante à tributação dos rendimentos sobre dividendos provenientes do exterior (IP/10/93, de 28-01-2010)

*A Comissão decidiu, ao abrigo do disposto no artigo 260.º do TFUE, instaurar um novo procedimento de infracção contra a Grécia. Apesar do acórdão proferido em 2009 pelo Tribunal de Justiça (Processo C-406/07 – Comissão contra a Grécia), a Grécia não comunicou nenhuma modificação à sua legislação relativa à tributação dos rendimentos provenientes do exterior, pagos a pessoas singulares. Se a Grécia não der sequência à carta de colocação em mora, a Comissão poderá, pela segunda vez, recorrer ao Tribunal de Justiça, para lhe pedir que imponha o pagamento de uma importância forfetária ou uma pena.*

## 1.8. Fiscalidade Directa: a Comissão pediu oficialmente à Bélgica para modificar a sua legislação relativa à imposição de taxas de tributação mais elevadas sobre os dividendos e os juros recebidos por fundos de investimento estrangeiros (IP/10/94, de 28-01-2010)

*A Comissão pediu oficialmente pediu à Bélgica para modificar as sua legislação fiscal que regula a tributação dos dividendos e juros pagos aos fundos de investimento estrangeiros de forma mais elevada do que aquela que se aplica aos pagamentos do mesmo tipo efectuados em proveito de fundos de investimento nacionais. O pedido apresenta-se sob a forma de parecer fundamentado, segunda etapa do procedimento de infracção previsto no artigo 258.º do Tratado de Funcionamento da União Europeia – TFUE – (antigo artigo 226.º do Tratado CE). Se a Bélgica não responder satisfatoriamente no prazo de dois meses, a Comissão poderá recorrer ao Tribunal de Justiça.*

## 1.9. IV Tax Forum – Bruxelas, 1 e 2 de Março de 2010

*Instituído pelo Comissário Láslo Kovács, o Tax Forum, agora na IV edição, vê a sua continuidade garantida por Algirdas Semeta, o Comissário*

*Crónica de Actualidade*

*que, na Nova Comissão Europeia recentemente empossada, é encarregado da fiscalidade e da União aduaneira, da auditoria e da luta contra a fraude. Este ano abordará o tema «Politicas Fiscais para o Pós-Crise», em três sessões subordinadas aos temas: (i) Que podemos aprender com a crise para a politica Fiscal?; (ii) Como reformar as políticas fiscais no contexto actual; (iii) Que reformas possíveis para a política fiscal? Contamos, no próximo número da revista, fazer um pequeno resumo dos trabalhos e das conclusões.*

### 1.10. Colecção Taxation Papers

*A Colecção Taxation Papers da União Europeia foi aumentada com mais um volume. Trata-se do n.º 20, subordinado ao tema The 2008 Financial Crisis and Taxation Policy e é da autoria de Thomas Hemmelgarn e Gaëtan Nicodème.*

### 1.11. OCDE – Discussão preliminar sobre a aplicação das convenções fiscais a entidades estatais, incluindo os fundos soberanos

*A OCDE colocou em discussão pública, entre 25 de Novembro de 2009 e 31 de Janeiro de 2010, o documento «Discussão preliminar sobre a aplicação das convenções fiscais a entidades estatais, incluindo fundos soberanos».*

### 1.12. OCDE – A Aplicação dos tratados aos veículos de investimento colectivo

*A OCDE colocou em discussão pública, entre 9 de 2009 e 31 de Janeiro de 2010, o documento «A aplicação dos tratados aos veículos de investimento colectivo».*

### 1.13. OCDE – A OCDE constitui uma task force sobre impostos e desenvolvimento

*Em 27 de Janeiro de 2010, a OCDE organizou uma reunião conjunta do Comité dos Assuntos Fiscais e do Comité de Ajuda ao Desenvolvimento, que reuniu, pela primeira vez, comunidades fiscais e do desenvolvimento.*

Os participantes concordaram com o seguinte conjunto de princípios gerais para orientar o acompanhamento da sua acção:

- Reconhecemos o apelo urgente para a acção do mundo em desenvolvimento e que o G20 está a fazer progressos no domínio dos impostos e do desenvolvimento.

- Aceitamos o imperativo de uma estreita cooperação no combate à evasão fiscal e para trabalhar com o mundo em desenvolvimento para tirar vantagem das oportunidades no ambiente global mais transparente.

- Nos esforços para trabalhar com os países em desenvolvimento e organizar a resposta internacional na área fiscal, vamos promover uma política de coerência entre os nossos governos – entre impostos, finanças e profissionais de desenvolvimento.

- Temos um entendimento comum do papel central dos impostos no desenvolvimento e na redução da pobreza: um forte sistema tributário é o coração da independência financeira de um país e as suas receitas são a essência do próprio Estado.

- Concordamos também que a tributação visa mais que a mera cobrança de receitas. A maneira como as receitas são cobradas e gastas define a relação simbiótica entre o Estado e seus cidadãos, reforçando o primeiro mais aspecto e tornando mais transparente o segundo.

- Concordamos que um diálogo contínuo e aberto, envolvendo todos os interessados, pode enriquecer a nossa interacção para ajudar os países em desenvolvimento.

- Encorajamos o leque de iniciativas internacionais para o diálogo e a cooperação e vamos procurar que haja uma divisão adequada do trabalho. Neste contexto, o diálogo fiscal internacional poderia desempenhar um papel importante.

- Reconhecemos o papel importante que a cooperação sul-sul tem que desempenhar.

## 2. IMPOSTO SOBRE O VALOR ACRESCENTADO

### 2.1. Comissão dirige pareceres fundamentados contra oito Estados membros para alterarem as regras dos grupos de IVA

A Comissão solicitou aos Países Baixos, à Irlanda, a Espanha, à Finlândia, à Suécia, ao Reino Unido, à República Checa e à Dinamarca para alterarem a sua legislação relativa aos grupos IVA (Comunicado de imprensa IP/09/1768, de 20.11.2009).

### 2.2. Comissão dirige um parecer fundamentado a França para alterar a respectiva legislação relativa aos terrenos para construção

*A Comissão dirigiu um parecer fundamentado a França para alterar a respectiva legislação relativa aos terrenos para construção (Comunicado de imprensa IP/09/1767, de 20.11.2010).*

### 2.3. Proposta de Regulamento de medidas de execução da Directiva IVA

*A Comissão apresentou, a 18 de Dezembro de 2009, uma proposta de Regulamento de medidas de execução da Directiva IVA (COM (2009) 511 final).*
*Com base no artigo 29.ºA da Sexta Directiva IVA (que continha uma disposição idêntica à do artigo 397.º da Directiva IVA), o Conselho aprovou medidas de interpretação no Regulamento (CE) n.º 1775/2005, do Conselho, de 17 de Maio de 1977, que vieram acolher várias orientações não vinculativas aprovadas pelo Comité do IVA entre 1977 e 2003.*
*Desde a adopção do referido Regulamento que o Comité do IVA aprovou orientações, em especial algumas relacionadas com a aprovação da Directiva 2008/8/CE, do Conselho, de 12 de Fevereiro de 2008, relativa às novas regras de localização das prestações de serviços. Esta proposta vem reformular o Regulamento 1775/2005, a fim de reflectir a estrutura e a numeração da Directiva IVA e de incorporar novas orientações do Comité do IVA.*

## 3. IMPOSTOS ESPECIAIS DE CONSUMO HARMONIZADOS, IMPOSTO SOBRE VEÍCULOS E UNIÃO ADUANEIRA

### 3.1. Tributação automóvel (IUC)

*A Comissão Europeia solicitou, em 28.01.2010, que Portugal altere a legislação relativa ao Imposto Único de Circulação (IUC), por considerar que viola o artigo 110.º do Tratado, dado que o imposto anual de circulação aplicável a veículos usados similares é calculado de modo diverso consoante esses veículos tenham sido registados em Portugal antes ou depois de 1 de Julho de 2007 (IP/10/92).*

### 3.2. Impostos Especiais de Consumo (ISP)

*A Comissão Europeia decidiu, em 13.1.2010, não colocar objecções à isenção de ISP concedida pela legislação húngara aos combustíveis consumidos pelos transportes ferroviários e fluviais, considerando que essas isenções são compatíveis com a Directiva Energia – Directiva 2003/96/CE (IP 10/14).*

### 3.3. Tabaco manufacturado

*A Comissão Europeia enviou, em 20.11.2009, um parecer fundamentado à França, considerando que a legislação francesa que estabelece limites quantitativos rigorosos sobre a circulação (1 kg) e exploração (2 kg) de tabacos manufacturados, em território francês, constitui um obstáculo à aplicação do princípio da livre circulação de mercadorias no mercado interno (IP/09/1766).*

### 3.4. Tributação dos veículos automóveis

*A Comissão Europeia enviou, em 20.11.2009, um parecer fundamentado à França, considerando que tributação dos veículos automóveis usados registados pela primeira vez em França é discriminatória dos veículos importados, por estabelecer uma depreciação linear de 10% ao ano, o que não reflecte a depreciação real incorrida, especialmente ao longo dos primeiros anos (IP/09/1765).*

## 3.5. Conferência sobre fiscalidade numa economia de baixo carbono

*A Comissão Europeia organizou, a 30.11.2009, em Bruxelas, uma conferência onde vários especialistas abordaram o papel da fiscalidade na prossecução de objectivos ambientais, nomeadamente na redução das emissões de CO2.*

# A GÉNESE DE CENTROS PPP A NÍVEL TRANSNACIONAL

*Maria Eduarda Azevedo*

A crise financeira, na dupla vertente de escassez de liquidez e reponderação de riscos, afectou, pelo menos temporariamente, o mercado e a mecânica económico-financeira das PPP's. Com as condições actuais de mobilização do financiamento privado, constata-se que a vantagem comparativa da abordagem em parceria tem vindo a ser abalada pelas inerentes perdas de "Value for Money", passando a ser questionada como instrumento privilegiado de estímulo à economia em tempo de recessão.

Em pleno contexto adverso, a "comunidade" PPP tem procurado reagir e adaptar-se aos novos tempos. Aparentemente, a retracção do mercado PPP tem vindo ser compensada com múltiplas iniciativas conducentes ao reforço das capacidades públicas na gestão de programas e projectos em parceria com o sector privado.

Assim, sob o chapéu comunitário, destaca-se o lançamento do European PPP Expertise Centre (EPEC), em 16 de Setembro de 2008, em Paris, durante a presidência francesa da UE, no sentido de operar como um dispositivo catalizador de "know-how" e partilha de experiências entre as unidades dedicadas PPP. Trata-se de uma medida conjunta da Comissão Europeia e do Banco Europeu de Investimentos que, à partida, congraçou cerca de 25 "Task Forces" PPP nacionais e regionais dos Estados membros e dos países recém-aderentes.

O EPEC assume que, num ambiente de crise e pós-crise, as PPP's continuam a representar uma opção relevante e viável em benefício mútuo dos sectores público e privado. Todavia, as transacções PPP são complexas, requerendo competências específicas e procedimentos apropriados, no reconhecimento de que, ao nível das autoridades nacionais, subsiste em regra um défice de capacidades neste domínio, que acaba por funcionar como um factor limitativo do crescimento generalizado de parcerias no quadro europeu.

Deste modo, o EPEC pretende promover o incremento do volume de transacções, bem como a redução dos respectivos custos, estimulando o intercâmbio das melhores práticas sobre a montagem de projectos em parceria com o sector privado.

Para tanto, o Centro propõe-se prosseguir a sua intervenção através de duas linhas principais de acção – sob a forma de actividades em rede e de apoio às políticas e programas PPP –, embora não cobrindo serviços de consultadoria à contratação e negociação de transacções concretas. Na vertente das "network activities" visa-se sintetizar, estruturar e disseminar as melhores práticas em torno de aspectos comuns relativos ao desenho e à implementação de políticas e programas PPP, disponibilizando, designadamente, um serviço de "helpdesk". No tocante ao segundo eixo, prevê-se uma variedade de iniciativas de apoio transversal ao desenvolvimento das políticas e programas PPP conduzidas pelos seus membros, num quadro de actuação "non-project".

Mais recentemente, no âmbito da Comissão Económica para a Europa das Nações Unidas (UNECE), sedeada em Genebra, está em curso a criação de um Centro PPP com características similares. O futuro Centro preconiza colaborar estreitamente com o Global PPPI Core Learning Programme e o PPIAF do Banco Mundial, bem como com o PPP Advisory Board da UNECE, actuando numa ampla zona do espaço euro-ásia não coberto pelo recém-criado EPEC. O Centro PPP pretende animar uma rede que agregue regularmente sector privado, unidades PPP, "policy-makers" e comunidade académica, servindo de plataforma de coordenação de actividades de treino e investigação no complexo domínio das transacções em parceria.

Entretanto, em paralelo, sob o impulso da unidade PPP húngara, foi também lançado o EPPPC, enquanto Centro Europeu de PPP's vocacionado para intervir na esfera dos novos Estados membros do leste europeu, países que apresentam contextos e fragilidades institucionais comuns nesta matéria.

Entre nós, no plano doméstico, também o Ministro de Estado e das Finanças anunciou no Parlamento a próxima criação de uma unidade dedicada PPP, aquando da discussão do programa do XVIII Governo, procurando assim responder com um novo dispositivo à necessidade premente de melhorar as actuais práticas PPP, tal como vem sendo aliás evidenciado por sucessivos actos e relatórios do Tribunal de Contas.

## MÁRIO JANUÁRIO DIRECTOR DE FINANÇAS DA DIRECÇÃO DISTRITAL DE FINANÇAS DE LISBOA

*Eduardo Paz Ferreira e Clotilde Palma*

Iniciou funções no passado mês de Dezembro, como Director de Finanças da Direcção Distrital de Finanças de Lisboa, o Dr. Mário Pereira Januário.

Licenciado em Direito, ingressou na então Direcção-Geral das Contribuições e Impostos em 1972, sendo de referenciar entre os cargos exercidos o de delegado do Ministério Público junto do Tribunal de Contribuições e Impostos de Leiria, de Director do Centro de Formação da DGCI, de Director de Finanças em Leiria e Director de Finanças em Santarém. No exercício de todos estes cargos foi assinalada a sua profunda experiência, dedicação, grande sentido prático e elevado rigor, o que o tornou um dos directores de finanças de referência a nível nacional.

Sublinhe-se que o Dr. Mário Januário tem tido ainda uma intervenção activa na área da formação profissional e da docência universitária, sendo autor de vários artigos na área fiscal e de contabilidade.

Ao novo Director de Finanças de Lisboa, a Revista deseja as maiores felicidades no exercício das importantes funções que agora inicia.

## LEONOR DUARTE SUBDIRECTORA-GERAL DA DIRECÇÃO GERAL DOS IMPOSTOS PARA A ÁREA DOS RECURSOS HUMANOS E DA FORMAÇÃO

*Eduardo Paz Ferreira* e *Clotilde Palma*

Iniciou funções no passado mês de Dezembro, como Subdirectora-Geral da Direcção Geral dos Impostos para a área dos Recursos Humanos e da Formação, a Dra. Leonor Carvalho Duarte.

Desempenhava até agora o cargo de Directora de Serviços do Centro de Formação da DGCI, tendo sido Directora do Instituto de Formação Tributária da Administração Geral Tributária.

Licenciada em Auditoria, tem exercido na DGCI, onde ingressou em 1973, diversas funções de relevo essencialmente ligadas à área da formação, onde possui uma vasta e reconhecida experiência, sempre com a elevada competência, entusiasmo e dinamismo que lhe são características.

São essas competências, entusiasmo e dinamismo que são, agora, postas ao serviço do conjunto da Direcção Geral dos Impostos. Na Revista, onde temos podido beneficiar da amizade e do apoio da Dr.ª Leonor Duarte, sabemos bem o quanto se pode esperar do seu trabalho. Desejamos-lhe as maiores felicidades.

# MANUEL MARCELINO DIRECTOR DE FINANÇAS DA DIRECÇÃO DISTRITAL DE FINANÇAS DE LISBOA

*Eduardo Paz Ferreira* e *Clotilde Palma*

No passado mês de Dezembro, cessou funções como Director de Finanças da Direcção Distrital de Finanças de Lisboa o Dr. Manuel Joaquim da Silva Marcelino, cujo espírito prático e profundamente conhecedor, dinamismo e urbanidade marcaram decisivamente a sua passagem pela maior Direcção de Finanças do país, contribuindo para alterar profundamente a relação entre os contribuintes e o Fisco.

Para além dos aspectos mais visíveis da sua actuação, não pode deixar de se assinalar a forma como estreitou a colaboração com a magistratura do Ministério Público e os vários órgãos de polícia criminal, o que produziu óptimos resultados.

Entre os seus colaboradores, Manuel Marcelino fica, sobretudo, como um amigo e como alguém capaz de os motivar para os melhores níveis na profissão.

Licenciado em Economia, Manuel Marcelino ingressou na então Direcção-Geral das Contribuições e Impostos em 1969, tendo sempre seguido uma carreira brilhante, no exercício, nomeadamente, das funções de Director de Finanças das Direcções Distritais do Porto e de Coimbra. Desempenhou, ainda, diversos cargos em gabinetes ministeriais.

Tem tido igualmente uma intervenção activa na área da formação profissional e da docência universitária, sendo conhecidas as suas publicações de colectâneas de legislação fiscal.

## JOANA SANTOS CESSA FUNÇÕES NA DGCI

*Eduardo Paz Ferreira* e *Clotilde Palma*

No passado mês de Dezembro, cessou funções como Subdirectora-Geral da Direcção Geral dos Impostos para a área dos Recursos Humanos, a Dra. Maria Joana Bento da Silva Santos, cujos profundos conhecimentos na área da Administração, em particular do funcionalismo público, em muito contribuíram para uma cuidada gestão de uma área particularmente complexa numa casa com as dimensões da DGCI.

Licenciada em Direito, exerceu ao longo da sua vida relevantes funções na Administração Pública onde ingressou em 1973, em particular como dirigente e em diversos Gabinetes Ministeriais, sendo ainda de assinalar o exercício de funções em Macau. Foi, nomeadamente, Coordenadora do Gabinete Técnico-Jurídico da Secretaria-geral do Ministério da Educação, Assessora da Direcção dos Serviços de Finanças de Macau com exercício, em cumulação, do cargo de juiz das execuções fiscais naquele território, Chefe dos Gabinetes do Secretário de Estado do Ensino Superior e do Ministro da Educação, e Secretária – Geral do Ministério da Educação.

Tem igualmente uma intervenção activa na área da formação profissional.

Foi, pois, num ambiente de profunda admiração por parte dos seus colegas que a Dr.ª Joana Santos cessou funções. Dos seus múltiplos conhecimentos e profunda capacidade de trabalho e empenho muito haverá ainda a aguardar.